U0959870

权威 · 前沿 · 原创

皮书系列为
“十二五”“十三五”国家重点图书出版规划项目

BLUE BOOK

智库成果出版与传播平台

服务贸易蓝皮书
BLUE BOOK OF SERVICE TRADE

中国国际服务贸易发展报告（2021）

ANNUAL REPORT ON THE DEVELOPMENT OF CHINA'S INTERNATIONAL SERVICE TRADE (2021)

主　编 / 李小牧　李嘉珊
副主编 / 王　丽

社会科学文献出版社
SOCIAL SCIENCES ACADEMIC PRESS (CHINA)

图书在版编目（CIP）数据

中国国际服务贸易发展报告．2021／李小牧，李嘉珊主编．-- 北京：社会科学文献出版社，2021.10
（服务贸易蓝皮书）
ISBN 978-7-5201-8902-6

Ⅰ.①中… Ⅱ.①李… ②李… Ⅲ.①国际贸易-服务贸易-贸易发展-研究报告-中国-2021 Ⅳ.①F746.18

中国版本图书馆CIP数据核字（2021）第169556号

服务贸易蓝皮书
中国国际服务贸易发展报告（2021）

主　　编／李小牧　李嘉珊
副 主 编／王　丽

出 版 人／王利民
责任编辑／丁阿丽　路　红
文稿编辑／白　云
责任印制／王京美

出　　版／社会科学文献出版社
地址：北京市北三环中路甲29号院华龙大厦　邮编：100029
网址：www.ssap.com.cn
发　　行／市场营销中心（010）59367081　59367083
印　　装／三河市东方印刷有限公司

规　　格／开　本：787mm×1092mm　1/16
印　张：23.75　字　数：357千字
版　　次／2021年10月第1版　2021年10月第1次印刷
书　　号／ISBN 978-7-5201-8902-6
定　　价／158.00元

本书出版得到北京第二外国语学院科研经费资助

《中国国际服务贸易发展报告（2021）》
编　委　会

窦　皓　中国国际工程咨询公司副总经理
王　健　对外经济贸易大学教授、APEC 跨境电子商务创新发展研究中心主任
张　辉　北京交通大学教授
曲如晓　北京师范大学教授
周念利　对外经济贸易大学中国 WTO 研究院研究员、国家数字贸易专家工作组成员
荀　菲　德中创新发展协会会长、中关村德国创新中心 CEO
于　涛　中国南海研究院海南自由贸易港研究中心主任

主　　编　李小牧　李嘉珊

副 主 编　王　丽

编撰单位　北京第二外国语学院中国服务贸易研究院
首都国际服务贸易与文化贸易研究基地
中国国际贸易学会服务贸易专业委员会

撰　　稿　（中国作者按姓氏笔画排序，外国作者按文序排列）
丁　玥　丁志杰　于　涛　王　健　王　瑞
王海文　孔　晶　厉新建　田　园　包雅楠
曲如晓　朱晓暄　刘　霞　刘国荣　李　钢
李　萍　李小牧　李立枝　李兆睿　李嘉珊
杨　彤　杨　修　吴瑞莹　宋昌耀　张国庆
周念利　孟令轲　荀　菲　胡心怡　侯蓉馨
高凌江　诸子怡　陶志华　黄心艺　程相宾
储祥银　潘信然　布伦丹·基奥

主要编撰者简介

李小牧　教授，北京第二外国语学院副校长兼中国服务贸易研究院院长，北京市人民政府参事室特约研究员，国家文化贸易学术研究平台首席专家，首都国际服务贸易与文化贸易研究基地负责人，国家社会科学基金重大项目首席专家。兼任中国国际贸易学会副会长，中国国际贸易学会服务贸易专业委员会主任，英国纽卡斯尔大学客座研究员。先后主持完成以“中国特色社会主义文化发展道路理论与实践研究”“首都国家对外文化贸易基地运行机制创新研究”等为代表的国家社会科学基金重大项目、国家教育科学规划项目、教育部人文社会科学研究规划项目及北京市哲学社会科学规划重大项目等近20项。主编《文化贸易蓝皮书：中国国际文化贸易发展报告》，出版专著《欧元：区域货币一体化的矛盾与挑战》等近10部，发表学术论文“文化保税区：新形势下的实践与理论探索”“国际文化贸易：关于概念的综述和辨析”等30余篇。

李嘉珊　教授，北京第二外国语学院中国服务贸易研究院常务副院长、国家文化发展国际战略研究院常务副院长，首都国际交往中心研究院执行院长，交叉学科国际文化贸易学科负责人，首都国际服务贸易与文化贸易研究基地首席专家，国家文化贸易学术研究平台专家兼秘书长，兼任中国国际贸易学会常务理事，中国国际贸易学会服务贸易专业委员会秘书长，英国纽卡斯尔大学、伦敦大学金史密斯学院客座研究员等。作为负责人主持并完成国家级、省部级和专项委托项目30余项，多项研究成果被采纳。出版学术专著多部，其中《国际文化贸易论》获商务部“商务发展研究成果奖（2017）”论著类二等奖。作为总主编策划、组织、编撰“‘一带一路’沿线主要国家文化市场研究系列丛书”，“首都文化贸易蓝皮书”系列，发表学术论文“‘一带一路’倡议背景下中国对外文化投资的机遇与挑战”等30余篇。

王　丽　北京第二外国语学院中国服务贸易研究院讲师，首都国际服务贸易与文化贸易研究基地研究员，清华大学社会科学学院理论经济学博士后。近年来，在《经济理论与经济管理》《世界经济研究》《国际贸易》《国际商务》等CSSCI期刊上发表了10余篇学术论文，主持中国博士后科学基金项目1项，参与多个国家级、省部级课题。

序言一

2020 年，新冠肺炎疫情严重冲击了全球经济，导致了“大萧条”以来最严重的经济衰退，全球贸易急剧下降。根据联合国贸易和发展会议（UNCTAD）发布的《2020 年统计手册》，2020 年全球服务贸易额预计下降 15.4%，是自 1990 年以来的最大跌幅。与此同时，贸易保护主义、单边主义抬头，国际贸易活动中的不稳定、不确定性因素大大增加，外部环境发生了深刻而复杂的变化。在诸多严峻考验下，中国是全球唯一实现经济正增长的主要经济体。中国国际服务贸易展现出强大的韧性，取得了明显好于预期的成绩。2020 年中国成为世界第二大服务贸易国，服务贸易逆差大幅缩小，新兴服务贸易出口显著提升，知识密集型服务贸易表现“亮眼”，数字服务、版权服务、医药研发、检验检测、在线教育等新业态新模式发展迅猛，中国服务贸易结构持续优化。

服务贸易已经成为中国国际贸易中最具活力的部分，是中国国际贸易未来的增长点，也是中国贸易高质量发展的重要着力点，中国服务贸易发展潜力巨大。与此同时，我们也要理性地认识到，与中国经济的庞大体量相比，服务贸易规模依旧偏小，多年呈现巨额逆差的状态，服务贸易国际竞争力不强。

2020 年 8 月 24 日，习近平总书记在经济社会领域专家座谈会上发表重要讲话，他指出“‘十四五’时期是我国全面建成小康社会、实现第一个百年奋斗目标之后，乘势而上开启全面建设社会主义现代化国家新征程、向第二个百年奋斗目标进军的第一个五年，我国将进入新发展阶段”。2021 年是中国共产党建党100周年，是“十四五”规划的开局之年。立足新发展阶段，贯彻新发展理念，构建新发展格局，要坚定推进服务贸易创新发展，全面扩大服务业对外开放，深化体制机制改革，加快服务出口数字化转型，培育数字服务出口新主体，推动服务贸易高质量发展。

中国服务贸易研究院坚守学术初心，脚踏实地，秉承一贯的学术敏锐度和开放的学术视野，汇集了国内外政产学研各界学者的力量，编撰了学术界首部《中国国际服务贸易发展报告》，报告涵盖旅游、娱乐、文化与体育、金融、教育、技术、会展等服务贸易核心领域，并对服务贸易开放创新、跨境电商与服务业融合创新、国际营销服务、上海服务贸易、海南服务贸易创新试点等进行了专题探讨，希望充分发挥政产学研各界的智慧，为激发服务贸易发展新动能提供对策建议，为推动服务贸易高质量发展、培育服务贸易国际竞争新优势略尽绵薄之力。

北京第二外国语学院中国服务贸易研究院总顾问

中华人民共和国商务部原副部长

2021年7月

序言二

15 年前，中国服务贸易的进口额和出口额规模还比较小，世界排名分别是第 7 位和第 8 位。党的十八大以来，中国服务贸易取得了快速发展，全球服务贸易进出口额已连续六年保持第 2 位。

国家高度重视发展服务贸易，习近平主席在 2020 年中国国际服务贸易交易会上发表致辞，强调“各国要共同营造开放包容的合作环境、共同激活创新引领的合作动能、共同开创互利共赢的合作局面”，为中国服务贸易的发展指明了方向。服务贸易日益成为构建新发展格局、培育国际合作和竞争新优势的重要推动力，服务贸易在以国内大循环为主体、国内国际双循环相互促进的新发展格局中起着越来越突出的作用。

中国服务贸易不断提升开放水平、全面深化创新发展，数字服务、版权服务、医药研发、检验检测、在线教育等领域有了更大的发展，数字贸易等服务贸易新业态、新模式扮演着越来越重要的角色，中国服务贸易占全球服务贸易总量的比重不断上升。与此同时，中国服务贸易结构进一步优化、效益极大提升。服务贸易国内市场布局更加合理，建立健全跨境服务贸易负面清单管理制度。展望未来，中国服务贸易有着更加广阔的发展空间，必将不断续写新的辉煌。

中国服务贸易的深入发展，需要持续的理论研究作为支撑。当今世界正经历百年未有之大变局，科技革命飞速发展，世界形势复杂多变，中国服务贸易的创新发展面临新的机遇和挑战，也有许多新的课题需要理论界不断地进行研究和探索。

北京第二外国语学院服务贸易研究团队在服务贸易领域深耕多年，承担了多项服务贸易的国家研究课题，研究成果颇丰，是中国服务贸易研究的顶尖机构。服务贸易领域知名权威专家李小牧教授和李嘉珊教授组织编写并正式出版了首部服务贸易蓝皮书——《中国国际服务贸易发展报告（2021）》。

报告回顾中国服务贸易的发展历程，并展望了未来前景，集中研究了旅游、娱乐、文化与体育、金融、教育、技术、会展等行业的中国服务贸易发展状况，汇集了国内服务贸易领域专家对服务贸易创新等重要专题进行论述，对北京、上海、海南等服务贸易发展进行了重点介绍，并分享了其他国家在服务贸易领域发展的一些具体的经验。

本书是皮书系列之一，是学术界第一次对中国服务贸易总体情况进行系统全面的分析研究，对中国服务贸易的发展以独特的视角提出了很多权威的观点，是对中国服务贸易理论和实践研究的重要探索和尝试。相信本书必将为中国服务贸易发展战略的制定提供理论依据，为服务贸易管理部门的宏观决策提供参考，为服务贸易的理论研究提供启迪。

胡景岩

北京第二外国语学院中国服务贸易研究院专家委员会主任

中华人民共和国商务部服务贸易司首任司长

2021 年 8 月

摘　要

2020年突如其来的新冠肺炎疫情对中国服务贸易造成了较大影响，进出口总量出现下降，旅游服务贸易、运输服务贸易大幅下降，会展业一度陷入停滞状态，同时，知识密集型服务贸易逆势增长，数字服务贸易发展态势良好，服务贸易结构持续优化。

《中国国际服务贸易发展报告（2021）》以2020年中国国际服务贸易的总体研究开篇，从总体规模、行业特征、国际市场特征、国内地区特征、国际竞争优势、数字服务贸易等角度对2020年中国服务贸易发展情况进行了分析，发现中国服务贸易存在区域内服务贸易发展水平不协调、服务贸易结构失衡、进出口长期逆差、服务贸易企业数字化转型存在困难等问题。展望未来，中国数字服务贸易规模将持续增长，服务贸易发展质量将继续稳步提升，中国服务贸易的限制仍然较高，中国服务贸易伙伴国更加多元化。

《中国国际服务贸易发展报告（2021）》对旅游、娱乐、文化与体育、金融、教育、技术、会展等重点行业领域进行了细致分析。中国服务贸易的重点行业领域存在结构不合理、国际竞争力不强、发展不平衡等问题。各行业报告从供给能力、人才培养、创新发展、结构优化等方面提出了针对性的对策建议。

《中国国际服务贸易发展报告（2021）》通过专题篇、区域篇和国际借鉴篇三个部分，对国际服务贸易领域的热点问题进行了深入探讨。其中，专题篇聚焦于双循环格局与服务贸易开放创新发展、跨境电商与服务业的融合创新、服务贸易限制措施对服务业比较优势的影响、新发展格局下中国旅游服务贸易的发展、国际营销服务行业的中国样本——蓝色光标、中国展览服务业的发展、中国国际工程咨询服务。区域篇聚焦于北京大兴国际机场临空经济区发展、上海服务贸易发展、海南服务贸易发展。国际借鉴篇聚焦于澳大利亚电子游戏行业发展、德国文化市场发展现状及经验借鉴、英超联赛的发展路径和商业模式借鉴。

关键词： 国际服务贸易　数字服务贸易　国际竞争力　服务业

目　录

Ⅰ　总报告

Ⅱ　行业篇

Ⅲ　专题篇

Ⅳ　区域篇

Ⅴ 国际借鉴篇

皮书数据库阅读使用指南

总报告

General Report

B.1

中国国际服务贸易发展报告（2021）

李小牧*

摘　要：受新冠肺炎疫情影响，2020年旅游服务贸易额大幅下降，中国国际服务贸易总体规模有所下降。电信、计算机和信息服务等新兴服务贸易发展态势良好，知识密集型服务贸易规模显著扩大，服务贸易新业态新模式加速发展，数字服务贸易逆势增长，服务外包“量质齐增”。同时，中国服务贸易存在区域内服务贸易发展水平不协调、服务贸易结构失衡、进出口长期逆差、企业数字化转型存在困难等问题。展望未来，中国数字服务贸易规模将持续增长，服务贸易发展质量将继续稳步提升，中国服务贸易的限制仍然较高，中国服务贸易伙伴国更加多元化。

* 李小牧，教授，北京第二外国语学院副校长、中国服务贸易研究院院长，国家文化贸易学术研究平台首席专家，首都国际服务贸易与文化贸易研究基地负责人，中国国际贸易学会服务贸易专业委员会主任，国家社会科学基金重大项目首席专家，研究方向为世界经济、国际服务贸易。

关键词： 传统服务贸易 新兴服务贸易 数字服务贸易

2020 年是不平凡的一年，新冠肺炎疫情突袭而至，世界多国的贸易与投资活动都受到了极大影响，全球货物贸易和服务贸易流量大幅下降。2020 年全球货物贸易总体规模比 2019 年减少了 7.58%，服务贸易进出口总量比 2019 年减少了 19.77%。在复杂严峻的外部环境下，2020 年中国服务贸易展现出较强的韧性，服务贸易逆差大幅度缩减，疫情加速了服务贸易新业态新模式的发展，推动了数字化技术与服务业的融合，知识密集型服务贸易出口增长态势迅猛。

2020 年是“十三五”规划的收官之年，在“十三五”期间服务贸易发展取得了较大成就，服务贸易规模稳步扩大，服务贸易结构逐渐优化，服务贸易在中国外贸增长中的重要性日益提高。2015～2020 年，中国服务贸易出口年均增速高达 6.44%，同期货物贸易的出口年均增速为 3.32%。服务贸易对中国外贸增长的贡献度不断提高。在“十四五”时期，要加快推进以服务贸易为重点的高水平开放，充分激活服务贸易发展潜力，发挥服务贸易在外贸高质量发展中的“新动能”作用。

一 2020年中国服务贸易发展概况

（一）总体规模

受新冠肺炎疫情冲击，2020 年中国国际服务贸易规模有所下降，根据商务部的统计数据，如表 1 所示，2020 年中国服务贸易进出口总额为 6617.18 亿美元，排世界第 2 位，比 2019 年减少了 15.70%，2020 年中国服务贸易总额占中国外贸总额的比重为 12.46%，比 2019 年减少了 2.17%。2019 年中国服务贸易出口额为 2836.0 亿美元，位居世界第 4，占世界服务贸易出口总额的 4.7%；服务贸易进口额为 5014.0 亿美元，居世界第 2，占世界服务贸易进口总额的 8.6%。2020 年中国服务贸易出口额为 2806.3 亿美元，排世界第 4 位；服务贸易进口额为 3810.88 亿美元，排世界第 2 位，中国服务贸易进出口总额排世界第 2 位。

表 1　2010 ~ 2020 年中国服务贸易进出口情况

单位：亿美元，%

年份	出口额	进口额	进出口总额	较上一年的增长率
2010	1783	1934	3717	—
2011	2010	2478	4488	20.74
2012	2016	2813	4829	7.60
2013	2070	3306	5376	11.33
2014	2191	4329	6520	21.28
2015	2186	4355	6541	0.32
2016	2095	4521	6616	1.15
2017	2281	4676	6957	5.15
2018	2668	5250	7918	13.81
2019	2836.0	5014.0	7850.0	-0.86
2020	2806.3	3810.88	6617.18	-15.70

资料来源：商务部商务数据中心。

中国服务贸易的国际位次显著提升。根据联合国贸易和发展会议（简称贸发会议或 UNCTAD）数据库的统计数据，中国服务贸易进出口在世界的位次由 2005 年的第 7 位上升至 2014 年的第 2 位，并连续六年保持这一名次。2005 ~ 2020 年，中国服务贸易进出口总额占世界服务贸易进出口总额的比重由 3.2% 上升至 6.79%，其中出口额占比由 3.2% 上升至 5.63%，进口额占比由 3.2% 上升至 8.01%。

1990 ~ 2020 年，中国服务贸易占 GDP 的比重呈现“不规则 M 型”的态势，2019 年中国服务贸易占国内生产总值（GDP）的比重为 5.25%，2020 年的比重稍有下降，为 4.49%（见图 1）。在 2019 年世界主要服务贸易大国中，美国服务贸易占本国 GDP 的比重为 6.83%，德国服务贸易占本国 GDP 的比重为 18.84%，英国服务贸易占本国 GDP 的比重为 23.86%，日本服务贸易占本国 GDP 的比重为 8.44%。与美国、德国、英国、日本服务贸易占本国 GDP 的比重相比，中国服务贸易占 GDP 的比重相对较低，中国服务贸易发展还存在较大空间。美国服务贸易的国际地位遥遥领先，美国服务贸易规模占世界服务贸易规模的比重也较大。2020 年美国服务贸易进出口总额占世界服务贸易进出口总额的 12%。

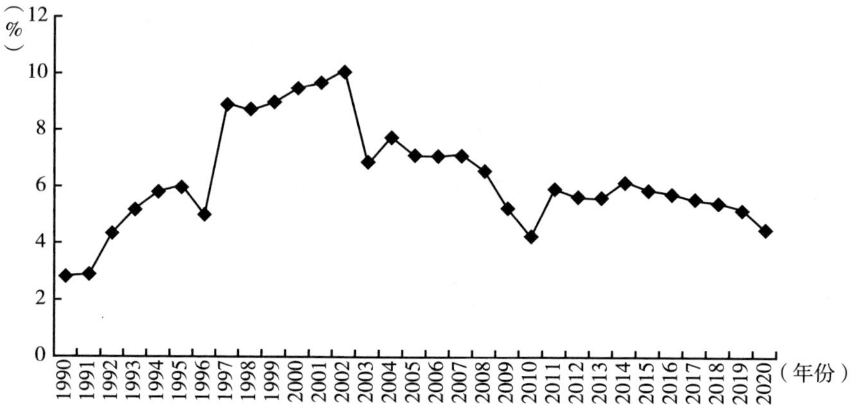

图 1　1990～2020 年中国服务贸易占 GDP 的比重

资料来源：世界银行数据库（World Bank Database）。

（二）行业特征

在服务贸易的各个类别中，传统服务贸易占比较高，行业之间发展不平衡。按照世界贸易组织对服务贸易的分类，服务贸易共分为 12 大类，分别是运输服务，旅游服务，建筑服务，保险服务，金融服务，电信、计算机和信息服务，知识产权使用费，维护和维修服务，加工服务，其他商业服务，个人、文化和娱乐服务及未另行分类的政府服务。中国服务贸易以传统服务贸易为主，2015 年，旅游服务、运输服务等传统服务贸易总和占服务贸易进出口总额的比重超过 70%，知识密集型服务贸易，例如电信、计算机和信息服务，知识产权使用费的占比仅为 5.4%、3.2%；2019 年，旅游服务、运输服务和其他商业服务等传统服务贸易总和占服务贸易进出口总额的比重仍然超过 70%，电信、计算机和信息服务的进出口总额占比增加至 10.29%，知识产权使用费的进出口总额占比为 5.23%，增长幅度较小（见表 2）。

与货物贸易长期顺差相比，中国服务贸易一直处于逆差状态。在中国服务贸易的各个类别中，旅游服务贸易长期处于逆差状态，是中国服务贸易逆差的主要来源。伴随着国内消费者经济实力的增强，出境旅游持续增加，中国已经成为世界第一大出境客源国，出境旅游支出超过入境旅游收入，中国旅游服务逆差规模巨大。2019 年中国旅游服务贸易差额为 -2165.9 亿美元，建筑服务，电信、计算机和信息服务均处于贸易顺差状态，贸易差额分别为 187.1 亿美元、269.6 亿美元（见表 2）。

表 2　2019 年中国服务贸易进出口情况

单位：亿美元，%

服务类别	进出口总额		出口额		进口额		贸易差额
	金额	占比	金额	占比	金额	占比	
总额	7850.0	100	2836.0	100	5014.0	100	-2178
运输服务	1509.0	19.22	460.3	16.23	1048.7	20.92	-588.4
旅游服务	2856.1	36.38	345.1	12.17	2511.0	50.08	-2165.9
建筑服务	372.9	4.75	280.0	9.87	92.9	1.85	187.1
保险服务	155.6	1.98	47.8	1.69	107.8	2.15	-60
金融服务	63.8	0.81	39.1	1.38	24.7	0.49	14.4
电信、计算机和信息服务	807.6	10.29	538.6	18.99	269.0	5.36	269.6
知识产权使用费	410.3	5.23	66.5	2.34	343.8	6.86	-277.3
个人、文化和娱乐服务	52.8	0.67	12.0	0.42	40.8	0.81	-28.8
维护和维修服务	138.4	1.76	101.8	3.59	36.6	0.73	65.2
加工服务	198.9	2.53	195.8	6.90	3.1	0.06	192.7
其他商业服务	1232.0	15.69	733.5	25.86	498.5	9.94	235
政府服务	52.6	0.67	15.5	0.55	37.1	0.74	-21.6

资料来源：《中国商务年鉴（2020）》。

（三）国际市场特征

中国服务贸易伙伴国和地区的多元化程度显著提升。2016 年中国服务贸易的前十大主要伙伴国和地区分别是中国香港、美国、日本、韩国、英国、加拿大、澳大利亚、德国、新加坡和中国台湾，这十个服务贸易伙伴国和地区的服务贸易额占2016年中国服务贸易额的73.89%。2019年中国服务贸易的前十大主要伙伴国和地区分别是中国香港、美国、日本、新加坡、德国、英国、韩国、澳大利亚、加拿大和中国台湾，2019年前十大服务贸易伙伴国和地区的服务贸易额占2019年中国服务贸易额的67.02%（见图2）。可以看出，中国与前十大服务贸易伙伴国和地区的服务贸易额占中国服务贸易总额的比重有所下降，中国服务贸易国际市场的“朋友圈”范围进一步扩大。

中国与共建“一带一路”国家的服务贸易稳定增长。2016~2018年，中国与共建“一带一路”国家服务贸易的年均增长速度为14.15%。2016年中国与共建“一带一路”国家的服务贸易进出口额为818.1亿美元，占中国服务贸易进出口总额的12.37%；2017年中国与共建“一带一路”国家的服务贸易进出口额为977.6亿美元，占中国服务贸易进出口总额的14.05%；2018年中国与共建“一带一路”国家的服务贸易进出口额为1217亿美元，占中国服务贸易进出口总额的15.37%；2019年中国与共建

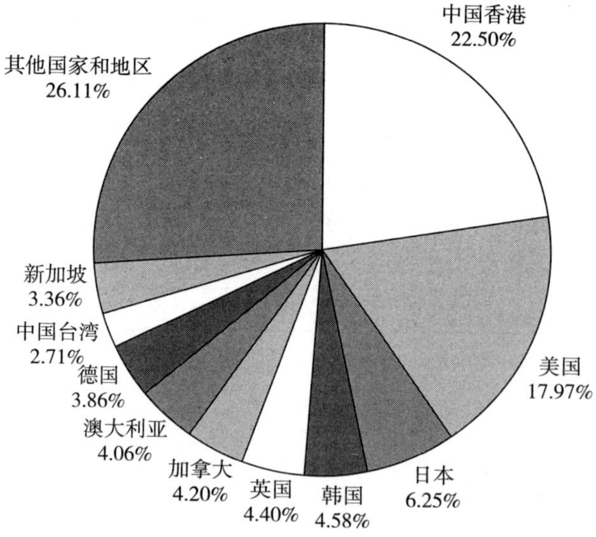

2016年

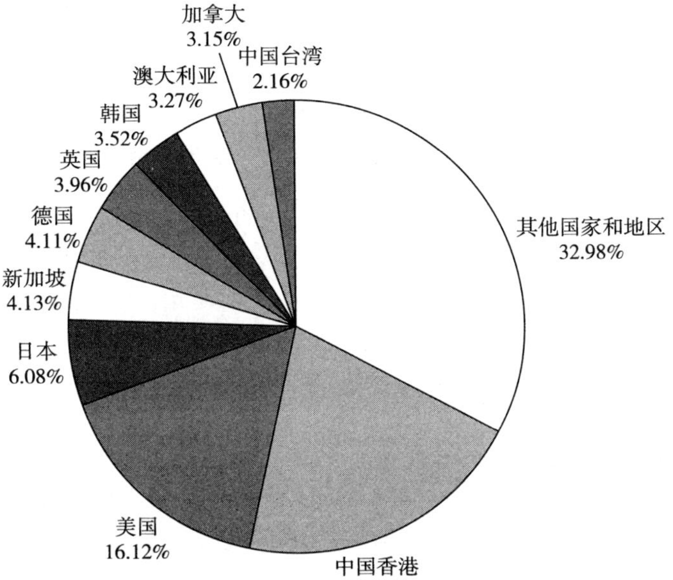

图 2　2016 年和 2019 年中国与前十大服务贸易伙伴国和地区的进出口情况

资料来源：中国资讯行数据库。

“一带一路”国家的服务贸易进出口额为 1178.8 亿美元，占中国服务贸易进出口总额的 15.02%。

（四）国内地区特征

中国东中西部地区经济发展不平衡，三大地区的服务业发展也存在较大的地区差异，东部地区发展服务贸易的基础优于中西部地区。服务贸易出口的国内供给方仍以东部为主，中西部地区服务贸易出口规模相对较小，东中西部服务贸易发展的“阶梯型”特征明显。根据《2020 年全球服务贸易发展指数报告》的测算数据，2019 年北京和上海的服务贸易发展指数约为 70，广东和江苏的服务贸易发展指数在 50 以上，京津冀、长三角和粤港澳大湾区的服务贸易集聚程度较高。

（五）国际竞争优势

显示性比较优势指数（Revealed Comparative Advantage Index，RCA 指数）在评估一国某产业的比较优势和国际竞争力时被广泛使用。参照姚战琪①、熊珍琴②等学者对 RCA 指数的构建，本文构建了中国服务贸易 RCA 指数，以评估中国服务贸易的国际竞争力，RCA 指数的计算公式如下：

$$RCA_{ijt} = (X_{ijt}/X_{it})/(X_{wjt}/X_{wt}) \quad (1)$$

在公式（1）中，RCA_{ijt} 指的是第 t 年 i 国 j 产业的 RCA 指数，X_{ijt} 指的是第 t 年 i 国 j 产业的出口总额，X_{it} 指的是第 t 年 i 国所有产业的出口总额，X_{wjt} 指的是第 t 年世界 j 产业的出口总额，X_{wt} 指的是第 t 年世界所有产业的出口总额。当一国某产业的 RCA 指数小于 0.8 时，说明该产业的竞争力较弱；当 RCA 指数在 1.25 ~2.5 时，说明该产业具有中等竞争力；当 RCA 指数大于 2.5 时，说明该产业竞争力较强。

运用 RCA 指数评估 2010 ~2020 年世界上主要的服务贸易大国的国际竞争力，可以看出，2010 ~2020 年中国服务贸易 RCA 指数都在 0.5 以下，在这期间中国服务贸易 RCA 指数的变化呈现“V 型”。中国服务贸易 RCA 指数相对较小，英国、印度等国家的服务贸易 RCA 指数较大。说明英国、印度的服务贸易具有较强的国际竞争力，中国服务贸易的竞争力较弱。2010 年中国服务贸易的 RCA 指数为 0.492，英国、印度、美国、加拿大、德国、日本服务贸易的 RCA 指数分别为 1.988、1.651、1.515、0.818、0.751、0.721。2020 年中国服务贸易的 RCA 指数为 0.443，英国、印度、美国、日本、德国、加拿大服务贸易的 RCA 指数分别为 2.050、1.929、1.476、0.894、0.832、0.814（见表 3）。

---

① 姚战琪：《中国服务业开放度测算及其国际竞争力分析》，《国际贸易》2018 年第 9 期，第 48 ~54 页。

② 熊珍琴、汤金丽、洪秀丽：《中美两国旅游服务贸易国际竞争力比较研究》，《亚太经济》2019 年第 5 期，第 85 ~93、151 页。

表 3　2010～2020 年世界主要服务贸易大国的 RCA 指数

年份	中国	德国	英国	日本	美国	加拿大	印度
2010	0.492	0.751	1.988	0.721	1.515	0.818	1.651
2011	0.487	0.752	2.021	0.743	1.543	0.828	1.598
2012	0.449	0.775	2.095	0.733	1.539	0.843	1.649
2013	0.417	0.782	1.953	0.774	1.521	0.825	1.563
2014	0.395	0.779	1.996	0.886	1.470	0.754	1.513
2015	0.396	0.752	1.904	0.889	1.457	0.739	1.586
2016	0.376	0.749	1.940	0.892	1.456	0.763	1.580
2017	0.386	0.765	1.920	0.889	1.471	0.774	1.610
2018	0.409	0.779	1.938	0.879	1.439	0.787	1.631
2019	0.414	0.777	1.878	0.923	1.413	0.774	1.618
2020	0.443	0.832	2.050	0.894	1.476	0.814	1.929

资料来源：联合国贸发会议数据库。

（六）数字服务贸易发展

中国在 5G、云计算、人工智能、大数据等新兴技术领域的快速发展，推动了中国数字经济的迅猛发展，中国数字服务贸易发展态势良好，中国已经位居世界数字服务贸易前十的大国之列。根据《2021 年中国数字经济发展白皮书》，2020 年中国数字经济发展规模为 39.2 万亿元，占 GDP 的比重接近 40%。数字技术极大地改变了服务贸易的发展趋势，培育了服务贸易新业态。根据工业和信息化部《2020 年软件和信息技术服务业统计公报》，中国信息技术服务的云化发展趋势凸显。2020 年，信息技术服务实现收入 49868 亿元，同比增长 15.2%，增速高出全行业平均水平 1.9 个百分点，占全行业收入比重为 61.1%。其中，电子商务平台技术服务收入达 9095 亿元，同比增长 10.5%；云服务、大数据服务共实现收入 4116 亿元，同比增长 11.1%。①

① 《2020 年软件和信息技术服务业统计公报》，中华人民共和国工业和信息化部网站，https://www.miit.gov.cn/jgsj/xxjsfzs/xyyx/art/2021/art_37ffeab7f1134ae6a2f6c3c9756910f6.html。

中国可数字化服务贸易出口额总体呈现逐年增长的态势。根据联合国贸发会议数据库的统计数据，2005 年中国可数字化服务贸易出口额为 173.48 亿美元，2015 年增加到 933.13 亿美元，2016～2020 年中国可数字化服务贸易出口额从 937 亿美元增长到 1543.75 亿美元（见图 3）。

可数字化服务贸易出口额占服务贸易出口总额的比重总体呈现“不规则 V 型”。2005～2009 年，可数字化服务贸易出口额占服务贸易出口总额的比重在 22% 左右，2010～2014 年，可数字化服务贸易出口额的占比迅速提升，2015～2017 年，占比相对平稳，2017 年后，中国可数字化服务贸易出口额占服务贸易出口总额的比重从 44.97% 提高到 55.01%（见图 3）。

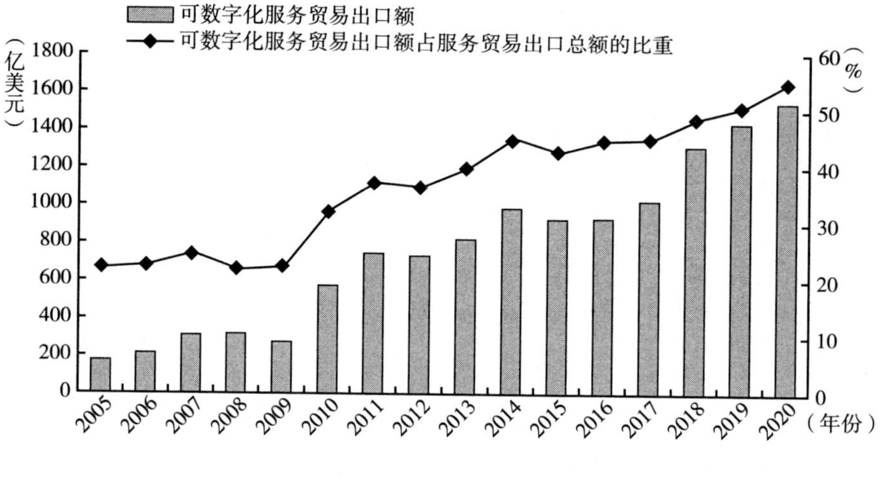

图 3　2005～2020 年中国可数字化服务贸易出口额占服务贸易出口总额的比重

资料来源：联合国贸发会议数据库。

中国可数字化服务贸易出口的国际地位显著提升。2005 年中国可数字化服务贸易出口额在世界各国中排第 11 位，可数字化服务贸易进口额世界排名第 6。2020 年中国可数字化服务贸易出口额的世界排名上升至第 6 位，可数字化服务贸易进口额世界排名第 5（见表 4）。

表 4　2020 年世界各国可数字化服务贸易出口额和进口额情况

单位：亿美元，%

排名	国家	出口额	占比	排名	国家	进口额	占比
1	美国	5330.93	75.55	1	美国	3176.25	69.00
2	英国	2867.01	83.72	2	爱尔兰	2807.44	94.93
3	爱尔兰	2441.52	92.94	3	德国	1834.43	59.41
4	德国	2036.57	65.56	4	英国	1463.12	71.46
5	印度	1547.75	76.15	5	中国	1396.10	36.63
6	中国	1543.75	55.01	6	法国	1352.69	58.39
7	法国	1429.42	58.21	7	日本	1332.78	72.23
8	荷兰	1268.09	67.94	8	荷兰	1240.37	73.29
9	新加坡	1222.74	65.19	9	新加坡	1069.19	61.91
10	日本	1147.41	71.58	10	瑞士	880.98	77.26

注：第 4 列是可数字化服务贸易出口额占服务贸易出口总额的比重，第 8 列是可数字化服务贸易进口额占服务贸易进口总额的比重。

资料来源：联合国贸发会议数据库。

二　疫情影响下中国服务贸易发展的新变化

（一）服务贸易逆差大幅度减少

自 2009 年开始，中国服务贸易出现逆差，但逆差规模较小，2009 年仅为 153 亿美元。从 2011 年开始，中国服务贸易逆差规模持续扩大，2013 年中国服务贸易逆差首次超过 1000 亿美元，2018 年中国服务贸易逆差为 2582 亿美元，2009～2018 年的年均增速为 42.37%。旅游服务贸易自 2009 年开始存在逆差，且呈现急剧扩张的态势（见图 4）。2009～2018 年，中国旅游服务贸易逆差年均增速近 67%，远高于同期中国服务贸易总逆差的年均增速。旅游服务贸易逆差是中国服务贸易逆差的最大来源。

相较于货物贸易，新冠肺炎疫情对服务贸易的冲击更大。在服务贸易的

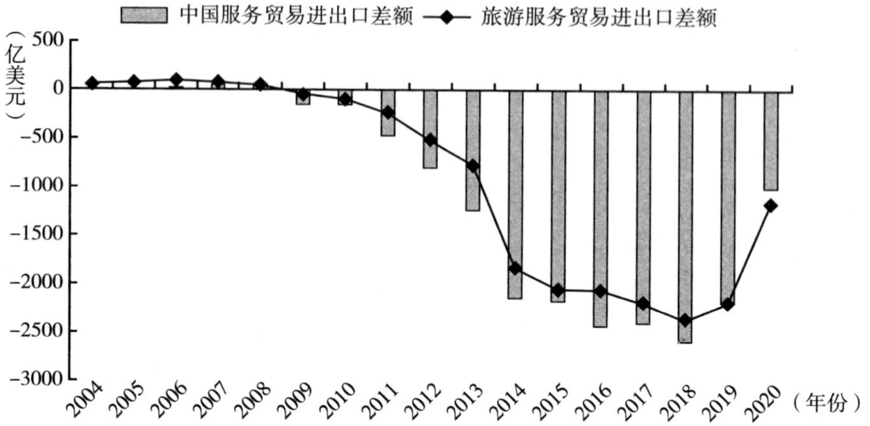

图4　2004～2020年中国服务贸易及旅游服务贸易进出口差额

资料来源：商务部、国家外汇管理局。

各细分领域中，旅游服务贸易进出口受到的影响最大。出于疫情防控需要，各国都实行了边境关闭、签证限制、航班暂停等措施，对人员的跨境流动进行严格限制。中国也对各国入境人员实行了严格的检疫隔离、旅游限制等措施，2020年中国跨境旅游人次呈现断崖式减少，旅游服务贸易进口额、出口额都大幅下降。根据《2020年旅游经济运行分析与2021年发展预测》的数据，预计2020年中国全年入境旅游人数达2720万人次，同比减少81.3%。商务部的统计数据显示，2020年，中国旅游服务贸易进出口总额为10192.9亿元，下降48.3%，其中出口额下降52.1%，进口额下降47.7%。

中国服务贸易逆差和旅游服务贸易逆差的减少，直接推动了2020年中国国际服务贸易逆差规模的下降。2019年中国服务贸易出口额为19564亿元，服务贸易进口额为34589亿元，逆差为15025亿元。2020年中国服务贸易出口额为19356.7亿元，服务贸易进口额为26286亿元，贸易逆差为6929.3亿元，逆差下降幅度接近54%。

（二）服务贸易利好政策密集出台

为应对疫情冲击，国家出台了一系列“稳外资、稳外贸”的支持政策，如《国务院办公厅关于推进对外贸易创新发展的实施意见》《关于当前更好服务稳外贸工作的通知》《国务院办公厅关于进一步做好稳外贸稳外资工作的意见》，为服务贸易发展创造良好的政策环境。为加快服务外包向高技术、高附加值、高品质、高效益转型升级，2020 年 1 月，商务部联合国家发改委、教育部、工信部等部门发布《关于推动服务外包加快转型升级的指导意见》，明确提出支持信息技术外包发展，依托 5G 技术，大力发展众包、云外包、平台分包等新模式。

服务贸易领域全面深化改革，提升了对外开放水平，进一步推动服务贸易创新发展。2020 年 8 月 12 日，《商务部关于印发全面深化服务贸易创新发展试点总体方案的通知》正式发布，全面深化服务贸易创新发展试点在北京、天津、上海、重庆、海南、河北雄安新区、贵州贵安新区、陕西西咸新区等 28 个省、市（区域）开展，试点期限为 3 年。[①]2020 年 9 月 7 日，《深化北京市新一轮服务业扩大开放综合试点建设国家服务业扩大开放综合示范区工作方案》通过，北京市服务业扩大开放全面升级。2021 年 4 月 20 日，天津、上海、海南、重庆成为第二批服务业扩大开放综合试点省市，以扩大服务业开放倒逼服务业结构调整和转型升级，推动服务贸易发展质量提升。

（三）数字技术赋能服务贸易的进程大大加快

数字化、智能化的发展，带来了产业的变革，中国在虚拟现实、3D 打印、机器人、无人机和人工智能（AI）等数字技术前沿领域处于世界前列。新冠肺炎疫情对数字技术的发展来说，是一个“加速器”。数字技术发展使得服务的可贸易性大大提高，降低了服务贸易的成本。疫情期间，服务贸易新业态新模式加速发展，基于互联网的数字服务贸易逆势增长，离岸信息技术外包、知识流程外包业务量大幅增长。

数字技术与文娱行业的深度融合，强力推动了数字文娱行业的发展。根

① 《商务部关于印发全面深化服务贸易创新发展试点总体方案的通知》，中华人民共和国中央人民政府网站，http：//www. gov. cn/zhengce/zhengceku/2020 ~08/14/content_ 5534759. htm。

据《中国独角兽企业研究报告（2021）》，2020 年中国独角兽企业共 251 家，总估值首次超过万亿美元，在各种企业中，数字文娱类企业数量为 19 家，居 27 个分类子行业中的第 2 名。疫情期间人们被迫居家，减少外出，在线娱乐需求暴增，短视频、网络文学企业抓住疫情带来的发展机遇，加快布局海外市场。

（四）高端服务贸易快速增长

高端服务贸易是以高附加值、高技术、高赢利为特征的新兴服务贸易，代表性行业为计算机与信息服务业、金融服务业、研发服务业等。疫情期间，远程在线服务的需求急剧增加，知识密集型服务贸易发展态势良好，服务贸易结构层次显著提升。根据商务部的统计数据，2020 年，中国知识密集型服务进出口额同比增长 8.3%，占服务进出口总额的比重达到 44.5%，提升 9.9 个百分点。2020 年知识密集型服务出口额为 10701.4 亿元，增长 7.9%，其中，知识产权使用费，电信、计算机和信息服务，保险服务的出口增速均在知识密集型服务的出口增速之上，分别为 30.5%、12.8% 和 12.5%。中国服务贸易突破传统模式，数字化、智能化和高端化发展趋势明显。

（五）服务外包“量质齐增”

中国服务外包规模逆势增加，服务外包的行业结构明显优化。2020 年，中国企业承接离岸服务外包执行额首次超过千亿美元。根据商务部的统计数据，2020 年中国企业承接服务外包合同额为 17022.7 亿元，执行额为 12113.2 亿元，同比分别增长 8.4% 和 13.3%。信息技术外包（ITO）和知识流程外包（KPO）保持较快增长，2020 年离岸服务外包执行额分别为 3204.1 亿元和 2921.4 亿元，同比分别增长 10.7% 和 17.9%。数字化程度较高的集成电路和电子电路设计业务离岸服务外包执行额为 490.9 亿元，同比增长 41%；知识密集型的医药和生物技术研发业务离岸服务外包执行额为 488.1 亿元，同比增长 25%。2020 年，中国数字化、医药和生物技术研发等知识密集型服务外包业务增长较快，服务外包业务环节逐渐向高技术、高附加值服务环节延伸。通过加快服务外包的转型升级，有利于促进中国摆脱全球产业链上的“低端锁定”位置，全面提升“中国服务”的国际竞争力。

三　中国服务贸易发展面临的主要问题

（一）区域内服务贸易发展水平不协调

中国各地区的服务贸易发展极不均衡，东部地区的服务贸易发展水平高于中西部地区，服务贸易出口规模较大的省份集中于东部地区，中西部地区服务贸易出口规模相对较小。以技术服务出口为例，国内软件服务贸易出口额较大的省份集中在东部地区。2013 年中国软件服务贸易出口排名前 10 的省份中，只有四川省和江西省属于中西部地区，其余省份均位于东部地区，8 个东部省份软件服务贸易出口占比达 89.63%。2013 ~2019 年，中国软件服务贸易出口排名前 10 的省份几乎没有变化。截至 2019 年，软件服务贸易出口集中于东部地区的现象没有得到有效改善，2019 年，江苏、浙江、上海等 8 个东部省份软件服务贸易出口占全国软件服务贸易出口总额的比重上升到 90.69%（见表 5）。

表 5　2013 年和 2019 年中国软件服务贸易出口排名前 10 的省份（按执行额计算）

单位：万美元，%

	2013 年			2019 年		
排名	省份	执行额	占比	省份	执行额	占比
1	江苏省	82.18	32.41	江苏省	130.48	30.01
2	上海市	31.21	12.31	浙江省	55.39	12.74
3	北京市	30.97	12.21	上海市	48.62	11.18
4	浙江省	27.50	10.85	广东省	48.56	11.17
5	广东省	20.83	8.21	山东省	47.29	10.88

续表

	2013 年			2019 年		
排名	省份	执行额	占比	省份	执行额	占比
6	辽宁省	15.78	6.22	北京市	43.76	10.06
7	山东省	15.05	5.94	辽宁省	13.99	3.22
8	四川省	7.73	3.05	四川省	13.54	3.11
9	江西省	3.75	1.48	福建省	6.22	1.43
10	天津市	3.75	1.48	江西省	5.53	1.27
总和		238.75	94.16		413.38	95.07

资料来源：《中国商务年鉴（2020）》。

（二）服务贸易结构失衡

从进出口结构角度出发，中国服务贸易的进口占比偏高，出口占比偏低。2009 年中国服务贸易进口额占服务贸易进出口总额的比重为 52.53%，在之后的十年，服务贸易进口额占比总体呈现增加态势，2018 年比重为 66.30%，2019 年略有下降，为 63.87%。服务贸易出口额占服务贸易进出口总额的比重从 2009 年的 47.47% 下降到 2019 年的 36.13%。

从行业结构角度出发，旅游、运输两大传统服务贸易领域在中国服务贸易中一直占据重要地位，新兴服务贸易占比偏低。2013～2019 年，旅游服务贸易占中国服务贸易的比重始终在 33% 之上，占比最高时接近 50%，运输服务贸易占中国服务贸易的比重在 20% 左右，这两大类服务贸易占中国服务贸易总额的比重超过了 50%。2020 年，旅游服务贸易占中国服务贸易的比重下降到 22.33%，运输服务贸易占中国服务贸易的比重小幅上升到 22.86%（见图 5）。2013 年，中国电信、计算机和信息服务贸易进出口总额仅 247 亿美元，占比不足 5%，2019 年进出口总额增加到 807.6 亿美元，占比上升至 10.29%。知识产权使用费 2013 年的进出口总额为 219 亿美元，占比 4.06%，2019 年进出口总额小幅增加到 410.3 亿美元，占比增长幅度不大。

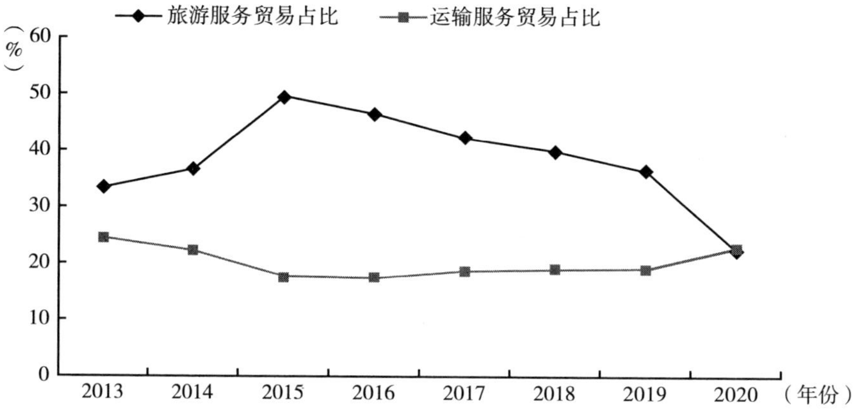

图 5　2013～2020 年旅游、运输服务贸易占中国服务贸易的比重

资料来源：《2013～2020 年中国第三产业统计年鉴》。

（三）进出口长期逆差

虽然中国服务贸易逆差逐年减小，但服务贸易仍然保持进口大于出口的长期态势。2009 年中国服务贸易逆差为 153 亿美元，2012 年中国成为世界服务贸易逆差第一大国，2013 年服务贸易逆差为 1236 亿美元，2019 年扩大到 2178 亿美元，2020 年贸易逆差小幅缩减至 1004. 59 亿美元。

2010～2020 年，美国、英国的服务贸易一直保持顺差，美国的服务贸易顺差规模稳步增长，英国的服务贸易顺差规模变化幅度较小，近年来一直在 1400 亿美元左右。韩国、德国和日本的服务贸易逆差在 2010～2018 年规模较小，且 2019 年日本服务贸易由逆差转为顺差，2020 年德国的服务贸易也由逆差转为顺差。与世界上其他的服务贸易大国相比，中国服务贸易逆差状态持续时间较长，逆差规模较大（见图 6）。

（四）服务贸易企业数字化转型存在困难

数字技术的发展能够有效降低企业的经营成本，提升企业的商业价值，增强企业在数字化时代的竞争力。但当前大部分服务贸易中小企业正处于数字化转型的探索阶段，数字化转型面临一定的困境。较为突出的困难表现

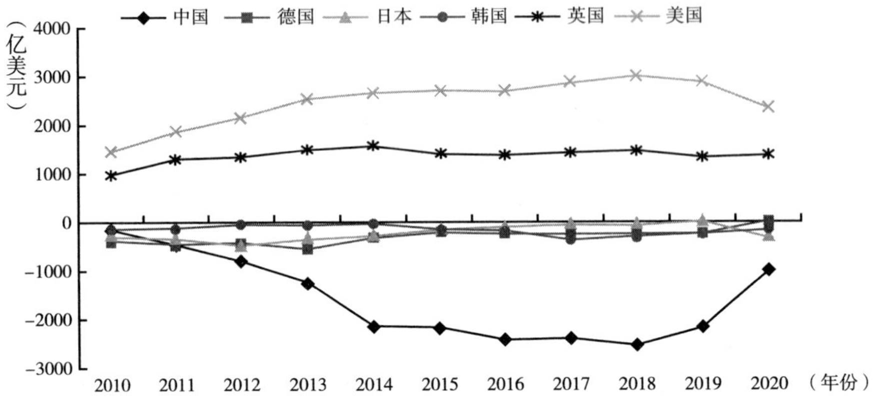

图6　2010～2020年世界主要服务贸易大国的贸易差额

资料来源：联合国贸发会议数据库。

在：一是对企业数字化转型认知存在偏差，一些企业将开展电子商务业务认为是企业已经进行了数字化转型，同时没有充分认识到企业数字化转型对企业未来经营的益处；二是中小企业的资金有限，生存压力大，而数字化转型需要较大的资金投入，且周期长，单纯依靠中小企业自身的资本无法完成数字化转型；三是数字化配套人才不足，一方面服务业的数字化人才供应存在较大缺口，另一方面中小企业对数字化人才的吸引力不大，做好数字化转型、建立起完整的运营人才团队存在较大难度；四是服务贸易中小企业的个性化、差异化特征较为显著，现有的数字化升级通用方案与自身需求不匹配，服务贸易中小企业的数字化转型升级方案需要因企业而量身设计。

四　中国服务贸易发展的趋势研判

（一）数字服务贸易规模将持续增长

大数据、云计算等新兴技术的快速发展，将为中国数字服务贸易增添强大助力，中国数字服务贸易的发展空间十分广阔，数字服务贸易发展势头迅猛。根据《2021年中国数字经济发展白皮书》，2020年中国数字经济增长速度高达9.7%。2020年中国服务业数字经济占行业增加值的比重为40.7%，同年工业、农业数字经济占行业增加值的比重分别为21.0%和8.9%。

国家大力支持数字服务贸易发展，并设立了首批国家数字服务出口基地。2020年4月16日，商务部、中央网信办、工业和信息化部联合发布公告认定了中关村软件园、天津经济技术开发区、大连高新技术产业园区、厦门软件园、成都天府软件园等12个园区为国家数字服务出口基地。① 国家数字服务出口基地的设立将有助于增强数字服务出口的集聚效应，加快服务贸易的数字化转型，加快形成国际竞争新优势，推动数字服务贸易规模的持续增长。

（二）服务贸易发展质量将继续稳步提升

中国已经从追求贸易规模向追求贸易质量转变，国内正在加速培育服务贸易国际竞争优势。以研发设计、软件服务、金融服务、文化创意等为代表的新兴服务出口快速增长，知识和技术密集型服务贸易的出口竞争力显著提升，中国服务贸易出口结构正在逐渐升级。政府已经出台了多项利好政策，设立了21个自贸试验区（港），以扩大服务业开放与加快服务贸易创新发展，构建服务开放新格局，助推服务贸易高质量发展。数字技术已经从根本上改变了服务贸易的发展模式、发展方向，中国的数字化生态系统正在不断扩张，数字技术赋能传统产业，传统产业正在加速数字化、智能化转型，传统产业的新发展活力将被激活，传统产业将为未来服务贸易新增长点的培育打下良好的基础。

（三）中国服务贸易的限制仍然较高

经济合作与发展组织（OECD）自2014年开始测算并公布世界上45个国家的“服务贸易限制指数”（Services Trade Restrictiveness Index，简称

① 《商务部、中央网信办、工业和信息化部联合发布公告认定12家国家数字服务出口基地》，中华人民共和国商务部网站，http://www.mofcom.gov.cn/article/ae/ai/202004/20200402956035.shtml。

STRI)，该指数取值范围在 0~1，指数越接近于 1，说明服务贸易发展受到的限制越多，指数越接近于 0，说明服务贸易发展受到的限制越少。对比 2014~2020 年中国、美国和日本各行业的服务贸易限制指数，可以发现，在大多数行业中，中国的服务贸易限制指数高于美国和日本。特别是电信、法律和保险行业，中国的限制性壁垒较高（见表 6）。在数字服务贸易领域，也面临着相应的管制壁垒，且发达国家的数字服务贸易限制水平普遍低于发展中国家的数字服务贸易限制水平。根据经济合作与发展组织（OECD）公布的“数字服务贸易限制指数”（Digital Services Trade Restrictiveness Index，简称 DSTRI），2014 年中国的数字服务贸易限制指数为 0.488，2020 年为 0.51，2014~2020 年，美国和英国的 DSTRI 一直为 0.083，印度的 DSTRI 略有上升，但远低于中国的 DSTRI（见图 7）。

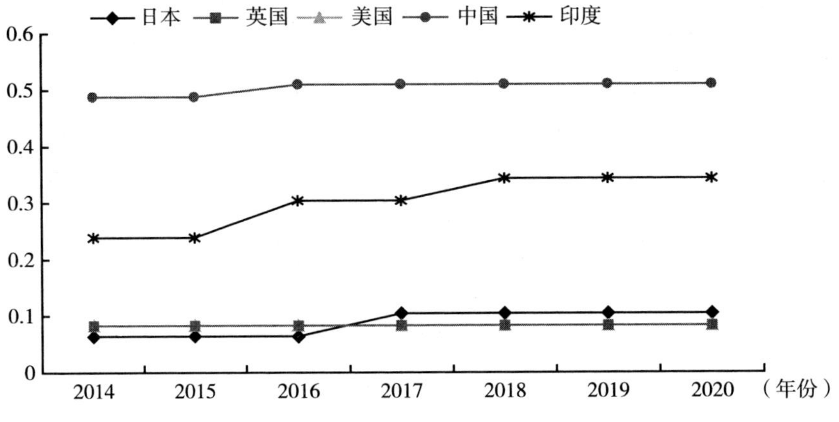

图 7　2014~2020 年世界主要服务贸易大国的数字服务贸易限制指数

注：美国和英国的 DSTRI 重叠，不太明显。

资料来源：OECD 数据库。

综合表 6 和图 7 来看，美国、日本等世界主要服务贸易大国的服务贸易自由化、开放化程度比较高。虽然中国的贸易营商环境已经显著改善，但中国服务贸易市场的限制性措施仍然较多，服务贸易发展的壁垒较高，服务业市场的开放程度还存在较大的提升空间。

表 6　2014～2020 年中国、美国和日本各行业的服务贸易限制指数

行业	中国				美国				日本			
	2014 年	2016 年	2018 年	2020 年	2014 年	2016 年	2018 年	2020 年	2014 年	2016 年	2018 年	2020 年
建筑	0. 342	0. 328	0. 341	0. 314	0. 224	0. 224	0. 224	0. 224	0. 123	0. 109	0. 123	0. 123
工程	0. 271	0. 241	0. 243	0. 205	0. 21	0. 21	0. 21	0. 21	0. 118	0. 107	0. 118	0. 118
法律	0. 514	0. 514	0. 522	0. 496	0. 209	0. 196	0. 196	0. 196	0. 528	0. 528	0. 538	0. 538
电信	0. 694	0. 694	0. 702	0. 677	0. 155	0. 155	0. 155	0. 155	0. 242	0. 242	0. 252	0. 252
商业银行	0. 411	0. 411	0. 409	0. 377	0. 206	0. 206	0. 206	0. 206	0. 209	0. 189	0. 201	0. 201
保险	0. 461	0. 448	0. 438	0. 387	0. 288	0. 288	0. 288	0. 288	0. 186	0. 16	0. 166	0. 166
计算机	0. 338	0. 338	0. 353	0. 306	0. 157	0. 157	0. 173	0. 173	0. 151	0. 135	0. 151	0. 151

资料来源：OECD 数据库。

（四）中国服务贸易伙伴国更加多元化

自2013年“一带一路”倡议提出后，中国与共建“一带一路”国家的货物贸易和服务贸易合作关系日益紧密。共建“一带一路”国家与中国在服务贸易领域的互补性较强，发展空间较大。根据商务部的统计数据，2018年中国与共建“一带一路”国家和地区的服务贸易进出口总额达到了1217亿美元，占中国服务贸易总额的15.4%。2020年中国承接共建“一带一路”国家离岸服务外包执行额达1360.6亿元，同比增长8.9%。[①]

2020年11月15日，横跨南北半球、涵盖15个成员、全球规模最大的《区域全面经济伙伴关系协定》（RCEP）正式签署。RCEP在服务贸易领域内达成了一系列协议，并在服务贸易方面做了比较大的开放承诺，涉及金融、电信、交通、旅游、研发等100多个部门，RCEP的签署为中国服务贸易发展提供了新的机遇，区域内服务贸易增长潜力巨大。

随着“一带一路”倡议建设进度的加快和RCEP的正式生效，未来中国与共建“一带一路”国家（签署RCEP的国家）的贸易合作关系将更加紧密，中国服务贸易伙伴国的多元化程度将进一步加深。

参考文献

蒙英华：《“新冠肺炎疫情”冲击对我国服务贸易的影响研究》，《上海对外经贸大学学报》2021年第3期。

王丽、韩玉军：《中国服务贸易竞争力与服务业开放度的国际比较》，《中国流通经济》2016年第8期。

王晓红、费娇艳、谢兰兰：《“十四五”服务贸易高质量发展思路》，《开放导报》2020年第2期。

王晓红、朱福林、夏友仁：《“十三五”时期中国数字服务贸易发展及“十四五”

① 《商务部服贸司负责人谈2020年1～12月中国服务外包发展情况》，中华人民共和国商务部网站，http://www.mofcom.gov.cn/article/ae/sjjd/202101/20210103032962.shtml。

展望》，《首都经济贸易大学学报》2020 年第 6 期。

詹小琦、林珊：《中国服务贸易高质量发展研究》，《亚太经济》2020 年第 4 期。

张定法、肖宇、郭子江：《中国服务贸易高质量发展：理论机理、突出短板和实现路径》，《宏观经济研究》2021 年第 4 期。

赵瑾：《新冠肺炎疫情危机后全球服务贸易发展的十大走势与中国机遇》，《财经智库》2020 年第 5 期。

朱福林：《中国服务贸易发展 70 年历程、贡献与经验》，《首都经济贸易大学学报》2020 年第 1 期。

行 业 篇

Industry Reports

B.2

中国旅游服务贸易报告（2021）*

王海文　吴瑞莹**

摘　要：　突袭而至的新冠肺炎疫情给旅游服务贸易造成了严重影响。随着疫情在中国得到有效控制，政府多项扶持政策的出台，中国旅游服务贸易逐渐复苏。2020年，中国旅游市场规模总体呈下降态势。旅行社总量增加，但营收亏损；旅游景区升级改造，推行限流预约；酒店业遭受巨大冲击，面临营收危机。旅游服务呈现新特点，但同时也暴露出传统旅游业的转型升级亟须加快、旅游服务的供给侧改革亟待深化、旅游相关行业突发事件应对能力较弱、重大

* 本文得到北京第二外国语学院研究生科学研究项目“中国旅游服务贸易发展现状及趋势分析：2020～2035”（项目编号：2021GS14YB32）的资助。

** 王海文，教授，北京第二外国语学院经济学院副院长，首都国际服务贸易与文化贸易研究基地研究员，研究方向为国际文化贸易、国际服务贸易；吴瑞莹，北京第二外国语学院经济学院2020级硕士研究生。

危机防控体系和应对机制不完善等问题。需要大力加强智慧旅游建设、大力提高旅游供给能力、大力增强危机应对能力、构建全方位的风险防范联控体系和应急保障机制，从而推动中国旅游服务贸易在疫情防控常态化下快速发展。

关键词： 新冠肺炎疫情　旅游服务贸易　旅游业

突袭而至的新冠肺炎疫情使中国旅游经济遭受严重冲击。在党中央的坚强领导下，中国疫情已经得到基本控制，疫情防控趋于常态化。旅游经济也在疫情危机中逐步恢复并孕育着新的机遇。本文聚焦疫情下中国旅游服务贸易发展现状和问题，并提出相应的对策建议，以期为中国旅游服务贸易的发展贡献力量。

一　中国旅游服务贸易发展现状

（一）政策推动国内旅游复苏

2020 年，国家和各地政府针对新冠肺炎疫情对旅游业的重创和影响，积极出台各项政策予以扶持。

国家层面，为了加快旅游服务贸易复工复产，帮助经营困难的文旅企业，尤其是中小微企业渡过疫情难关，重振国内旅游经济，文化和旅游部、财政部、国家税务总局等部门出台多项扶持政策，内容包括旅游企业保证金暂退、税收结转延长、货币政策提供、导游劳动权益保护等方面，范围涵盖与旅游服务贸易相关的旅游、交通运输、餐饮、住宿等多个领域（见表 1）。

表 1　疫情期间国家层面对旅游行业扶持政策汇总情况

部门	政策名称	政策内容
文化和旅游部	《关于暂退部分旅游服务质量保证金支持旅行社应对经营困难的通知》	全国所有已依法交纳保证金、领取旅行社业务经营许可证的旅行社，暂退标准为现有交纳数额的80%
财政部、国家税务总局	《关于支持新型冠状病毒感染的肺炎疫情防控有关税收政策的公告》	受疫情影响较大的交通运输、餐饮、住宿、旅游（指旅行社及相关服务、浏览景区管理两类）四大类困难行业企业，2020 年发生的亏损，最长结转年限由 5 年延长至 8 年
文化和旅游部	《关于用好货币政策工具做好中小微文化和旅游企业帮扶工作的通知》	提出用好用足国家支持中小微企业的货币政策工具，有效纾解中小微文化和旅游企业面临的资金困难
文化和旅游部	《关于积极应对疫情影响保持导游队伍稳定相关工作事项的通知》	要求各地文旅部门在疫情防控期间强化保护导游的劳动权益，为旅游业恢复发展蓄力储能

资料来源：文化和旅游部、财政部、国家税务总局。

地方政府层面，各地政府在国家部门的指导下，为帮助经营困难企业渡过难关，结合当地实际情况，加快了扶持政策的出台，如海南省先后发布《海南省旅游市场推广促销实施方案》《海南省应对新型冠状病毒肺炎疫情支持海南旅游企业共渡难关六条措施》《海南省旅游业疫后重振计划——振兴旅游业三十条行动措施（2020～2021 年）》，范围涵盖财税、金融、用地等领域，对旅游企业渡过难关以及旅游服务贸易的恢复发挥了积极的作用（见表 2）。

表 2　疫情期间中国部分省份旅游业扶持政策汇总情况

地区	政策名称	政策内容
海南	《海南省旅游市场推广促销实施方案》	待疫情稳定后全面开展国际旅游消费年系列活动，积极吸引国内外游客，并针对全国医务人员等群体开展特定优惠，实施海南人游海南计划，充分释放本地消费，恢复国外包机航线，视情况恢复和开辟入境旅游市场

续表

地区	政策名称	政策内容
海南	《海南省应对新型冠状病毒肺炎疫情支持海南旅游企业共渡难关六条措施》	从实施缓企稳岗、延长办理社保业务期限、减免房屋租金、降低运营成本等六个方面出台具体措施，支持海南旅游企业积极应对疫情带来的生产经营困难
	《海南省旅游业疫后重振计划——振兴旅游业三十条行动措施（2020～2021年）》	主要目的是在用好"省八条""旅六条"的基础上，出台财税、金融、用地等系列扶持政策，完善顶层设计、稳企减压降负、丰富旅游产品、刺激旅游消费、激活市场活力，千方百计帮助旅游企业渡过难关
北京	《北京市人民政府办公厅关于进一步支持打好新型冠状病毒感染的肺炎疫情防控阻击战若干措施》	在发布的十九条政策中直接涉及旅游主管部门的有一条，即第十二条，延迟缴纳社会保险费
	《北京市人民政府办公厅关于应对新型冠状病毒感染的肺炎疫情影响促进中小微企业持续健康发展的若干措施》	在发布的十六条政策中，其中直接涉及旅游企业的有第二条"减免中小微企业房租"和第五条"全额退还旅行社质量保证金"，以支持当地旅游企业发展
	《关于应对新冠肺炎疫情影响促进旅游业健康发展的若干措施》	包括暂退旅游服务质量保证金、导游证延期换发等，用3.45亿元资金重点支持旅游企业应对疫情渡过难关等
上海	《上海市全力防控疫情支持服务企业平稳健康发展的若干政策措施》	多项举措涉及旅游企业，包括暂时退还旅游服务质量保证金和补贴文化事业建设费，加大对流动资金困难企业的支持力度等

资料来源：海南省人民政府网、北京市人民政府网、上海市人民政府网。

（二）旅游市场规模总体下降

1. 国内旅游市场

受新冠肺炎疫情影响，2020年国内旅游总人数达28.79亿人次，比2019年减少31.31亿人次，下降52.10%（见图1）。国内旅游总收入达2.23万亿元，比2019年减少3.50万亿元，下降61.1%。

从季度来看，2020年第一季度国内旅游人数达2.95亿人次，同比下降83.4%；第二季度国内旅游人数达6.37亿人次，同比下降51.0%；第三季度国内旅游人数达 10.01 亿人次，同比下降 34.3%；第四季度国内旅游人数达 9.46 亿人次，同比下降 32.9%。①

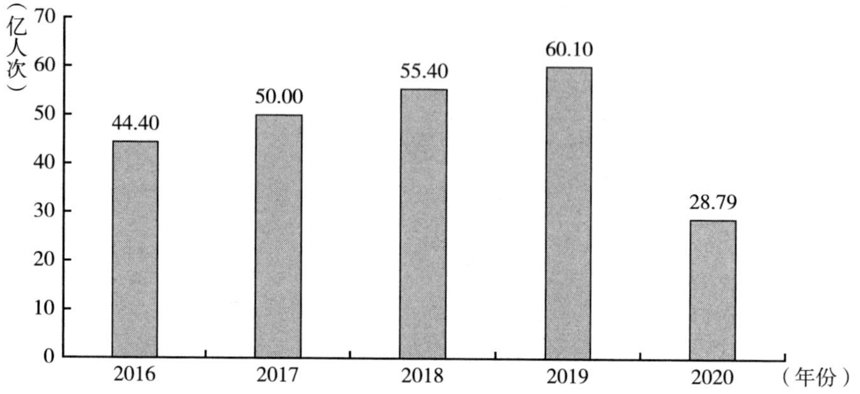

图 1　2016～2020 年中国国内旅游人数

资料来源：国家统计局。

2020 年 5 月起，中国进入疫情防控常态化阶段，相较出入境旅游市场，国内旅游市场率先稳定恢复，全年呈现深度“U 型”走势。第一、二季度是疫情初期，旅游市场实施“防疫情、停组团、关景区”策略，国内主要景区均在 1 月底暂停营业，酒店、旅行社等相关商户生意惨淡，整个旅游业接近于“静止”状态；第三季度，疫情防控有效，跨省游解禁，复工复业进入加速期，市场加速回暖；第四季度，国庆节、中秋节、春节等小长假使旅游需求持续上升。

2020 年，全国旅行社国内旅游组织 5772.71 万人次、14217.91 万人天，接待 7515.82 万人次、16028.70 万人天。② 从客源地来看，国内旅游组织人次最多的地区分别为浙江、广东、江苏（见图 2）；从目的地来看，国内旅游接待人次前三名的地区分别为浙江、湖北、江苏（见图 3）。

① 《2020 年国内旅游数据情况》，中华人民共和国中央人民政府网站，http://www.gov.cn/shuju/2021-02/19/content_5587665.htm。

② 《文化和旅游部 2020 年度全国旅行社统计调查报告》，中华人民共和国文化和旅游部网站，http://zwgk.mct.gov.cn/zfxxgkml/tjxx/202104/t20210416_923778.html。

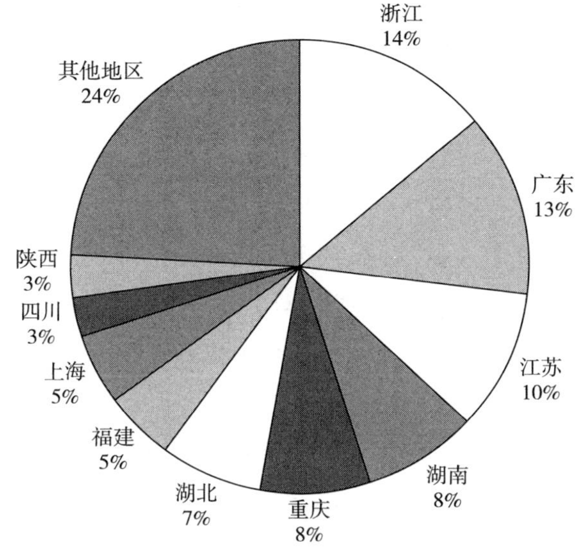

图 2　2020 年国内旅游组织人次排名前十的地区

资料来源：文化和旅游部。

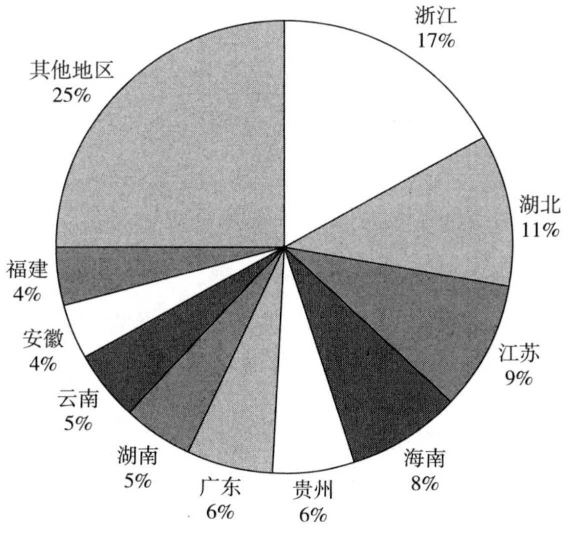

图 3　2020 年国内旅游接待人次排名前十的地区

资料来源：文化和旅游部。

2. 入境旅游市场

自2015年以来，中国入境旅游市场持续增长，呈现良好的上升态势。2019年，中国接待来华入境过夜旅游人数高达6573万人次，外国人入境旅游人数达3188万人次。但是新冠肺炎疫情阻断了这一上升趋势，2020年上半年中国接待入境过夜旅游人数达1454万人次，同比下降了80.1%。全国旅行社入境旅游营业收入达16.16亿元，占全国旅行社旅游业务营业收入总量的1.18%，入境旅游业务营业利润为0.05亿元，占全国旅行社旅游业务营业利润总量的1.59%。① 在全球疫情尚未得到有效控制的背景下，中国入境旅游经济将持续下滑。

从客源地来看，2020年，中国入境旅游人次排名前十的客源地由多到少依次为中国香港、韩国、中国澳门、中国台湾、俄罗斯、日本、美国、泰国、新加坡、马来西亚（见图4）。亚洲地区是中国最主要的客源地，文化和旅游部历年的统计数据分析显示，亚洲市场占入境市场的比重一直保持在60%左右，其次是欧洲和北美市场，占比分别稳定在20%左右和10%左右。中国港澳台地区一直是中国入境旅游的基础市场，虽然港澳台市场在中国入境旅游市场中的占比在缓慢下降，但依然维持在较高水平。

3. 出境旅游市场

在疫情冲击下，国家移民管理局、海关总署等单位为减少人员的跨境流动，联合发布“各国民非必要不出入境旅游”的建议。2020年中国出境旅游市场几乎处于停滞状态，1～6月出境旅游人数的同比增长率皆为负数，全国旅行社出境旅游营业收入达163.91亿元，占全国旅行社旅游业务营业收入总量的11.92%；出境旅游业务营业利润为0.57亿元，占全国旅行社旅游业务营业利润总量的17.50%。②

---

① 中国旅游研究院：《中国入境旅游发展报告（2020）》，新浪科技，2020年11月19日，http://finance.sina.com.cn/tech/2020-11-19/doc-iizncke2153843.shtml。

② 《文化和旅游部2020年度全国旅行社统计调查报告》，中华人民共和国文化和旅游部网站，http://zwgk.mct.gov.cn/zfxxgkml/tjxx/202104/t20210416_923778.html。

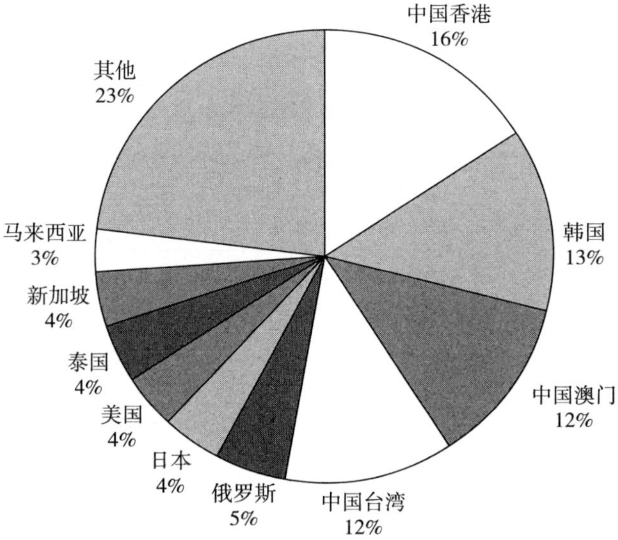

图 4　2020 年中国入境旅游人次排名前十的客源地

资料来源：文化和旅游部。

根据中国旅游研究院发布的《2019 年上半年全国旅游经济运行情况》报告，中国旅游者最青睐的出境游国家分别是泰国、日本、越南、韩国、新加坡、马来西亚等。[①] 自发生新冠肺炎疫情以来，包括但不限于上述多国都对中国旅游者发出预警，并采取减少或者取消航班、停发签证、加强出入境检验、限制来自中国地区人员入境等措施（见表 3），全球 20 多家航空公司暂停中国航线，再加之部分国家疫情加重，2020 年中国出境旅游市场受到重创。

① 中国旅游研究院：《2019 年上半年全国旅游经济运行情况》，199it，http：//www. 199it. com/archives/917066. html。

表 3　2020 年部分国家疫情期间入境政策汇总

国家	时间	入境政策
日本	自 2 月 1 日起	禁止入国申请日前 14 日以内在中国湖北省有逗留的外国人持有湖北省发放的中国护照的中国人入境
	4 月 3 日(日本时间)至 4 月 30 日	持中国湖北省、浙江省签发护照者及入境日本前 14 日曾到访或居住部分国家(地区)的外国人原则上无法入境日本
越南	自 1 月 31 日起	暂停给近两周在中国生活的外国人签发旅游签证,暂停中越往返航班
	自 3 月 22 日起	(1)禁止所有外国人入境,该规定不适用于因"外交"或"公务"目的入境越南的人员或特殊情况入境的人员,但需隔离 (2)所有向越裔外国人或其家属签发的免签入境证书暂时无效
新加坡	自 2 月 2 日起	禁止所有近期前往过中国的游客以及中国护照持有者入境
	自 3 月 24 日起	(1)所有短期访客,无论国籍,无论来自国外何地,均不得入境新加坡或在新加坡过境转机 (2)新加坡公民、永久居民和长期准证持有者入境新加坡后须按照"居家通告"要求居家隔离 14 天,其间不得离开住所
马来西亚	自 3 月 18 日起	禁止非马来西亚公民入境,除非持有外交护照、永久居留证,以及在重要服务领域的外籍贸易人员,入境后需强制隔离 14 天

资料来源：中国领事服务网。

鉴于国外疫情的不稳定，内地游客表现出更加偏好港澳游的倾向，国庆节期间，内地赴澳人数达 12.98 万人次，比 2019 年减少 83.72%；内地赴港人数达 979 人次，比 2019 年下降 99.85%（见表 4）。相对于香港旅游市场，澳门旅游市场正在稳步恢复中，特别是在国家移民管理局于 2020 年 9 月 23 日宣布全国公安机关出入境管理部门恢复办理内地居民赴澳门旅游签注后，澳门旅游市场将会率先伴随内地市场的复苏而共同复苏。

表 4　2020 年 10 月国庆节期间赴港澳地区内地游客人数统计

	1 日	2 日	3 日	4 日	5 日	6 日	7 日	合计
内地赴港人数(人次)	93	154	186	225	143	93	85	979
赴港人数同比增长率(%)	-99.90	-99.88	-99.85	-99.82	-99.77	-99.86	-99.87	-99.85

续表

	1日	2日	3日	4日	5日	6日	7日	合计
内地赴澳人数(万人次)	1.45	2.09	1.96	1.76	1.98	1.99	1.75	12.98
赴澳人数同比增长率(%)	-87.55	-85.13	-86.02	-86.46	-84.61	-77.33	-67.41	-83.72

资料来源：中国香港入境事务处、中国澳门旅游局。

（三）旅游主体总体扩增

1. 旅行社总量增加，营收亏损

根据《文化和旅游部2020年度全国旅行社统计调查报告》，截至2020年12月31日，全国旅行社总数为40682家，比2019年增长4.47%。除吉林和黑龙江旅行社数量减少，减幅分别为0.71%和1.55%外，其余30个地区旅行社数量都有不同程度的增长，海南、新疆、湖南、贵州、甘肃五个地区涨幅均在10%以上，其中海南增幅最大，为24.22%。广东、北京、江苏、浙江、山东五个地区旅行社数量均超过2000家，数量最多的广东为3390家。[①] 在新冠肺炎疫情的影响下，2020年，全国旅行社营业收入为2389.69亿元，营业成本为2280.86亿元，营业利润为-69.15亿元，利润总额为-71.77亿元；旅游业务营业收入为1374.56亿元，旅游业务营业利润为3.27亿元。对比《文化和旅游部2019年度全国旅行社统计调查报告》，2019年，全国旅行社营业收入为7103.38亿元，营业利润为32.10亿元，利润总额为43.28亿元，[②]换言之，2020年全国旅行社亏损了近两年的利润。

① 《文化和旅游部2020年度全国旅行社统计调查报告》，中华人民共和国文化和旅游部网站，http：//zwgk. mct. gov. cn/zfxxgkml/tjxx/202104/t20210416_ 923778. html。

② 《文化和旅游部2019年度全国旅行社统计调查报告》，中华人民共和国文化和旅游部网站，http：//zwgk. mct. gov. cn/zfxxgkml/tjxx/202012/t20201204_ 906493. html。

2. 景区升级改造，限流预约

受疫情影响，文化旅游、休闲旅游、亲子旅游、红色旅游、乡村旅游等成为中国公民旅游出行的主要选择。根据2019年国家发改委、中央组织部、文化和旅游部等九部门联合发布的《关于改善节假日旅游出行环境促进旅游消费的实施意见》，中国正在加快旅游产品升级改造，提升旅游产品的文化内涵、科技含量、绿色元素。各地应依托当地革命历史文化和历史文物遗迹，注重运用“科技+”和“互联网+”等高科技手段，开发当地特色的数字文化旅游创意产品。此外，中国正大力推动发展“智慧景区”，推动景区设施设备更新换代、产品创新和项目升级，打造一批智能化、高品质旅游景区，开发并推广旅游景区移动端，重点推进门票线上销售、自助游览服务，推进4A级以上旅游景区实现手机应用程序（App）智慧导游、电子讲解等智慧服务。①

根据文化和旅游部2020年第四季度例行新闻发布会的内容，针对目前国内外疫情，文化和旅游部将继续指导A级旅游景区分类完善应急预案，按照“能约尽约”原则，推进旅游景区预约常态化，实现限量、预约、错峰入园游览。

3. 酒店业遭冲击，面临营收危机

受到疫情影响，2020年中国酒店行业面临巨大危机，中端酒店体现了较好的灵活抗压能力，而中小酒店企业面临的问题较为严峻。从民宿业情况来看，现阶段中国能实现赢利的民宿不足20%，而有30%游荡在盈亏平衡的边缘，另外有超过50%的民宿处于亏损状态。

但自2020年3月以来，随着国内疫情控制逐步向好，国内的旅游市场进入恢复期。全国大部分A级旅游景区重新开门迎客，多省解除对省内游的禁令，并在清明节、劳动节、春节等小长假的旅游带动下，高度依赖旅游经济的酒店市场正在逐渐复苏回暖。

① 《促进文旅消费升级要打好“组合拳”》，中华人民共和国中央人民政府网站，2019年12月19日，http://www.gov.cn/fuwu/2019-12/19/content_5462282.htm。

（四）旅游服务呈现新特点

1. “在线旅游”成旅游服务新趋势

在线旅游（Online Travel Agency，OTA），指消费者借助互联网第三方平台预定、购买旅游产品或服务的行为，它是“互联网+”背景下的产物，其综合功能主要包括机票、车票、景区门票及酒店预定。国内第一批在线旅游平台以携程旅行为代表，于1999年成立，国内OTA平台于2001年起开始提供单一旅游产品服务，随后逐步提供多元化、高品质化的旅游产品服务。2020年数据显示，以携程旅行、去哪儿旅行为代表的携程系继续保持高位运行，在线旅游市场呈现出“一超多强”格局（见图5）。2020年，同程旅行实现营收59.33亿元，途牛实现净营收4.503亿元。老品牌携程旅行与其他产品商显示出断层差距，领先优势显著（见图6）。

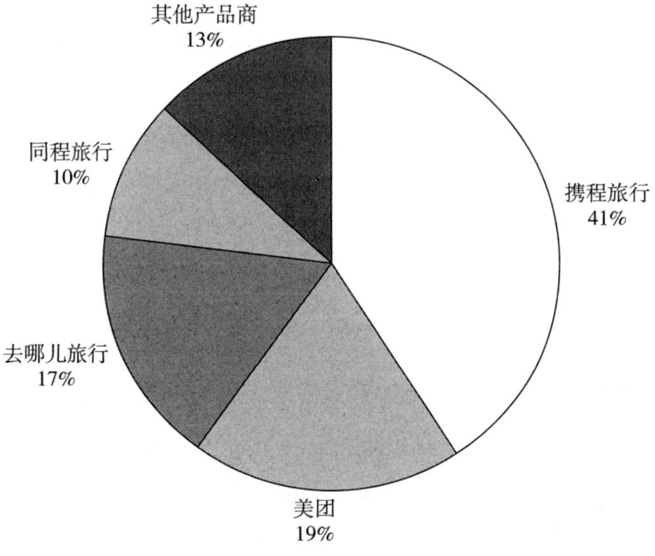

图5　2020年在线旅游（OTA）市场份额

资料来源：各旅游公司App。

2020年上半年，出于疫情防控需求，除中国推行“非必要不出门”政策外，多国对华采取入境限制，全国旅行社及在线旅游服务平台全部关闭机

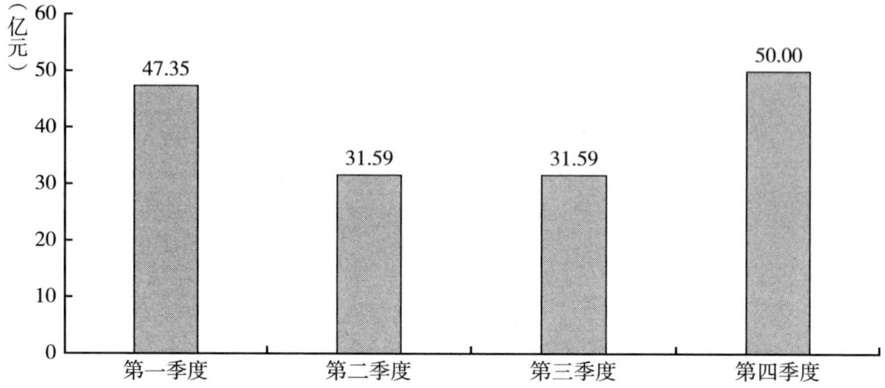

图 6　2020 年携程集团（携程旅行）第一季度至第四季度营收状况

资料来源：携程集团 2020 年财报公开信息。

票、酒店等预定通道。中国疫情防控得当，政策逐渐放开，人们居家时间过长，旅游需求旺盛，在线旅游市场迎来爆发式复苏。2020 年下半年国庆节期间在线旅游平台安装量及交易额直线上升，是国内游客“报复性旅游”的首个高峰点。疫情不仅改变了人们的出行计划，也改变了人们的消费观念和消费方式。

2. “云旅游”市场认可度显著提高

2020 年，在线旅游蓬勃发展，新冠肺炎疫情大大激发了人们对云旅游的热情。疫情期间，各大在线旅游平台及景区均推出云旅游项目，包括云景区、云娱乐、云看展、云直播、云博物馆等新业态，参与人数高涨，大放光彩。

春节期间，新浪微博推出“微博旅游计划”，“不出门，阳台是 VIP 区，客厅是热门景区，一起在家云旅游”快速成为热议话题，阅读量高达 7.7 亿，讨论量破百万，影响力巨大。同时，抖音也推出“在家云游博物馆计划”，据《新京报》报道，在国家文物局指导下，抖音联合中国国家博物馆、敦煌研究院等国内九大一级博物馆，将 VR 内容接入抖音，供广大网友在线观赏，三天共开展 9 场直播，观看人数累计高达近 20 万，九大博物馆账号累计涨粉 21.4 万。截至 2020 年 3 月，九大博物馆活动相关视频累计播放量超过2800万。

3. “小型中高端度假游”广受欢迎

中高端度假游包括小众旅游和定制旅游。小众旅游以文化游为主，重在体验，出行目的地一般并不火爆，对游客的文化程度要求也相对较高。而定制旅游完全体现旅游的本质，即随心所欲，旅行社完全根据游客的需求，为其打造专属的、极具个性化的旅游服务。

新冠肺炎疫情突袭而至，中国出入境市场始终处于停滞状态，中高端度假游用户需求转向国内。而且“小型中高端度假游”一般成团规模较小，多为家庭结伴自驾游，接触的人员较少，安全系数相对较高，在疫情背景下深受中国游客的喜爱，认可度和受欢迎度显著提高。

4. “红色旅游”发展势头强劲

近年来，红色旅游蓬勃兴起，发展优势日益增强，旅游业对当地社会经济发展的促进作用不断彰显，贡献率明显上升。自党的十八大以来，党中央对红色旅游高度重视，中共中央办公厅、国务院办公厅于2018年出台了《关于实施革命文物保护利用工程（2018～2022年）的意见》。①

在中国共产党建党100周年之际，政府加大了对红色旅游的投入力度，在文化和旅游部启动全国红色旅游五好讲解员培养项目、建党百年百条精品红色旅游线路项目等情况下，各地政府纷纷推出多项红色旅游项目规划，丰富红色旅游供给，讲好当地的红色革命故事。根据文化和旅游部统计，截至目前，中国已设立超过300个红色旅游景区。

二　中国旅游服务贸易发展中面临的问题

（一）传统旅游业转型升级亟须加快

自1999年携程旅行成立以后，以它为代表的互联网第三方服务平台逐

① 裴超：《红色活力——红色文化之旅带动中国旅游市场新活力》，《中国会展》2021年第2期。

渐显露在大众的视野中，这类平台的主要业务是为消费者提供在线订票服务，深受现代消费者的追捧和喜爱。平台在垄断流量的同时，一方面不断变相提升流量价格，另一方面不断通过自营产品抢占优质市场，导致传统旅行社的门店流量越来越小，地价越来越贵。

疫情使在线旅游平台对传统旅游业的冲击更加明显。据携程旅行的统计，2020 年人们出行计划更加偏向小众旅游、定制旅游等，针对此类需求，各大平台推出“机 + 景”“酒 + 景”等自由行度假系列产品，平台上的详细介绍可以使消费者足不出户便能了解目的地信息，甚至可以比较不同平台 App 中的同酒店、同航班班次及同景点的优惠力度。便利性和透明度导致消费者对在线旅游平台的依赖性加大，消费观念也由线下转变为线上。因此在旅游行业不断向好的大趋势下，传统旅行社无法得到旅游市场增长的红利。

（二）旅游服务供给侧改革亟待深化

中国长期存在城乡旅游需求差异问题，虽然近年来在国家扶持下，乡村交通得到好转，但是乡村居民旅游消费支出必然高于城镇居民。收入低、旅游消费支出高，这一不均衡现象显然难以打开乡村的旅游市场。疫情使乡村居民的旅游负担加重，比如，作为受新冠肺炎疫情影响最大的行业之一，餐饮业是农业的终端消费，是农产品的重要销售渠道之一，它的停滞和萎缩使其背后的供应链面临全线休息，导致农产品供应近乎停摆。而农产品是乡村居民的主要收入来源，且具有保质期短、储存难的特点，农产品滞销给农民带来了巨大损失，使得农民仅靠种地难以维持以往的生活水平；加之疫情限制人员流动，农民进城打工获取额外收入的途径也成了难题，种种限制的结果导致乡村居民的旅游需求被搁置。

境内外旅游需求差异也在疫情影响下更加显著。随着中国经济社会的发展和物质生活水平的提高，人民群众的精神文化需求迅速增长，文化消费能力大大增强，境外旅游需求急速上升。2019 年国家统计局发布的《国际地位显著提高国际影响力持续增强——新中国成立70周年经济社会发展成就系列报告之二十三》显示，中国出境旅游人数和境外旅游支出位居世界第1，中国已成为全球最大的出境游市场。但是，新冠肺炎疫情背景下中国出境游的热潮被阻断，人民需求无法得到满足，出境游市场极度空缺。

（三）旅游相关行业突发事件应对能力较弱

旅游服务消费具有人的移动性和体验型消费等方面的突出特征，全球化时代中各种重大风险的突发性、传递性大大增强。中国旅游相关行业在应对重大公共卫生等突发事件方面危机意识不够强、风险预警不够快、应对能力不够强，难以适应市场和环境变化的要求，而且中国旅游业的国际竞争力和国际合作经验不足。20 世纪 80 年代以前，欧美国家几乎垄断国际旅游市场，80 年代以后，新兴国家旅游市场的崛起使国际旅游市场结构发生改变。中国作为最大的发展中国家，经过改革开放后 40 多年的发展，旅游市场规模持续扩大，接待能力和水平迅速提高，现已成为全球国际游客到访量最大的国家之一，但是与世界旅游发达国家相比，中国旅游服务贸易的国际竞争力仍较弱，国际旅游外交仍面临不足。而历史上多次突发事件证明，国际组织在危机中发布的旅游相关指导公告会对一国旅游形象产生重要影响，因此，加强与各国、各旅游领域国际组织的合作，是中国尚需解决的难题。

（四）重大危机防控体系和应对机制不完善

旅游产业社会关联度高、产业链长、带动效应强。特别是在全球化背景下，生产要素高度流动，产业链、价值链和供应链高度关联，一个环节出问题将可能影响整个产业。新冠肺炎疫情突袭而至，我们的系统性应对还比较缺乏，主要靠企业自救，政府救市、行业互救还不够系统有力。因此，亟须建立健全重大危机防控体系和应对机制，制定常态化预案。

三 促进中国旅游服务贸易发展的对策建议

（一）大力加强智慧旅游建设

面对在线旅游对传统旅游的强烈冲击，传统旅游最突出的优势是服务，在旅游产品售卖及售后阶段，传统旅行社可凭借多年的经验，快速准确地处理旅游过程中可能遇到的问题和纠纷。因此传统旅游在寻找转型出路时，应在保留这一竞争优势的基础上，加速智慧旅游建设。

疫情推动云旅游多形式发展，不断激发出智慧旅游的潜能。同时，“新基建”为旅游业向数字化、网络化、智能化发展提供了新机遇，5G、人工智能等技术创新为旅游业装上了高质量发展的“智慧芯”。传统旅行社因为资源少、销售渠道狭窄，势必需要拥抱互联网，利用一些信息化工具去整合资源和渠道，加速线上线下融合、企业信息化的趋势；还可以通过全面引进在线供应链系统、客户管理系统、交易系统；也可以为门店开发小程序、建立网站和管理系统等，帮助传统门店提高效率，形成真正立体化的竞争。

（二）大力提高旅游供给能力

紧抓“新基建”机遇，完善交通基础设施建设，优化旅游环境。深度优化城乡、景城之间的道路衔接，加速推动公路拥堵路段扩容及景区停车场扩建，加快推广高速公路电子不停车快捷收费系统（ETC），在现有基础上，提升公共交通的配套设施服务能力，提高游客出行效率和满意度，推动中国旅游服务高质量发展。

加强国内旅游产品和旅游景区的规划布局，丰富供给，加快升级改造。加强国内旅游资源的开发，注重结合当地文化，着力开发文化游、乡村游、红色游等，提升旅游产品的特色文化内涵，注重消费者偏好，及时推出新产品新路线，集中力量打造一批新的精品景区、重点线路和特色旅游目的地，增强国内旅游市场竞争力。

（三）大力增强危机应对能力

化危机为契机，引导中国旅游产业链中各行业、各领域从业者增强危机意识，提升危机管理能力。树立全球化视野，引导企业依据行业特点，寻找危机源、风险点，增强人、财、物的资源调度能力。高度重视平台企业和头部企业在应对危机中的预警、协调作用，推动产业链上下游形成快速畅通的应急反馈机制。

旅游各部门和各企业应从不同角度，谋划实施应对重大危机不同阶段预案、提出相应措施。预案应包括危机预防和预判，应对危机的组织、机制和政策保障，重要应急措施，危机解决及恢复期对策等。在预案基础上，适时进行模拟预演，做好影响评估。系统做好应对新冠肺炎疫情的经验教训总结，切实增强旅游相关行业应对重大危机的能力。

（四）构建全方位的风险防范联控体系

建立健全全国旅游系统风险防范联控体系以及应急保障机制，强化自救、互救、政府扶持、社会助力等层面的政策制度设计和实践引导，探索建立旅游风险保障和突发危机应对保障储备基金。在此基础上，建设与国内应急保障、卫生健康、市场监管、交通运输等部门的协同机制和风险防范联控体系。推进与旅游领域国际组织、世界各国旅游管理部门的合作，探索建立应对危机和风险、共享旅游发展利益的国际协作机制，实现重大风险预警联动和快速沟通。

参考文献

王琪延、高旺：《外部不确定因素对中国旅游企业动态影响研究》，《旅游学刊》2020 年第 12 期。

杨勇：《常态化疫情防控下旅游经济研究的新问题与新机遇》，《旅游学刊》2021 年第 2 期。

庞世明、王静：《“互联网+”旅行社：商业模式及演变趋势》，《旅游学刊》2016年第6期。

周玲强：《中国旅游发展笔谈——后脱贫时代乡村旅游与乡村振兴》，《旅游学刊》2021年第4期。

银元：《深刻理解和把握乡村旅游高质量发展的内涵》，《中国旅游报》2021年5月11日，第3版。

陈伍香：《新冠肺炎疫情防控常态化条件下发展大健康旅游产业的认识》，《社会科学家》2020年第1期。

丁家发：《旅游“能约尽约”有利疫情防控》，《经济日报》2020年12月29日。

陈林娜：《中国与“一带一路”沿线国家旅游服务贸易的机遇、挑战及对策》，《对外经贸实务》2021年第1期。

B.3
中国娱乐、文化与体育服务贸易发展报告（2021）*

李嘉珊　刘　霞**

摘　要：娱乐、文化与体育服务贸易的高质量发展和高水平开放对于中国文化产业国际竞争力的提升以及中国2035年文化强国的建成都具有非常重要的现实意义。在中国政府的大力支持下，尽管娱乐、文化与体育服务贸易以逆差为主，但2019年之前进出口贸易规模持续增加，娱乐、文化与体育业对外投资也快速发展。2020年受疫情影响，中国娱乐、文化与体育服务贸易逆差额也出现了小幅下降。在具体发展过程中，中国娱乐、文化与体育服务贸易目前面临着对外贸易与产业发展不匹配、国际竞争力不强和人力资源储备不足等方面的问题。为此，本文从推动娱乐、文化与体育服务贸易发展、促进文化创新与科技创新融合、发展文化服务产业链、培养高素质文化服务人才这四个方面提出相应的对策建议，为中国娱乐、文化与体育服务贸易的高质量发展提供重要参考。

关键词：文化服务贸易　服务贸易　数字化

---

* 北京市社会科学基金决策咨询一般项目“优化营商环境服务首都国际交往中心功能建设的策略研究”（项目编号：20JCC062）的阶段性成果。

** 李嘉珊，教授，北京第二外国语学院中国服务贸易研究院常务副院长、国家文化发展国际战略研究院常务副院长，首都国际交往中心研究院执行院长，首都国际服务贸易与文化贸易研究基地首席专家，国家文化贸易学术研究平台专家兼秘书长，研究方向为国际文化贸易等；刘霞，首都国际服务贸易与文化贸易研究基地研究员，北京第二外国语学院经济学院讲师，研究方向为国际文化贸易、世界经济等。

在“国内大循环为主体、国内国际双循环相互促进”的发展格局下，中国文化产业规模逐步扩大，已经成为实现中华民族伟大复兴的重要推动力量。《中国共产党第十九届中央委员会第五次全体会议公报》中明确提出“繁荣发展文化事业和文化产业，提高国家文化软实力。坚持马克思主义在意识形态领域的指导地位，坚定文化自信，坚持以社会主义核心价值观引领文化建设，推进社会主义文化强国建设”，对中国文化产业发展和文化强国建设提出了重要的规划。其中，文化服务贸易作为文化产业的重要组成部分，文化服务贸易的高质量发展至关重要。近年来，娱乐、文化与体育服务对外贸易规模不断扩大，对中国文化产业的贡献度也与日俱增，2019 年，对外贸易总额高达 53.0 亿美元，这大大增强了娱乐、文化、体育行业的辐射力。在此背景下，对中国娱乐、文化与体育服务贸易发展现状和趋势以及未来发展存在的问题进行详细分析，对中国文化服务贸易的高质量发展和中国文化产业国际竞争力的提升具有重要的现实意义。

一　中国娱乐、文化与体育服务贸易发展概述

近年来，在政府有关部门对文化产业发展的大力支持下，中国娱乐、文化与体育服务业发展迅速，除了 2020 年受疫情影响，娱乐、文化与体育服务对外贸易规模出现小幅下降之外，2019 年之前一直呈现逐年增加的趋势。

（一）疫情防控常态化背景下政府对娱乐、文化与体育行业的支持力度加大

2020 年是极不平凡的一年，新冠肺炎疫情突袭而至，世界各国的经济、社会和科技等方面都发生了重要的变化，人们的生活方式也有了新的变化和调整。在疫情发生初期，中国娱乐、文化与体育产业也受到了一些负面的影响，随后各地政府纷纷出台专项政策来帮助和支持文化产业渡过难关，为娱乐、文化与体育行业后续的迅速恢复提供了重要的支撑。近年来，中国的娱乐和文化行业发展迅速，特别是娱乐演出行业，娱乐演出的节目日益多样

化，各类演出节目、综艺节目等层出不穷，有网络原创节目，有脱口秀、相声、话剧等语言类节目，有说唱类节目（电音）。Livehouse 演出形式等发展势头良好，多样化的文化娱乐演出形式也进一步丰富了文化娱乐服务的进出口贸易。同时，随着数字技术的不断发展，体育行业在智能比赛和线上体育比赛等方面发展较快，支持政策主要集中在体育智能赛事和学校加强体育赛事这些方面。2020 年 10 月 29 日，国家发改委、国家体育总局等 14 个部门联合发布了《近期扩内需促消费的工作方案》，该文件不仅提出了要充分释放线上经济潜力，推动线下消费服务快速发展的建议，同时，针对体育服务的发展提出了一些建设意见，如“要丰富线上体育智能赛事供给。举办全国性智能体育大赛，将智能滑雪、智能足球、智能赛车、智能骑行等更多内容纳入赛程，结合拓宽 5G 应用场景，带动健身器材和 5G 终端产品快速销售”等。① 在政府有关部门的大力支持下，中国娱乐、文化与体育行业能够适应新的市场和消费需求，在日益复杂的国际形势和疫情防控常态化的综合背景下能够较快恢复并迅速发展。

此外，随着数字技术的全球化发展，中国政府高度重视数字文化产业国际竞争力的提升。2020 年 11 月，文化和旅游部发布了《文化和旅游部关于推动数字文化产业高质量发展的意见》，分别从夯实数字文化产业发展基础、培育数字文化产业新型业态、构建数字文化产业生态等方面提出多项意见，为中国数字文化产品和服务对外贸易的发展提供了重要的基础。与此同时，公共文化服务的发展也得到了政府的大力支持。为了推动公共文化服务高质量发展，不断深化文化体制改革，2021 年 4 月 3 日，文化和旅游部、国家发改委和财政部发布《关于推动公共文化服务高质量发展的意见》，该文件中明确提出“深入推进公共文化服务标准化建设”，提出中国要不断丰富文化、娱乐和体育等服务设施，加强基础设施建设，并提高文化服务的建设标准。

---

① 《发改委等 14 部门发文：要丰富线上体育智能赛事供给》，人民网，http：//sports. people. com. cn/n1/2020/1102/c202403 –31915716. html，最后访问日期：2021 年 4 月 19 日。

（二）中国娱乐、文化与体育服务贸易规模持续增加

面对蓬勃发展的文化消费市场和文化领域日益多元化的精神需求，中国娱乐、文化与体育行业的国际竞争力不断提高，2019 年之前进出口贸易规模逐步扩大。但是，2020 年受新冠肺炎疫情的影响，中国娱乐、文化与体育服务贸易的进出口规模出现了小幅下降。根据《中国统计年鉴》统计数据，中国娱乐、文化与体育服务的进出口贸易规模呈现逐年增加的趋势。进出口贸易总额从 2011 年的 5.0 亿美元稳步增加到 2019 年的 53.0 亿美元，特别是 2015 年之后进出口贸易总额增加较快（见图 1）。随着中国娱乐、文化与体育消费市场的发展与居民精神文化需求多样化的发展，2015 年之后进口额和进出口贸易总额均出现了较明显的增长趋势，2020 年，进出口贸易总额小幅下降到 43.04 亿美元。具体针对进口而言，中国娱乐、文化与体育服务贸易的进口额与进出口贸易总额的变化趋势较为相近，进口额从 2011 年的 4.0 亿美元逐步增加到 2019 年的 41.0 亿美元的最大值，极大地丰富了国内文化和娱乐的消费市场，满足了人们多样化的精神文化需求。2020 年，娱乐、文化与体育服务贸易的进口额也出现了小幅下降，下降到 30.07 亿美元。对于出口贸易，统计数据显示中国娱乐、文化与体育服务贸易的出口额一直保持较为稳定的发展态势，逐年增加的幅度较小，从 2011 年的 1.0 亿美元小幅增加到 2019 年的 12.0 亿美元，且 2019 年和 2020 年基本维持稳定。

（三）中国娱乐、文化与体育服务对外贸易逆差额逐年扩大

从娱乐、文化与体育服务贸易顺逆差的角度看，中国娱乐、文化与体育服务贸易以贸易逆差为主（见图 1）。根据《中国统计年鉴》数据，2011 ~ 2020 年，中国娱乐、文化与体育服务的出口贸易增加幅度较小，而进口贸易的增加幅度较大，且总体规模也较大，因此贸易逆差额在 2019 年之前呈现逐年扩大的变化趋势。中国娱乐、文化与体育服务贸易逆差额从 2011 年的 3.0 亿美元逐步增加到 2019 年的 29.0 亿美元，这与中国文化消费市场的不断发展和消费者日益多元化的娱乐、文化和体育消费需求密切相关，同时

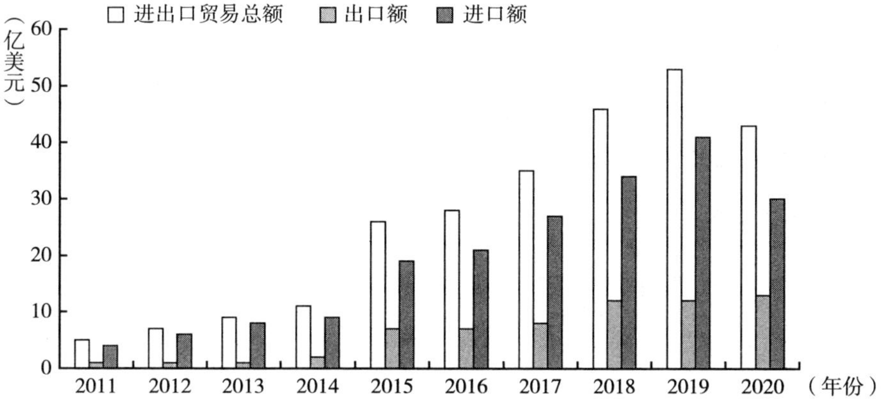

图1　2011～2020年中国娱乐、文化与体育服务贸易规模变化趋势

资料来源：《中国统计年鉴》（2012～2021年）。

与中国文化服务贸易整体的发展态势相一致，也受到中国文化产业发展不均衡和市场集中度较高等问题的影响。但由于新冠肺炎疫情的影响，随着进口规模的小幅下降，2020年中国娱乐、文化与体育服务贸易逆差额也出现了小幅下降，由2019年的29.0亿美元下降到2020年的17.1亿美元。

（四）中国娱乐、文化与体育服务贸易增长率呈现波动式变化趋势

尽管中国娱乐、文化与体育服务贸易的进出口贸易总额和进口额、出口额均呈现逐年增加的变化趋势，但是其贸易增长率却出现了较大的波动幅度。根据《中国统计年鉴》数据测算，中国娱乐、文化与体育服务贸易进出口增长率和进口增长率的变化趋势呈现高度的相似性和一致性，这与娱乐、文化与体育服务贸易进口规模较大有关。2015年之后，进出口增长率和进口增长率相对较小，同时呈现逐年下降的变化趋势，从2012年的40.0%和50.0%逐步下降到2014年的22.2%和12.5%。2014年之后，娱乐、文化与体育服务贸易进出口增长率和进口增长率均出现了一个大幅度的增加，2015年进出口增长率和进口增长率分别达到136.4%和111.1%的最大值。而在2016年却下降到7.7%和10.5%。2016年之后二者的增长率均逐年呈现小幅的增长趋势，在2018年达到第二个峰值，分别约为31.4%和

25.9%。由于受全球新冠肺炎疫情的影响，2020 年中国娱乐、文化与体育服务贸易进口规模小幅下降，进口增长率约为 -26.7%。对于中国娱乐、文化与体育服务贸易出口规模而言，增长率整体上也呈现较为相似的波动式变化趋势，但是 2015 年的出口增长率达到峰值，大大降低了中国文化服务贸易总体的逆差额（见图 2）。

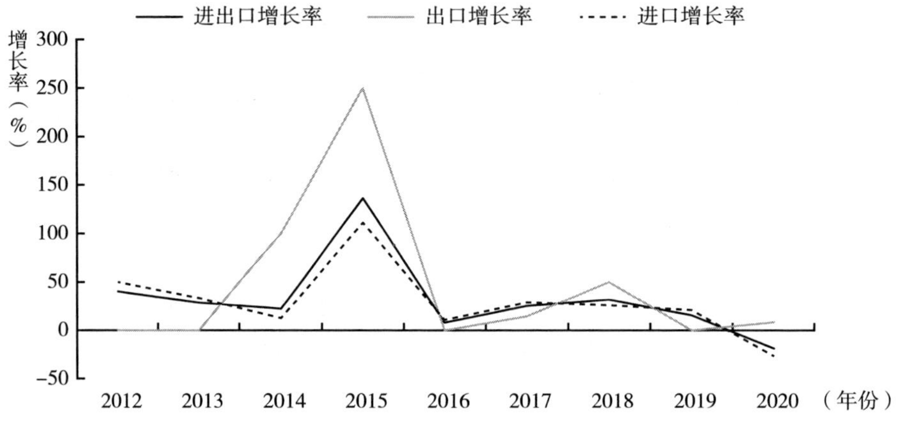

图 2　2012 ~ 2020 年中国娱乐、文化与体育服务贸易增长率趋势

资料来源：《中国统计年鉴》（2013 ~ 2021 年）。

（五）中国娱乐、文化与体育业对外投资的发展势头良好

虽然中国文化服务贸易规模在不断扩大，但是总体上仍呈现净输入状态，贸易逆差逐年扩大。与此同时，中国也高度重视文化服务的“走出去”。娱乐、文化与体育业对外投资额整体上也呈现波动式的增加趋势，发展势头良好。根据商务部统计数据，中国娱乐、文化与体育业对外投资额从 2008 年的 0.2 亿美元逐步增加到 2016 年的 38.7 亿美元的最大值。2016 年之后波动较大，除了 2017 年出现大幅下降之外，2017 ~ 2018 年，娱乐、文化与体育业对外投资额同样又呈现出了逐年增加的变化趋势，同时在 2019 年又出现了小幅下降，从 2018 年的 11.7 亿美元下降到 2019 年的 5.4 亿美元（见图 3）。

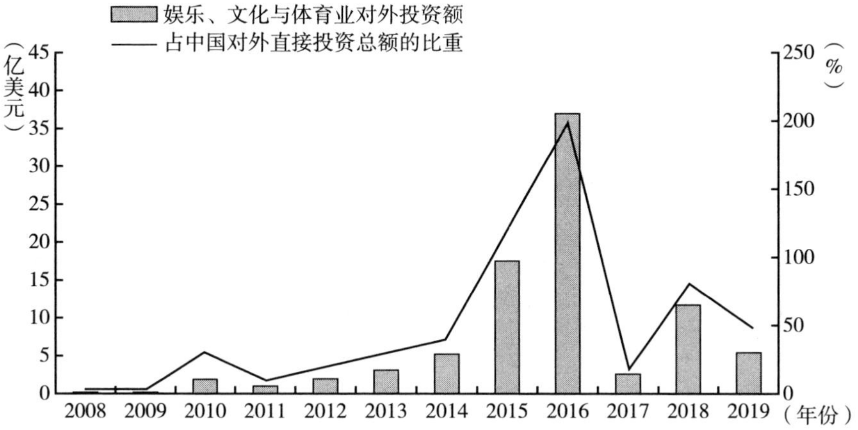

图3　中国娱乐、文化与体育业对外投资趋势

资料来源：商务部。

同时，中国娱乐、文化与体育业对外投资额占中国对外直接投资总额的比重也呈现不断变化的趋势，同样在2016年达到了最大值，是中国对外直接投资总额的2倍。具体地，2008年中国娱乐、文化与体育业对外投资额占中国对外直接投资总额的比重相对较小，约为4.0%。2008年之后占比呈现逐步增加的变化趋势，逐步增加到2016年的200.0%。之后同样在2017年出现了较大幅度的减少，占比仅为20.0%。而2017～2019年，娱乐、文化与体育业对外投资额占中国对外直接投资总额的比重出现先增加后下降的趋势，在2018年达到了第二个峰值，约为80.0%。这与近年来资金的跨国流动趋势以及世界各国对外资进入的放松管制密切相关，也与中国文化服务贸易和中国服务贸易中资本的跨境流动日益频繁有关。

二　中国娱乐、文化与体育服务贸易发展的问题与挑战

尽管中国在娱乐、文化与体育等行业的国际竞争力逐步增强，娱乐、文化与体育服务贸易的对外规模也在逐年增加，与娱乐、文化与体育业相关的对外投资额总体上也呈现良好的发展势头，但是在“十四五”开局之年、

全面建设社会主义现代化国家新征程的开启之初，面对错综复杂的国际形势，中国娱乐、文化与体育服务贸易在高质量发展过程中仍存在一定的问题与挑战。

（一）娱乐、文化与体育服务对外贸易和相应产业的发展不匹配

近年来，在政府相关政策的大力支持下，中国的娱乐、文化与体育服务对外贸易快速发展，已经取得了较大成就，但是同娱乐、文化与体育行业的发展相比，二者的发展速度和对经济的贡献上存在一定程度的不匹配，这与中国服务贸易和服务业发展的整体趋势相关。根据商务部统计数据，2019年中国服务业整体产值在中国 GDP 中的占比约为51%，而中国对外服务贸易在中国对外贸易中的占比仅为15%。对于文化贸易和文化产业发展，同样也存在发展不匹配的问题，商务部服贸司的统计数据显示，2019 年中国娱乐、文化与体育服务贸易的进出口总额达 52.8 亿美元，同比增长14.5%；其中，出口额达12.0 亿美元，下降1.3%，进口额达40.8 亿美元，增长20.2%。娱乐、文化与体育行业对外投资达5.4 亿美元，下降68.0%。这种发展的不匹配在一定程度上也加速了文化服务贸易逆差的发生，对外输出的文化服务种类较少、规模较小，而对外引进的文化服务因文化产业的迅速发展而日益多样化。

中国的娱乐、文化与体育服务对外贸易同对应产业发展不匹配，主要与近年来兴起的多样化贸易壁垒、数字技术发展以及娱乐、文化与体育服务统计范畴界定等原因有关。首先，与货物贸易所面临的关税壁垒不同，文化服务贸易面临一系列非关税壁垒，非关税制度性的壁垒较大地限制了中国文化服务贸易整体发展，也会影响娱乐、文化与体育服务对外贸易的开展。其次，有些传统的文化服务，目前仍没有太多途径和空间进行国际贸易，在国际服务贸易中的参与度较低。最后，文化服务贸易在统计方面存在误差和遗漏，很多服务贸易虽然已经开展，但是由于统计方法和统计过程的不便，最终并未进行统计。主要有以下三类。第一，嵌入货物和商品贸易中的服务贸易。如进出口贸易的文化商品和文化衍生品里面就包含了很多文化服务贸易

相关的环节，但是存在一定的统计遗漏。第二，可数字化的文化服务贸易。在线的一些与娱乐、文化与体育相关的服务贸易也并未纳入文化服务贸易的统计范畴，如在公开网络上呈现的一些娱乐项目等。第三，有介质的数字文化内容产品贸易。其具有较大的文化服务价值，但仅归纳为文化商品贸易。

（二）娱乐、文化与体育服务贸易的国际竞争力不强

娱乐、文化与体育服务贸易作为文化服务贸易的重要组成部分，随着中国娱乐、文化与体育服务对外贸易的快速发展，越来越多的学者针对其国际竞争力和比较优势进行深入研究和探讨。其中，根据联合国贸发会议数据库以及《中国服务贸易统计》的相关数据测算发现，中国服务贸易对外发展过程中，网络信息文化方面国际竞争力较强，且呈现缓慢增长趋势，而在文化娱乐服务对外贸易方面，中国的国际竞争力相对薄弱。[①] 这种强弱不均衡的发展态势一方面与目前中国文化服务产业的整体发展不均衡以及细分产业差异化的市场集中度有关，另一方面也与中国在娱乐、文化与体育服务产业上，文化创新与科技创新的融合度不高密切相关。因为科技创新是文化服务对外贸易范围和种类不断拓展的重要助推器，而文化创新是文化服务国际竞争力提升的关键。[②] 随着大数据、人工智能、5G 等先进技术的迅速发展，为“互联网 + 文化服务”的各种新业态和新模式的产生奠定了重要基础。尽管中国在某些数字技术发展方面处于世界领先地位，但是文化创新和科技创新的深度融合及数字技术在娱乐、文化与体育服务贸易中的广泛应用还有待进一步加强。

（三）娱乐、文化与体育服务贸易的人力资源储备不足

在中国娱乐、文化与体育行业的高质量发展进程中，文化服务人力资源储备的提升和人力资本结构的改善至关重要。因为娱乐、文化与体育服务质

① 苏晨晨：《中国文化服务贸易现状及影响因素分析》，《对外经贸》2020 年第 3 期，第 11 ~ 15 页。

② 刘红玉：《我国文化服务贸易国际竞争力现状分析及提升策略》，《文化软实力》2019 年第 2 期，第 80 ~ 90 页。

量和文化服务贸易国际竞争力的提升都离不开具有较多专业知识储备和较强专业技能的国际文化服务人才。而中国在娱乐、文化与体育服务贸易方面的人力资源储备不足，且专业人才整体上存在供给和需求不匹配的状态，不仅相关行业和领域从业人员的专业素养和知识技能均有待进一步提高，而且在娱乐、文化与体育行业人才需求方面仍存在较大的缺口。而对于文化服务专业人才而言，其面临较大的就业摩擦，不能高效地与相应的岗位进行匹配，市场搜寻成本较高，同时文化服务人才供给质量也还不能完全满足该行业高质量发展的需求。以体育行业为例，根据国家统计局的数据，2018 年中国共有文化、体育和娱乐业法人单位 56.7 万个，从业人员 419.8 万人，分别比 2013 年末增长了 146.4% 和 35.9%，① 可见法人单位数量的增长幅度远大于从业人员数量的增长幅度，对中国体育文化服务方面的专业人才储备提出了更高的发展要求。

三　中国娱乐、文化与体育服务贸易发展的对策建议

针对中国娱乐、文化与体育服务贸易发展过程中在对外贸易与产业发展匹配度、国际竞争力以及人力资源储备等方面的不足，分别提出相应的对策建议，为中国娱乐、文化与体育服务贸易竞争力提升和对外贸易的高质量发展提供重要参考。

（一）加速推动娱乐、文化与体育服务贸易发展，提高与产业发展的匹配度

疫情防控常态化背景下，充分发挥数字技术的优势，同时从供给侧和需求侧入手，不断加快促进文化创新与科技创新的深度融合发展，推动中国娱乐、文化与体育服务贸易的高质量发展，提高与对应产业发展的匹配度。因为疫情

① 《2018 年中国全国文化、体育和娱乐业法人单位从业人员 419.8 万人》，全球经济数据网，http：//www.qqjjsj.com/show70a105520，最后访问时间：2021 年 4 月 22 日。

发生之后，很多娱乐、文化和体育方面的活动均借助数字化平台开展，这种以网络化和数字化为主要特征的文化娱乐需求也迅速增长。与此同时，文化娱乐服务的供给方也在不断探索和改进文化生产方式，数字文化服务产业和贸易也逐步发展，网络游戏、短视频等文化产品和服务的国际竞争力不断提升，为中国娱乐、文化与体育领域竞争力的进一步提升和对外贸易的进一步发展提供重要的支撑。对于文化娱乐行业，在加强科技创新与文化创新高度融合的同时，也要特别注意加强审核和监管。不仅要针对文化娱乐服务题材和内容进行严格审核，加大监管力度，还要对有关线下和线上活动的开展依法进行审批，确保各环节均纳入有关部门的监管视线。此外，要加快制度创新与突破，克服文化服务贸易发展中所面临的非关税壁垒。为了进一步加速中国文化服务贸易的自由化进程，要加快推进制度创新和制度突破，包括原产地规则等方面，降低文化服务贸易所面临的各种非关税壁垒，加快文化服务贸易整体的自由化进程，进而带动和促进娱乐、文化与体育服务贸易的创新发展。

（二）注重文化创新与科技创新的融合，提升文化服务国际竞争力

全面推进文化创新和科技创新的深度融合，以文化服务需求引导科技创新，以科技创新支撑文化服务发展，形成科技创新与文化服务的有效对接，促进中国娱乐、文化与体育服务贸易的高质量发展。一方面，要立足于文化服务对科技的实际需求，大力发展与文化应用密切相关的科技领域，尤其要重点攻克文化服务领域的核心技术和共性技术，抢占文化产业发展的制高点，避免被“卡脖子”的现象发生。另一方面，要加快5G、大数据、云计算等先进技术在文化服务领域的普及和应用，推动科技成果有效转化。利用各种信息技术加强对文化遗产的数字化开发和保护，促使更多的文化内容走进消费领域，并不断丰富文化服务的表现形式，拓宽文化服务消费的新场景等。文化创新和科技创新的融合是文化产业发展的必然趋势，科技能增强文化服务的感染力，文化能为科技提供内容支撑。借助科技力量对文化服务各个环节进行改造优化，对提高其国际竞争力有重大意义。此外，政府也要大力培育娱乐、文化与体育行业企业的研究创新能力，通过为相关企业提供税

收等优惠政策，降低企业的经营成本和风险；还可以依托文化和科技园区，推进文化科技融合示范基地建设，改善文化企业和科技企业之间信息不对称的问题，不断提升文化服务业的国际竞争力。

（三）重点发展文化服务产业链，发挥行业内龙头企业的带动能力

如今国际市场的竞争不仅仅是产品的竞争，更是产业链的竞争。完整的文化服务产业链可产生规模效应、协同效应和品牌效应，提升文化服务的核心竞争力。因此，中国娱乐、文化与体育服务对外贸易的发展也需结合产业发展规律，加强文化服务产业链的构建，并促进产业链的横向和纵向延伸，避免产业链条内部的重复建设和文化资源的浪费，不断提高整体生产率，实现娱乐、文化与体育行业的科学发展。同时，一方面，在延伸和拓展文化服务产业链的同时，也要注意发挥行业内龙头企业的带动能力，吸引大量的文化资源，构建水平、垂直和立体维度的文化产业链集群。另一方面，要注重文化服务产业链各环节规划的合理性，加强各链条和各环节文化企业之间的紧密联系，通过加强合作促进文化服务产业链条的创新发展，提高整个文化服务业的发展活力。

（四）加大对高素质文化服务人才的培养力度，增强人才资源储备

增强人才资源储备是提升文化服务贸易国际竞争力的关键，着力培养一批既精通文化资源转化，又懂得市场经营的高素质创意人才，对打破文化服务发展瓶颈，推动娱乐、文化与体育服务“走出去”具有重大意义。政府要营造文化创新氛围，为文化服务人才培养创造良好环境。目前，中国文化市场依然存在着侵权成本低、侵权行为泛滥的问题，这极大地抑制了文化服务人才的创造热情。因此，有必要积极完善相关法律法规，加强知识产权保护，严厉打击侵权活动，为文化服务人才的创意活动提供相应的保障。同时，高校需立足于中国文化服务的发展现实和发展需求，提升教育理念，完善文化服务人才的培养模式。在课上，要积极引导学生独立思考，鼓励学生表达自己的创意；在课下，举办以文化创新为主题的有关

活动，培养学生理论与实践相结合的能力。此外，高校也可以加强与企业的合作，为学生提供了解文化市场需求的机会，加强对学生实践能力的培养。因为在数字技术迅速发展的背景下，文化与科技的融合与交流日益增多，此时文化服务人才需立足于全球视野，学会从不同文化角度和与时俱进的理念去看待娱乐、文化与体育服务贸易对外发展中所面临的主要问题。

B.4
中国金融服务贸易发展研究（2021）*

丁志杰　丁　玥　田　园**

摘　要：　近年来，中国金融服务贸易规模有所扩张，但总体发展水平仍然偏低，国际竞争力不足，内部结构失衡问题突出。“十四五”时期，中国金融市场双向开放步伐加快，金融服务贸易将迎来快速发展阶段，同时能够改善服务贸易逆差，维护国际收支平衡，优化中国贸易结构。未来应在提升国内金融机构的国际竞争力、培养金融人才、发展区域金融服务贸易合作、完善金融领域法律监管体系等方面落实有关政策，积极支持中国金融服务贸易发展。

关键词：　金融服务贸易　保险服务贸易　国际服务贸易

中国正在从经济大国向金融大国迈进。英国智库 Z/Yen 集团制定的全球金融中心指数（Global Financial Centers Index）是目前全球最具权威和影响力的金融中心评价指数。根据 2021 年 3 月的最新报告，中国有 14 座城市上榜，[①] 上海、香港、北京、深圳分别位列全球第 3、第 4、第 6、第 8，中

* 北京市社会科学基金决策咨询一般项目“优化营商环境服务首都国际交往中心功能建设的策略研究”（项目编号：20JCC062）的阶段性成果。

** 丁志杰，国家外汇管理局外汇研究中心主任，教授、博士生导师，研究方向为国际金融、发展金融、金融制度比较；丁玥，对外经济贸易大学金融学院 2019 级博士研究生，研究方向为国际金融；田园，国家外汇管理局外汇研究中心研究员，研究方向为国际金融。

① 14 座城市分别为上海、香港、北京、深圳、广州、成都、台北、青岛、杭州、天津、大连、西安、南京、武汉。

国全球金融中心建设取得突出进展。金融服务贸易的发展，在一定程度上反映了中国金融业的综合竞争力。加快发展金融服务贸易是优化金融供给侧改革、提高金融资源配置的重要途径之一。“十四五”时期，中国加快构建以国内大循环为主体、国内国际双循环相互促进的新发展格局，金融市场双向开放持续推进，人民币计价的金融资产吸引力不断提升，发展金融服务贸易恰逢其时。尤其是在未来一段时间，国际经济金融环境错综复杂，中美战略博弈长期化，中国国际收支波动加剧，改善服务贸易逆差有利于维护国际收支平衡，优化中国贸易结构。本文聚焦金融服务贸易，分析中国金融服务贸易的现状和问题，并根据研究结论提出有关政策建议。

一　金融服务贸易的概念

（一）关于金融服务贸易的概念

金融服务贸易概念的正式提出是在 1986 年 9 月开始的关贸总协定乌拉圭回合谈判[①]中。世界贸易组织（World Trade Organization，WTO）在 1994 年乌拉圭回合谈判的最后文本中，明确将金融服务纳入贸易自由化的范围内，并在《服务贸易总协定》（General Agreement on Trade in Services，GATS）的附件中[②]给出了金融服务贸易的定义：金融服务贸易是指 WTO 成员或地区作为金融服务供给方提供的任何金融性质的服务，金融服务包括所有保险和与保险有关的服务，以及所有银行和其他金融服务（不包括保险）。

GATS 中服务贸易的四种形式——跨境交付、境外消费、商业存在、

① 1986 年 9 月，在乌拉圭的埃斯特角城召开了一场关贸总协定的部长级会议，旨在全面改革多边贸易体制的新一轮谈判拉开序幕。本次“乌拉圭回合”谈判是迄今为止最重要的一次贸易谈判，历时 7 年半，谈判内容几乎涉及所有贸易，建立了一个服务贸易原则和规则的多边框架。

② WTO：《服务贸易总协定（GATS）》，https：//www. wto. org/english/docs_ e/legal_ e/26-gats_ 02_ e. htm#annfin。

自然人流动，均适用于金融服务贸易。需要说明的是，在金融服务贸易统计中，目前中国及世界上大多数国家只开展了国家层面的国际收支平衡表统计工作，统计中并未涉及“商业存在”形式。即若一国金融机构在外国设立分支或代理机构，为所在国和其他成员国的消费者提供金融服务，这部分的数据不可得。这也是目前金融服务贸易统计存在的问题和不足。

（二）关于金融服务贸易有关规定的细化完善

GATS 对金融服务贸易进行了框架性规定，包括金融服务贸易供给的定义和范围、国内监管体系的设计原则等，以及与其他服务贸易一并适用的普适性规定，包括最惠国待遇、市场准入和透明度等，并没有对金融服务贸易进行更加细节性的规定和体系设计。

发达国家金融服务贸易发展迅速，重要性显著提升，GATS 中的框架性规定无法满足发达国家发展的实际需要，完善金融服务贸易体系设计的迫切性凸显，因此各类自由贸易协定的制定者逐步对金融服务贸易的规则体系进行细化完善，彼此之间也存在一定差异。1994 年，美国、墨西哥和加拿大签订了《北美自由贸易协定》（North American Free Trade Agreement，NAFTA），就跨境金融服务贸易做出了包括基本待遇和最终目标等大方向上的概括性规定，并未涉及具体的细节设计。此后金融服务贸易规则体系在《全面与进步跨太平洋伙伴关系协定》（Comprehensive and Progressive Agreement for Trans-Pacific Partnership，CPTPP）和《美国—墨西哥—加拿大协定》（United States-Mexico-Canada Agreement，USMCA）中有了重要的进展。CPTPP 和 USMCA 均对金融服务贸易的市场规则等有关规定进行了细化完善，包括但不限于市场准入、最惠国待遇和国民待遇等。其中，CPTPP 基于现代服务贸易的最新发展，在 GATS 的基础上主要增加了投资组合管理服务和电子支付与清算服务的开放；USMCA 不仅进一步扩大了开放领域，其在金融信息、电子支付等新兴领域上的规定更加细节化和全面化，金融服务贸易的规则体系更加完整。

二 中国金融服务贸易的发展历程及特点

WTO 汇总和公布成员在国际收支统计口径下的金融服务贸易数据，按照两部分公布：一是保险和养老金服务贸易数据，称为保险服务数据；二是除保险之外的其他金融服务贸易数据，称为金融服务数据。基于可得数据，可以勾勒出中国金融服务贸易的发展历程及特点。

（一）从政策规则看，开放程度不断扩大

中国在加入 WTO 时，对保险及其相关服务、银行和证券服务等少数领域做出了市场准入的承诺。近年来，随着全球金融服务贸易的快速发展，中国也在逐步主动扩大金融服务贸易的开放领域，而不再仅仅局限于入世承诺。例如，2015 年中国与澳大利亚签署的《中国—澳大利亚自由贸易协定》中，将“金融服务”中“交易市场、公开市场或场外交易市场的自行交易或代客交易”所涉及的具体服务贸易内容进行了细化；2018 年以来，中国陆续宣布实施与银行业和保险业相关的对外开放措施。但整体上看，具体的金融服务贸易规则还是依托于 GATS 的基本框架，没有实质性突破。

《区域全面经济伙伴关系协定》（Regional Comprehensive Economic Partnership，RCEP）的签署是中国融入和设计国际金融服务贸易规则体系的重要里程碑。金融服务是 RCEP 成员谈判的重点内容之一，在 RCEP 中形成了较为完善的规则体系，为推动金融服务贸易发展创造了较好的制度环境。其中，实质性进展包括：基于技术进步和金融服务贸易新形式，引入新金融服务、信息转移和处理等条款，推动了新兴领域的国际规则制定；对接国际标准经贸规则，促进国内法与国际法衔接，督促和完善中国基本制度体系的建设；RCEP 多个成员承诺在金融服务贸易上对中国较大程度的开放，为中国金融服务贸易的发展提供了平台和空间。

（二）从总量规模看，金融服务贸易先快速增长后趋稳回落

加入 WTO 之后，中国金融服务贸易[①]整体规模呈快速扩张趋势，并在 2014 年达到峰值。中国逐步履行在金融服务贸易的主体部分做出的入世承诺，积极开放本国金融市场，涉及银行业、保险业、证券业和外汇管理等，为中国金融服务贸易的发展创造了良好的环境。[②] 2005～2014 年，中国金融服务贸易总额由 2005 年的 80.54 亿美元攀升至 2014 年的 364.99 亿美元，年均增长率高达 18.28%，其间仅 2009 年受国际金融危机影响贸易总额呈现负增长。金融服务贸易的重要性也逐步凸显，金融服务贸易占中国服务贸易总额的比重由 2007 年的 4.85% 上升至 2013 年的 6.13%，地位持续提高。在此期间，在“引进来”和“走出去”战略方针的引导下，金融市场双向开放逐步发展，中国金融服务贸易开始对标国际标准，实现了良性循环。

快速扩张阶段后，中国金融服务贸易规模增长动力不足，逐步趋稳回落。2015 年，全球经济持续低迷，世界贸易进一步放缓，金融市场动荡加剧，发达国家经济复苏缓慢，新兴经济体增速进一步回落，世界经济整体复苏疲软乏力。[③] 在此背景下，中国金融服务贸易规模呈断崖式下跌，与 2014 年相比，2015 年中国金融服务贸易总额减少了 48.63%，仅为 187.50 亿美元。金融服务贸易的地位也有所下降，金融服务贸易占服务贸易总额的比重由 2014 年的 5.60% 直接下降至 2015 年的 2.87%。2016～2019 年，中国金融服务贸易总额和金融服务贸易占服务贸易总额的比重基本稳定，2020 年中国金融服务贸易总额和金融服务贸易占服务贸易总额的比重小幅增加（见图 1）。

与其他国家相比，中国金融服务贸易在服务贸易中占比偏小。根据 2020 年代表性国家金融服务贸易有关数据，中国金融服务贸易规模为 252 亿美元，

① 本文中金融服务贸易包括保险服务和金融服务。

② 《中国入世承诺》，中华人民共和国商务部网站，http：//www.mofcom.gov.cn/article/Nocategory/200612/20061204000376.html。

③ 《世界经济增长乏力外部环境更趋复杂——2015 年世界经济回顾及 2016 年展望》，国家统计局网站，http：//www.stats.gov.cn/tjsj/sjjd/201603/t20160307_ 1327685.html。

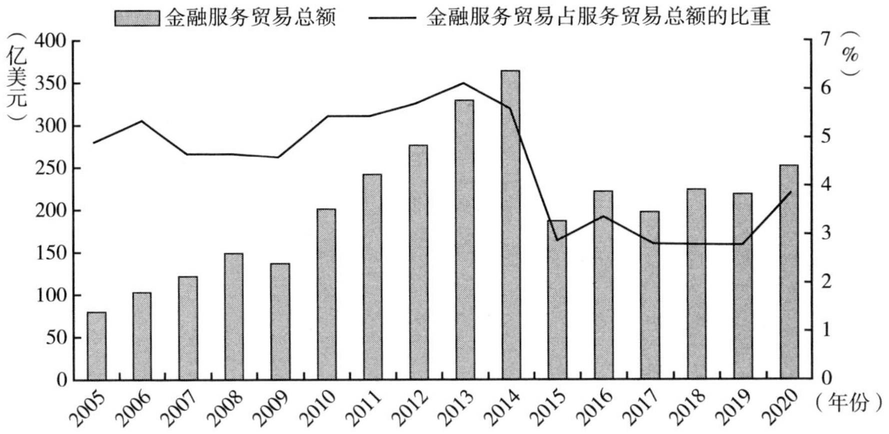

图 1　中国金融服务贸易规模变动情况

资料来源：作者根据联合国国际贸易中心数据测算。

在服务贸易总额中的占比仅 3.81%，无论是规模还是占比，均明显低于英国、美国和日本。虽然在金融服务贸易规模上领先于韩国和印度，但是在服务贸易总额中的占比同样小幅落后于韩国和印度（见表 1）。随着中国金融市场双向开放进程加快，金融服务贸易有很大的上升空间和发展潜力。

表 1　2020 年代表性国家金融服务贸易规模及在服务贸易总额中的占比

单位：亿美元，%

国家	金融服务贸易规模	在服务贸易总额中的占比
英国	1297	23.70
美国	2626	22.53
日本	388	21.03
韩国	84	4.43
印度	168	4.69
中国	252	3.81

资料来源：作者根据联合国国际贸易中心数据测算。

（三）从内部结构看，保险服务与金融服务结构不平衡问题突出

中国金融服务贸易内部结构失衡，保险服务占比过高，金融服务占比过

低。一是 2005～2011 年，中国金融服务贸易内部结构的不平衡问题尤为突出，保险服务占比平均高达 92.4%。这一阶段内部结构的失衡与货物贸易的发展直接相关。尤其是中国加入 WTO 后，中国货物贸易迅速发展，依托于货币贸易的货运险业务量大幅上升，推动中国保险服务规模扩大。二是 2012～2020 年，金融服务贸易内部结构失衡程度有所减缓，保险服务占比均值下降至 70.51%（见图 2）。尤其是 2015 年之后，货物贸易规模趋稳回落，同时金融市场双向开放提速，保险服务的业务增长速度下降，金融服务业务保持扩张，一定程度上缓解了金融服务贸易内部结构失衡的问题。

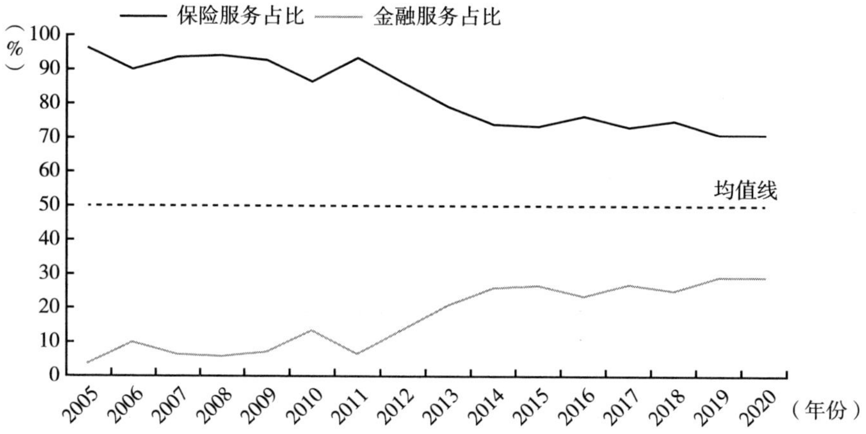

图 2　中国金融服务贸易内部结构

资料来源：作者根据联合国国际贸易中心数据测算。

与其他国家相比，中国金融服务贸易的内部结构仍需调整优化，金融服务亟待提高。如表 2 所示，英国、美国、日本和韩国的金融服务贸易中，均以金融服务为主，保险服务占比在 1/3 以下，印度的金融服务和保险服务的占比相差不大。金融服务占比与一国金融整体竞争力显著相关。英国和美国作为全球老牌国际金融中心，为全球提供金融服务，因此金融服务占比显著高于保险服务。在中国逐步从经济大国迈向金融大国的过程中，应重点推动金融服务业务发展。

表 2　2020 年金融服务贸易内部结构（按国家）

单位：%

国家	保险服务占比	金融服务占比
英国	22.95	77.05
美国	28.95	71.05
日本	32.10	67.90
韩国	26.80	73.20
印度	47.97	52.03
中国	70.51	29.49

资料来源：作者根据联合国国际贸易中心数据测算。

（四）从贸易差额看，金融服务贸易长期逆差

中国金融服务贸易整体呈现长期逆差状态。2005～2014 年，中国金融服务贸易差额整体扩大，由 2005 年的 -66.64 亿美元增长到 2013 年的 -186.03 亿美元，增长了近 2 倍。2015 年随着贸易规模下滑，逆差也同步显著下滑，并在此后保持基本平稳（见表 3）。其中，保险服务一直是逆差的主要来源，尤其是在近几年成为金融服务贸易下逆差的唯一来源。

表 3　2005～2020 年中国金融服务贸易差额

单位：亿美元，%

年份	金融服务贸易差额	保险服务		金融服务	
		贸易差额	逆差贡献率	贸易差额	逆差贡献率
2005	-66.64	-66.50	99.79	-0.14	0.21
2006	-90.22	-82.76	91.73	-7.46	8.27
2007	-100.86	-97.60	96.77	-3.26	3.23
2008	-116.11	-113.60	97.84	-2.51	2.16
2009	-99.92	-97.06	97.14	-2.86	2.86
2010	-140.84	-140.28	99.60	-0.56	0.40

续表

年份	金融服务贸易差额	保险服务		金融服务	
		贸易差额	逆差贡献率	贸易差额	逆差贡献率
2011	-166.17	-167.20	100.62	1.03	-0.62
2012	-173.10	-172.70	99.77	-0.40	0.23
2013	-186.03	-180.97	97.28	-5.06	2.72
2014	-182.89	-178.80	97.76	-4.09	2.24
2015	-41.28	-38.18	92.49	-3.10	7.51
2016	-75.81	-87.59	115.54	11.78	-15.54
2017	-42.86	-63.63	148.46	20.77	-48.46
2018	-55.97	-69.57	124.30	13.60	-24.30
2019	-45.50	-59.88	131.60	14.38	-31.60
2020	-58.00	-68.93	118.84	10.93	-18.84

资料来源：作者根据联合国国际贸易中心数据测算。

2015 年之后中国金融市场双向开放，金融服务贸易的内部结构开始调整和优化升级。一是保险服务的进口规模显著下降。中国保险服务进口规模由 2014 年的 224.54 亿美元缩减至 2015 年的 87.94 亿美元，降幅高达 61%，其后小幅扩张；同时保险服务出口规模相对稳定。二是金融服务贸易差额由逆差转顺差，小幅缩减了金融服务贸易的整体逆差。2015 年之后金融服务出口规模稳步增长，并从 2016 年开始出现金融服务顺差（见图 3、图 4）。

与其他国家相比，中国保险服务的进出口分项排名不匹配，金融服务分项排名持平，也从侧面说明保险服务是主要逆差来源。中国保险服务进口的世界占比持续维持高位，2019 年进口份额仅次于美国和阿联酋。① 主要原因是中国保险服务发展相对滞后，货物贸易快速发展下产生的大量货运险需求

① 2014 年之前，阿联酋的保险服务进口数据不可得。

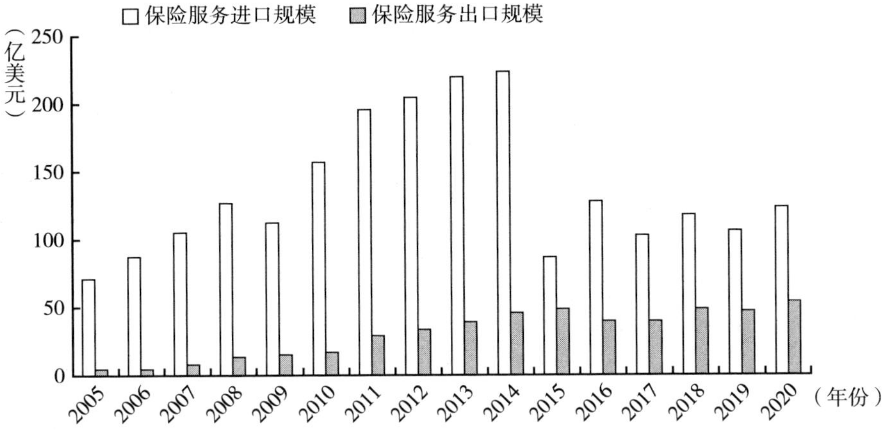

图3　2005～2020年中国保险服务进出口规模变动

资料来源：联合国国际贸易中心。

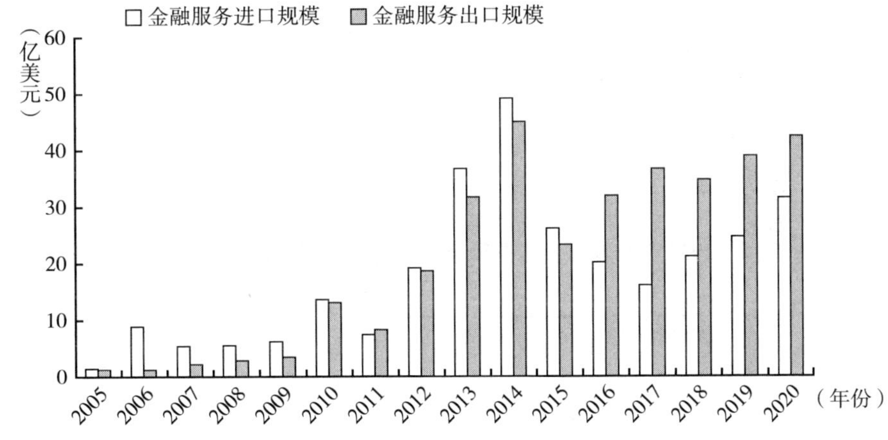

图4　2005～2020年中国金融服务进出口规模变动

资料来源：联合国国际贸易中心。

无法得到有效满足，只能依赖国外的保险机构提供服务。中国金融服务的排名持平，但金融服务进出口占世界份额及排名均相对较低，2020年金融服务进口的世界占比仅为1.15%，世界排名为第17；金融服务出口的世界占比不到1%，世界排名为第16（见表4、表5）。

表4　2008～2020年中国保险服务和金融服务的世界占比及世界排名

单位：%

年份	保险服务				金融服务			
	进口		出口		进口		出口	
	世界占比	世界排名	世界占比	世界排名	世界占比	世界排名	世界占比	世界排名
2008	7.83	2/181	1.41	12/161	0.33	36/148	0.09	41/141
2009	6.85	2/180	1.63	10/161	0.43	31/149	0.11	36/137
2010	9.13	2/181	1.86	13/160	0.83	23/150	0.38	23/139
2011	10.95	2/180	2.85	8/154	0.40	34/152	0.21	28/143
2012	10.94	2/182	2.90	8/158	1.05	19/154	0.46	22/146
2013	11.43	2/183	3.20	8/160	1.81	13/156	0.72	18/149
2014	9.58	3/188	3.39	7/160	2.08	12/170	0.96	17/141
2015	4.25	3/187	4.12	6/164	1.15	18/173	0.51	25/164
2016	6.43	3/188	3.25	9/165	0.88	19/178	0.71	20/170
2017	5.08	3/182	3.05	9/159	0.65	27/172	0.76	19/164
2018	5.68	3/177	3.49	9/153	0.80	22/165	0.67	21/160
2019	5.13	3/127	3.72	8/111	0.95	17/122	0.76	17/117
2020	6.41	2/136	4.04	8/119	1.15	17/130	0.80	16/125

注：表4中"世界排名"一栏，斜杠后面的数字代表当年参与排名的所有国家（地区）的数量。

资料来源：作者根据联合国国际贸易中心数据测算。

表5　2020年全球保险服务和金融服务的主要进出口国或地区

单位：%

序号	保险服务				序号	金融服务			
	进口		出口			进口		出口	
	国家或地区	世界占比	国家或地区	世界占比		国家或地区	世界占比	国家或地区	世界占比
1	美国	28.90	英国	19.73	1	卢森堡	15.76	美国	27.05
2	中国	6.41	美国	15.16	2	美国	15.33	英国	14.72
3	法国	5.76	德国	9.50	3	英国	7.75	卢森堡	11.86
4	日本	5.33	爱尔兰	9.15	4	爱尔兰	6.84	新加坡	5.92
5	爱尔兰	5.27	瑞士	5.68	5	德国	6.65	德国	5.46
6	德国	4.14	新加坡	4.95	6	意大利	4.13	瑞士	4.09
7	印度	2.96	法国	4.54	7	日本	3.86	中国香港	4.04
8	墨西哥	2.82	中国	4.04	8	荷兰	3.73	爱尔兰	3.69

续表

序号	保险服务				序号	金融服务			
	进口		出口			进口		出口	
	国家或地区	世界占比	国家或地区	世界占比		国家或地区	世界占比	国家或地区	世界占比
9	新加坡	2.76	卢森堡	2.48	9	加拿大	3.53	法国	3.11
10	加拿大	2.13	墨西哥	2.33	10	法国	3.26	日本	2.94
11	土耳其	2.10	比利时	2.06	11	新加坡	2.95	加拿大	1.86
12	卡塔尔	1.79	土耳其	1.86	12	比利时	2.43	比利时	1.74
13	英国	1.65	印度	1.75	13	中国香港	2.27	意大利	1.41
14	比利时	1.52	日本	1.63	14	印度	1.68	荷兰	1.02
15	意大利	1.51	加拿大	1.27	15	瑞士	1.31	塞浦路斯	0.84
16	泰国	1.26	西班牙	1.05	16	西班牙	1.19	中国	0.80
17	马来西亚	1.18	中国香港	0.88	17	中国	1.15	印度	0.77
18	埃及	1.10	意大利	0.77	18	马耳他	1.09	西班牙	0.76
19	瑞士	1.07	卡塔尔	0.70	19	塞浦路斯	0.96	韩国	0.75
20	伊拉克	1.02	挪威	0.66	20	奥地利	0.93	瑞典	0.72

资料来源：作者根据联合国国际贸易中心数据测算。

三　结论与建议

（一）主要结论

中国金融服务贸易整体竞争力偏弱。从总体规模、分项排名看，中国金融服务贸易均处于相对弱势地位，尤其是近几年增速回落。与此同时，中国金融服务贸易存在结构性失衡问题，保险服务在中国金融服务贸易中占比过高，同时也是金融服务贸易逆差的主要来源。

未来，中国金融服务贸易有广阔发展空间。自 2010 年以来，人民币在国际支付中的使用显著增加，2015 年以后基本稳定为全球第五大支付货币，短期略有波动。2021 年 4 月，环球银行金融电信协会（SWIFT）最新报告显示，人民币国际支付份额占比为 1.95%，全球排名第 6，与美元和欧元占比30%以上的份额有显著差距，与英镑和日元的支付份额也有一定距离。“十四五”规划提出，稳妥推进银行、证券、保险、基金、期货等金融领域开放，深化境内外资本市场互联互通，健全合格境外投资者制度。[①] 中国金融市场开放的决心坚定，力度空前，为步入金融开放的深水区打下了坚实的基础。随着中国金融市场双向开放的持续推进和提速，中国金融服务贸易未来仍有很大的发展空间。

（二）政策建议

第一，坚持金融服务实体经济，深化金融供给侧结构性改革，为金融服务贸易的发展打下良好基础。实体经济是金融的根基，而强大的金融体系是经济强国的重要支撑。中国正处于经济转型的重要时期，当下国内外经济环境复杂多变，经济金融化和金融全球化大势所趋，完善和强大的金融体系是中国金融服务贸易在国际市场上有充分竞争力的重要基础设施保障，是中国经济由大转强的必要保证。一方面通过深化金融供给侧结构性改革，银行、保险等金融机构增加有效供给，充分调动信贷、保险、股权和债券等资金，在资金供给上满足经济社会发展需求，大力支撑稳增长。另一方面需要注意防范化解金融风险，守住不发生系统性金融风险的底线。金融安全作为国家安全的重要组成部分，有效防范和化解金融风险是关系中国经济社会发展全局的战略性工作。在扩大高水平金融开放的过程中，对于可能引入或者因“水土不服”产生的风险要及时识别、评估、防范和加以解决。

第二，培育和提升国内金融机构的国际竞争力，促进服务效率提升。中国金融机构绝大多数活跃在国内市场，一直处于舒适区，主动参与国际竞争的动力不足，导致对国际市场的了解不足，金融服务贸易产品的国际竞争力低下，产品类型较为单一，创新性不足。中国金融机构应加大金融产品和服务的创新力度，激发市场主体活力，吸引国际客户。这一过程中需要实时跟

① 《中华人民共和国国民经济和社会发展第十四个五年规划和2035年远景目标纲要》，中华人民共和国中央人民政府网站，2021年3月13日，http://www.gov.cn/xinwen/2021-03/13/content_5592681.htm。

进市场动态，了解客户需求，掌握国外金融监管部门政策，基于当下金融形势和国际金融竞争环境不断探索和设计更加贴合客户需求的金融服务产品。不仅应提高符合大众需求的金融产品服务的质量，还应基于国际大客户的独特需求推出个性化服务。需要关注的是，互联网金融和金融科技的快速发展为中国提供了“弯道超越”的机会，近年来中国互联网金融高速发展，在电子支付、网络信贷和网络投资理财上技术已经相当成熟，在国际市场上具备较大的优势。在跨境电商快速发展、跨境支付需求不断增加的背景下，中国应支持和推动现代信息技术和金融服务产业的深度融合，合理利用第三方平台的技术优势和壁垒开拓中国金融服务贸易的国际市场，引导搭建一个国际性的平台，不仅为中国金融服务贸易的发展提供新的动力，也为世界金融服务贸易的发展注入活力。

第三，培养金融人才，助力金融服务“走出去”。高素质金融人才是创新实践的重要人力资本，综合型金融人才是中国参与国际金融竞争的重要基础，是在国际市场中站稳脚跟的关键因素。2021 年 4 月，国务院金融稳定发展委员会在第五十次会议上提出，要提高金融从业人员的专业素质和职业操守，明确行为底线。中国金融机构不仅仅需要积极引进国际专业高级人才，更需要对标国际标准，注重培养本土人才。在加强金融从业人员专业知识学习和强化技能培训的同时，应重视培养心理素质、塑造内外成长环境、贯彻职业操守、创新教育方式和设计激励机制等，从各方面为金融人才创造良好的成长和发展环境，全面提升中国金融从业人员的素质。

第四，发展区域金融服务贸易合作，以点带面促进金融服务贸易全面均衡发展。“一带一路”倡议的实施和《区域全面经济伙伴关系协定》（RCEP）的签署为中国金融服务贸易的发展提供了优质平台。“十四五”规划中第四十一章聚焦于推动共建“一带一路”高质量发展，提出深化经贸投资务实合作，其中明确指出创新融资合作框架，发挥共建“一带一路”专项贷款、丝路基金等作用。建立健全“一带一路”金融合作网络，推动金融基础设施互联互通，支持多边组织和各国金融机构共同参与投融资。“一带一路”在中国金融服务贸易发展中的战略地位开始凸显。在区域经济中，中国应进一步发挥各类金融机构的优势，健全和完善投融资体系，使得政策性银行、多边性金融开发机构、商业银行以及信用保险机构等各司其职，加强统筹协调，促进多方共同发展。需要注意的是，区域内经济合作直接影响中国货物贸易的发展，与之直接相关的货物运输保险需要高度关注。中国保险服务进口规模较大，是金融服务贸易逆差的首要来源，也是优化中国金融服务贸易内部结构的关键点。一方面中国应防止保源大量流失，尽量将保源留在国内，另一方面中国保险业应对标国际标准，调整和优化货运险服务，提高中国保险业的国际竞争力，进而扩大出口规模，降低进口规模。

第五，完善金融领域法律监管体系。完善的金融法律体系是防范和阻止风险跨境传播的有力保障。互联网金融技术的发展对于金融服务贸易来说是一把“双刃剑”，一方面推动了金融市场的开放，另一方面由于其监管难度较大带来了未知的风险。互联网的非法跨境金融活动较为活跃，会给投资者、金融机构甚至整个金融体系带来重大的损失，影响金融市场的有序运行。中国金融业尚在逐步开放中，在一些尚未开放的领域容易出现非法的跨境金融活动，而中国在监管和治理这一类活动上的法制尚不健全。例如对于国外机构在中国开展他国已开放、中国并未开放的业务是否违法，中国的金融法律体系并未给出确定的答案。中国应基于金融服务贸易的时代发展及时完善金融法律体系，明确金融服务贸易的经营范围，为金融治理体系的有效和有序运行打下坚实的法制基础。

参考文献

黄琳琳：《USMCA 对跨境金融服务贸易规则的新发展及启示》，《上海金融》2019 年第 5 期。

吕刚、林佳欣：《中国服务业的实际开放度与国际竞争力：基于 FATS 和 BOP 统计口径的全面衡量》，《国际经济评论》2019 年第 5 期。

孙天琦：《跨境金融服务不可“无照驾驶”》，《中国外汇》2018 年第 19 期。

王勇：《着力推进金融服务贸易发展》，《国际贸易》2008 年第 6 期。

张靖佳、刘晨阳：《APEC 金融服务贸易发展及其竞争力分析》，《南开学报》（哲学社会科学版）2019 年第 1 期。

张明、孔大鹏、潘松等：《中国金融开放的维度、次序与风险防范》，《新金融》2021 年第 4 期。

B.5
中国教育服务贸易发展研究（2021）*

曲如晓　黄心艺**

摘　要：教育服务贸易是国际服务贸易不可或缺的新兴领域。新时期中国教育服务贸易规模与质量同步发展，呈现留学生出国与归国规模双增长、来华留学生规模与结构齐发展等特点，但是中国教育服务贸易仍存在来华留学生结构不合理、留学教育服务贸易逆差扩大、教育服务贸易提供方式发展不平衡等问题。“一带一路”倡议的推进为双边与多边教育服务贸易合作提供了新的机遇，大数据、互联网的发展拓宽了教育服务贸易领域，2020年新冠肺炎疫情的出现打破了中国教育服务贸易平稳发展的局面，逆全球化冲击下教育服务贸易规则正在重构。可以从三个方面推动中国教育服务贸易高质量发展，即提升教育国际化水平，打响教育品牌；实施中外学生趋同化管理，促进来华留学生与中国学生的双向交流；以科技驱动教育服务贸易创新发展。

关键词：教育服务贸易　留学生　在线教育

教育服务贸易是指国家（地区）间主要因经济目的而发生的教育服务进出

---

* 北京市社会科学基金决策咨询一般项目“优化营商环境服务首都国际交往中心功能建设的策略研究”（项目编号：20JCC062）的阶段性成果。

** 曲如晓，北京师范大学经济与工商管理学院教授，研究方向为国际经济与贸易；黄心艺，北京师范大学经济与工商管理学院2019级硕士研究生。

口交易活动，近年来已成为国际服务贸易中的重要新兴领域。在实践中表现为以境外消费形式的留学教育服务贸易为主，兼有商业存在和跨境交付等多种教育服务贸易提供方式。在百年未有之大变局和新冠肺炎疫情的大背景下，探讨中国教育服务贸易的发展历程、发展特征和发展趋势，具有重要的现实意义。

一　中国教育服务贸易的发展演变

中国教育服务贸易的发展主要经历了以下四个阶段。

（一）改革开放前的中国教育服务贸易（1950～1977年）

这一阶段中国教育服务贸易进出口规模较小，受国家关系影响，贸易伙伴国主要是同中国建交的社会主义国家。新中国成立初期，国内社会生产力比较落后，经济基础薄弱，中国接受了来自苏联的大量教育援助，向苏联及东欧国家派遣公费留学生学习工业技术和语言文化，引进苏联专家来华援助社会主义建设。同时，中国也从东欧国家以及朝鲜、蒙古人民共和国接收了一批几乎由中国政府全额资助的留学生，来华留学生主要学习汉语和中国历史文化。根据《中国统计年鉴》和《中国教育统计年鉴》数据，1950～1977年，中国共向国外派遣留学生11915人，接收来华留学生9325人（见表1）。

表1　1950～1977年中国出国留学与来华留学人数统计

单位：人

年份	出国留学生	来华留学生
1950	35	33
1951	380	—
1952	231	230
1953	675	504
1954	1518	324
1955	2093	327

续表

年份	出国留学生	来华留学生
1956	2401	473
1957	529	167
1958	415	90
1959	576	259
1960	441	437
1961	124	471
1962	114	241
1963	62	162
1964	650	229
1965	454	3312
1972	36	—
1973	259	383
1974	180	378
1975	245	432
1976	277	465
1977	220	408
合计	11915	9325

注：1966～1971 年中国出国留学生与来华留学生原始数据缺失。
资料来源：1950～1978 年《中国统计年鉴》、1950～1978 年《中国教育统计年鉴》。

（二）中国教育服务贸易起步阶段（1978～1991年）

1978 年党的十一届三中全会召开后，中国进入改革开放的历史新时期，教育服务贸易也真正起步，规模逐渐扩大，形式逐渐多样，教育服务贸易的目的从政治合作转向经济驱动。

1978 年6 月，邓小平做出扩大派遣出国留学生的战略决策，8 月，教育部下发《关于增选出国留学生的通知》，出国留学生规模迅速增加。① 20 世纪 80 年代中国逐渐放宽对自费留学的限制，取消了自费出国留学资格审核，出国留学组成由公派为主转为自费和公派留学共同发展。出国留学生的学历和学

① 转引自新华社客户端《留学政策变迁 40 年》，《环球》2018 年第 26 期，2018 年 12 月 25 日，https://baijiahao.baidu.com/s?id=1620829623527112672&wfr=spider&for=pc。

科组成方面，攻读博士学位的留学生比例增加，攻读学科向应用学科倾斜。

来华留学也是中国对外开放的重要内容。1978 年，中国首次对来华留学生录取实行考试考核。1989 年，教育部制定《自费外国来华留学生收费标准》，自费来华留学生人数增加，中国教育服务出口良性发展。[①] 根据《中国统计年鉴》和《中国教育统计年鉴》数据，1978～1991 年，中国出国留学生累计 42947 人，来华留学生累计 17508 人（见表 2）。

表 2　1978～1991 年中国出国留学与来华留学人数统计

单位：人

年份	出国留学生	来华留学生
1978	860	432
1979	1777	440
1980	2124	576
1981	2922	744
1982	2326	865
1983	2633	1038
1984	3073	1293
1985	4888	1585
1986	4676	2009
1987	4703	2044
1988	3786	1854
1989	3329	1393
1990	2950	1745
1991	2900	1490
合计	42947	17508

数据来源：1978～1992 年《中国统计年鉴》、1978～1992 年《中国教育统计年鉴》。

这一时期商业存在形式的教育服务贸易开始出现。1986 年，第一家中外合作创办的教学与研究机构南京大学—约翰斯·霍普金斯大学中美文化研究中心正式批准成立。以自然人流动为提供方式的教育服务进口也得到进一步发展，主要形式包括吸引华裔学者回国工作、聘请外国专家等。

① 中国服务贸易指南网，http：//tradeinservices. mofcom. gov. cn/article/zhishi/jichuzs/200905/21199. html。

（三）中国教育服务贸易快速发展阶段（1992～2000年）

20 世纪 90 年代，国家把招收外国留学生资格审批权下放到地方教育主管部门，并允许学校自主决定留学生招生和录取，来华留学教育发展空前繁荣。

出国留学方面，自费出国渠道的全面放开和留学中介的出现简化了留学手续的办理，中国留学服务高速发展。随着出国留学规模激增，公派留学人员逾期不回、自费留学材料造假、留学中介欺诈等问题显现。在此背景下，国家提出“个人申请、专家评议、平等竞争、择优录取、签约派出、违约赔偿”的公费出国留学改革办法。① 1996 年，负责组织、资助和管理出国留学生和来华留学生的国家留学基金委员会成立；1999 年，教育部等部门出台《自费出国留学中介服务管理规定》以规范留学中介市场。② 教育服务贸易的规范化、制度化和市场化，以及鼓励与吸引留学人员回国工作成为这一时期中国教育服务贸易的发展重点。

这一时期，中外合作办学快速发展。1995 年，教育部颁布《中外合作办学暂行规定》，国外教育机构和海外语言考试机构争相进入中国，抢占教育服务市场。③

（四）中国教育服务贸易全面发展阶段（2001年至今）

2001 年中国正式加入 WTO，标志着中国进入全面对外开放的新时期，中国教育服务贸易迎来了全面发展阶段。这一阶段中国教育服务贸易规模与质量同步发展，呈现留学生出国与归国规模双增长、来华留学生规模与结构齐发展等特点，但是仍存在来华留学生结构不合理、留学教育服务贸易逆差扩大、教育服务贸易提供方式发展不平衡等问题。详细分析见下文。

---

① 转引自新华社客户端《留学政策变迁 40 年》，《环球》2018 年第 26 期，2018 年 12 月 25 日，https：//baijiahao. baidu. com/s？id = 1620829623527112672&wfr = spider&for = pc。

② 中国服务贸易指南网，http：//tradeinservices. mofcom. gov. cn/article/zhishi/jichuzs/200905/21199. html。

③ 中国服务贸易指南网，http：//tradeinservices. mofcom. gov. cn/article/zhishi/jichuzs/200905/21199. html。

二　新时期中国教育服务贸易发展特点

（一）留学生出国与归国规模双增长

留学教育服务贸易是中国教育服务贸易的主要内容，包括以海外留学为主要形式的留学教育服务进口和以来华留学为主要形式的留学教育服务出口。

加入 WTO 以来中国海外留学人数迅速增长，现已是全球第一大留学生输出国，出国留学显现大众化、低龄化、多元化等新特征。[①] 根据教育部官方数据和《中国留学发展报告（2019）》，2019 年中国出国留学生总数达 70.35 万人；2018 年中国出国留学生达 66.21 万人，其中 59.63 万人为自费留学。2001 年以来自费留学比例始终保持在 89% 以上，高中及以下学历出国留学生增速明显提高。中国出国留学人员主要集中在美国、日本、英国、澳大利亚、加拿大等发达国家，近年来，古巴、印度、阿根廷等发展中国家和东盟、西亚、中亚等共建“一带一路”国家成为留学新热点。[②]

同时，学成归国比重也在提升，更多留学生会选择回国发展。根据《中国统计年鉴》数据，2001 ~2019 年中国共输出留学生 618.7 万人，同期留学生归国总数 410.8 万人，回国率达到 66.4%（见图 1）。

（二）来华留学生规模与结构齐发展，结构有待进一步优化

作为教育服务出口的主要形式，来华留学一直是中国对外开放与中外合作交流的重要组成部分。根据教育部《来华留学生简明统计》数据，新时期来华留学生规模从 2000 年的 5.2 万人增加到 2018 年的 49.2 万人，自费来华留学生比重持续增加，中国现已是世界第三大、亚洲第一大留学生目的国。规模扩大的同时，来华留学人员结构也在不断优化。

---

① 王蓉主编《中国教育新业态发展报告（2017）》，社会科学文献出版社，2018。

② 王辉耀主编《中国留学发展报告（2012）》，社会科学文献出版社，2012。

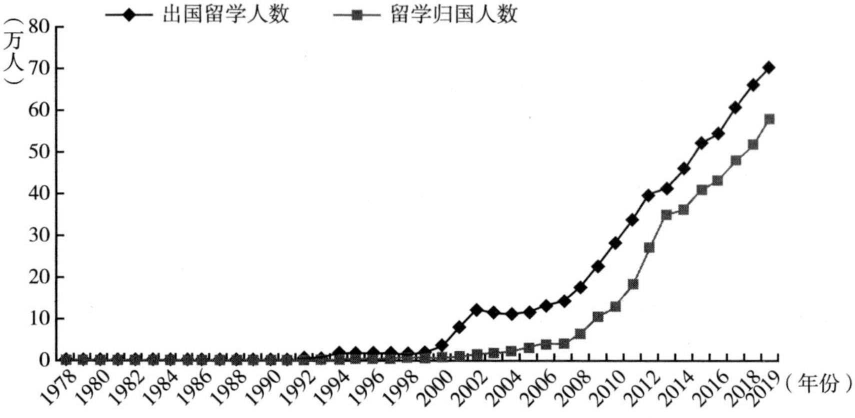

图1　1978～2019年中国出国留学人数与留学归国人数统计

资料来源：1978～2020年《中国统计年鉴》。

1. 来华留学生来源地逐渐多元化

亚洲始终是来华留学生的主要来源地区，但是所占比重逐渐下降。根据《中国教育统计年鉴》数据，2002年，有80.3%的来华留学生来自亚洲，2018年这一比重下降到57.2%。同时，来自非洲和欧洲的留学生比重不断增加，2002～2018年，招收非洲留学生比重由1.8%增加到15.4%、欧洲留学生比重由9.3%增加到17.9%（见图2）。共建“一带一路”国家来华留学生增速明显高于其他国家平均增速，2018年，共建“一带一路”的64个国家来华留学生共计26.06万人，占来华留学生总人数的52.95%，共建“一带一路”国家逐渐成为中国教育服务贸易的重要合作伙伴和新的增长点。但是现阶段中国高等教育对西方发达国家学生的吸引力仍然较弱。2018年，来华留学生前十大来源国分别是韩国、泰国、巴基斯坦、印度、美国、俄罗斯、印度尼西亚、老挝、日本和哈萨克斯坦，除美国以外的国家均为亚洲国家或共建“一带一路”国家。

2. 来华留学生学历结构逐渐优化

随着中国教育服务贸易进入新的发展时期，来华留学生中接受学历教育的学生比重、学历生中留学生比重（硕士生、博士生）和毕业生中授予学位的学生比重不断提高，学历结构的优化可以体现中国教育服务出口质量的提高。21世纪初期，来华留学生多为语言班学生或短期交换生，根据《中国教育统计年

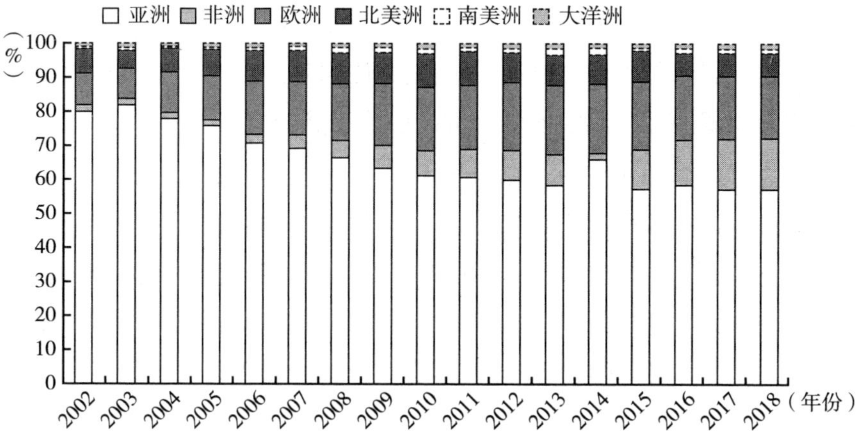

图 2　2002～2018 年各大洲来华留学生比重

资料来源：2002～2019 年《中国教育统计年鉴》。

鉴》数据，2002 年新招收留学生中仅有 18.2% 为学历生，2018 年学历生比重增加到 40.1%（见图 3）。接受学历教育的留学生中硕士生和博士生的比重由 2002 年的 21.5% 增加到 2018 年的 36.1%。来华留学生中被授予学位的学生比重由 2002 年的 6.3% 增加到 2018 年的 22.0%。然而，来华留学生比重虽然有所提高，但是增速较慢且比重仍较低，直至 2018 年来华留学生中接受学历教育的学生比重以及学历生中留学生比重（硕士生、博士生）仍不足 50%。同时，2018 年来

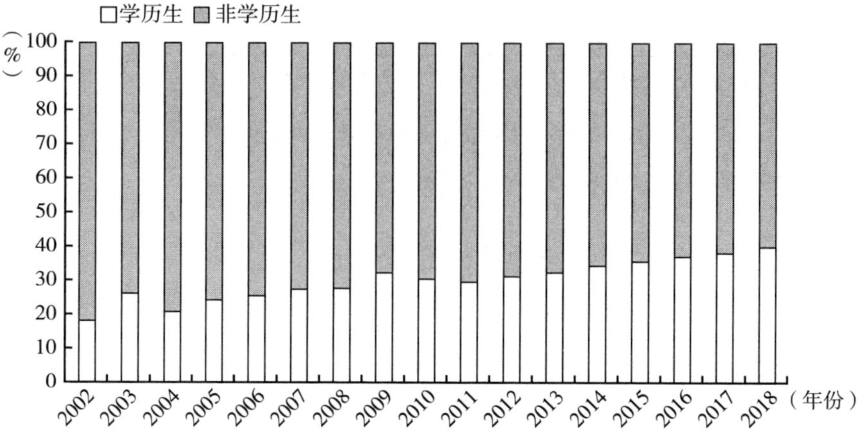

图 3　2002～2019 年来华留学生中学历生与非学历生比重

资料来源：2002～2019 年《中国教育统计年鉴》。

华留学生前20位来源国中虽然有美国、日本、法国、德国等发达国家，但是来自这些发达国家的留学生中非学历生占比均超过80%。中国高等教育总体质量尚有待提高，对高层次学生的吸引力仍然较弱。

3. 来华留学生专业结构逐渐多元化

随着中国高等教育水平的提升，来华留学生专业结构更加多元，学习工科、经济、管理和医学等应用学科的来华留学生比重逐年上升，且各专业中学历生比重不断增加。早期来华留学生绝大部分以汉语言、汉语言文学等文科为专业。根据《来华留学生简明统计》数据，2000 年来华学习汉语言专业的留学生占到67.9%，2018 年这一比重下降到37.7%，经济和管理专业留学生比重上升至18.0%，工科留学生比重上升至14.9%（见图4）。

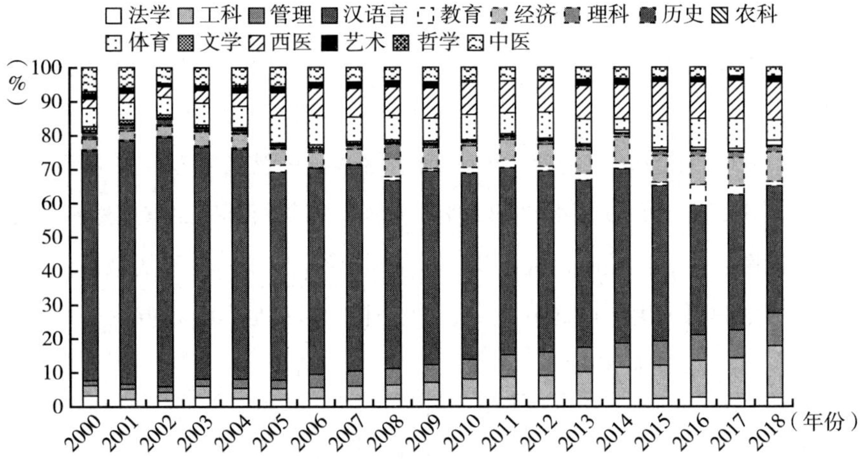

图4　2000～2018 年来华留学生专业分布

资料来源：2000～2019 年《来华留学生简明统计》。

4. 接收来华留学生地区分布结构逐渐均衡

根据《来华留学生简明统计》数据，新时期中国中部和西部地区[①]接收

---

① 经济区域划分按照国家统计局标准，东部地区包括北京、天津、河北、上海、江苏、浙江、福建、山东、广东和海南，中部地区包括山西、安徽、江西、河南、湖北和湖南，西部地区包括内蒙古、广西、重庆、四川、贵州、云南、西藏、陕西、甘肃、青海、宁夏和新疆，东北地区包括辽宁、吉林和黑龙江。

来华留学生比重增加，东部地区来华留学生比重有所下降。但长期以来来华留学生仍集中分布在东部沿海省份，2018 年接收来华留学生前五位的省市为北京、上海、江苏、浙江和辽宁，52.5% 的留学生都集中在这五省市。2000 年 79.4% 的来华留学生集中在东部地区，2018 年这一比重下降到 63.3%，西部地区接收来华留学生比重从 2000 年的 7.0% 上升至 2018 年的 17.4%，中部地区接收来华留学生比重从 2000 年的 3.9% 上升至 2018 年的 9.4%，东北地区来华留学生比重始终保持在 10% 左右（见图 5）。未来继续依托“一带一路”倡议，可以进一步发挥中西部地区接收来华留学生的巨大潜力。

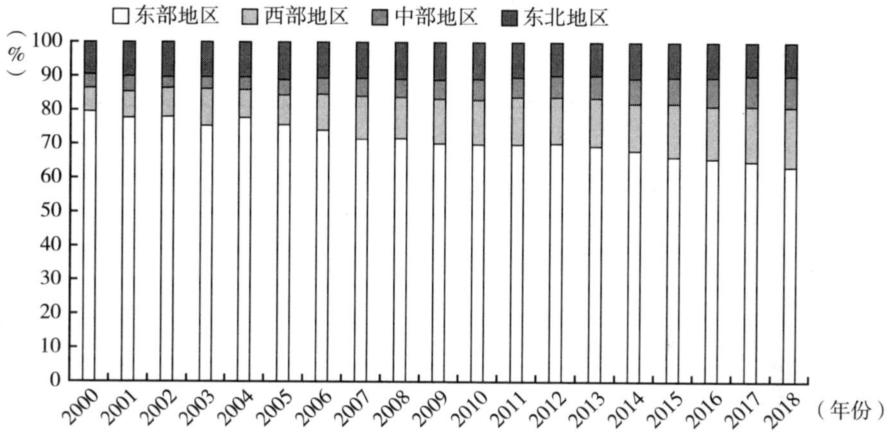

图 5　2000 ~ 2018 年来华留学生地区分布

资料来源：2000 ~ 2019 年《来华留学生简明统计》。

（三）留学教育服务贸易逆差呈扩大趋势

尽管中国出国留学与来华留学人数均稳步上升，但是出国留学规模更大、增速更快，中国留学教育服务贸易长期处于逆差状态。

单从留学生输出与输入人数差额来看，2001 ~ 2004 年出国留学人数多于来华留学人数，2005 ~ 2009 年出现“顺差”，但 2010 ~ 2018 年留学人数始终存在“逆差”，且“逆差”呈不断扩大趋势（见图 6）。

根据留学生人数、留学生人均消费以及人民币汇率中间价可以计算得到留学服务的出口额，进而计算中国留学教育服务贸易具体的贸易逆差。数据显示 2005 ~2018 年，中国留学教育服务贸易一直处于逆差状态，且逆差呈不断扩大趋势（见图 7）。

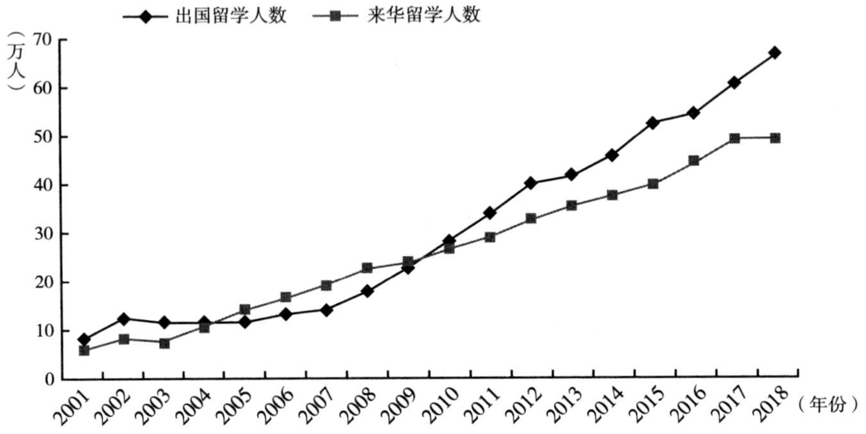

图 6　2001 ~2018 年出国留学人数与来华留学人数统计

资料来源：2001 ~2019 年《中国统计年鉴》、2001 ~2019 年《来华留学生简明统计》。

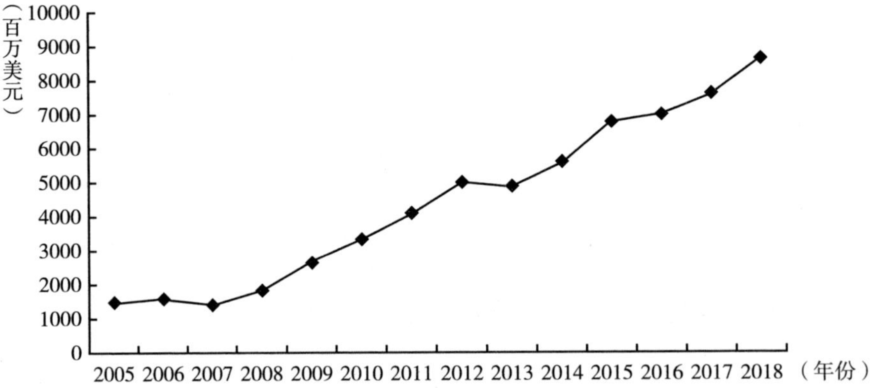

图 7　2005 ~2018 年中国留学教育服务贸易逆差

资料来源：根据 2005 ~2019 年《中国教育统计年鉴》、“来华留学生教育经济效益研究课题”数据计算得到。[①]

---

① 王立勇、马光明、王桐：《中国教育服务贸易七十年：成就、经验与未来发展对策》，《国际贸易》2019 年第 11 期，第 4 ~11 页。

（四）多种教育服务贸易提供方式并存

境外消费形式的留学服务贸易一直是中国教育服务贸易最主要的提供方式，但是21世纪以来其他三种提供方式也获得了快速发展。

1. 商业存在形式的教育服务贸易发展势头良好，中外合作办学与境外办学齐头并进

2003年初，《中华人民共和国中外合作办学条例》正式颁布，中外合作办学活动逐渐建立起相对完善的全过程监管体系。[①] 截至2020年底，全国中外合作办学机构和项目已有2332个，其中本科以上的办学机构和项目达1230个。[②] 随着中外合作办学规模迅速扩大，部分合作办学机构和项目管理能力较差、办学水平不高、忽视外方资质等问题凸显，对此中共中央办公厅、国务院办公厅于2016年联合出台《关于做好新时期教育对外开放工作的若干意见》，明确中外合作办学要“强化退出机制”；2018年，教育部印发《关于批准部分中外合作办学机构和项目终止的通知》，依法终止了234个本科以上中外合作办学机构和项目，标志着中外合作办学的发展进入转型优化升级的拐点，由规模发展转向内涵建设。[③]

海外办学方面，2002年底，教育部颁布《高等学校境外办学暂行管理办法》，规范了中国高等教育机构境外办学活动，中国高校和教育服务机构开始向海外拓展，参与到国际教育服务市场的竞争中。2018年，北京大学汇丰商学院英国校区正式启动，这是中国高校首个以独资、独立经营、

① 中国服务贸易指南网，http：//tradeinservices. mofcom. gov. cn/article/zhishi/jichuzs/200905/21199. html。

② 《在新时代中奋进在大变局中前行——“十三五”教育对外回顾》，中华人民共和国教育部网站，2020年12月22日，http：//www. moe. gov. cn/fbh/live/2020/52834/sfcl/202012/t20201222_ 506785. html。

③ 赵彦志：《建立退出机制，促进中外合作办学良性发展》，中华人民共和国教育部网站，2018年7月4日，http：//www. moe. gov. cn/jyb_ xwfb/moe_ 2082/zl_ 2018n/2018_ zl48/201807/t20180704_ 341981. html。

独立管理形式出国开办的海外校区。然而相比中外合作办学，目前中国教育机构海外办学仍处于发展初期，办学规模较小、管理有待规范、竞争力不足。

2. 跨境交付形式的教育服务贸易显示出巨大的发展潜力和广阔的市场

21 世纪，人类社会全面进入互联网时代。随着中国创新驱动发展战略的深入推进和普通人对优质教育资源需求的提升，跨境交付形式的教育服务贸易显示出巨大的发展潜力和广阔的市场。2012 年，大型开放式网络课程（Massive Open Online Courses，MOOC，即“慕课”）在美国兴起，西方顶尖大学陆续设立网络学习平台，为全球用户提供免费和付费课程。新型在线教育模式在世界范围蓬勃发展，促进了国家间高端知识交换和跨境交付形式的教育服务贸易。2013 年起，北京大学、清华大学、复旦大学等中国高校也相继签约 MOOC 平台、上线网络课程，2018 年，中国上线慕课数量达 5000 门，学习人数突破 7000 万人次，中国慕课总量、参与开课学校数量和学习人数均处于世界领先地位。①当前慕课教育已纳入中国教育改革发展的顶层设计，有望成为新时期推进中国高等教育改革的重要引擎。

3. 自然人流动形式的教育服务贸易规模不断增加

随着中国教育国际化程度的提高，各类教育机构聘请外国专家的规模迅速扩大，外国专家和教师为中国培养了大批高层次专业人才，更促进了中国教育机构办学质量和国际化水平的提升。与此同时，中国于 2004 年颁布实施《国际汉语教师中国志愿者计划实施办法》，并于同年开始在国外设立孔子学院，以加强与世界各地教育文化工作者交流合作，鼓励中国专家出国任教，但是中国派出的教育专家大多仅从事汉语和汉文化教学，且数量相对较少，中国政府也在采取措施推进智力出口规模和结构的全面发展。

---

① 王立勇、马光明、王桐：《中国教育服务贸易七十年：成就、经验与未来发展对策》，《国际贸易》2019 年第 11 期，第 4 ~ 11 页。

三　中国教育服务贸易面临的机遇与挑战

（一）新时期中国教育服务贸易发展面临重要机遇

1. “一带一路”倡议下双边与多边教育服务贸易合作升级

近年来，共建“一带一路”国家逐渐成为中国教育服务贸易的重要合作伙伴。截至2019年，中国已与24个共建“一带一路”国家签署高等教育学历学位互认协议，已有60所中国高校在23个国家开展境外办学活动，有16所中国高校与共建“一带一路”国家高校建立了17个教育部国际合作联合实验室。① 与共建“一带一路”国家开展教育服务贸易有助于中国发挥自身教育的比较优势，调整教育服务出口结构，开拓留学服务贸易新的增长点，率先在沿线国家打造中国教育服务的品牌效应，增强中国高校在国际教育服务市场的竞争力。同时，与共建“一带一路”国家的教育合作还可以进一步发挥中国中西部地区接收来华留学生的巨大潜力，进一步平衡来华留学生在国内的地区分布。

2. 教育服务贸易将在大数据、互联网中加快创新发展

大数据和互联网代表了当今时代的发展趋势和要求，新一轮科技革命和技术创新将成为推动教育服务贸易发展的主要动力和未来拉开差距的关键，中国教育服务贸易面临重要的战略机遇。2020年新冠肺炎疫情下全球大规模在线教育的实施更加速了在线教育产品和技术的发展，在线教育为国际教育合作打开了突破口，为跨国留学教育提供了新渠道和新思路。②在2020年9月举办的中国（北京）国际服务贸易交易会

① 董鲁皖龙、焦以璇：《服务“一带一路”教育在行动》，中华人民共和国教育部网站，转引自《中国教育报》，2019年4月25日，http：//www. moe. gov. cn/jyb_ xwfb/s5147/201904/t20190425_ 379436. html。

② 杨菲菲：《2020年服贸会国际教育论坛公识：在线教育将迎来蓬勃发展》，《新京报》2020年9月6日。

（简称“服贸会”）上，在线教育企业是教育服务展的焦点和主力军；服贸会国际教育服务贸易论坛中与会嘉宾也达成共识，在线教育已迎来蓬勃发展阶段，互联网教育将成为今后教育形态的一种新的补充，它的重要作用会随时间和技术的发展更加凸显。①“互联网+教育”的模式将推动未来教育服务贸易的提供方式发生变革，拓宽教育服务贸易的新领域和新内容。现阶段，中国5G技术和应用的发展引领全球，“互联网+”已成为国家战略，互联网远程教育有望成为中国教育服务贸易新的增长点。

（二）新时期中国教育服务贸易发展面临新挑战

1. 新冠肺炎疫情的出现打破了中国教育服务贸易平稳发展的局面

受新冠肺炎疫情的影响，2020年部分中国留学生选择延长留学期限、推迟留学计划或改变留学国家。目前全球疫情尚未得到有效控制，美国、澳大利亚等国又发生多起针对亚裔留学生的歧视性事件，这也会影响未来中国学生出国留学的意向。新冠肺炎疫情还给留学产业链上中下游各类从事留学相关业务的公司带来严重冲击。上游企业为学生提供语言培训服务，由于2020年上半年线下教育机构停课、留学考试一再被取消，国内语言培训机构出现洗牌重整的局面，在线教育机构获得加速发展；中游企业提供留学中介服务，由于疫情没有发生在申请季和入学季，受疫情影响相对较小；下游企业为学生提供海外租房等留学后服务，受疫情影响相对较大。长期来看，中国教育服务贸易的发展基础依然稳固，但是后疫情时代教育服务的国际市场竞争将表现得更加明显。

2. 逆全球化冲击下教育服务贸易规则重构

当前全球化进程受阻、世界经济增速减缓、国际局势不确定性增加，这些冲击都会影响中国教育服务贸易的正常发展。教育服务贸易的战略地位将

① 杨菲菲：《2020年服贸会国际教育论坛公识：在线教育将迎来蓬勃发展》，《新京报》2020年9月6日，http：//www，bjnews. com. cn/edu/2020/09/06/766367. html。

不断提升，市场准入、跨境人员流动、知识产权保护等相关规则将成为未来国际经贸谈判的重要议题。① 由于政治因素，各国对自然人流动的教育服务贸易形式都保留了限制（如限制部分学者入境），逆全球化思想更为教育服务贸易设置了更多阻碍和壁垒。逆全球化还会加速原有全球化模式的再调整和重构，全球价值链和贸易规则的重构对中国教育行业的国际化发展既是机遇也是挑战，对中国输出教育服务产品的质量和吸引力提出了更高的要求。

四　促进中国教育服务贸易高质量发展的对策建议

（一）提升教育国际化水平，打响教育品牌

针对中国教育服务出口竞争力不足的问题，关键在于从供给侧层面提升中国教育服务国际化水平，将中国高校的教育体系、教育环境和教育理念与国际接轨，打造中国教育服务品牌。从教学内容层面，应加强建设高水平国际化的师资队伍、重点提升高校教师双语授课能力、增加高质量的全英文课程比例、利用 MOOC 平台传播金牌课程，为来华留学生提供更多更优质的课程选择与学习渠道。从高校层面，依托世界一流大学和一流学科建设的战略决策，扩大高校的对外开放水平，通过校友会等社会网络加强对高校品牌的宣传，积极拓展中外合作办学项目、探索海外办学模式，提高中国高校的知名度。

（二）实施中外学生趋同化管理，促进来华留学生与中国学生的双向交流

推进来华留学教育“趋同化管理”改革，向留学生提供规范和平等的

① 崔艳新：《“十四五”时期服务贸易的趋势、机遇与提升路径》，《光明日报》2020 年 9 月 15 日。

国际化教育管理服务，从需求侧层面提升中国教育服务贸易的出口质量。首先，提高来华留学生准入门槛，在录取时进行更加严格的筛选与考核，加强政府奖学金审批力度并适当提高奖学金额度和留学生学费，吸引更多真正优秀的学生来华学习，并缓解中国教育服务贸易逆差；实行中文授课项目和英语授课项目分别招生、分别授课，加强对来华留学生语言成绩的要求，以提供有针对性的教学培养。其次，提高来华留学生的学业考核与毕业门槛，实现中外学生统一标准的教学内容、考核标准和管理体系，来华留学生与中国学生不分班，将留学生纳入班级日常管理中，在学业难度、行为规范、毕业要求等方面进行严格管理，加强对来华留学生综合素质的要求。最后，学习国际先进的留学生教学与管理方式，制定与国际标准对接的留学生培养方案与课程体系，促进来华留学生与中国学生的双向交流。

（三）以科技驱动教育服务贸易创新发展

持续优化中国教育服务贸易的提供方式，充分利用中国在“互联网+”、5G和人工智能等方面的优势，让科技更好地为教育赋能，积极发展在线教育和远程教育，利用互联网、MOOC平台等渠道将中国优质的教育资源传递到全世界。并以开放的姿态与世界各国共同推动教育与科技的深入融合，提供更高质量、更多样化的教育服务，以科技驱动教育服务贸易的未来发展，搭建平台促进全球优质教育创新服务共同发展，提升中国教育服务贸易的对外开放水平。

参考文献

孙宾、刘悦、王茹丹：《中国高等教育服务贸易面临的新挑战、机遇与对策》，《商展经济》2020年第8期。

魏浩、籍颖、赵春明：《中国留学教育服务贸易发展现状及国际竞争力》，《国际经济合作》2010年第1期。

徐娟、张梦潇：《中国教育服务贸易竞争力与“十四五”时期提升路径》，《国际贸易》2020年第11期。

张译之：《新时期中国留学服务贸易发展的新态势、新挑战》，《对外经贸实务》2019年第3期。

靳希斌主编《国际教育服务贸易研究：理论、规则与行动》，福建教育出版社，2005。

靳希斌：《教育经济学》，人民教育出版社，2005。

B.6

新发展格局下中国技术贸易发展策略研究

杨 修 朱晓暄*

摘 要： 技术贸易作为新兴服务贸易的重要组成部分，在推动形成以国内大循环为主体、国内国际双循环相互促进的新发展格局中具有重要意义。近年来，中国技术贸易规模快速增长，技术进口需求持续增加，呈现出“技术引进以‘软性化’为特征，技术出口以技术咨询和技术服务为主”的特点。新发展格局下，中国技术贸易发展仍面临着知识产权出口规模小、对外技术依赖性强、“逆全球化”带来不确定性、国内企业对外部技术引进消化吸收能力弱等诸多问题。技术贸易推动形成新发展格局应从如下几点着手：加强知识产权国际合作，促进知识产权出口；推动构建开放包容互惠的国际科技合作体系；营造国内良好的创新环境，打造全球海外人才集聚高地；加强技术贸易平台建设，服务支持更多本土科技型企业“走出去”。

关键词： 技术贸易 技术引进 知识产权 科技创新

* 杨修，科技部中国科学技术交流中心调研协调处副研究员，研究方向为全球化与创新、国际贸易；朱晓暄，科技部中国科学技术交流中心调研协调处副处长、副研究员，研究方向为国际科技合作。

技术贸易可以有效地整合全球技术创新资源，降低企业研发成本和创新风险，实现国家产业技术的转型升级及对外贸易结构的优化。改革开放以来，中国在坚持独立自主、自力更生的技术路线基础上，“以市场换技术”，积极发展技术贸易，通过大规模技术引进消化吸收再创新，推动中国产业技术的改进和升级，实现了从技术落后国家跻身世界创新型国家前列的历史性跨越。当前，中国进入到以国内大循环为主体、国内国际双循环相互促进的新发展格局，中国的供给侧也将进入到提升产业链现代化水平的新发展时期。面向“十四五”发展需要，通过技术贸易提升自主创新能力，将重塑产业竞争优势、提升产业链现代化水平，这对于构建新发展格局具有重要意义。

一　技术贸易的概念及统计范畴

技术贸易作为新兴的服务贸易，具有依赖信息流动、知识密集型的特点。目前，国内相关部门对技术贸易的统计侧重有所不同。如商务部出台的《中华人民共和国技术进出口管理条例》和《技术进出口合同登记管理办法》将“技术贸易”定义为通过贸易、投资或者经济技术合作的方式转移技术的行为。根据服务类别，电信、计算机和信息服务，以及知识产权使用费被纳入技术贸易的统计范畴。海关总署统计的技术贸易，主要以高新技术产品为主。由科学技术部与国家统计局联合发布的《中国科技统计年鉴》，根据技术引进形式，将技术贸易分成专利技术的许可或转让（包括专利申请权的转让），专有技术的许可或转让，技术咨询、技术服务，计算机软件的进口，商标许可，合资生产、合作生产等，为实施以上内容而进口的成套设备、关键设备、生产线等，其他方式的技术进口。

综合以上分析，本文的研究侧重技术贸易的服务属性，将技术贸易定义为技术供应国按照国际商业惯例把某项技术或权利转让给技术需求国的交易行为。借鉴商务部、科学技术部和国家统计局的统计分类，本文对技术贸易进行如下界定：从服务类别看，技术贸易主要包括电信、计算机和信息服务，以及知识产权使用费两大类别；从技术引进形式看，本文继续沿用《中国科技统计年鉴》中关于技术引进的8类。

二 新发展格局下中国技术贸易发展的主要特征

第一，技术贸易规模快速扩大，技术进口需求旺盛。近年来，中国技术贸易规模快速扩大，技术贸易占服务贸易比重显著增加。如图1所示，2020年中国技术贸易总额为1181.63亿美元，较2010年增长了很多。随着中国创新开放水平的不断提升，中国在交通运输设备、通信设备等产业领域中对关键技术或核心技术的需求日益提高，使得中国在专利技术的许可或转让、商标许可等知识产权上的进口规模不断扩大。同时，改革开放以来，中国以引进外资、加工贸易等方式，通过“干中学”大幅提升自主创新能力，特别是近年来中国在人工智能、大数据、云计算等新一代信息技术领域拥有明显优势，扩大了中国技术外包规模，使得中国技术出口能力显著增强。因此，中国技术贸易占服务贸易比重呈现明显增长态势，2020年中国技术贸易占服务贸易比重增长到19.19%，成为服务贸易的重要组成部分。此外，2010年以来，中国技术贸易一直保持逆差，且逆差规模持续扩大，这反映出中国在技术引进上仍存在着旺盛需求，对国外技术依赖度仍偏高。2018年，中国技术贸易逆差额达237.32亿美元，为近10年最高（见图1）。

第二，中国在以专利、商标为主的知识产权使用费上存在较大进口需求，而在电信、计算机和信息服务上出口能力较强，但进口需求增速加快。从服务类别来看，中国技术贸易在知识产权使用费上存在着较大的进口需求，且贸易逆差呈现逐年扩大趋势。如图2所示，2010年中国在知识产权使用费上贸易逆差规模为122.09亿美元，而2020年知识产权使用费贸易逆差扩大到292.273亿美元，当年在该服务类别上中国出口仅为85.54亿美元，约是进口规模的1/5（见图2）。中国在知识产权使用费方面持续扩大的贸易逆差，反映出中国在专利、商标等高附加值的知识密集型服务上的供给能力较弱，在高技术、核心技术领域科技创新或研发能力偏弱，进口依赖

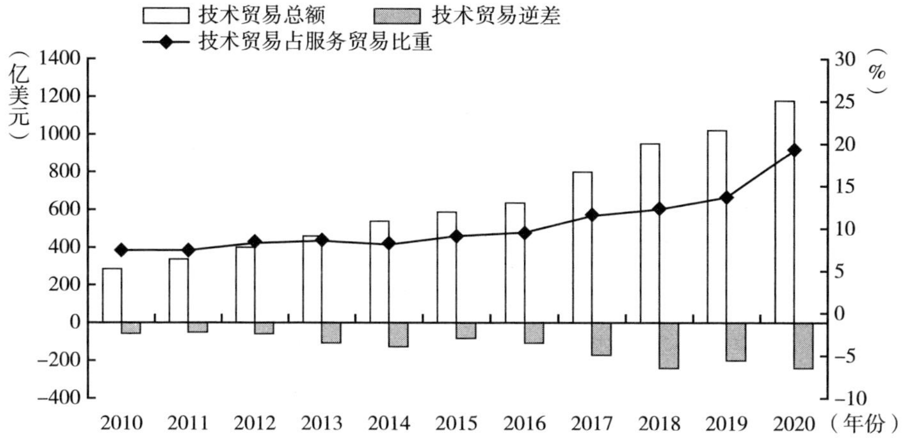

图1　2010～2020年中国技术贸易发展情况

资料来源：国家外汇管理局官网。

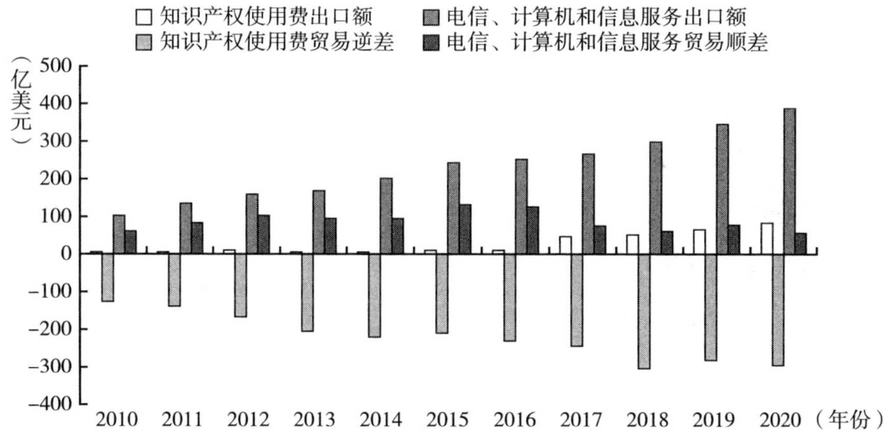

图2　2010～2020年中国技术贸易服务类别统计

资料来源：国家外汇管理局官网。

度较强。此外，中国在电信、计算机和信息服务上保持贸易顺差，2020年贸易顺差为59.03亿美元，反映出中国在电信、计算机和信息服务上具有较强的产品供给能力。值得注意的是，2015年以来，中国在电信、计算机和信息服务领域进口增速明显加快，且高于出口增速，2017年进口增速最快，达52.047%（见图3）。这反映出，党的十八大以来，中国积极主动扩大进口，深化国际经济合作，着力推动形成全面开放新格局。中国努力扩大电信、计算机和信息服务领域、金融服务领域等生产性服务行业进口规模，以提升进口服务质量。

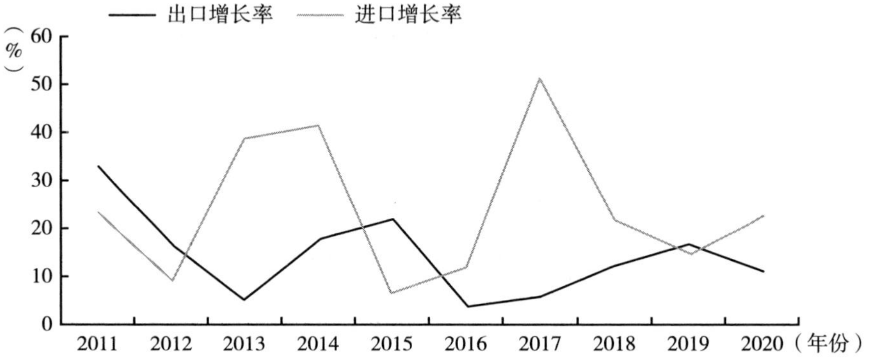

图3　2010～2020年中国电信、计算机和信息服务进出口增长率比较

资料来源：国家外汇管理局官网。

第三，中国技术贸易结构不均衡，技术引进以“软性化”为特征，技术出口以技术咨询、技术服务为主。在技术引进方面，中国技术进口主要以专利技术的许可或转让（包括专利申请权的转让），专有技术的许可或转让，技术咨询、技术服务等高附加值、知识密集型服务为主，占中国技术进口总规模的80%以上。2019年，中国在上述三种方式的技术引进合同金额分别为43.55亿美元、164.58亿美元、102.34亿美元，占比分别为12.37%、46.76%和29.07%。随着中国产业结构调整和升级，中国装备制造能力显著提升，中国已形成完备的产业基础设施体系。中国技术引进策略也从以往成套设备等进口转向以知识产权为主的专有技术等引进为主。因此，中国在成套设备、关键设备、生产线及合资生产、合作生产方式上技术引进比例显著降低。2019年，中国在上述方式的技术引进合同金额占比仅为1.16%和0.79%（见表1）。在技术出口方面，中国技术出口主要以技术咨询、技术服务为主，2019年，技术出口合同金额占比高达69.33%。其次为计算机软件，2019 年，计算机软件的技术出口合同金额占比为 7.42%。这从一定程度反映出，中国在国际软件和信息技术外包上具有较强的国际竞争力。特别是人工智能、云计算、大数据等新一代信息技术的快速发展，让中国在上述技术领域具有巨大的出口潜力。值得注意是，与技术引进相比，中国专有技术的许可或转让、专利技术的许可或转让（包括专利申请权的转让）出口规模偏低，2019 年，技术出口合同金额占比仅为 7.21% 和 4.14%。与此同时，中国商标许可技术出口合同金额为 0（见表 1）。上述数据反映出，中国以知识产权为主的“软性”技术出口能力较弱，参与知识产权国际合作水平偏低。

表 1　2019 年中国技术贸易结构分析

单位：亿美元，%

贸易方式	技术引进			技术出口		
	合同金额	技术费	合同金额占比	合同金额	技术费	合同金额占比
专利技术的许可或转让（包括专利申请权的转让）	43.55	43.38	12.37	13.3	13.3	4.14
专有技术的许可或转让	164.58	162.9	46.76	23.18	21.83	7.21
技术咨询、技术服务	102.34	71.87	29.07	222.81	176.91	69.33
计算机软件	9.75	9.73	2.77	23.86	22.81	7.42
商标许可	4.19	4.19	1.19	0	0	0
合资生产、合作生产	2.79	2.79	0.79	0.93	0.93	0.29
成套设备、关键设备、生产线	4.09	0.61	1.16	0.04	0.02	0.01
其他	20.71	18.87	5.88	37.25	20.4	11.59

资料来源：2020 年《中国科技统计年鉴》；王晓红、谢兰兰、郭霞《论我国技术贸易的发展创新》，《开放导报》2021 年第 1 期，第 24 页。

第四，中国技术贸易市场分布不平衡，以发达国家和地区为主。截至 2018 年 4 月，中国已与 130 多个国家和地区建立了技术贸易的联系。尽管如此，中国技术贸易伙伴国仍以美欧等发达国家为主。以技术引进为例，2019 年，中国从美国引进技术的合同金额高达 84.58 亿美元，美国是中国技术引进的第一大国。同时，从前十位国家来看，中国技术引进主要来自美国、欧洲发达国家、日本和韩国，其中美国、日本和德国是中国技术引进规模排前三位的国家（见图 4）。

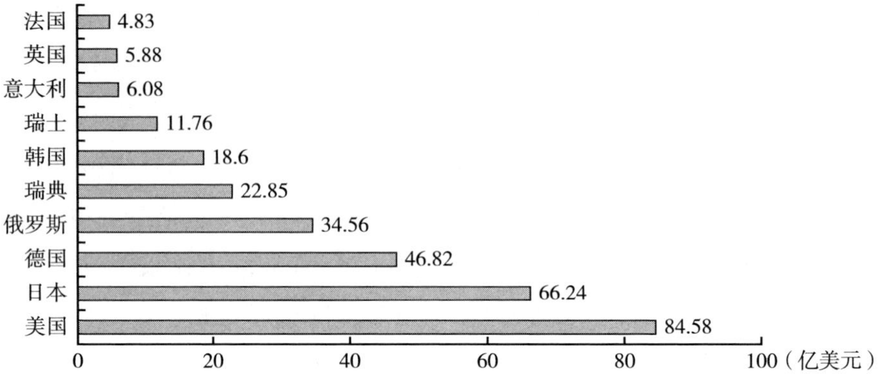

图4　2019 年中国技术引进规模排名前十的国家

资料来源：2020 年《中国科技统计年鉴》。

第五，技术型投资和利用外资驱动技术贸易发展，集聚利用国内外技术创新资源能力显著增强。近年来，中国积极推动和支持高技术企业“走出去”，通过建立海外研发机构或依托海外科技园区，一方面实现了中国技术标准“走出去”，另一方面通过国际科技合作，引进消化吸收海外先进技术。在海外设立的研发中心和生产研发基地已经成为中国企业全球化战略的重要组成部分。在科技型企业“走出去”的同时，中国不断优化国内营商环境，加强知识产权国际合作，完善知识产权、技术成果转移转化等相关法律，为国外高技术企业来华投资营造良好的创新环境。从对外直接投资流量来看，2011～2016 年中国在信息传输、计算机服务和软件业，以及科研、技术服务和地质勘查业对外直接投资流量持续增加，其中信息传输、计算机服务和软件业规模最大，2016 年达 186.602 亿美元。伴随“逆全球化”思潮在世界的蔓延，以及发达经济体及部分新兴经济体对中国创新崛起的警觉，2017～2019 年，中国对外直接投资面临的不确定性风险增加，投资规模出现了大幅下降。从实际利用外资额来看，2011～2017 年中国在上述两个行业实际利用外资额快速增加，2017 年信息传输、计算机服务和软件业实际利用外资额最大，达 209.186 亿美元（见图 5）。无独有偶，受全球宏观经济形势和各国贸易保护主义的影响，2018～2019 年中国信息传输、计算机服务和软件业利用外资规模出现了明显下降。尽管如此，在2017年以前，对外直接投资流量和实际利用外资额不仅是中国引进外国先进技术、提升自主创新能力的重要渠道，也是中国加快与共建“一带一路”国家技术贸易合作，推动中国技术标准“走出去”的重要方式。

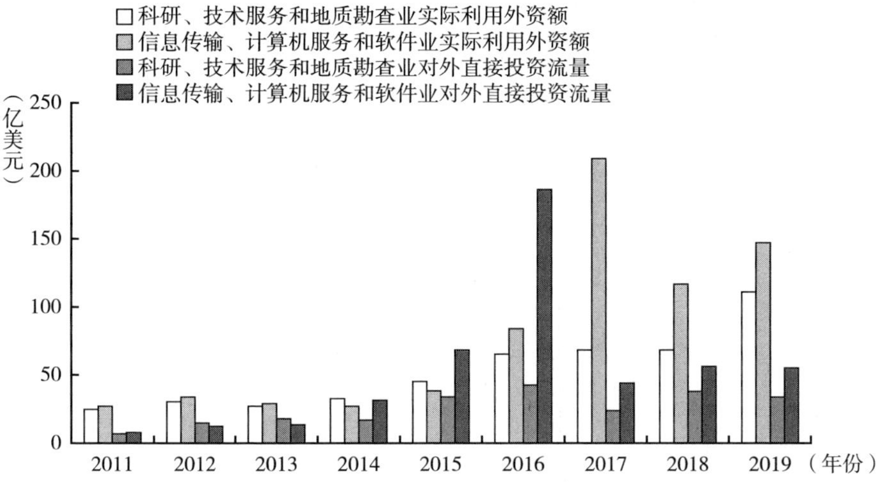

图5　2011～2019年中国对外直接投资流量和实际利用外资额（按行业）

资料来源：国家统计局官网。

三　中国技术贸易发展存在的主要问题

第一，中国在关键核心技术领域对发达国家仍存在着对外技术依赖。近年来，中国政府将科技创新摆在了国家发展的重要位置，积极推动创新驱动发展，鼓励和支持企业、科研院所等创新主体开展自主研发，以实现中国在关键核心技术领域的自主创新。然而，中国仍存在着对外技术依赖，特别是在半导体产业上游等研发环节。本文测算了2010～2019年中国对外技术依存度水平，[①] 如

① 对外技术依存度的测算方法参考张赤东、郭铁成《基于全球化视角的对外技术依存度测算方法及预测》，《统计研究》2012年第4期。

图6所示，2010～2019年，中国对外技术依存度呈现阶段性波动，其中2012年中国对外技术依存度高达29.3%，随后出现下降。除了2017年中国对外技术依存度出现短暂小幅度上升后，2018年以来，中国对外技术依存度呈下降趋势。尽管如此，2019年中国对外技术依存度达16.1%。这说明中国仍存在一定程度的技术依赖性。与此同时，从技术引进国家来看，美国、日本和德国等科技发达国家依然是中国技术进口的主要国家，中国对科技发达国家仍存在着技术依赖性。

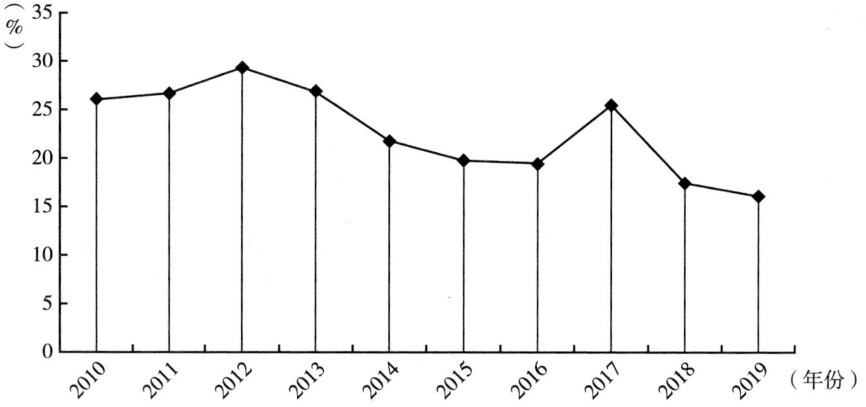

图6　2010～2019年中国对外技术依存度水平

资料来源：作者根据公开数据测算所得。

第二，“逆全球化”背景下的技术民族主义、贸易保护主义将增加中国技术贸易发展面临的风险。“逆全球化”让中国技术贸易发展面临着“引进来”和“走出去”的双重风险。在高度竞争的世界中，技术被视为一种关键的国有资产，对国家安全和经济竞争力至关重要。技术民族主义的重心在于加强国内产业的竞争力，以应对国外竞争对手。近年来，中国在5G、人工智能、数字经济领域的科技创新发展突出，处于全球领先水平。中国数字技术在海外拓展被美国政界指责为中国治理模式的传播。美国在新兴技术领域全面打压中国，给中国技术贸易发展带来了前所未有的风险。例如，2019年10月，美国商务部将中国28家高技术企业、高校和科研院所列入“实体管制清单”（Entity List）；2020 年 5 月，又将另外 33 家中国机构列入“实体管制清单”（Entity List）。此外，美国、欧盟、韩国和日本等发达国家和地区也进一步加强高技术领域外资流入的管控。例如，欧盟委员会于 2019 年 3 月通过了《欧盟外资审查框架法案》。该法案实施后，将对中国企业在人工智能、机器人、半导体等关键技术领域的投资实施更加严苛的监管。韩国政府于 2019 年 1 月出台了《根除产业技术泄露对策》，进一步加强对外资流入、人工智能等领域中具有核心技术的韩国企业的审查。

第三，中国知识产权出口能力弱，企业核心专利偏少，专利在海外影响力偏低。专利的海外布局是知识产权出口的必要前提。中国知识产权贸易多年以贸易逆差为主，一方面反映出中国企业专利海外布局规模偏小，专利在海外布局的规模有待扩大、影响力有待进一步提升。世界知识产权组织数据显示，截至 2018 年底，中国专利权人在海外拥有的有效发明专利为 10. 3 万件，占国内外有效发明专利总量的比重为 6. 8%。而美国、日本分别在海外拥有有效发明专利 88. 3 万件和 115. 7 万件，分别占其总量的 37. 4% 和 41. 0%。另一方面也说明中国企业仍然处在全球价值链的中低端，并未真正掌握关键核心技术，在关键核心技术领域仍存在着较大的进口依赖性。而美欧等发达国家依然居于全球价值链的中高端，掌握着关键核心技术的主动权，是中国知识产权进口的重要供给国。

第四，国内企业对外部技术引进、消化吸收的能力有待提升。从技术引进能力来看，内资企业是中国技术引进经费的第一大主体，其次为外资企业、港澳台企业，国有企业技术引进经费最低。2019 年，内资企业技术引进经费规模达 96. 44 亿元，占比 88. 15%，其次为外资企业，占比 9. 20%，国有企业技术引进经费为 0。从技术消化吸收能力来看，尽管内资企业是中国技术引进经费的大户，但在技术消化吸收能力上却明显弱于外资企业，有待进一步提升。2019 年，内资企业消化吸收经费支出占技术引进经费比重仅为 3. 34%，而外资企业则为 57. 18%。同样，国有企业在技术消化吸收能力上也明显处于劣势，2018 年国有企业消化吸收经费为 0。

四　中国技术贸易服务新发展格局的对策建议

加快形成国内国际双循环相互促进的新发展格局，是“十四五”时期和2035年远景目标的重要方面。当前，数字经济正重塑全球发展格局，技术要素在全球加速流动，以信息技术为特征的技术成果不断涌现，全球技术贸易发展空间不断拓宽。在开放合作中大力发展技术贸易，坚持“引进来”和“走出去”相结合，既是中国技术创新能力提升和产业链供给水平重塑的重要渠道，又是推动中国优势技术“走出去”、推进广大发展中国家（特别是共建“一带一路”国家）产业发展的重要方式，对于构建新发展格局具有重要的理论和现实意义。结合中国技术贸易发展的事实特征，本文提出如下建议。

第一，加强知识产权国际合作，推动中国知识产权出口。知识产权国际合作是推动中国企业专利在海外布局的重要方式，也是提高中国企业知识产权出口额的重要渠道。当前，中国的专利技术、商标许可等知识产权贸易存在逆差，反映出中国的“软性”技术出口能力总体偏弱。未来应加强双边知识产权合作，加快推动与更多国家专利审查机构签署专利审查高速路（Patent Prosecution Highway，PPH）合作协议，加快中国企业在海外专利审查机构提出的专利申请审批速度，降低审查成本，提高授权率。在世界知识产权组织的知识产权跨国保护体系框架下，加强国内企业自主知识产权在海外市场上的保护力度。继续推动专利合作条约、马德里体系、海牙体系在中国的发展，支持中国企业申请国际专利，推动更多中国专利技术“走出去”。

第二，推动构建开放包容互惠的国际科技合作体系。“逆全球化”的今天，大国间的技术竞争愈演愈烈，中国应通过引进外资和技术贸易方式引进国外先进技术，实现本国技术创新发展，但同时面临的障碍却越来越多。美、日、韩等发达国家对5G、芯片等核心技术领域的技术转移、外资流入行为警觉度提升，给中国技术贸易发展带来了严峻挑战。面对日益复杂的国际形势，中国应坚持对外开放思维，深入推动国际科技创新合作，打造开放包容互惠的国际科技合作体系，推动以往技术的引进消化吸收再创新模式向着互利共赢的创新合作模式转变，不断创新国际科技合作模式，加强与发达国家在共性技术、前沿技术领域开展国际联合研究，加强对发展中国家，特别是共建“一带一路”国家的技术转移、对外技术援助，在开放合作中推动中国技术贸易的发展。

第三，营造国内良好的创新环境，打造全球海外人才集聚高地。科技创新人才是实现国际技术转移的关键因素。新冠肺炎疫情的全球蔓延和“逆全球化”思潮加快了海外人才的回流。未来，应鼓励和支持更多优秀的海外留学生、高端人才回国，进一步完善海外留学人才、海外高端人才回国的相应政策，在出入境便利、子女上学生活、科研补贴、薪资待遇、住房安置等方面加大政策支持力度，减少或解决海外人才回国的顾虑。同时，要进一步完善国内科研政策，打造更加合理的科研评价体系，加大对国际合作中知识产权的保护力度，营造国内良好的创新环境，将中国打造成全球海外人才集聚地，推动技术的国际转移。

第四，加强技术贸易平台建设，服务支持更多本土科技型企业“走出去”。技术贸易平台是科技型企业“走出去”的重要平台。一是可依托服贸会、进博会、高交会等重要的国际会议，打造技术贸易交易平台，为中国科技型企业开展国际技术交流与合作提供更多机会。二是面向不同国家和地区，继续推动国际技术转移中心建设。在建设中要加强对技术转移中介机构的培育，加强对重点城市技术促进机构的布局，为中国科技型企业“走出去”提供政策咨询等一体化服务，支撑更多本土科技型企业“走出去”。三是可在自贸区下探索建立国际技术贸易市场，在税收优惠、融资成本和担保等方面为本土科技型企业出台更多优惠政策。四是充分发挥境外技术转移中介机构、商业协会的作用，建立内外联动的技术贸易合作机制，促进与境外研发机构、跨国公司的技术合作与交流，推动技术贸易朝着更深层次发展。

参考文献

崔艳新：《供给侧结构性改革视角下我国发展技术贸易的战略思考》，《国际贸易》2018 年第 3 期。

陈长缨：《顺应形势变化，及时调整我国技术进口政策——我国技术进口研究》，《国际贸易》2014 年第 4 期。

刘迪玲：《新形势下我国技术贸易发展对策研究》，《国际贸易》2016 年第 9 期。

刘国柱：《地缘政治视野下的新兴技术与美国技术民族主义》，《当代世界》2020 年第 10 期。

刘青、王俊力：《发达国家收紧高科技领域外资流入趋势及对我国技术进步的影响》，《国际贸易》2021 年第 1 期。

余南平、戢仕铭：《技术民族主义对全球价值链的影响分析——以全球半导体产业为例》，《国际展望》2021 年第 1 期。

B.7

新冠肺炎疫情对会展业的影响及发展策略

李 萍 高凌江*

摘 要： 新冠肺炎疫情突袭而至前，中国会展业已经获得了较大的发展，新冠肺炎疫情对中国会展业造成重创，应加速会展业转型，促使会展贸易从线下转到线上。后疫情时代，中国会展业将朝着数字化、国际化方向深化发展，由“数量型增长”转变为“质量型增长”。可从以下六方面着手推动会展业高质量发展：一是优化产业结构，夯实会展业发展的基础；二是推进技术创新，加速会展业数字化转型；三是坚持开放发展，提升会展业国际化程度；四是重视品牌建设，致力打造国际会展名城；五是壮大人才队伍，提高会展业专业化水平；六是发挥会展平台作用，促进服务贸易高质量发展。

关键词： 新冠肺炎疫情 会展业 数字化 国际化

会展业是通过举办各种形式的专题会议、展览活动等，聚集人流、物流、资金流、信息流、技术流，从而产生直接或间接经济效益和社会效益的新型现代服务业。会展业的直接经济效益主要在于创造消费需求和就业机

* 李萍，北京第二外国语学院经济学院讲师，研究方向为国际贸易理论与政策、中国经济发展问题研究；高凌江，北京第二外国语学院经济学院教授，研究方向为产业经济、财税理论与政策。

会，间接经济效益主要体现在三个方面：一是带动相关行业发展，推动形成产业集聚；二是提供信息交流平台，促进经济贸易合作；三是提高城市的知名度，提升国际化水平。

新冠肺炎疫情的突袭而至和蔓延对中国经济社会活动造成了较大冲击，但危机中蕴含转机，如加速了中国经济的数字化转型，数字服务业取得了突破性发展，成为中国经济高质量发展的新动能。作为现代服务业的重要组成部分，会展业是中国开放型经济体系的重要平台，会展业转型升级对于促进服务贸易高质量发展具有非常重要的意义。

一　新冠肺炎疫情突袭而至前中国会展业的发展状况

中国会展业的发展进程大致可划分为三个阶段：尝试摸索（1949 ~ 1978 年）、快速发展（1979 ~ 2012 年）、转型高质量发展（2013 ~ 2019 年）。改革开放 40 余年以来，中国会展业取得了长足的发展。随着中国经济从高速增长阶段转向高质量发展阶段，境内展览总体规模从高速增长转为中高速增长，会展业积极推进高质量转型升级，不断推进规模化、集中化发展。党的十八大以来，中央高度重视会展业在新时代的新使命。《国务院关于进一步促进展览业改革发展的若干意见》中明确指出，要加快展览业转型升级，努力推动中国从展览业大国向展览业强国发展，更好地服务国民经济和社会发展全局。

（一）境内办展概况

根据《中国展览经济发展报告（2019）》，2019 年中国境内共举办经贸类展览 3547 个，同比下降 6.5%；总展览面积为 13048 万平方米，同比增长 0.8%。展览数量小幅下降，但展览规模有所扩大。

从区域分布来看，上海市、北京市和广州市办展数量继续保持前三位，分别占全国展览总数量的 15.4%、8.2%、7.3%；各区域办展数量差异化明显，华东、华北、华南、华中、西南、东北和西北地区占比分别为

37.1%、15.0%、14.3%、8.6%、6.8%、6.8%、3.0%。① 中国展览业发展的地域不平衡特征仍较突出。

从行业分布来看，不同行业办展数量和规模差异化明显（见表1）。2019年，中国服务业展览举办数量和总展览面积排名第3，较2018年下降1个位次。

表1　2019年中国五大类行业办展情况

行业	展览数量(个)	占比(%)	总展览面积(万平方米)	占比(%)
轻工业	1441	38.0	5439	42.0
重工业	957	25.2	3902	30.1
服务业	841	22.2	2391	18.5
农业	191	5.0	700	5.4
专项	117	3.1	616	4.8

资料来源：中国国际贸易促进委员会《中国展览经济发展报告（2019）》，2020年1月10日。

从前十大服务业细分行业展览来看，2019年休闲时尚艺术旅游类展览、医药医疗保健类展览数量和总展览面积均居前两位（见表2）。与2018年相比，这两类展览的数量分别下降15.7%、16.2%，而公共服务类展览、酒店设备类展览和教育培训招聘类展览数量有所增加。

表2　2019年中国十大服务业细分行业展览数量和总展览面积

细分行业	展览数量(个)	位次	总展览面积(万平方米)	位次
休闲时尚艺术旅游	242	1	639.8	1
医药医疗保健	171	2	556.7	2
公共安全防伪	70	3	166.7	5
特许经营	62	4	128.1	7
环境保护	58	5	153.7	6
教育培训招聘	54	6	116.9	8
交通运输物流	51	7	189.9	3
金融保险房产	43	8	101.4	9
公共服务	30	9	61.0	10
酒店设备	29	10	176.4	4

资料来源：中国国际贸易促进委员会《中国展览经济发展报告（2019）》，2020年1月10日。

① 中国国际贸易促进委员会：《中国展览经济发展报告（2019）》，2020年1月10日。

（二）境外参办展概况

在境内积极办展的同时，中国展览业“走出去”步伐加快。2019 年 1～11月，全国 91 家组展单位共赴 73 个国家参办展 1766 个，同比增长 5.6%；展出面积 92.13 万平方米，同比增长 10.97%；参展企业 6.1 万家，同比增长 3.39%。① 近年来，中国展览业出国参办展数量、参展企业数量呈增长态势，出国展出面积略有波动、以上升为主（见表 3）。

表 3　2014～2019 年中国展奖业出国参办展情况

年份	参办展数量(个)	展出面积(万平方米)	参展企业数量(万家)
2014	1447	70.68	4.7
2015	1385	63.89	4.8
2016	1492	83.5	5.8
2017	1549	84.98	5.9
2018	1672	83.02	5.9
2019	1766	92.13	6.1

注：2019 年的数据截至 2019 年 11 月。

资料来源：中国国际贸易促进委员会《中国展览经济发展报告（2019）》，2020 年 1 月 10 日。

二　新冠肺炎疫情对中国会展业的影响

新冠肺炎疫情的突袭而至打乱了全球所有行业原有的节奏和步伐，而会展业作为经济、政治、文化、生活中的沟通交流平台，受到重大冲击。危机之下，传统会展业加速转型升级，应用新技术，探索新模式、新业态，从线下突破到线上，加速推进产业数字化。

（一）会展业一度陷入停滞状态

由于会展业具有高度依赖人员流动、人员聚集性强的属性，新冠肺炎疫

① 中国国际贸易促进委员会：《中国展览经济发展报告（2019）》，2020 年 1 月 10 日。

情的全球蔓延对会展业造成重创，全球会展业一度陷入停滞状态。2020 年上半年，各地展会大多数取消或延期，线下展会按下“暂停键”，中国会展业遭受了较大冲击。[①] 疫情引发会展业的大调整、大洗牌：一些实力弱、抗风险能力不足的中小会展企业，由于活动停止、客户流失，收入和现金流中断，走向消亡；而一些创新能力强、抗风险能力强的会展企业通过积极探索新的展会模式、新的赢利模式，在危机中得以生存。

（二）国际经贸展会启动新模式

服贸会、广交会、进博会是中国实现国内大循环、国内国际双循环的重要支点，是联通国内市场和国际市场的重要窗口和纽带。新的展会模式是疫情形势下的有效应对措施，保障了三场国际经贸盛会的圆满举行。

2020 年 9 月，在全球疫情持续蔓延、国际经贸形势严峻复杂的背景下，中国国际服务贸易交易会（简称“服贸会”）顺利举办。这是新冠肺炎疫情发生以来，中国举办的首场线上线下相结合的重大国际经贸活动，通过创新展会服务模式，有力推进了国际服务贸易创新发展与国际合作，来自 148 个国家和地区的 2.2 万家企业和机构参展参会，共签订协定协议类成果 240 项。[②]

2020 年 10 月 15 ~24 日，第 128 届中国进出口商品交易会（简称“广交会”）在线上举办，首次以线上办展取代实体展览，借助互联网、大数据、云计算、人工智能等新技术，为全球客商架起了一座突破时空限制的贸易桥梁。本届广交会上，共有来自 226 个国家和地区的采购商注册观展，官网累计访问量达 5117 万次，参展企业云展厅累计访问量达 789.26 万次；近 2.6 万家参展企业同台展示，参展企业累计上传展品超过 247 万件，比上届

① 李知娇：《“后疫情时代”会展业将发生哪些变化?》，《中国会展》2020 年第 9 期，第 28 ~ 37 页。

② 朱竞若、贺勇、罗珊珊：《2020 年服贸会创新展会模式取得丰硕成果》，中华人民共和国中央人民政府网站，转引自《人民日报》，2020 年 9 月 10 日，http://www.gov.cn/xinwen/2020-09/10/content_5542126.htm。

增加35万件。①

2020年11月5~10日，第三届中国国际进口博览会（简称“进博会”）在国家会展中心（上海）举办。这是疫情防控常态化下中国举办的一场规模最大、参展国家最多的国际经贸盛会。本届进博会总展览面积近36万平方米，较上一届扩大了近3万平方米，通过线上线下相结合的方式，为674家参展商、1351家采购商提供专业服务，达成合作意向861项，累计意向成交726.2亿美元，较上一届增长约2.1%。②

（三）跨界融合加速会展业复苏

疫情危机是一把“双刃剑”，给会展业带来较大冲击的同时，也加速了会展业与互联网公司、科技公司的创新融合，例如腾讯公司成为广交会技术服务商、阿里巴巴集团探索云上会展新业态。跨界合作为会展业创新发展赋能，不断催生新业态、新模式。会展业在模式上不断革新，由单一的实体形式走向实体展会虚拟化、线上线下“虚实结合”。

随着国内新冠肺炎疫情防控持续向好，展会主办方、会展场馆、参展商开始为展会活动做准备。展会是会展行业的“晴雨表”，2021年展会的规划和节奏都在有条不紊地进行中，传递了会展业复苏的信号。

三　疫情防控常态化时期中国会展业的发展趋势

新冠肺炎疫情明显地对中国国民经济、社会生活产生了非常重大的冲击和损害，受冲击最为突出的是服务业，但疫情影响是阶段性的，战胜疫情是必然的、可期的。③ 新冠肺炎疫情虽然在短时间内对会展业造成较大冲击，

---

① 赵方圆、文静：《第128届广交会“云端”圆满落幕》，《广州日报》2020年10月25日。

② 《第三届进博会闭幕 经贸合作成果丰硕》，中华人民共和国中央人民政府网站，转引自央视网，2010年11月10日，http://www.gov.cn/xinwen/2020-11/10/content_5560369.htm。

③ 贾康：《新冠疫情对中国经济的影响及对策分析》，《经济研究参考》2020年第6期，第80~85页。

但螺旋式前进的总态势是必然的，会展业仍将继续向前发展。后疫情时代，中国会展业将朝着数字化、国际化方向深化发展，实现由“数量型增长”转变为“质量型增长”。

（一）会展业数字化发展

诚如习近平总书记所言“世界经济数字化转型是大势所趋”，[①] 以云计算、大数据、物联网、人工智能、区块链等新兴数字技术主导的新科技革命正在深刻重塑人类生产方式和生活方式，数字化、网络化和智能化成为产业变革的方向。[②] 数字化转型是会展业发展的必然趋势，而新冠肺炎疫情加快了会展业的数字化进程。会展服务模式创新成为会展业自救的“利器”，从传统的实体展会转向“线上展会”。疫情防控常态化阶段，“线上展会与线下展会融合”是会展业的主要模式。未来需要会展的主办方、服务方和展馆运营方通力合作，积极利用好国内国际两个市场、两种资源，不断探索适应时代背景和行业需求的新业态、新模式。[③]

（二）会展业国际化发展

作为一种高层次、高效率、综合性的营销活动，会展是连接供给方和需求方的桥梁。促进交流、促成合作是会展活动的基本功能，国际化的会展活动可促进商品和要素跨境流动，是促进国际贸易发展的重要方式。近年来，与服务贸易有关的会展活动数目增多、规模扩大，呈现良好发展态势。通过不断进行模式创新、功能拓展，会展业已成为全球服务贸易繁荣发展的重要平台。

国际化是会展业发展的必然趋势，后疫情时代会展业国际化的趋势是不

① 习近平：《登高望远，牢牢把握世界经济正确方向——在二十国集团领导人峰会第一阶段会议上的发言》，《人民日报》2018 年 12 月 1 日。

② 王一鸣：《以数字化转型推动创新型经济发展》，《前线》2020 年第 11 期，第 67 ~ 70 页。

③ 李知矫：《“后疫情时代”会展业将发生哪些变化?》，《中国会展》2020 年第 9 期，第 28 ~ 37 页。

变的。需要注意的是，会展业的国际化应该是“双向的”，既包括国际会展企业“引进来”，也包括中国会展企业“走出去”。但从中国会展业发展的进程来看，存在“不对等的国际化”特征，中国会展企业出国办展、参展的专业化、国际化程度不高，会展业“走出去”能力仍显不足。中国会展企业要加大国际参与力度，积极出国办展、参展，提升国际竞争力。这是做大、做强会展业的必由之路，也是推动中国服务贸易扭转逆差态势、实现高质量发展的必然要求。

（三）会展业由数量型增长向质量型增长转变

会展业涉及的产业链长、覆盖面广，与其他产业彼此依靠、相辅相成。会展业与旅游、交通运输、餐饮、酒店、翻译、广告、金融等行业有着紧密的平行联系，通过与相关行业的互动共赢可为会展活动举办地带来巨大的经济效益。从长远来看，高质量、大规模会展活动的举办可带动资本、信息、技术、人才等重要生产要素流动，有助于形成产业聚集，培育新兴产业群，进而推动产业结构优化升级、促进资源优化配置。作为现代服务业的重要组成部分，会展业的发展水平体现了一个国家文化、经济和社会的综合发展水平。会展业的高质量发展对于推动产业结构调整、加快经济发展方式转变具有重要作用。会展业由数量型增长转向质量型增长，是中国从“会展大国”发展成为“会展强国”的内在要求，也是经济高质量发展阶段会展业发展的必然趋势。

四　疫情防控常态化时期中国会展业发展的策略

党的十九届五中全会通过的《中共中央关于制定国民经济和社会发展第十四个五年规划和二〇三五年远景目标的建议》中，提出要“加快构建以国内大循环为主体、国内国际双循环相互促进的新发展格局”。这是对中国经济发展战略和路径做出的重大调整，赋予了疫情防控常态化阶段会展业新的使命。后疫情时代，可从以下六个方面着手推动会展业高质量发展。

（一）优化产业结构，夯实会展业发展的基础

会展业属于第三产业，会展业的发展也有助于推动产业结构优化。改革开放以来，中国的产业结构呈优化态势，第一产业比重明显下降，第二产业比重稳中有降，第三产业比重逐年上升，产业结构趋于合理化。迈过工业化高峰期后，人力资本密集型服务业迎来了高速增长，第三产业增加值占GDP的比重大幅提升，从2010年的44.2%提升至2020年的54.5%。会展业的发展与旅游、交通运输、餐饮、酒店、翻译、广告、金融等服务行业高度相关。要持续推动产业结构调整优化，形成以服务经济为主导的产业结构，为会展业的发展奠定良好基础。

（二）推进技术创新，加速会展业数字化转型

线下展会在实物体验和情感交流方面具有突出优势，线上展会可打破地域障碍、时差障碍，未来需要积极探索线上展会与线下展会的有机结合，以客户体验为中心，提供多功能、立体性、全方位服务。无论是线上展会模式，还是线下展会模式，会展业数字化升级是关键所在。会展业要加快启动数字化转型，从服务体系、体验场景、商业模式、组织形态、发展理念等方面进行改革和创新，全面提升会展业的数字化能力。充分应用5G、虚拟现实、人工智能、大数据、物联网等现代信息技术，形成新的展现形式和交互方式，不断完善线上展会的产品展示和宣传、供需双方的撮合和匹配、实时交互、签约交易等功能，并为线下展会储备流量和数据资源。[①] 线上展会与线下展会是高度融合、互补共赢的综合体，若能有效唤醒线上、云端、网络端这些流量平台里的潜在的客户，将为线下展会赋能。后疫情时代，在完善线上展会功能的同时，要着力推动线上线下融合发展，实现资源高效整合。

---

① 李知矫：《“后疫情时代”会展业将发生哪些变化?》，《中国会展》2020年第9期，第28～37页。

（三）坚持开放发展，提升会展业国际化程度

要贯彻开放发展理念，充分发挥会展业作为构建现代市场体系和开放新经济体系的重要平台作用，着力提升会展业的国际化水平。会展业的国际化发展可分为“引进来”和“走出去”两个方向，中国会展业的国际化从国际会展企业“引进来”开始，国际会展企业到中国境内办展、参展规模较大、成效良好。新时代中国会展业要积极“走出去”，深化国际交流合作，培育境外办展项目，与国际知名会展企业、行业协会等建立合作，打造多元化、宽领域、高层次的境外办展参展新格局。[①] 要加强国际会展市场研究，着力加快“走出去”步伐，提升中国会展业在国际会展业中的话语权和影响力，逐步实现“引进来”和“走出去”双向均衡发展。中国会展业的国际化应突出中国特色，要坚定文化自信，推进国际传播能力建设，通过国际化的会展活动向世界讲好中国理念、展示中国形象。

（四）重视品牌建设，致力打造国际会展名城

会展是展示城市物质文明和精神文明建设成果的平台，通过办展、参展可展示城市风采，宣传城市良好形象。会展业的联动效应有助于产业协同发展、资源有效整合，是城市经济的“催化剂”。大型会展的成功举办不仅能促进当地经济发展，提高其知名度和美誉度，还能辐射周边，增强区域经济合作，带动周边区域经济增长。[②] 会展业的发展水平可反映一个国家或城市的综合经济实力和对外开放程度，发达的会展业是一个城市成为国际化大都市的重要标志。纵观现代会展业发展历史，会展业繁荣的城市通常是一国对外经济合作和文化交流的中心，具有较强的国际影响力。要着力打造国际会

---

① 陈泽炎：《新时代扬帆再启航引领中国会展业国际化进入新征程》，《中国对外贸易》2017年第12期，第58~60页。

② 甄明霞、欧阳斌：《会展经济——城市经济的助推器》，《上海经济研究》2001年第6期，第61~64页。

展名城，大力培育会展品牌企业、自主品牌展会，提升城市的国际形象、国际化水平、国际知名度和国际影响力。

（五）壮大人才队伍，提高会展业专业化水平

人才是行业发展的核心要素。随着中国会展行业规模的不断扩大、国际化程度的日益提升以及新业态、新模式的不断涌现，会展人才在“质量”和“数量”上存在较大缺口，会展行业转型发展迫切需要大量高素质、高技术、高技能人才。[①] 要重视培养会展人才，特别是会展策划、会展设计、会展营销、项目运营类人才，建立一支懂会展、懂市场、懂技术、懂管理的高素质人才队伍，为推动中国会展业专业化发展提供人才支撑。

（六）发挥会展平台作用，促进服务贸易高质量发展

随着服务业在世界经济中的比重持续上升、服务贸易新业态和新模式的蓬勃发展，服务贸易已经成为世界经济增长的新引擎、国际贸易发展的新动力。中国服务贸易也随着服务业在国民经济中比重的提升而不断壮大。由于服务贸易具有高度依赖国际交往和人员流动的属性，受新冠肺炎疫情全球蔓延、世界经济持续下滑等不利因素的影响，服务贸易进出口额骤降。2020 年中国服务进出口总额为 45643 亿元，同比下降 15.7%。疫情防控常态化下，线上展会在促进服务贸易发展中的重要作用愈加凸显。

当今世界正面临百年未有之大变局，在大变革、大调整的新时代，服务业和服务贸易的战略地位更为突出。促进服务业发展，打造高水平国际合作会展平台，优化服务贸易结构，扭转服务贸易逆差，是中国培育国际竞争新优势的重要着力点。随着中国经济从高速增长阶段转向高质量发展阶段，服

---

① 康年、瞿立新、宋波：《会展行业人才需求与职业院校专业设置匹配分析》，《中国职业技术教育》2020 年第 29 期，第 5 ~ 15 页。

务贸易高质量发展是新时代的重大任务，也是推动中国经济高质量发展的重要引擎。做大、做强会展业，充分发挥会展业的助推作用，以会展业转型升级促进中国服务贸易高质量发展。

参考文献

高欣:《大力发展会展旅游促进中国服务贸易增长》,《商业经济》2007 年第 11 期。

专题篇

Special Topics

B.8

双循环格局与服务贸易开放创新发展

李　钢*

摘　要：在推动形成国内国际双循环相互促进的新发展格局中，必须协同推进强大国内市场和贸易强国建设。服务业的开放发展与服务贸易创新发展发挥着十分重要的作用。“十三五”期间，中国服务业与服务贸易的发展迈上了新的台阶，在规模、增速、结构等方面都有了新的提升。但也与国际平均水平存在较大差距，如服务业制度型开放不足，服务贸易出口竞争力提升缓慢等。因此，“十四五”期间，一方面必须将服务业要素型开放与制度型开放有机结合起来，通过开放倒逼国内规制改革。另一方面，必须依靠创新，提升服务贸易的国际竞争力。这两个方面都要通过自主开放的自由贸易试验区和自由贸易港建设以及协议开放的自贸区提升战略加以实现。

* 李钢，中国国际贸易学会副会长，研究员，研究方向为中国服务贸易。

关键词：　双循环格局　服务贸易　国际竞争力

当今中国已经实现了中华民族伟大复兴的第一个一百年的目标——全面建成小康社会，正在开启建设社会主义现代化国家的新征程。中国进入了工业化后期阶段，与此同时，以服务经济为主导的时代已经到来，数字技术催生了数字产业，数字经济成为中国经济创新发展的新动力源。服务业的扩大开放，服务贸易的快速发展成为必然趋势。

一　双循环格局下构建更高水平的开放型经济新体制

（一）双循环新发展格局

党的十九届五中全会提出，要统筹中华民族伟大复兴战略全局和世界百年未有之大变局。① “十四五”规划中提出加快构建以国内大循环为主体、国内国际双循环相互促进的新发展格局。近年来，国际环境复杂多变，全球经济增长乏力，中国的要素禀赋结构与比较优势都发生了变化，市场和资源“两头在外”的国际大循环动能的减弱趋势明显，而中国内需潜力巨大，同时，国内大循环活力日益增强。构建新发展格局是重塑中国国际合作和竞争新优势的战略抉择。

开放是实现双循环的必要条件，封闭不可能实现循环。新发展格局是开放的国内国际双循环。中国已经是经济实力最强的发展中经济体，GDP 总量连续 11 年位居世界第 2，2013 年中国成为全球货物贸易第一大国，并一直保持这一地位，中国与世界各国之间的经贸联系非常紧密，中国市场对国际商品和要素资源具有巨大的吸引力。

---

① 《中国共产党第十九届中央委员会第五次全体会议公报》，中国共产党新闻网，2020 年 10 月 29 日，http：//cpc. people. com. cn/big5/n1/2020/1029/c64094-31911510. html。

国内国际双循环是相互依存，互为条件的，这样才能相互促进。在中国已经深度融入世界经济，成为世界经济大国和贸易投资大国的背景下，我们要充分利用好国内国际两种资源、国内国际两个市场。在新阶段，要更好地打通两个市场，畅通国内国际双循环。

国内国际双循环相互促进的新发展格局将会为中国自身带来长期、稳定、可持续的增长，并为世界经济增长做出更多贡献；双循环新发展格局下中国超大规模市场是一个更加开放、包容的市场，将为世界各国提供更多的市场机会，进而带动各国的经济增长与就业；中国将以自身高水平的开放型经济，推动建设开放型的世界经济，并在维护多边贸易体系与基本规则的基础上，为全球经济治理做出更大的努力和与自身实力相匹配的贡献。

（二）构建更高水平的开放型经济新体制

进入新阶段，要以新的发展理念构建新发展格局。必须坚定不移地实行对外开放的基本国策，实行更高水平的贸易投资自由化、便利化，协同推进要素型开放与制度型开放，构建更高水平的开放型经济新体制。因此，要全面深化改革开放，加快构建高水平的社会主义市场经济体制，使市场在资源配置中发挥决定性作用；建设高标准市场体系，形成统一大市场；建立健全公平竞争制度，使市场主体享有同等待遇；全面推进国家治理体系、治理能力现代化与提升治理效能；统筹推进更高水平开放。

“十四五”规划在对外开放领域的主要目标是更高水平的开放型经济新体制基本形成。2035 年的主要目标是形成对外开放新格局，参与国际经济合作和竞争新优势明显增强。要求立足国内大循环，发挥比较优势，协同推进强大国内市场和贸易强国建设，以国内大循环吸引全球资源要素，充分利用国内国际两种资源、两个市场，积极促进内需和外需、进口和出口、引进外资和对外投资协调发展，促进国际收支基本平衡。为此，要加强国际产业安全合作，形成具有更强创新力、更高附加值、更安全可靠的产业链供应链，加快建设世界一流企业；实施统一的市场准入负面清单制度，继续放宽准入限制；健全公平竞争审查机制，加强反垄断和反不正当竞争执法司法，提升市场综合监管能力；持续优化市场化法治化国际化营商环境；积极参与数字领域国际规则和标准制定。

二 服务贸易发展的现状及存在的问题

（一）中国服务贸易快速发展

改革开放以来，中国服务业（第三产业）得到了迅速发展。年服务业增加值占 GDP 比重由 1982 年的 22.6% 提升到 2020 年的 54.5%。从演进发展看，服务业增加值在 GDP 中的比重从 20% 以上提升到 30% 以上用了 5 年（1982～1987 年），从 30% 以上提升到 40% 以上用了 13 年（1988～2001 年），从 40% 以上提升到 50% 以上用了 13 年（2002～2015 年）。其中有两个重要的时间节点：一是 2013 年服务业增加值在 GDP 中的比重第一次超过工业增加值，达到 46.9%；二是 2015 年服务业增加值在 GDP 中的比重第一次超过一半，达到 50.8%，标志着中国进入了由服务经济主导的时代。

从服务贸易来看，中国服务贸易规模从 1982 年的 47 亿美元跃升至 2019 年的 7850 亿美元（2020 年受新冠肺炎疫情影响，下降至 6617 亿美元），同期，在整个对外贸易（货物贸易 + 服务贸易）中的占比从 10.15% 提升至 14.64%。中国服务贸易在1982～1994 年保持顺差；1995～2008 年逆差顺差交替出现，不过也只有几十亿美元的差额；但自 2008 年之后持续逆差，自 2013 年起逆差超过 1000 亿美元，2018 年更是高达 2582 亿美元，2020 年为 1004 亿美元。

“十三五”期间，中国服务贸易规模进一步增长，除疫情因素，2020 年增速为 -15.7% 之外，前 4 年均为正增长，且增速快于全球同期水平。服务贸易出口增速明显快于进口增速，使服务贸易逆差在 2018 年达到峰值后大幅回落，在 2020 年降至 1004 亿美元。从服务贸易进出口结构来看，也不断优化。旅游、运输和建筑服务等传统服务贸易稳步增长，电信、计算机和信息服务、知识产权使用费和金融服务等知识密集型服务贸易快速增长，2019 年、2020 年知识密集型服务贸易额占服务贸易的比重分别为 34.7% 和 44.5%，成为服务贸易额增长的主要动力。分区域来看，以北京为中心的京津冀地区、以上海为中心的长三角地区和以广州、深圳为中心的珠三角地区对全国服务贸易发展起到了显著的带动作用，2019 年上述三大区域服务贸易额共计 4759.8 亿美元，在中国服务贸易额中的比重达到 60.6%。东部沿海地区在中国服务贸易额中占比超过 85%，中西部地区占比不足 15%。从中国服务贸易占世界服务贸易的比重和位次来看：1997 年出口占比为 1.8%，居第 15，进口占比为 2.1%，居第 11；2006 年出口占比提升至 3.2%，居第 5，进口占比为 3.5%，居第 6；2019 年出口占比提升至 4.7%，居第 4，进口占比为 8.6%，居第 2。

在服务业开放与服务贸易创新方面，“十三五”期间，也有许多新的重大推进。一是在自由贸易试验区和海南自由贸易港建设中，以服务业开放为重点，进行了探索试验和压力测试；二是开展了服务贸易创新发展试点（已经进行了两轮），创建文化出口、中医药出口和数字服务出口等特色出口基地；三是服务外包示范城市进一步扩大范围，目前已经达到 31 座，成为服务贸易发展的重要增长点；四是北京市服务业扩大开放综合试点（也已经进行了两轮），推动服务业全面开放；五是在深入实施自由贸易试验区战略中将服务贸易列为重要内容，加以推进。

（二）中国服务贸易发展存在的问题

在中国服务贸易快速发展的同时，也存在一些突出的问题和短板。第一，存在“两大差距”。一是服务贸易发展的产业基础还相对较弱。2020 年，服务业增加值在 GDP 中的占比虽达到 54.5%，但与世界服务业增加值在世界 GDP 中的占比超过 67% 相比，还有十几个百分点的差距。二是服务贸易在对外贸易（货物贸易 + 服务贸易）中的占比只有 14.64%，与全球服务贸易在对外贸易（货物贸易 + 服务贸易）中的占比超过 24% 相比，也还有近 10 个百分点的差距，因此追赶的任务还很艰巨。

第二，服务业制度型开放相对不足。服务业开放和市场准入壁垒较多，在

WTO 发布的《服务贸易晴雨表》和 OECD 发布的服务贸易限制指数的评价中，中国总体得分较低，各个行业领域的得分虽有高有低，但横向比较也还是偏低。金融领域开放滞后，严重拖累了服务业整体开放水平和服务贸易的发展。

第三，服务贸易出口竞争力提升缓慢。“十三五”期间，中国服务出口的世界排名提升了1位，居第4，仍然落后于英国和德国。传统服务贸易出口仍占相当大的比重，服务贸易出口主体不大不强，服务贸易逆差仍居于较高水平。

进入新发展阶段，中国迈向服务经济、数字经济的步伐进一步加快，服务经济在国民经济和社会发展中的地位与作用进一步提升，中国对外开放特别是服务业开放进一步扩大，自主开放（自由贸易试验区和自由贸易港建设）与协议开放（签署 RCEP，完成中欧投资协定谈判，积极考虑加入 CPTPP）并进，为中国“十四五”期间服务贸易发展带来新的重大机遇和发展空间。

习近平主席在 2019 年中国国际服务贸易交易会的致贺信中指出，随着经济全球化深入推进，服务贸易日益成为国际贸易的重要组成部分和各国经贸合作的重要领域，为世界经济增长注入了新动能。[①] 服务贸易发展前景广阔、潜力巨大，我们应该抓住机遇，携手开创“全球服务、互惠共享”的美好未来。“十四五”期间，要按照协同推进强大国内市场和贸易强国建设的总要求，推动服务贸易开放发展、创新发展，使之迈上新台阶，助力双循环新发展格局。

三　推动服务业开放发展

（一）落实好党中央、国务院对新阶段服务业开放所做出的决策部署

2018 年 4 月，习近平主席出席博鳌亚洲论坛 2018 年年会开幕式并发表

① 《习近平向 2019 年中国国际服务贸易交易会致贺信》，中共中央党校（国家行政学院）网站，2019 年 5 月 28 日，https://www.ccps.gov.cn/xtt/201905/t20190528_131901.shtml?from = groupmessage。

题为《开放共创繁荣 创新引领未来》的主旨演讲，他提出，中国将大幅度放宽服务业特别是金融业方面的市场准入。[①] 之后几年中，银行、证券、保险等行业开放的重大措施陆续落地，同时，外资金融机构设立限制进一步放宽，外资金融机构在国内的经营业务范围也进一步扩大，中外金融市场合作领域和范围显著拓宽。与此同时，中国在服务业其他领域的扩大开放与放宽市场准入方面也进一步落地。

2020 年，党中央、国务院密集出台了一系列关于推动服务业开放发展的相关文件，如 2020 年 8 月 28 日，国务院批复了《深化北京市新一轮服务业扩大开放综合试点建设国家服务业扩大开放综合示范区工作方案》；2020 年 6 月 1 日，中共中央、国务院印发了《海南自由贸易港建设总体方案》；2020 年 8 月 30 日，国务院印发了《国务院关于印发北京、湖南、安徽自由贸易试验区总体方案及浙江自由贸易试验区扩展区域方案的通知》等。这些文件以及之前批复各个自贸试验区的总体方案，无一例外聚焦服务业扩大开放。

与此同时，在深化实施自由贸易试验区战略方面取得了新的重大进展，2020 年底成功签署了《区域全面经济伙伴关系协定》（RCEP）。在服务贸易开放方面，中方的承诺已达到现有自贸协定的最高水平，承诺的服务部门数量为 122 个，超过了中国入世时承诺的 100 个部门，新增的 22 个部门主要为管理咨询、研发、空运、制造业相关服务等，除此之外，中方提高了金融、建筑、法律、海运等 37 个部门的承诺水平。中国等 8 个成员采用正面清单承诺，并将于协定生效后 6 年内转化为负面清单。此外，中国在服务投资领域也做出了自贸协定中开放的最高承诺水平。

中国在与计算机硬件安装有关的咨询服务、数据处理和制表服务、分时服务、广告服务、特许经营服务、无固定地点的批发或零售贸易服务、部分体育和娱乐服务、海运代理服务、公路卡车或汽车货物运输服务、专业设计

① 《习近平：开放共创繁荣 创新引领未来——在博鳌亚洲论坛 2018 年年会开幕式上的主旨演讲》，中共中央党校（国家行政学院）网站，2018 年 12 月 16 日，https：//www.ccps.gov.cn/xxsxk/zyls/201812/t20181216_ 125691_ 1.shtml。

服务和理发及其他美容服务等方面做出了整体开放的承诺，给予外商全面国民待遇。对于商业服务、电信服务、分销服务、金融服务、运输服务，在满足一定限制性条件或要求的情况下，也允许外商准入。其中，对于专业服务领域，外国律师事务所仅能以代表处的形式提供有限的法律服务；对于医疗和牙医服务，要求合资；对于市场调研服务、与管理咨询相关的服务、人员安置服务、印刷服务，要求合资并符合经济需求测试标准；对于电信服务，外资持股可达 50%；对于移动话音、数据服务和电影院服务，外资持股不得高于 49%；对于教育服务，允许中外合作办学；对于计算机订座系统服务和航空器的维修服务，则要求中方控股。此外，中方对包括专业服务、速递服务、建筑及相关工程服务、环境服务以及铁路和公路运输服务等在内的 32 个分部门，承诺给予 RCEP 成员不低于其他国家的待遇；对包括专业服务、计算机服务、速递服务以及运输服务等在内的 24 个分部门，承诺未来进一步推动贸易自由化。

随着《中欧全面投资协定》完成谈判并将签署实施，中国积极考虑加入 CPTPP 等高标准的自由贸易协定，自贸区提升战略将更加有力推动服务业的双向开放，大幅提升服务贸易发展空间。

（二）划定服务业开放的重点领域

2015 年 5 月，北京成为全国第一个服务业扩大开放综合试点；2020 年 8 月，《深化北京市新一轮服务业扩大开放综合试点建设国家服务业扩大开放综合示范区工作方案》获得正式批复；2021 年 4 月，增加了天津、上海、海南、重庆四省（市）开展服务业扩大开放综合试点。各个试点省（市）服务业发展水平不一，发展基础具有一定的差异性，因此，在北京、天津、上海、海南、重庆的服务业扩大开放综合试点方案中，服务业开放的重点领域、主要任务、具体措施各有侧重。综合来看，现有的 5 个试点省（市）将金融服务业、电信服务业、数字经济与数字贸易作为对外开放的重点领域。

一是金融服务业。北京市支持符合条件的民间资本和外资开展金融服务，改善外资金融机构、民间资本提供金融服务的市场环境，健全多层次资本市场体系，鼓励金融机构开展国际业务。天津市重点建设融资租赁产业集聚区，推动期货交易发展，探索开展国际保理业务，支持外资银行等外资金融机构依法合规新设机构或增资扩股，积极推动碳现货交易和环境权益的融资工具的发展等。重庆市支持开展合格境内有限合伙人（QDLP）试点，支持国内外机构合作开发跨境商业医疗保险产品，探索建立非金融企业外债登记改革的试点，支持重庆油气现货交易场所与期货交易所开展期现合作。

二是电信服务业。上海市将进一步开放增值电信业务，探索并逐步建立适应海外客户需求的网站备案制度。海南省侧重于鼓励民营企业参与发电、增量配电和售电业务，推动电力现货交易市场的建立与完善，健全现有的输配电价监管体系等。天津市则将支持建设国家数据安全治理试验区，加强数据、个人信息的安全评估，积极探索开展数据采集、确权、定价、交易等。

三是数字经济与数字贸易。北京市将大力推动云计算、物联网、移动互联网、下一代互联网等服务模式和商业模式创新。上海市将探索区块链技术在数字贸易、金融场景中的应用，强化国家数字服务出口基地功能，支持上海市数字经济发展与国际交流合作。天津市将大力发展跨境电商业务。

与此同时，继续进一步扩大服务业各个领域的开放。继续推动国际运输中的海运、空运等细分领域开放；促进商贸、文旅服务提质升级；推动教育服务领域扩大开放；提升健康医疗服务开放水平；推进专业服务领域开放改革等。

四　推动服务贸易创新发展

“十四五”期间，要准确把握新发展阶段的特征，以新发展理念为引领，加快构建新发展格局，提升服务贸易和服务业投资的自由化、便利化水平，提高服务贸易发展质量，进一步提升中国服务贸易的竞争力，培育国际竞争新优势。

（一）推动服务贸易高质量发展的总体部署

2019 年 11 月 19 日，在《中共中央 国务院关于推进贸易高质量发展的指导意见》中，对服务贸易高质量发展提出了大力发展服务贸易、提升贸易数字化水平、加快服务外包转型升级、深化贸易合作四个方面的任务。

（二）推动服务贸易创新发展的具体要求

2020 年 8 月 12 日，商务部发布《全面深化服务贸易创新发展试点总体方案》。方案的总体目标是：通过全面深化试点，服务贸易深层次改革全面推进，营商环境更加优化，市场活力更加凸显；高水平开放有序推进，服务业国际化发展步伐加快，开放竞争更加充分；全方位创新更加深化，产业深度融合、集群发展，市场主体创新能力明显增强；高质量发展步伐加快，试点地区先发优势更加突出，全国发展布局更加优化，有力促进对外贸易和经济高质量发展，为形成全面开放新格局、构建现代化经济体系做出贡献。基本原则是：坚持全面深化，拓展提升；坚持深化改革，扩大开放；坚持创新驱动，加快转型；坚持错位探索，整体协同；坚持守住底线，防控风险。

全面深化服务贸易创新发展试点任务分为八个方面。一是全面探索完善管理体制。强化顶层设计，优化行业管理，强化制度支撑，推进联动协作。二是全面探索扩大对外开放。有序拓展开放领域，探索制度开放路径，提升开放发展成效。三是全面探索提升便利水平。推进技术流动便利化，推进资金流动便利化，推进人员流动便利化，推动数字营商环境便利化。四是全面探索创新发展模式。推进区域集聚发展，拓展新业态新模式，推动传统领域转型。五是全面探索健全促进体系。强化促进平台，优化促进机制。六是全面探索优化政策体系。完善财政政策，拓展金融政策。七是全面探索完善监管模式。优化行业监管，加强监管协作，提升监管效能。八是全面探索健全统计体系。完善统计制度，拓展统计范围，强化统计合力。①

① 《全面深化服务贸易创新发展试点总体方案》，中华人民共和国中央人民政府网，http://www.gov.cn/zhengce/zhengceku/2020-08/14/5534759/files/206b8f5f563c4ed5a066d6dd7a833e95.pdf。

服务贸易创新发展试点布局更加全面（已有 28 个试点地区），改革向多层次深入推进（从中央到地方），开放向全领域拓展（从一般服务业到金融服务业），创新向全方位推进（从传统服务贸易到知识密集型服务贸易，再到数字贸易）。

五 “十四五”服务贸易发展的建议

第一，进一步夯实我国服务业基础。“十四五”期间，我国三次产业结构需进一步优化。以国内大循环为主体，一方面，要不断强化制造强国的基础地位，在关键技术、关键设备、关键零部件、关键工艺上取得重要突破，使我国的产业链供应链更加完备、安全并具韧性，这就要求包括第二产业增加值在 GDP 中所占的比重应进一步巩固并有所提升。另一方面，服务业也要进一步发展壮大，第一、二产业中的服务环节将不断被独立出来，成为新兴的服务业态；传统服务业的改造提升将进一步加快；现代服务业加速发展，因此，服务业增加值占 GDP 的比重也必然要进一步提升（将提高到 58% 左右），从而为服务贸易的发展提供坚实的基础。

第二，进一步扩大服务业对外开放。服务业的发展离不开对内改革与对外开放。“十四五”期间，应以服务业开放为重点，进一步提升投资的自由化、便利化水平，全面开放服务领域并大幅放宽市场准入。要在银行、保险、证券、期货等金融领域取得重大开放进展，在确保安全且风险可控的条件下，推动开放举措的落地。与此同时，要在 ICT 领域强化开放合作，不断提升国际竞争力。在服务业的各个领域，需要用“开放倒逼改革”的办法，按照高标准的国际规则加快国内规制的改革，进而推动服务业高质量发展。这需要从两个方面着手。一是扩大自主开放，利用自由贸易试验区和海南自由贸易港建设以及北京等地新一轮服务业扩大开放综合试点建设、国家服务业扩大开放综合示范区建设等加快服务业具体领域开放压力测试，取得经验后向全国推广。二是推动协议开放，在实施自由贸易区升级战略中，升级已有的自贸协定，不断扩大服务业开放的范围；利用 2021

年 RCEP 的正式实施，加快落实 122 个服务贸易分部门的开放（特别是 22 个新增部门）以及 37 个服务贸易分部门扩大市场准入措施的落地工作。未来还要做好《中欧全面投资协定》中签署的前期准备内容以及积极考虑实施 CPTPP 涉及服务业开放的相关举措。

第三，推动服务贸易高质量发展。“十四五”期间，应以提升服务贸易出口竞争力为核心，加快补上服务贸易的短板。一是加强交通强国建设、扩大自然人流动对服务贸易的影响、构建开放的教科研平台、促进建工规划设计、提供咨询以及后续服务（建设运营一体化等），以打造良好的市场化、法治化、国际化营商环境等为抓手，详细谋划、不断推进传统服务贸易三大领域（国际运输、国际旅行和建筑服务）提升竞争力的具体举措。二是进一步加快知识密集型服务贸易的发展。不断提升服务外包的质量，使 ITO、BPO、KPO 的结构更加合理均衡；同时，我国也要从单纯的接包国转变为世界上重要的发包国，使服务外包进出口更加均衡。三是进一步加快技术出口。作为一个新兴的创新型国家，我国也有越来越多的先进适用技术为国外所需，应在切实保障技术安全和保护知识产权的基础上，提升技术出口的供给能力，使之再上一个新的台阶。

第四，加快提升数字服务贸易的水平。在产业数字化和数字产业化已经成为一个重要趋势的背景下，服务贸易数字化和数字化服务贸易也必然应运而生。我国应在数字中国的引领下，抢占数字经济和数字贸易发展的制高点，以自身强有力的数字基础设施为支撑、数字技术广泛应用场景为基础，加快数字产业与数字贸易发展。特别要重视参与国际数字贸易规则的制定，坚持数据主权、数据产权保护，特别是在数字服务贸易核心领域的数据跨境自由流动方面，尽早制定分类分级标准，在自贸试验区等自主开放区域加快进行压力测试，真正实现数据领域安全有序流动。

综上所述，我国在“十四五”以及今后更长一段时间内，服务贸易必将在开放创新中实现高质量发展，服务业国际合作竞争新优势加快形成，服务贸易国际竞争力不断提高，“中国服务”将与“中国制造”共同成为贸易强国的两大支柱，在我国新发展格局中发挥更加重要的作用。

参考文献

程大中：《中国服务业的增长、技术进步与国际竞争力》，经济管理出版社，2006。

李钢、张琦：《对我国发展数字贸易的思考》，《国际经济合作》2020 年第 1 期。

李钢、李俊主编《国际服务贸易形势与热点（2016）》，中国商贸出版社，2017。

李钢、李俊主编《国际服务贸易形势与热点（2017）》，中国商贸出版社，2018。

李钢、李俊主编《国际服务贸易形势与热点（2018）》，中国商贸出版社，2019。

李俊主编《国际服务贸易形势与热点（2019）》，时事出版社，2019。

李钢、聂平香等：《新时期中国服务业开放战略及路径》，经济科学出版社，2016。

王拓、李钢：《我国外贸体制改革与国际竞争新优势培育》，《改革》2019 年第 6 期。

魏作磊：《中国服务业发展战略研究》，经济科学出版社，2009。

周振华主编《服务经济发展与制度环境》，格致出版社，2011。

B.9
跨境电商与服务业的融合创新

王 健 诸子怡*

摘 要： 跨境电商通常被认为是线上化的货物贸易。实际上，货物贸易既具有产品交换属性，又同时具有服务属性。并且，其服务属性从属于产品交换属性。跨境电商经过多年的发展，其服务属性越发显著，因而逐渐区别于货物贸易。跨境电商的服务属性体现在业态创新、市场结构和商业决策方面。跨境电商的新发展体现在三个方面：跨境电商的业态创新主要在服务领域，市场结构强调服务在主体间的连接作用，企业商业决策的重心向服务倾斜。跨境电商的服务生态是多层次多维度的，由以贸易为核心的主生态，和以主生态各个环节为核心的次生态共同构成。最后，市场中出现一些新型的跨境电商企业，通过创造性整合、横向联合、充分利用外部市场当地资源、产品与服务的融合创新的四种方式，探索构建以服务价值创造为主的生态系统。

关键词： 跨境电商 服务生态 业态创新

一 引言：跨境电商与服务贸易

一直以来，跨境电商都基本上被认为是商品进出口活动的一种贸易创新

* 王健，对外经济贸易大学国际经济贸易学院教授、博士生导师，国际商务研究中心主任、APEC 跨境电子商务创新发展研究中心主任，研究方向为跨境电子商务；诸子怡，对外经济贸易大学国际经济贸易学院 2020 级博士研究生。

形式。其创新更多被认为是互联网电子商务与传统外贸进出口的一种结合。对出口商来讲，跨境电商是通过互联网渠道或电商平台把产品卖到国际市场，再配送给终端消费者；对进口商来讲，是通过互联网渠道或者电商平台进口产品，再把产品卖给国内的每一个消费者。因此，跨境电商的创新一般被理解为外贸中间渠道环节的变化和创新。一些人把跨境电商理解为外贸进出口的电子化和线上化，还有很多人把跨境电商更狭义地理解为跨境网络零售。而不变的则是跨境电商仍然是商品的进出口活动。

商品的进出口活动自古就有，而且一直延续至今，是人类商品交换活动延伸到跨境的最基础、最核心的部分，也是现如今国际贸易制度得以建立的基础。WTO 首个多边贸易协定的形成就是围绕着货物贸易进出口的业务环节，通过关税减让促进全球贸易发展。WTO 的《货物贸易多边协定》恰恰体现了全球多边贸易谈判所形成的基本共识，即货物贸易是全球贸易的基本形态。跨境电商被理解为全球货物贸易创新方式也是无可厚非的。从跨境电商本身的发展演变历程来看，其最早也是从货物贸易演变出来的。未来，跨境电商领域也还会存在货物贸易的基本特征和活动内容。

其实，贸易活动本身就是通过商品交换实现商品的价值。贸易是在生产厂家与消费者之间逐渐分离出来的一种特殊的商业形态和领域。其商业价值并不在于产品的生产制造，而在于通过以商品为载体的商业活动实现价值增值，进而帮助制造商实现商品的交换。就其本质，实际上是一种服务的提供。但这种服务的提供某种程度上是贸易商承担了产品价格波动的市场风险。因此，贸易虽然具有服务属性，但是它也存在一定的产品交换属性。而货物贸易产生发展的历史悠久，最早人们理解的贸易就是产品交换或货物贸易。

当然，随着人类社会发展进步和技术不断创新，商业和交换活动的范围逐渐扩大。服务的内涵已不再局限于与货物贸易相联系的服务，服务贸易是人类在工业化社会后期才赋予的概念。这也形成了货物贸易与服务贸易分属不同领域的现实结果。服务贸易的本质体现在人类劳动或提供服务所实现的价值创造，是以工业化生产制造为特征的价值创造活动，更强调在商业价值创造当中人的劳动、人的知识、人的智慧、人的行为所创造的非产品交换属性的价值。

因此，若从产品交换属性和服务属性的角度分析跨境电商，跨境电商则不能再简单地理解为外贸进出口的线上化，更是一种服务属性占主导地位的新型商业模式，从而与一般贸易逐渐分离。而这体现在跨境电商的业态形式、市场结构和商业决策中。

二　跨境电商的新发展：服务成为市场竞争优势的核心

国际货物贸易以货物流动作为企业合同制定、交易达成和政府监管规则制定的基础。按照国际贸易惯例，以货物流向界定交易双方的责任划分和风险转移，以各种承载货物信息的单据作为跨境运输、货款收付、保险和报关清关的依据。海关监管和贸易政策制定，以货物的各种属性、技术标准、原产地等为基准。这些是货物贸易的产品交换属性的表现。从本质上来看，产品交换属性指通过货物所有权的转移，供应商或贸易商获得产品的价值或进出口差价利润，需求方则获得产品的使用价值。

国际服务贸易概念的提出晚于国际货物贸易。从历史起源来看，最早的国际服务贸易是直接基于货物贸易而产生的，如国际运输、国际结算、运输机械的跨国维修和保养等服务，贯穿于货物贸易发展的历程，在货物贸易中发挥着重要且基础性的作用。随着经济的发展和技术的进步，服务贸易的范围不断扩大，出现大量相对独立于货物贸易的国际服务贸易项目，推动近年来服务贸易额的大幅增长。服务贸易必然体现服务的属性特征。具体来说，服务属性指通过经济主体的知识、技能的提供，获得无形的服务要素交换的价值。

因此，从产品交换属性和服务属性的角度分析跨境电商，则会发现将跨境电商仅视为货物贸易有失偏颇。因为货物贸易中服务属性从属于其产品交换属性，货物贸易中几乎所有的服务，包括本身的贸易服务（第三方物流、金融和营销服务等）都是为了实现产品的最终交换，货物贸易的收益也主要来源于产品差价或佣金收益。跨境电商虽同时具有产品交换属性和服务属性，但其服务属性在多年的演进中凸显，逐渐在发展中发挥关键作用。主要表现在以下几个方面。

（一）跨境电商的业态创新主要在服务领域

信息技术的发展促进平台服务能力的提升，国内外电商需求和供给市场的壮大推动平台业态形式的不断创新，出现诸如垂直跨境电商平台、移动跨境电商平台、独立站建站平台等新的平台形式。

消费者对产品及时性的要求，推动海外仓和国际专线物流的打造和广泛应用。消费者对产品多样性和个性化的需求，催生出各类设计平台和选品服务。直播营销、社交营销等新营销方式的出现，为的是充分提升客户的购买体验，从而吸引更多的潜在消费者。

随着以云计算、大数据、人工智能为主的数字技术不断迭代，数据越发成为跨境电商市场的核心资源，跨境电商的业态逐渐数字化。例如，供应链数据、平台可视化数据或跨境电商 ERP 系统，能够及时提醒商家缺货补货，帮助商家管理订单。基于消费者信息，数据挖掘服务能够刻画用户群体、定位目标客户，起到辅助商业决策的作用。物流、支付、营销等供应链服务在数据的指导下向更加精细化、定制化和提供整体解决方案的方向发展。

（二）市场结构强调服务在主体间的连接作用

货物贸易中的核心市场主体是产品的供给方和需求方，二者构成产品买卖关系。而在跨境电商市场中，交易平台发挥最关键的中介作用，买卖双方在绝大多数的情况下需要通过平台进行交易，而平台的本质是提供服务。

客户需求成为增值的核心。在跨境电商的价值链中，消费者不仅处于价值链的末端，而且与各方共创价值。需求信息在价值链中流动，推动各类服务和生产制造更具有市场导向性。

（三）企业商业决策的重心向服务倾斜

1. 在跨境电商发展初期，企业贸易流程与一般贸易无差异

在跨境电商发展初期，跨境展示和磋商平台出现。买卖双方虽可通过平台进行产品和信息的展示，但是交易达成、合同签订和商品交付仍需要双方自行线下完成。虽然企业得以借助互联网向世界市场传递贸易信息，但是依然无法在线完成交易。因而传统的跨境电商就是线上撮合、线下交付的货物贸易（见图1）。

2. 在跨境电商的成长期，新渠道收益显著，但问题也逐渐暴露

互联网和信息技术促进平台的快速发展，帮助实现供应链服务的线上化和效率改进。渠道的完善，消除了一部分线上贸易的阻碍。通过平台，企业得以绕过诸多中间环节，直接对接客户，缩短产业链，从而为商家提供充足的利润空间。价格低廉的中国制造商品在国外往往能以数倍的价格出售。因而，便捷的渠道和丰厚的收益吸引更多的不同规模的供应商、分销商、品牌商参与到跨境贸易中来。有的交易者获得先行者优势，获取跨境电商进出口贸易的大量红利。而有的企业因为未掌握跨境电商的运营规则而亏损，被迫放弃这一市场。

当时跨境电商主要有两种做法，一是大量的中小企业和创业者成为平台贸易商，借助于平台服务，打通上下游供应链，实现跨境产品交易。二是具有一定规模的贸易商脱离平台，建立批发兼零售的独立网站。之后，市场竞争越发激烈。更多线下和传统行业的企业开始逐渐转型进入跨境电商市场。贸易商主要的商业模式是通过跨境电商这一便利的渠道销售现有产品，依托于规模经济和范围经济获取丰厚的利润。随之而来出现了问题，如假冒产品频繁出现；营销、支付等服务成本增加；产品同质化严重，同行业产品价格竞争激烈；人才缺乏（见图1）。

3. 在跨境电商快速发展时期，企业商业决策开始发生变化

在利润空间不断被压缩，而跨境电商服务逐渐智能化、精细化、全链路化的市场环境下，跨境电商主要市场参与者的供应链管理能力、多渠道

运营能力和创新性营销的能力逐渐增强，平台销售的产品逐渐从二手货源向原创优质产品转变。这些变化的背后是企业的思维方式和商业决策的改变。

企业的商业目标不再局限于获取产品交易的增值，而是向产品创新、用户购买体验提升和品牌打造倾斜。而这些目标的实现离不开各类服务资源的支撑，包括研发设计资源、供应链资源、流量资源等。

企业的商业决策，除了二手货源销售和批发、获得产品进销差价的商业模式之外，逐渐侧重于为客户提供本土化服务、创新服务形式，或是通过协同合作伙伴、整合服务资源的方式创建新的商业模式，从而构建起企业独有的服务生态，从服务中获得增值。跨境电商的服务逐渐转变为企业打造差异化竞争优势的关键（见图 1）。

三　跨境电商的服务生态

从贸易的视角分析跨境电商，这一思维方式带来的是企业对贸易成本和市场规模的关注，前者如贸易壁垒、运输成本和汇率，后者如人均收入、潜在消费群体规模等。而从服务视角分析跨境电商，则这一市场会包含各种相互联结、彼此依存的服务业态。为了厘清跨境电商服务的多样性和复杂性，构建服务生态框架是一个有效的方式。

生态是由整合和应用彼此资源的参与者交互构建形成的。具体来讲，首先，跨境电商的服务生态是一个多生态的集合，以贸易作为主链条，由一系列供应链服务和商业服务构建而成的服务主生态。其次，以主生态中的各个环节为中心，构成多主体协同的次生态。最后，生态不断迭代，围绕着次生态，还会延伸出更多细化和新颖的服务生态。生态中的各类主体以服务作为纽带，依托于互联网进行协同合作，相互提供服务、相互依存、收益共享。

（一）主生态

主生态是以贸易作为主链条，包含供应链服务和商业服务等多个环节的

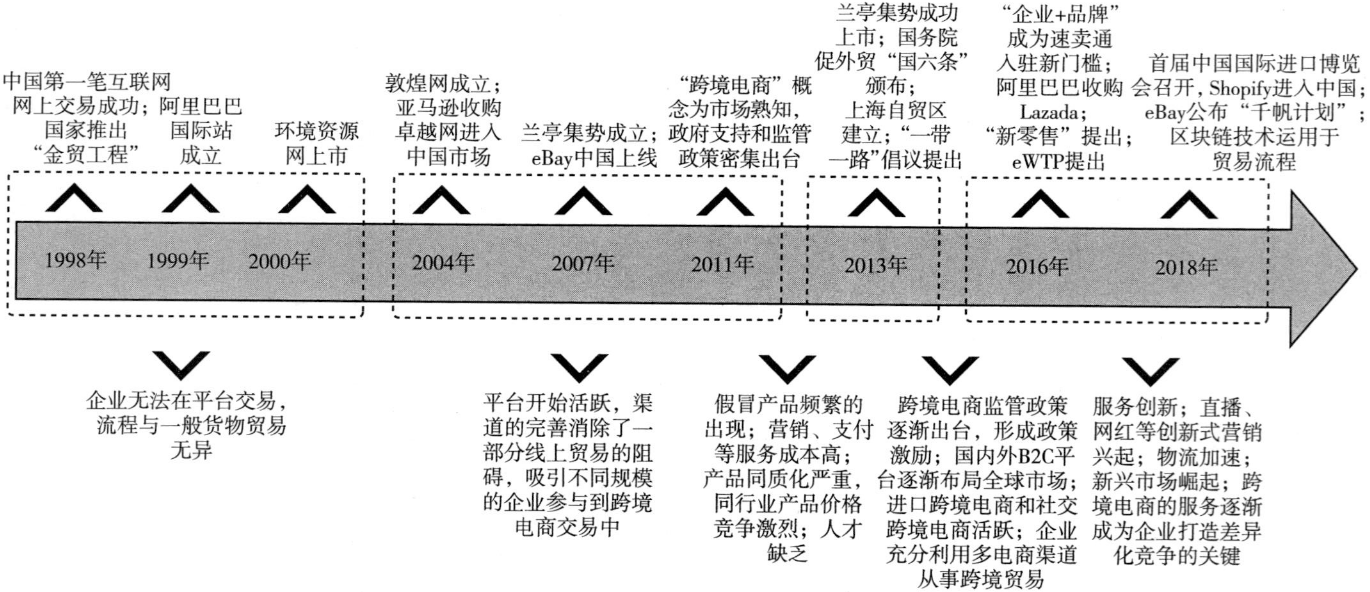

图1　跨境电商发展时间线

纵向整合。既包括货物贸易的基础供应链服务，如选品、营销、物流、支付、通关等，又涵盖供应链上游与生产制造相关的服务和研发设计服务、客户服务、财税和商业决策等商业服务。而这些货物贸易之外的服务逐渐成为提升主生态价值的关键。

（二）次生态

次生态是以主生态各个环节为中心，同行业主体和资源的横向联合，或是上下游主体和资源的纵向整合。

横向联合以围绕商业决策本身的生态为例，咨询交流类平台为企业提供开放的跨境电商运营培训、知识学习、资讯获取、同业交流的场所。电商ERP管理系统依托于数字技术，为商家提供多维数据报表、进销存管理、广告管理、客服管理等一站式运营管理工具。企业利用数据挖掘和分析服务，实现运营关键数据可视化，对目标人群、市场趋势和产品潜力进行数据洞察，用数据辅助经营和决策。

纵向整合以围绕产品生产制造的生态为例，生产制造不光是厂商的任务，一些B2B平台还为供应商和制造商提供原料或产能信息展示和交易的场所。跨境电商产业园也会为入驻企业提供货源和供应商信息。之后，国内外合作供应商提供优质原料，制造商则进行产品的生产。追求更高附加值的企业会在产品制造中整合研发设计，而企业的研发设计灵感来源多样，包括用户的反馈、专业博主意见、同行优质产品、国内外设计师、在线设计平台等。此外，原料的采购和半成品、成品的流转离不开物流服务和支付服务的支持。

另外，无论是主生态还是次生态，跨境电商的服务生态离不开基础服务，包括能够支持生态主体产生信息流的信息技术服务，以及能够向生态主体输送人力资源的教育培训服务。信息资源和人力资源是跨境电商服务生态可持续发展的必要资源。

因此，跨境电商服务生态可描绘成如图2所示的形式。

（三）服务生态的特征

1. 以服务为纽带

服务生态的主体之间，以服务作为纽带，相互提供服务、相互依存、相互创造价值、共享收益。主体之间的关系具有服务的逻辑，而不是供应链上下游企业之间进行货物买卖以此赚取差价的链条。

2. 多生态

服务生态由主次生态共同构成。主次生态中的各个主体依托于信息技术，通过一定的创造性的机制实现资源的整合和流动、主体之间的协同合作、国内国外有机联动以及政府市场之间的高效协同。不断创新的业态形式扩充次生态的范围，打造差异化竞争优势。因而，次生态往往比主生态、比产品买卖更加重要。

3. 网络结构

服务生态的构成以互联网为基础。IT 技术使得企业相互协调的成本降低，国内外合作网络中的企业能够及时地进行信息的共享和传递，从而提升服务质量和生态系统的协同性。

四　新型跨境电商企业：探索构建服务生态

在将跨境电商作为进出口贸易的思维方式下，企业关注的重点在于选择市场效益高的产品；选择高流量和高潜力的平台；选择购买力旺盛、线上消费普及度高以及供应链流程畅通的市场。因此，产品卖的速度越快、数量越多、价格越贵和成本越低，进出口利润空间就越大。

在如今进出口贸易竞争越来越激烈的市场环境下，企业的经营决策不仅在于产品买卖和供应链畅通上，而且更关注服务的作用。供应商或贸易公司逐渐在从事传统的 OEM/ODM 业务或分销业务之外，整合各类服务，从而满足市场对多样化和差异化的需求。

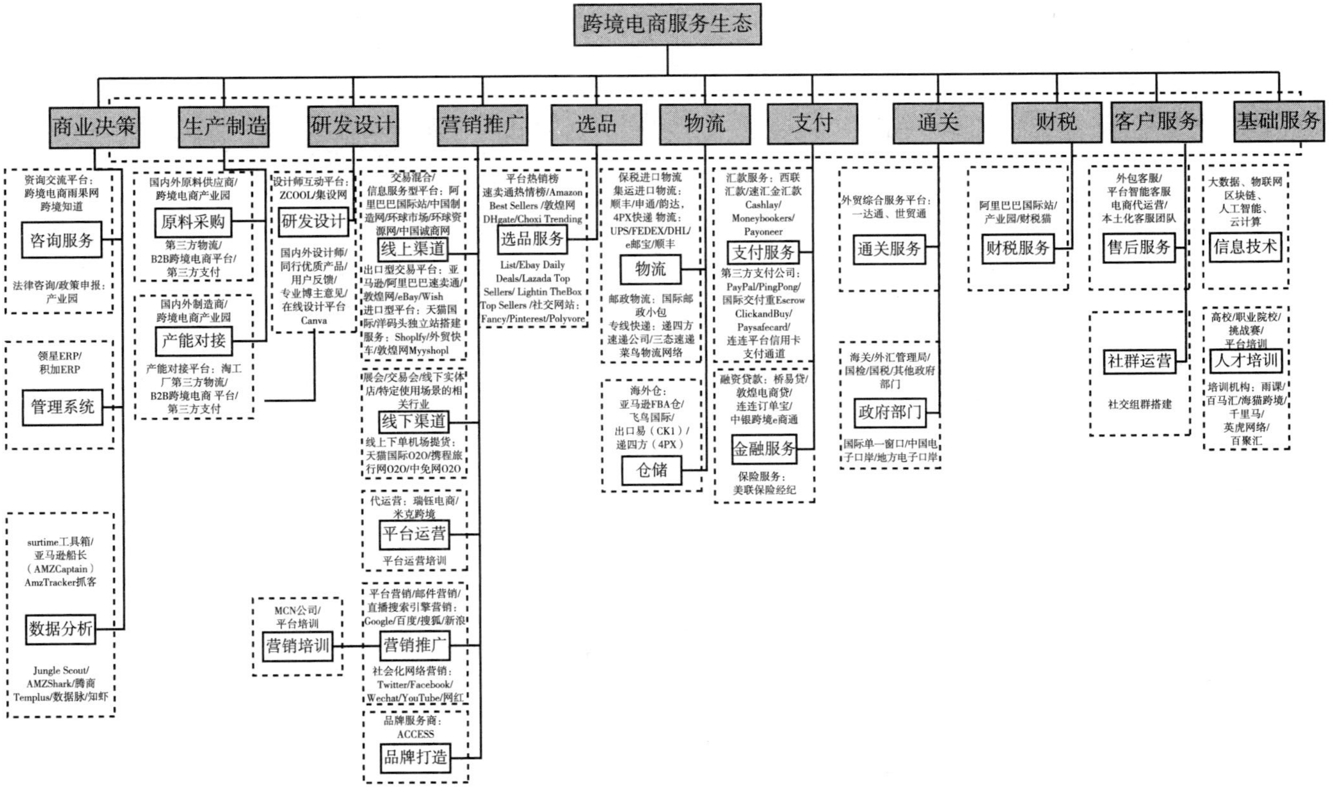
跨境电商服务生态
商业决策
生产制造
研发设计
营销推广
选品
物流
支付
通关
财税
客户服务
基础服务
资询交流平台：
跨境电商雨果网
跨境知道
咨询服务
法律咨询/政策申报：
产业园
领星ERP/
积加ERP
管理系统
surtime工具箱/
亚马逊船长
（AMZCaptain）
AmzTracker抓客
数据分析
Jungle Scout/
AMZShark/腾商
Templus/数据脉/知虾
国内外原料供应商/
跨境电商产业园
原料采购
第三方物流/
B2B跨境电商平台/
第三方支付
国内外制造商/
跨境电商产业园
产能对接
产能对接平台：淘工
厂第三方物流/
B2B跨境电商 平台/
第三方支付
设计师互动平台：
ZCOOL/集设网
研发设计
国内外设计师/
同行优质产品/
用户反馈/
专业博主意见/
在线设计平台
Canva
MCN公司/
平台培训
营销培训
交易混合/
信息服务型平台：阿
里巴巴国际站/中国制
造网/环球市场/环球资
源网/中国诚商网
线上渠道
出口型交易平台：亚
马逊/阿里巴巴速卖通/
敦煌网/eBay/Wish
进口型平台：天猫国
际/洋码头独立站搭建
服务：Shoplfy/外贸快
车/敦煌网Myyshopl
展会/交易会/线下实体
店/特定使用场景的相
关行业
线下渠道
线上下单机场提货：
天猫国际O2O/携程旅
行网O2O/中免网O2O
代运营：瑞钰电商/
米克跨境
平台运营
平台运营培训
平台营销/邮件营销/
直播搜索引擎营销：
Google/百度/搜狐/新浪
营销推广
社会化网络营销：
Twitter/Facebook/
Wechat/YouTube/网红
品牌服务商：
ACCESS
品牌打造
平台热销榜
速卖通热销榜/Amazon
Best Sellers /敦煌网
DHgate/Choxi Trending
选品服务
List/Ebay Daily
Deals/Lazada Top
Sellers/ Lightin TheBox
Top Sellers /社交网站：
Fancy/Pinterest/Polyvore
保税进口物流
集运进口物流：
顺丰/申通/韵达，
4PX快递 物流：
UPS/FEDEX/DHL/
e邮宝/顺丰
物流
邮政物流：国际邮
政小包
专线快递：递四方
速递公司/三态速递
菜鸟物流网络
海外仓：
亚马逊FBA仓/
飞鸟国际/
出口易（CK1）/
递四方（4PX）
仓储
汇款服务：西联
汇款/速汇金汇款
Cashlay/
Moneybookers/
Payoneer
支付服务
第三方支付公司：
PayPal/PingPong/
国际交付重Escrow
ClickandBuy/
Paysafecard/
连连平台信用卡
支付通道
融资贷款：桥易贷/
敦煌电商贷/
连连订单宝/
中银跨境e商通
金融服务
保险服务：
美联保险经纪
外贸综合服务平台：
一达通、世贸通
通关服务
海关/外汇管理局/
国检/国税/其他政府
部门
政府部门
国际单一窗口/中国电
子口岸/地方电子口岸
阿里巴巴国际站/
产业园/财税猫
财税服务
外包客服/
平台智能客服
电商代运营/
本土化客服团队
售后服务
社群运营
社交组群搭建
大数据、物联网
区块链、
人工智能、
云计算
信息技术
高校/职业院校/
挑战赛/
平台培训
人才培训
培训机构：雨课/
百马汇/海猫跨境/
千里马/
英虎网络/
百聚汇

图 2　跨境电商服务生态

（一）四种商业模式

1. 创造性整合

创造性整合，指跨境电商企业将现有的资源、技术、商业模式和创意想法等，通过技术促进或非技术促进的方式进行整合，从而形成一种新的业务形式或商业模式。

创造性整合的背后是系统性思维的体现。与系统性思维相对立的是局部性思维，企业局限于分析和调整已获得的资源和现有的商业模式，以维持现有业务的稳定。而具有系统性思维的企业，则是立足于市场，分析整个市场的资源、商业模式、技术和发展趋势，并将具有价值和潜力的要素进行整合，从而升级原有的商业模式，或是形成全新的商业模式。

如面向非洲的服装跨境电商平台 Unaku-Upenda 平台，创始人曾经历过从国内市场采购成衣，然后通过跨境电商平台向非洲市场销售，但逐渐发现进出口模式的赢利空间有限，在仅从事批发和分销的模式下市场竞争已十分激烈，利润微薄。因而创始人选择突破传统批发的经营模式，以系统性思维方式重新定位市场需求，调整商业模式。类似于跨境电商交易平台，平台不提供产品，而是通过将价值链上的各类服务进行整合，以获取商业服务的价值。相似的，Unaku-Upenda 平台不是现有产品的分销商，也不是制造商，而是通过整合当地市场的设计和营销资源、国内市场的原料和生产制造能力，以及提供供应链服务，向非洲消费者提供具有更高附加值的产品。Unaku-Upenda 平台所获得的价值增值并非仅来源于产品有限的差价，而是主要来源于服务的增值。

2. 横向联合

横向联合强调市场主体之间的合作。跨境电商需要运营较长的跨境供应链，应对国内、国外市场和关境的复杂环境以及激烈的市场竞争。因此，单个企业无法仅依靠内部资源扫清经营中有关竞争、创新、规则和供应链的各种阻碍。与其他市场主体的合作，与合作方优势互补，是跨境电商的重要选择。

在跨境电商运营中，为了提升产业链的附加值，企业会选择营销、研发、设计、客户服务和平台运营等团队，这与寻求和外部企业的合作并不矛盾。营销团队可以和电商平台团队、直播营销团队等合作，以打造更具吸引力和创新性的营销活动；研发团队可以通过在线设计平台与国内外其他设计师共享和沟通创意；设计团队也需要与生产制造商和原料供应商合作，将想法付诸成品。另外，企业最基本的是要与物流商、综合服务平台和支付服务商合作，以打通跨境供应链。

横向联合最终的目标是实现主体间的价值共创，这涉及与客户和网络中的其他合作伙伴共享信息、共同规划和执行方案，或共同解决问题。因而横向联合对企业间的协调提出更高的要求。首先，要求市场主体具备专业化的服务能力，并且符合跨境电商运营的一般需求，以提高合作时的互补性。其次，要求合作方之间具有一定的协调机制。协调机制可以是系统对接的有效性。例如，使用云服务是促进跨组织协作，营造具有增强相互操作能力的信息技术环境的一种有效的方法。协调机制也可以是合作的利益分配机制，例如，杭州安致电子商务公司联动上下游供应链，使价值链各主体共同参与跨境电商市场，让品牌附加值在整个链条中释放，改变以前大量的利润归属于品牌商，而制造型企业利润微薄的分配机制。①

信息技术极大地减小了企业横向联合之间的阻碍，提高企业之间的沟通效率，从而增加合作的协调性。同时，信息技术促进服务更加专业化，提升了企业对市场需求的响应能力。

3. 充分利用外部市场当地资源

跨境电商涉及国内和国外两个市场。通常从事一般贸易的商家会重点关注国外的客户需求，并针对需求进行采购，最多是将产品按照客户的需求进行一定程度的改进，以迎合当地市场。

以客户的需求作为商业策略起点的做法毋庸置疑，但企业往往忽略了当地市场的资源。实际上，企业利用最贴近本土需求的东道国资源，能够

① 《亚马逊成功卖家丨安致：通过亚马逊，让世界爱上中国品牌》，雨果网，2017 年 11 月 7 日，https://www.cifnews.com/article/30186。

拉近与当地客户的心理距离，且几乎不需要考虑与当地标准不符的情况。本土化的服务也更加具有及时性和有效性，并将因地域差异造成的服务障碍降到最小。例如，在研发设计方面，当地的设计师更了解当地的文化和流行趋势；在客户服务方面，当地的客服团队与国内客服和平台的智能客服结合，提供全天候的客户服务；在营销方面，当地团队或当地红人已具备相当的流量基础，用当地语言与消费者沟通能够提升消费者对产品的信任度。因此，充分利用当地资源是企业本土化战略中较为直接有效的一种方式。

例如，安克创新充分利用当地的营销资源，在全球开展线下发布会，建立属地办公机构，利用本地团队进行营销推广。[①] ELEGOO 品牌专门雇用英国本地客服，无时差的解答用户咨询。[②] Unaku-Upenda 平台将非洲当地设计师的创意融入产品中，并利用本地团队和网红营销，使非洲元素深深扎根于品牌形象之中。

4. 产品与服务的融合创新

从产品创新的角度而言，消费者对产品的需求更加多样化，不仅是对产品实用性的需求，而且包括对产品个性化、高品质、多功能以及互补性的需求。

如果企业只是一味地增加产品的种类和数量，而忽视了产品与市场需求的契合度，以及产品的创新性，则会逐渐与市场需求脱节。契合度要求企业对市场趋势进行数据分析和洞察，而产品的创新性依赖于产品与服务的融合。例如，乐歌从一家出口型公司转型为 M2B2C，从单一化的分销商品到建立自有品牌。[③] 公司围绕产品，整合市场调研、产品企划、研发设计、信息技术、供应链管理、渠道建设、品牌营销和售后等服务，形成全价值链业务模式。

---

① 《三年平均增速超 70%，安克创新如何实现快速奔跑?》，亚马逊全球开店微信公众号，2019 年 1 月 29 日，https：//mp. weixin. qq. com/s/9CazsYYXZnXhcECNHOVPkA。

② 《出奇制胜！他在亚马逊卖小众 3D 打印机，一年销售 5 个亿！怎么做到的??》，亚马逊全球开店微信公众号，2021 年 2 月 10 日，https：//mp. weixin. qq. com/s/qTJ083tBhqwN6lCJ6KaD_ w。

③ 《成功卖家丨乐歌十五年磨一剑，成就上市梦》，搜狐网，2018 年 4 月 23 日，https：//www. sohu. com/a/229181388_ 609478。

除此之外，一些主营高新技术产品的企业除提供产品之外，深耕于某一领域的技术创新，从而成为方案提供商，从服务于有限的消费者，变成服务于B端客户，让客户再服务更多的消费者，形成服务的辐射效应。例如，上海小蚁科技有限公司将视觉技术在一定范围内共享，让技术服务于更多的客户。①

（二）构建服务生态

实际上，上述四种商业模式以及其体现的商业思维，都是构建服务生态的基础。企业通过国内外服务资源的整合和市场主体的协同，构造了用以打造差异化竞争的独特的服务生态。

构建服务生态的新型跨境电商企业，大致可以分为两种类型。一种是以自建团队为主。企业将各种服务整合于产品中，提升产品的附加值。服务的增加延长了企业以往的仅生产或仅分销的链路，企业内部的组织结构覆盖较多的跨境电商业务，因而能够根据供给方和需求方的变化，及时做出响应和调整。这类企业以制造业为主，构建服务团队补充生产能力。另一种是以整合外部资源为主。这类企业构建的服务生态是桥梁式的、开放性的和合作性的。桥梁式指企业自身不具备生产或研发能力，而是通过在国内外原料供应商、制造商、设计团队、营销团队等企业之间搭建桥梁，构建自身的商业体系。开放性指一系列服务的提供者并不是一成不变的，企业会不断地选择与更具有市场潜力的企业合作，从而保持服务和产品的迭代。合作性指企业构建合作的平台，使相关主体都能够参与交易，共享商业成果和收益。

非洲服装跨境电商平台Unaku-Upenda整合制造商的生产能力、非洲当地设计师的设计能力、第三方物流和支付平台的服务、当地网红直播营销方案以及实体店铺的资源，面向非洲目标人群提供具有高附加值的产品（见图3）。

---

① 《成功卖家丨三年内成大卖，小蚁红遍全球的秘诀是……》，亚马逊全球开店微信公众号，2018年10月15日，https：//mp.weixin.qq.com/s/8K0K5sHJIlnggvTIlXhBCw。

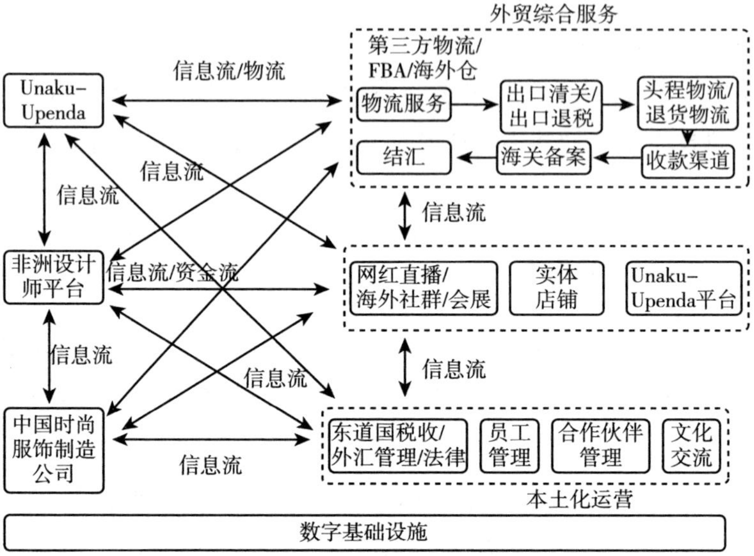

图 3　Unaku-Upenda 构建的服务生态

综上所述，企业构建了一个以产品贸易作为主链条，多维度、多主体协同的服务生态。从底层的信息技术提供、人员培训，到顶层的商业决策；从供应链末端的原料供应，到前端的营销推广；从深层的客户洞察、数据分析，到表层的产品供应链等，一系列合作伙伴的协同和服务资源的整合，最终以实现客户价值为核心。

五　总结

（一）跨境电商和服务业的融合创新是服务生态的创新

跨境电商与服务业的融合创新，指以跨境电商贸易链为核心的主生态，和以支撑跨境电商供应链价值链、提供商业服务为核心的次生态，共同构成跨境电商服务生态的一系列创新。在服务生态中，各类服务会在技术的推动下创新。不同服务资源的创造性整合，又能不断创造出新的业务形态或商业模式。

（二）新型跨境电商企业都在探索构建以服务价值创造为主的生态系统

跨境电商市场中出现一些新型的跨境电商企业，这些企业的特征是主要从事服务属性占主导的贸易活动。在商业决策上，关注点更多的不是产品的进出口贸易，而是更多考虑服务的运用，如在哪些方面进行创新、如何提升服务质量、如何构建协同的商业网络等。实际上，新型跨境电商企业在将创新想法和资源投入到服务领域从而打造差异化竞争优势的过程中，构建了独有的服务生态。对于新型跨境电商企业而言，真正有价值的是服务，而不只是产品。当然，新型跨境电商企业的出现，并不意味着以往通过跨境电商平台进行产品进出口的模式无可取之处。实际上，跨境电商进出口贸易商在市场中仍占有很大比重。服务生态的提出，只是为企业和相关政府部门提供从服务角度认识跨境电商的新视角，为企业打造差异化的竞争优势提供新的思路。

（三）跨境电商与服务业的融合需要创新政策环境

企业经营管理是在一定的政策环境下进行的。政府部门针对不同行业制定的支持、监管政策会对企业的发展产生较大影响。政府部门的统计、评估体系，则会影响企业的发展方向。由于跨境电商和服务贸易的融合创新首先是基于跨境电商服务生态而言的，因此这需要政府部门调整原来监管和评估的方向。将常规的跨境电商进出口的监管方式与服务贸易的政策相结合，如制定服务行业的相关标准和扶持政策等。在服务生态下，服务资源的整合和企业的协同合作往往涉及多个行业多个部门。这就需要政府能够减少一些行业准入壁垒，营造便于融合创新的制度环境。在跨境电商行业发展的评估方面，不仅可以停留在对贸易规模和订单量等贸易指标的衡量上，对于相关服务业的发展规模、创新投入和人才培养等同样可以成为对跨境电商行业发展评估的内容。

参考文献

王琳、陈志军：《价值共创如何影响创新型企业的即兴能力？——基于资源依赖理论的案例研究》，《管理世界》2020 年第 11 期。

Akaka M. A., Vargo S. L., "Technology as An Operant Resource in Service (Eco) Systems", *Information Systems and e-Business Management* 12 (2014).

Hakanen T., Jaakkola E., "Co-creating Customer-focused Solutions within Business Networks: A Service Perspective", *Journal of Service Management* 23 (2012).

Ranjan K. R., Read S., "Value Co-creation: Concept and Measurement", *Journal of the Academy of Marketing Science* 44 (2016).

Vargo S. L., Lusch R. F., "Evolving to A New Dominant Logic for Marketing", *Journal of Marketing* 68 (2004).

Vargo S. L., Lusch R. F., "Service-dominant Logic: Continuing the Evolution", *Journal of the Academy of Marketing Science* 36 (2008).

B.10

服务贸易限制措施对服务业比较优势的影响测度及异质性考察*

——基于全球价值链视角的经验研究

周念利　包雅楠**

摘　要：当今世界贸易重心正转向服务，服务贸易限制措施却层出不穷，这对全球服务贸易比较优势带来了深刻影响。本文基于2014～2017年31个国家的8个服务行业的双边贸易数据，构建面板回归模型，探究进口国服务贸易限制措施究竟如何影响服务业比较优势。经验研究结果显示：第一，进口国服务贸易限制措施会对服务业比较优势产生抑制作用，且结果稳健。第二，进口国服务贸易限制措施会通过削减企业降低成本的动力、抑制生产规模扩张、阻碍技术溢出三种路径对服务业出口比较优势产生显著抑制作用。第三，进口国不同服务贸易领域的限制措施的异质性上，服务业外资进入限制、服务自然人流动限制、服务竞争障碍限制、服务透明度限制和其他服务限制五个方面均会抑制服务业出口的比较优势。第四，无论进口国为高收入国家还是中等收入国家，实施的服务贸易限制措施均会抑制服务业出口的比较优势，且对高收入国家的抑制作用更明

* 本文是2019年国家社科基金重点项目“数字贸易规则‘美式模板’的演化升级与扩展适用趋向及中国的应对”（项目编号：19AGJ012）、对外经济贸易大学中央高校基本科研业务费专项资金资助“美式数字贸易规则的发展演进及中国的政策选择”（项目编号：ZD3－07）的阶段性成果。

** 周念利，对外经济贸易大学中国WTO研究院研究员，博士生导师，研究方向为数字贸易；包雅楠，对外经济贸易大学中国WTO研究院2018级博士研究生。

显。第五，行业异质性上，进口国服务贸易限制措施对劳动资源密集型、资本密集型、知识技术密集型服务业的出口的比较优势均有显著抑制作用。

关键词： 服务贸易限制 比较优势 全球价值链 服务开放

一 引言

各国服务业比较优势的差异是国际服务贸易开展的基础。经典国际贸易理论强调生产效率、要素禀赋差异是决定各国产业比较优势的关键因素。跟货物贸易比较而言，服务贸易领域是规则密集型的，“政策”变量尤其是“贸易政策”变量对服务贸易的影响不容忽视。一国出台的贸易政策会通过改变该国服务提供的成本、技术和效率，进而影响国际市场上该服务的国际竞争力，贸易伙伴间服务业比较优势的对比状况也可能随之变化。据统计，全球 GDP 中，服务业增加值约占60%。① 但全球服务贸易额占全球贸易总额的比重尚不足 30%。② 各国在边境实施的为数众多的限制性措施正是阻碍服务贸易发展的关键变量。既然服务贸易限制措施会严重阻碍国际服务贸易的发展，尝试放宽贸易限制（放宽服务业外资市场准入限制、针对外资做出更多国民待遇承诺、推出服务贸易便利化举措等）会给国际贸易带来怎样的影响，会不会影响进口国服务业比较优势的发挥，进而影响国际分工和全球资源配置效率，目前逐渐成为学者关注的焦点。

概括而言，学者主要基于如下视角对国家放松“服务贸易限制措施”，对其“服务业比较优势”的影响展开理论阐释。第一，“成本降低”

① https：//data. worldbank. org/indicator/.

② UNCTADHandbook of Statistics 2018-International trade in services.

效应。进口国降低外资服务市场准入限制，外国服务和服务提供者的进入，会加剧进口国国内服务市场的竞争。本国企业感受到竞争压力，会有降低成本的外在压力和内在动力，进而会改变东道国服务业的国际比较优势。[①] 第二，“规模扩张”效应。进口国服务业扩大开放，会促进外资流入，外资流入产生的技术溢出、前后产业关联和产业集聚效应，会促进东道国相关服务业生产规模的扩大。[②] 第三，“技术溢出”效应。进口国放松服务贸易限制措施，外国服务及服务提供者会有更多机会进入东道国，其中大量高、中技术水平的外国服务和服务提供者的进入，会基于“技术溢出”效应带动东道国相关服务行业整体技术水平的提升，改变东道国服务业的比较优势。[③]

除对东道国服务贸易限制措施影响服务业比较优势进行的理论探索外，少数学者还尝试展开相关的经验研究。如西方学者基于 1990 ~ 2005 年国际服务贸易数据来测算贸易伙伴的服务业比较优势，经验研究结果表明，进口国出台的服务贸易限制措施会抑制该国服务业全要素生产率的提升，进而改变该国相关服务业的比较优势。[④] 还有学者以 OECD 发布的服务贸易限制指数衡量贸易伙伴的服务贸易限制程度，并通过经验研究发现东道国实施的服务贸易限制措施不利于该国服务业比较优势的提升。[⑤] 部分学者利用 WIOD 数据库的投入产出表计算 OECD 成员国服务业出口的显示性比较优势指数，并认为贸易伙伴实施的服务贸易限制措施是影响国际

① Pasiouras F. , Tanna S. , Zopounidis C. , “The Impact of Banking Regulations on Banks' Cost and Profit Efficiency: Cross - Country Evidence”, *International Review of Financial Analysis* 18 (2009): 294 - 302.

② Berger A. N. , Young R. D. , Udell G. F. , “Efficiency Barriers to the Consolidation of the European Financial Services Industry”, *Social Science Electronic Publishing*, 7 (2000): 117 - 130.

③ Arnold J. , Javorcik B. S. , Mattoo A. , “Does Services Liberalization Benefit Manufacturing Firms? Evidence from the Czech Republic”, *Social Science Electronic Publishing*, 85 (2011): 136 - 146.

④ Marel V. D. , Erik, “Trade in Services and TFP: The Role of Regulation”, *The World Economy* 35 (2012): 1530 - 1558.

⑤ Van der Marel E. , Shepherd B. , “Services Trade, Regulation and Regional Integration: Evidence from Sectoral Data”, *The World Economy* 36 (2013): 1393 - 1405.

服务贸易比较优势的重要因素。① 遗憾的是，受制于数据的可获得性，该文只针对 2014 年东道国服务贸易限制指数对该国服务出口增加值的影响展开研究，且并未就服务贸易限制措施对服务业比较优势的影响进行经验验证。

概括而言，针对服务贸易限制措施对服务业比较优势的影响的经验研究非常有限，这主要受制于两个技术性难题：一是如何对服务贸易限制措施进行量化测度，二是怎样对服务业比较优势开展客观评估。针对前者，目前主要有两种解决思路。第一种是基于服务贸易限制成效的客观指标。如通过服务业对外直接投资情况反映服务贸易限制程度。② 又如捕捉贸易伙伴服务贸易的理论值与实际值的差额，通过构造一种近似自由贸易的情形，利用计量模型估计其残差，来对服务贸易限制水平进行评估。③ 第二种是基于对服务贸易限制措施本身的主观评价和赋值。如根据服务开放承诺表构造频度工具，测度各类非关税壁垒在经济体各部门（模式）服务开放承诺表上出现的频率或在相关部门（模式）服务开放承诺表中的覆盖率。④ 又如对经济体实际出台的各类服务贸易限制措施进行分类打分，目前应用较多的评价体系是 OECD 构建的服务贸易限制指数（STRI）。STRI 将服务贸易限制措施区分为“服务业外资进入限制”、“服务自然人流动限制”、“服务竞争障碍限制”、“服务透明度限制” 和 “其他服务限制”，并对 OECD 各成员国出台的五个方面的服务贸易限制措施进行量化评价。上述第一种

---

① Sébastien Miroudot, Charles Cadestin, “Services in Global Value Chains: Trade Patterns and Gains from Specialization”, *OECD Working Paper*, 2017.

② Arnold J., Javorcik B. S., Mattoo A., “Does Services Liberalization Benefit Manufacturing Firms? Evidence from the Czech Republic”, *Social Science Electronic Publishing* 85 (2011): 136 - 146; 李小帆、马弘：《服务业 FDI 管制与出口国内增加值：来自跨国面板的证据》，《世界经济》2019 年第 5 期，第 125 ~ 146 页。

③ Warren T, “The Application of the Frequency Approach to Trade in Telecommunications Services”, *Impediments to Trade in Services: Measurement and Policy Implications*. London and New York: Routledge, 2001.

④ Hoekman B, “Assessing the General Agreement on Trade in Services”, *World Bank Discussion Papers*, 1995: 327 - 364; 林僖、鲍晓华：《区域服务贸易协定如何影响服务贸易流量？——基于增加值贸易的研究视角》，《经济研究》2018 年第 1 期。

解决思路是根据客观指标来刻画服务贸易限制水平，其优点在于能排除主观因素干扰，有利于对服务贸易限制水平做出客观判断。但问题是服务贸易限制是个系统工程，利用某一类指标只能对服务贸易限制的某一方面进行刻画。仅凭有限指标企图捕捉服务贸易限制的全貌有“管中窥豹”之嫌。上述第二种解决思路着眼于对服务贸易限制措施本身进行赋值，此方法涵盖的评价指标范围较第一类更加广泛，其测度评分结果也相对全面和可信。

针对后者，较传统的做法是基于贸易总量视角来评估服务业比较优势。如测算贸易显示性比较优势指数①、贸易竞争力指数②、国际市场占有率指数③和 Michaely 指数。④ 事实上，基于贸易总量来评估服务业比较优势的做法未充分考虑国际分工的影响。忽略了一国某部门增加值可隐含体现在该国其他部门的出口中，既忽略了间接出口的事实，也未考虑一国部门总出口会包含部分国外价值的事实。此种做法容易歪曲国家间贸易不平衡的事实，也无法对各国产业的比较优势进行理性评判。随着国际分工日益细化，少数学者开始从全球价值链角度来测算服务业的比较优势指数。王直等首先基于增加值视角来衡量行业出口的显示性比较优势指数。⑤ 之后西方学者以 OECD 成员国为研究对象，通过价值增值计算显示性比较优势指数，分析世界各国

---

① Costinot A. , Donaldson D. , Komunjer I. , “What Goods do Countries Trade? A Quantitative Exploration of Ricardo's Ideas”, *The Review of Economic Studies*, 2011, 79 (2): 581 – 608; Leromain E. , Orefice G. , “New Revealed Comparative Advantage Index: Dataset and Empirical Distribution”, 2014, 139: 48 – 70.

② 蔡旺春、吴福象、刘琦:《研发补贴与中国高技术细分行业出口竞争力比较分析》,《产业经济研究》2018 年第 6 期; 冯德连、顾玲玲:《垂直专业化、研发投入与外贸竞争力——以汽车产业为例》,《财贸研究》2017 年第 9 期, 第 61 ~ 70 页。

③ 许志瑜、张梦、马野青:《全球价值链视角下中国服务贸易国际竞争力及其影响因素研究》,《国际贸易》2018 年第 1 期。

④ Cole M A, Elliott R J R, Shimamoto K. , “Why the Grass is Not Always Greener: the Competing Effects of Environmental Regulations and Factor Intensities on US Specialization”, *Ecological Economics*, 2005, 54 (1): 95 – 109.

⑤ 王直、魏尚进、祝坤福:《总贸易核算法: 官方贸易统计与全球价值链的度量》,《中国社会科学》2015 年第 9 期, 第 108 ~ 127 页。

服务业的显示性比较优势的差异。[①] 乔小勇等[②]、龚静和尹忠明[③]运用 WTO 和 OECD 联合发布的 TIVA 指数，对中国服务业及其细分行业的服务出口增加值进行分析，并对中国各服务部门的国际竞争力进行评估。整体上看，虽然少量文献已尝试基于增加值计算显示性比较优势指数，但相关研究只停留在简单的事实对比层面，并未进一步深入探究影响比较优势的内在因素。

鉴于此，在既有文献的基础上，本文尝试在如下方面有所突破。第一，本文基于全球价值链视角对服务业比较优势进行刻画。为充分考虑国际分工对服务业比较优势的影响，本文引入国内学者[④]的测算方法，基于产业部门前向联系计算本国总出口中隐含的该部门增加值，由此计算服务业出口的显示性比较优势指数和服务业国际市场占有率指数。该指数既包括了隐含在本国其他部门出口中的该部门增加值，也排除总出口中来源于外国的增加值和纯重复计算的部分，充分克服了贸易总量带来的计算偏差。第二，进口经济体所采取的服务贸易限制措施对服务贸易比较优势的影响具有部门和国家异质性，本文尝试从不同视角捕捉并刻画其异质性。本文不仅直接考查了服务贸易限制措施对服务业比较优势的影响，还对服务贸易限制措施的领域以及服务部门进行分类，展开分样本回归，以捕捉相关影响的异质性。第三，本文针对服务贸易限制措施作用于服务业比较优势的三个主要的内在机制展开实证检验。总之，本文尝试对服务贸易限制措施对服务业比较优势的影响展开经验研究，并区分不同的服务部门和不同的国家对该影响展开的异质性检验和内在的机制分析，再根据研究结论为如何合理开放服务业提出政策建议。

---

① Sébastien Miroudot, Charles Cadestin, "Services in Global ValueChains: Trade Patterns and Gains from Specialization", *OECD Working Paper*, 2017.

② 乔小勇、王耕、郑晨曦：《我国服务业及其细分行业在全球价值链中的地位研究——基于"地位—参与度—显示性比较优势"视角》，《世界经济研究》2017 年第 2 期，第 99 ~ 113 页。

③ 龚静、尹忠明：《增加值核算体系下我国服务贸易出口的国际分工地位与竞争力研究——基于世界投入产出数据库的上游度指数与显示性比较优势指数分析》，《 国际商务》（对外经济贸易大学学报）2018 年第 5 期，第 79 ~ 90 页。

④ Zhi Wang, Shang - Jin Wei, Xinding Yu and Kunfu Zhu, "Measures of Participation in Global Value Chains and Global Business Cycles", NBER Working Paper , 2017, NO. W23222.

二 实证模型与数据分析

（一）实证模型设定和数据说明

为验证本文假设，根据西方学者的研究，我们构建以下计量模型：

$$RCA_{itk} = \alpha STRI_{itk} + \beta X + \rho + v_i + v_t + v_k + \mu_{itk} \quad (1)$$

$$IMS_{itk} = \alpha STRI_{itk} + \beta X + \rho + v_i + v_t + v_k + \mu_{itk} \quad (2)$$

下标 i、t、k 分别表示进口国、年份、服务业。$STRI_{itk}$ 为进口国 i 的服务业 k 在 t 年的服务贸易限制指数，RCA_{itk} 为进口国 i 的服务业 k 在 t 年的服务业的显示性比较优势指数，IMS_{itk} 为进口国 i 的服务业 k 在 t 年的服务业的国际市场占有率指数，X 表示控制变量，ρ 为截距项，μ 为残差项，v_i 、v_t 、v_k 分别是进口国固定效应、时间固定效应、行业固定效应。

本文数据来源于 OECD 数据库、世界银行和亚洲开发银行，收集整理得到 2014 ~ 2017 年 31 个国家①的 8 个服务行业②的双边贸易数据作为研究样本。由于在服务贸易过程中，使用同一种语言、位于同一时区、有相似的政策环境的贸易双方更易进行服务贸易，因此本文构造了进口国与出口国是否使用同一种语言、是否位于同一时区以及国家间服务贸易领域的限制政策的差异性指标。③ 此外，本文的控制变量还包括进口国基础设施建设和进口国 15 ~ 64 岁人口比。

① 31 个国家具体包括：澳大利亚、奥地利、比利时、巴西、中国、捷克、丹麦、爱沙尼亚、芬兰、法国、德国、希腊、印度、印度尼西亚、爱尔兰、意大利、日本、韩国、卢森堡、墨西哥、荷兰、挪威、波兰、葡萄牙、俄罗斯、斯洛伐克、西班牙、瑞典、智利、土耳其、美国。

② 8 个服务行业包括：建筑、分销、公路和铁路运输、海运、空运、运输仓储和服务活动、邮政电信、金融保险。

③ Sébastien Miroudot, Charles Cadestin, "Services in Global Value Chains: Trade Patterns and Gains from Specialization", *OECD Working Paper*, 2017；齐俊妍、高明：《服务业开放的边境内措施对服务贸易的影响：基于 OECD – STRI 数据库的经验分析》，《世界经济研究》2019 年第 2 期，第 39 ~ 50 页、第 137 ~ 138 页。

（二）变量度量

1. 显示性比较优势指数

根据国内学者的测算方法，我们对显示性比较优势指数进行测算。[①] RCA_{itk} 为进口国 i 的服务业 k 在 t 年的服务业的显示性比较优势指数。假设有 G 个国家 n 个部门，基于价值链的显示性比较优势指数为：

$$RCA_{itk} = \frac{DVA\_F_{it}^{k} / \sum_{k}^{n} DVA\_F_{it}^{k}}{\sum_{i}^{G} DVA\_F_{it}^{k} / \sum_{i}^{G} \sum_{k}^{n} DVA\_F_{it}^{k}} \tag{3}$$

其中，$DVA\_\ F_{it}^{k}$ 为前向出口总额中的国内增加值，因而显示性比较优势指数为一个国家某一行业出口加值与该国出口增加值的比值。本文对该指数取对数后进行回归。

基于价值链的国际市场占有率指数为：

$$\frac{IMS_{itk} = DVA\_F_{it}^{k}}{\sum_{i}^{G} DVA\_F_{it}^{k}} \tag{4}$$

IMS_{itk} 为进口国 i 的服务业 k 在 t 年的服务业的国际市场占有率指数，国际市场占有率指数为一个国家某一行业出口增加值与世界该行业总出口增加值之间的比率。本文对该指数取对数后进行回归。

2. 进口国服务贸易限制指数

$STRI_{itk}$ 指进口国 i 的服务业 k 在 t 年的服务贸易限制指数，该指数来源于 OECD 数据库。通过对各国在服务业开放方面制定的已经生效的政策法规进行评估，定性的将服务贸易限制指数在 0 和 1 之间打分，分值越高代表进口国 i 在服务业 k 的服务贸易限制程度越高。

3. 其他变量

$STRIH_{ijtk}$ 表示进口国 i 与出口国 j 在 t 年时，服务业 k 的服务贸易领域的

---

① Zhi Wang, Shang - Jin Wei, Xinding Yu and Kunfu Zhu, "Measures of Participation in Global Value Chains and Global Business Cycles", NBER Working Paper , 2017, NO. W23222.

限制政策的差异性，该指标来源于 OECD 数据库。该指标对同一服务业贸易双方涵盖的服务贸易领域的限制政策的差异性打分，得分越高差异性越大，一般认为，差异性越小，服务企业进入东道主国市场需要克服的障碍越小，成本越低。① 其余变量的详细情况见表 1。

表 1　变量说明

变量名	变量含义	衡量方式	数据来源
$STRIH_{ijtk}$	进口国 i 与出口国 j 在 t 年时，服务业 k 的服务贸易领域的限制政策的差异性	服务贸易领域的限制政策的差异性指标	OECD 数据库
$time_{ij}$	进口国 i 与出口国 j 是否位于同一时区	虚拟变量，位于同一时区取 1，反之为 0	作者整理
$language_{ij}$	进口国 i 与出口国 j 是否使用同一种语言	虚拟变量，使用同一种语言取 1，反之为 0	作者整理
$infrastructure_{it}$	进口国 i 在 t 年的基础设施建设	通电天数对数	世界银行
$population_{it}$	进口国 i 在 t 年的 15 ~ 64 岁人口比	15 ~ 64 岁人口比	世界银行
$cost1_{it}$	进口国 i 在 t 年的劳工薪酬	已付劳工汇款和职工报酬/人口	世界银行
$cost2_{it}$	进口国 i 在 t 年的私人转移和雇员报酬	私人转移和雇员报酬对数	世界银行
GNI_{it}	进口国 i 在 t 年的人均国民总收入	人均国民总收入/人口	世界银行
$employee_{it}$	进口国 i 在 t 年的服务业就业人数	服务业就业人数对数	世界银行
IP_{it}	进口国 i 在 t 年的知识产权使用费（支付）	知识产权使用费（支付）/GDP	世界银行
$foreign_{itk}$	进口国 i 的服务业 k 在 t 年的服务业外资进入限制	服务业外资进入限制指数	OECD 数据库

① 齐俊妍、高明：《服务业开放的边境内措施对服务贸易的影响：基于 OECD－STRI 数据库的经验分析》，《世界经济研究》2019 年第 2 期，第 39 ~ 50 页、第 137 ~ 138 页。

续表

变量名	变量含义	衡量方式	数据来源
$competition_{itk}$	进口国 i 的服务业 k 在 t 年的服务竞争障碍限制	服务竞争障碍限制指数	OECD 数据库
$transparency_{itk}$	进口国 i 的服务业 k 在 t 年的服务透明度限制	服务透明度限制指数	OECD 数据库
$movement_{itk}$	进口国 i 的服务业 k 在 t 年的服务自然人流动限制	服务自然人流动限制指数	OECD 数据库
$other_{itk}$	进口国 i 的服务业 k 在 t 年的其他服务限制	其他服务限制指数	OECD 数据库
TC_{itk}	进口国 i 的服务业 k 在 t 年的服务贸易竞争力指数	服务贸易进出口差额/服务贸易进出口之和	亚洲开发银行

三　基准回归分析及稳健性检验

（一）基准回归分析

表 2 为本文的基准回归分析。表 2 第（1）列和第（2）列分别是进口国服务贸易限制措施对显示性比较优势指数和国际市场占有率指数的影响，进口国 i 在服务业 k 上实施放松服务贸易限制措施，会抑制该国该行业服务贸易显示性比较优势，也会抑制该行业的国际市场占有率。该结果在 1% 的水平上具有统计显著性。在这两列回归中，本文控制了时间、行业和国家固定效应，但是没有包含控制变量。表 2 第（3）列和第（4）列在第（1）列和第（2）列的基础上加入了一系列控制变量。结果表明，加入控制变量后服务贸易限制措施对服务业出口的显示性比较优势指数和国际市场占有率指数仍在 1% 的显著性水平下有负向影响。第（3）列、第（4）列回归中，本文控制了时间固定效应、行业固定效应和国家固定效应，结果依然是显著为负。

表 2 进口国服务贸易限制措施对服务业比较优势的基准回归分析

	(1)	(2)	(3)	(4)
	RCA	*IMS*	*RCA*	*IMS*
STRI	-0.7735 ***	-1.3621 ***	-0.7461 ***	-1.2877 ***
	(-35.591)	(-17.560)	(-33.130)	(-16.308)
STRIH			0.0859 ***	-0.3073 ***
			(3.271)	(-3.338)
infrastructure			-0.0114 *	0.1262 ***
			(-1.908)	(6.021)
language			0.0420 ***	0.6919 ***
			(4.680)	(21.966)
time			0.0589 ***	0.8671 ***
			(7.924)	(33.263)
population			-0.0065 ***	0.0238 ***
			(-5.077)	(5.275)
constant	0.4192 ***	-0.8309 ***	0.8683 ***	-2.9845 ***
	(24.518)	(-13.537)	(10.001)	(-9.802)
时间固定效应	Y	Y	Y	Y
行业固定效应	Y	Y	Y	Y
国家固定效应	Y	Y	Y	Y
观测值	53780	53689	53780	53689

注：() 中的值为 t 统计量，***、**、* 分别表示在 1%、5%、10% 水平下显著。

（二）稳健性检验

考虑到极端值对回归结果的影响，本文剔除 1% 极端值后对其进行回归分析，报告在表 3 第（1）列和第（2）列，结果依然是显著为负。考虑到可能存在的测量误差，我们以服务贸易竞争力指数（TC）替换显示性比较优势指数和国际市场占有率指数，报告在表 3 第（3）列，结果为显著负向影响。尽管本文加入了影响比较优势的控制变量，但仍可能存在遗漏变量误差产生的内生性，带来估计结果的不准确。为解决这一问题，本文以进口国服务贸易限制指数的滞后一期和滞后二期为工具变量进行回归。表 3 第

（4）列和第（5）列分别为显示性比较优势指数和国际市场占有率指数的两阶段最小二乘回归，其结果均在1%的水平下显著为负，且该结果通过了LM统计量、Wald统计量和Sorgan统计量对工具变量的有效性检验，表明工具变量的选取是合理的。表3第（6）列和第（7）列分别是显示性比较优势指数和国际市场占有率指数的广义矩估计回归，结果依然是显著为负。总体而言，上述结果说明进口国服务贸易限制措施对显示性比较优势指数的负向影响是稳健的，并不受估计方法、极端值的影响。

表3 进口国服务贸易限制措施对显示性比较优势指数的影响的稳健性检验

	剔除极端值		换Y		IV		GMM
	（1）	（2）	（3）	（4）	（5）	（6）	（7）
	RCA	*IMS*	*TC*	*RCA*	*IMS*	*RCA*	*IMS*
STRI	-0.7461***	-1.2877***	-0.0003	-0.7712***	-1.1743***	-1.0465***	-1.1702***
	(-33.130)	(-16.308)	(-0.062)	(-20.570)	(-9.244)	(-23.769)	(-9.833)
时间固定效应	Y	Y	Y	Y	Y	Y	Y
行业固定效应	Y	Y	Y	Y	Y	Y	Y
国家固定效应	Y	Y	Y	Y	Y	Y	Y
观测值	53780	53689	53780	21755	21695	20199	21695

注：() 中的值为 t 统计量或 z 统计量，***、**、* 分别表示在1%、5%、10%水平下显著。由于篇幅原因本文没有报告控制变量，下同。

四 扩展分析

（一）“不同服务贸易领域的限制措施”的异质性

OECD-STRI可具体细化为服务业外资进入限制、服务自然人流动限制、服务竞争障碍限制、服务透明度限制和其他服务限制。本文从这五个限制措施入手，选取OECD成员国中不同领域的服务贸易限制指数进行回归分析，分别探究其对服务业出口比较优势的影响，结果显示这五个限制措施均有抑制效应。此外，从影响程度来看，其他服务限制对服务业出口比较优势的影响最大（见表4）。

表 4　进口国不同服务贸易领域的限制措施对服务业出口比较优势的影响

	(1)	(2)	(3)	(4)	(5)	(6)	(7)	(8)	(9)
	RCA	*IMS*	*RCA*	*IMS*	*RCA*	*IMS*	*RCA*	*IMS*	*RCA*
foreign	-0.0469	-0.9739***							
	(-1.180)	(-7.049)							
competition			-0.3133***	-2.1758***					
			(-3.678)	(-7.344)					
transparency					-1.7770***	-2.4838***			
					(-16.180)	(-6.484)			
movement							-0.2923***	-2.1865***	
							(-3.183)	(-6.845)	
others								-2.3453***	-7.9405***
								(-11.069)	(-10.769)
时间固定效应	Y	Y	Y	Y	Y	Y	Y	Y	Y
行业固定效应	Y	Y	Y	Y	Y	Y	Y	Y	Y
国家固定效应	Y	Y	Y	Y	Y	Y	Y	Y	Y
观测值	53780	53689	53780	53689	53780	53689	53780	53689	53780

注：() 中的值为 t 统计量，***、**、* 分别表示在 1%、5%、10% 水平下显著。

（二）“服务贸易限制措施制定主体(进口国)”的异质性

在这一部分，本文根据世界银行的分类将进口国划分为高收入国家和中等收入国家进行回归分析。考察进口国发展程度差异是否会改变服务贸易限制措施对服务业出口的比较优势的影响，结果显示进口国采取服务贸易限制措施时会抑制该国服务业出口的比较优势，这种抑制作用并不因国家发展程度的不同而改变。从抑制程度上来看，进口国为高收入国家时，抑制作用更明显（见表5）。

表5　进口国不同发展程度的服务贸易限制措施对服务业出口比较优势的影响

	高收入国家		中等收入国家	
	(1)	(2)	(3)	(4)
	RCA	*IMS*	*RCA*	*IMS*
STRI	-0.8805***	-1.4408***	-0.0708***	-0.2568***
	(-35.224)	(-16.422)	(-2.135)	(-2.226)
时间固定效应	Y	Y	Y	Y
行业固定效应	Y	Y	Y	Y
国家固定效应	Y	Y	Y	Y
观测值	53780	53689	53780	53689

注：( ) 中的值为 t 统计量，***、**、*分别表示在1%、5%、10%水平下显著。

（三）“服务部门”的异质性

本文根据不同要素密集度对服务业进行分类：劳动资源密集型，包括运输；资本密集型，包括建筑、金融保险、分销；知识技术密集型，包括邮政电信。回归结果见表6。结果表明，服务贸易限制措施对三类行业的显示性比较优势指数和国际市场占有率指数的影响均为抑制效应。进口国对资本密集型服务业采取的服务贸易限制措施对服务业出口比较优势的抑制作用最明显，其次是知识技术密集型服务业，进口国对劳动资源密集型服务业采取的服务贸易限制措施对服务业出口的比较优势的抑制作用最小。

表 6　进口国不同要素密集度的服务贸易限制措施对服务业出口比较优势的影响

	劳动资源密集型		资本密集型		知识技术密集型	
	(1)	(2)	(3)	(4)	(5)	(6)
	RCA	*IMS*	*RCA*	*IMS*	*RCA*	*IMS*
STRI	-0.3717***	-0.6665***	-1.6523***	-2.4915***	-0.4645***	-2.0834***
	(-12.050)	(-6.441)	(-38.434)	(-16.927)	(-8.642)	(-7.869)
时间固定效应	Y	Y	Y	Y	Y	Y
行业固定效应	Y	Y	Y	Y	Y	Y
国家固定效应	Y	Y	Y	Y	Y	Y
观测值	24461	24419	17922	17891	11397	11379

注：() 中的值为 t 统计量，***、**、* 分别表示在 1%、5%、10% 水平下显著。

五　机制检验

基于前述文献综述，进口国服务贸易开放通过“成本降低”效应、“规模扩张”效应和“技术溢出”效应对比较优势产生影响，参考既有文献，[①] 本文引入渠道变量与服务贸易限制指数的交互项进行机制检验，具体如下。

（一）“成本降低”效应的机制检验

表 7 是以已付劳工汇款和职工报酬/人口、私人转移和雇员报酬对数来衡量成本，检验进口国服务贸易限制措施对显示性比较优势指数和国际市场占有率指数的影响，交互项在 1% 的显著性水平下为负。

表 7　进口国服务贸易限制措施对“成本降低”效应的机制检验

	(1)	(2)	(3)	(4)
	RCA	*IMS*	*RCA*	*IMS*
Cost1 × *STRI*	-0.1325***	-0.6419***		
	(-8.158)	(-11.684)		
Cost1	-0.0265***	-0.7520***		
	(5.476)	(45.884)		

① Sébastien Miroudot, Charles Cadestin, “Services in Global Value Chains: Trade Patterns and Gains from Specialization”, *OECD Working Paper*, 2017.

续表

	(1)	(2)	(3)	(4)
	RCA	*IMS*	*RCA*	*IMS*
Cost2 × *STRI*			-0.0002***	-0.0001***
			(-15.456)	(-2.503)
Cost2			0.0001***	-0.0001***
			(24.516)	(-6.087)
STRI	2.3084***	12.6884***	-0.6299***	-1.6140***
	(6.169)	(10.023)	(-26.716)	(-20.182)
时间固定效应	Y	Y	Y	Y
行业固定效应	Y	Y	Y	Y
国家固定效应	Y	Y	Y	Y
观测值	53780	53689	49906	49852

注：() 中的值为 *t* 统计量，***、**、* 分别表示在 1%、5%、10% 水平下显著。

（二）“规模扩张”效应的机制检验

scale 表示进口国的规模，本文分别以人均国民总收入/人口（*GNI*）和服务业就业人数对数（*employee*）来衡量，数据来源于世界银行。由表 8 可知，进口国实施服务贸易限制的确会抑制进口国规模进而不利于服务业出口比较优势的发挥。

表 8　进口国服务贸易限制措施对“规模扩张”效应的机制检验

	(1)	(2)	(3)	(4)
	RCA	*IMS*	*RCA*	*IMS*
GNI × *STRI*	-35.2518***	-25.0862***		
	(-14.298)	(-2.909)		
GNI	9.9356***	-14.3999***		
	(21.454)	(-8.889)		
employee × *STRI*			-0.2388***	-0.3562***
			(-11.006)	(-4.974)

续表

	(1)	(2)	(3)	(4)
	RCA	IMS	RCA	IMS
employee			0.0483***	0.6419***
			(8.843)	(35.634)
STRI	-0.6042***	-1.6906***	2.5426***	3.3754***
	(-26.331)	(-21.124)	(8.032)	(3.231)
时间固定效应	Y	Y	Y	Y
行业固定效应	Y	Y	Y	Y
国家固定效应	Y	Y	Y	Y
观测值	53780	53689	49914	49830

注：() 中的值为 t 统计量，***、**、* 分别表示在1%、5%、10%水平下显著。

（三）“技术溢出”效应的机制检验

其中 *IP* 表示的是进口国的技术溢出情况，本文采用知识产权使用费（支付）与 GDP 的比值表示，具体回归结果见表9。结果显示，交互项系数均显著为负。所以进口国实施服务贸易限制措施会阻碍技术溢出的渠道，降低了投入要素技术水平，不利于发挥服务业出口的比较优势。

表9　进口国服务贸易限制措施对“技术溢出”效应的机制检验

	(1)	(2)
	RCA	IMS
IP × STRI	-6.6630***	-11.2841***
	(-4.151)	(-1.977)
IP	-1.3841***	-3.7391***
	(-4.954)	(-3.763)
STRI	-0.8865***	-1.6597***
	(-37.501)	(-19.753)
时间固定效应	Y	Y
行业固定效应	Y	Y
国家固定效应	Y	Y
观测值	53780	53689

注：() 中的值为 t 统计量，***、**、* 分别表示在1%、5%、10%水平下显著。

六 政策建议

本文利用2014～2017年31个国家的8个服务行业的双边贸易数据，基于国内增加值计算显示性比较优势指数和国际市场占有率指数，并结合进口国服务贸易限制指数构造面板数据模型，探究在全球价值链背景下进口国服务贸易限制措施对服务业比较优势的影响。得到如下结论：（1）进口国服务贸易限制措施会对服务业比较优势产生显著负影响，通过剔除极端值、初步的内生性考察和替换因变量的稳健性检验后，结果依然显著为负；（2）进口国在服务业外资进入限制、服务自然人流动限制、服务竞争障碍限制、服务透明度限制和其他服务限制五个方面均会抑制服务业出口比较优势的发挥，其中其他服务限制的作用最明显；（3）对不同发展程度的国家来说，高收入国家和中等收入国家实施的服务贸易限制措施均会对该国服务业出口的比较优势有显著抑制效应，其中对高收入国家的抑制作用更为明显；（4）不同服务部门的异质性上，进口国服务贸易限制措施对劳动资源密集型、资本密集型和知识技术密集型服务业的出口的比较优势均有负向影响，且对资本密集型服务业的抑制作用最明显，对劳动资源密集型服务业的抑制作用最弱；（5）通过对其内在作用机制的分析，本文发现进口国服务贸易限制措施通过抑制生产规模扩张、削减企业降低成本的动力、阻碍技术溢出对服务业出口的比较优势产生负向影响。

基于该结论，本文认为：世界各国仍存在大量进口服务贸易限制，从国际市场的比较优势视角看，各国有必要放宽服务贸易限制，进而充分发挥服务业比较优势，提高国际竞争力；还应注意放宽五个限制措施，同时由于不同服务贸易领域的限制措施对服务业比较优势存在异质性，各国应着重开放其他服务；由于国家在服务贸易领域的限制措施存在异质性，高收入国家应该发挥带动作用，积极主动地削减服务贸易壁垒，扩大服务贸易开放，中低收入国家也应积极开放，允许外国优秀服务提供者进入，充分吸收先进技术和管理经验，降低成本、扩大规模、提高要素投入质量，发挥其服务业的比较优势，同时注意开放方式方法，根据自身发展情况逐步开放，既能享受到服务开放的利益又能保护国内服务行业；针对服务部门异质性的存在，各国可以有选择的开放，例如，优先放宽资本密集型服务业的服务贸易限制。

B.11

新发展格局下中国旅游服务贸易的发展特征与路径探析*

厉新建　宋昌耀　刘国荣　陶志华　李兆睿**

摘　要：传统的旅游服务贸易的产品和结构已经无法适应国际日益激烈的竞争，如何发展中国旅游服务贸易已经成为亟待解决的问题。新冠肺炎疫情严重阻碍了国际旅游服务贸易发展的进程，出入境旅游近乎完全停滞，中国国内旅游服务贸易商遭受重创。从时空维度分析中国旅游服务贸易发展特征，识别中国旅游服务贸易发展中存在的问题并提出相应建议，有助于促进中国旅游服务贸易发展，进而提升中国国际旅游形象和旅游地位。特别是在疫情防控常态化的背景下，加快形成以国内大循环为主体、国内国际双循环相互促进的新发展格局，研究旅游服务贸易行业如何应对旅游者的新消费形式与消费理念显得十分必要。随着后疫情时代的到来，中国旅游服务贸易发展一方面要适应疫情防控常态化的环境，做好长期处于无法大规模恢复出入境旅游状态的准备，积极协调各方资源来调整自身结构，加强对外沟通和合作，以适应国际

* 本文是国家社科基金重大项目“完善文化和旅游融合发展机制体制研究”（项目编号：20ZDA067）的阶段性成果。

** 厉新建，北京第二外国语学院旅游科学学院教授、博士生导师，研究方向为旅游经济发展战略、对外旅游投资等；宋昌耀，北京第二外国语学院旅游科学学院讲师，研究方向为旅游经济与区域经济；刘国荣，曼迪匹艾（北京）科技服务有限公司助理编辑，研究方向为旅游经济与旅游集团；陶志华，北京第二外国语学院旅游科学学院2020级硕士研究生；李兆睿，北京第二外国语学院旅游科学学院2019级硕士研究生。

环境的巨变；另一方面还要不断地加强自身能力建设，积极寻求企业的转型发展、创新发展。

关键词： 旅游服务贸易 出境旅游 入境旅游

一 引言

旅游服务贸易是一个国家或地区的旅游从业者为其他国家或地区的旅游者提供旅游服务。旅游服务贸易分为进口和出口两方面，旅游进口是外国为本国旅游者提供旅游服务，即出境旅游；旅游出口是本国为外国旅游者提供旅游服务，即入境旅游。随着旅游产业的快速发展，旅游服务贸易逐渐成为中国服务贸易的重要组成部分。中国服务贸易分类年度统计数据显示，2019年，中国旅行服务贸易进出口总额为19703亿元，占中国服务贸易进出口总额的36.4%，其后依次是运输服务（19.2%）、其他商业服务（15.7%）与电信、计算机和信息服务（10.3%）。尽管旅行服务贸易与旅游服务贸易在统计口径上存在差别，但一定程度上可以反映出旅游在中国服务贸易中的重要地位。自改革开放以来，旅游就作为中国对外开放的重要窗口，开启从外交事业向经济产业转型的发展之路。2019年，旅游业对GDP的综合贡献为10.94万亿元，占GDP总量的11.05%，旅游业已经成为国家的战略性支柱产业。但在旅游服务贸易发展的进程中，中国旅游服务贸易也面临着区域发展不平衡、贸易逆差持续上升、入境旅游贸易效率损失较大等诸多问题，其中，经济发展水平差异、贸易壁垒、国际安全局势、旅游资源禀赋等成为主要影响因素。[①] 特别是受新冠肺炎疫情重大公共卫生事件影响，跨境旅游市场关闭，中国旅游服务贸易基本中断。在疫情防控常态化和国际疫情局势险

① 方叶林、黄震方、王坤、涂玮：《基于PCA－ESDA的中国省域旅游经济时空差异分析》，《经济地理》2012年第8期，第35页、第149～154页。

峻的双重考验下，中国构建以国内大循环为主体、国内国际双循环相互促进的新发展格局，旅游服务贸易如何在新格局中求发展，实现高质量发展成为重要研究课题。

国内疫情防控效果显著，且疫苗接种率不断上升，国内大循环发展动力强劲，旅游者的需求有待进一步释放。纵观国际疫情局势，各国防疫严重失控，使得国际大循环的重启仍有待观望，国际航线减少、中美贸易摩擦、签证服务限制等一系列问题严重阻碍了旅游服务贸易发展。疫情使得消费者的空间移动受阻，但伴随着数字技术的不断发展与应用，多样化、多领域的“云服务”应运而生，线上消费趋势日益明显，旅游服务贸易发展也必将趋于科技化、智能化。未来，旅游产业需扎根国内游，深度挖掘国内旅游资源，结合高新数字技术，通过云旅游、云观景、智慧游等“旅游 + 技术”的融合方式，探索旅游服务贸易发展的新业态、新路径与新模式。目前，旅游服务贸易逆差较大、入境旅游市场单一、国际市场竞争力弱、附加值不高等问题是中国旅游服务贸易高质量发展中存在的主要问题。① 从贸易逆差水平来看，中国旅游服务贸易逆差明显，且呈现上升趋势。2019 年中国服务贸易分类年度统计数据显示，中国旅行服务贸易的出口额为 2381 亿元，进口额为 17322 亿元，进口额相当于出口额的 7 倍有余。从出入境旅游市场来看，中国入境旅游市场主要分布在亚洲，分别为缅甸、越南、韩国、日本等邻近国家，市场单一化现象明显，中国的出境旅游市场也主要分布于亚洲，港澳台地区占据主要份额。这表明，中国的对外开放程度仍有待提高，与美洲、欧洲等发达地区的旅游服务贸易往来需要进一步加强。从市场竞争力上看，中国竞争优势并不显著，没有充分发挥中国旅游资源禀赋的优势，旅游服务整体质量仍有待提升，应加强旅游供给侧结构性改革，持续强调文明旅游的重要性。从旅游服务贸易涉及的要素来看，交通、住宿和饮食等旅游基础消费占比较大，与文化馆、图书馆、博物馆等文娱机构的联动效应较弱，旅游

① 贺少军、夏杰长：《推动中国旅游服务贸易高质量发展》，《中国经贸导刊》2020 年第 8 期，第 21 ~ 23 页。

服务贸易对于旅游产业的赋能并未激发，产业链、价值链都有待丰富。

总体而言，深入研判中国旅游服务贸易的发展特征、精准识别其存在的问题对旅游服务贸易的高质量发展具有重要意义。特别是在疫情防控常态化的背景下，在中国以国内大循环为主体、国内国际双循环相互促进的新发展格局趋势下，探究旅游服务贸易如何应对新技术、新格局、新趋势等显得尤为必要。这不仅有助于促进中国旅游服务贸易的可持续发展，而且有助于提升中国的国际旅游形象和旅游地位。

二　中国旅游服务贸易发展特征

（一）中国旅游服务贸易规模扩大

近年来，中国旅游服务贸易快速发展，规模逐年扩大，成为服务贸易的重要组成部分。商务部数据表明，中国旅行服务贸易总量总体呈现上升趋势，2012～2016 年旅行服务进出口总额增长迅猛（见图 1）；2016 年之后，受中美贸易摩擦以及世界经济增速疲软的影响，上升趋势放缓。中美贸易摩擦直接抑制了两国之间的贸易往来，也给两国经济、军事、外交等方面带来了间接影响，特别是对中国的旅行与旅游服务贸易影响深远。①

2016 年之前，中国旅行服务进出口占比逐年上升，2016 年之后，旅行服务进出口占比虽呈现下降趋势，但仍保持在 30% 以上（见图 2）。相较于运输服务、保险和养老金服务、金融服务等其他服务贸易而言，中国旅行服务进出口总额占服务的比重最大（见图 3）。这在一定程度上反映了旅游业在服务贸易中发挥着重要的作用。

（二）出境旅游发展强势，居世界首位

近年来，随着中国经济的发展，居民收入水平不断提高，城乡居民的消

① 王瑜铬、任磊：《贸易摩擦对美国来华游客数量的影响：实证与预测》，《旅游论坛》2020 年第 4 期，第 62～72 页。

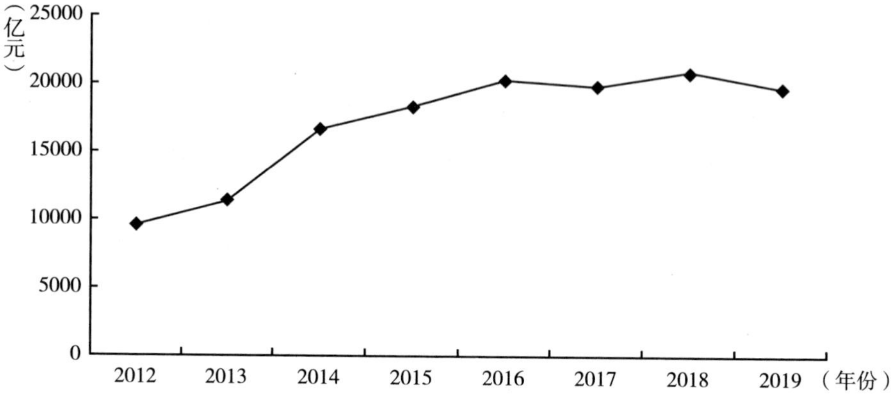

图 1　2012～2019 年中国旅行服务进出口总额

资料来源：根据商务部商务数据中心服务贸易数据整理。

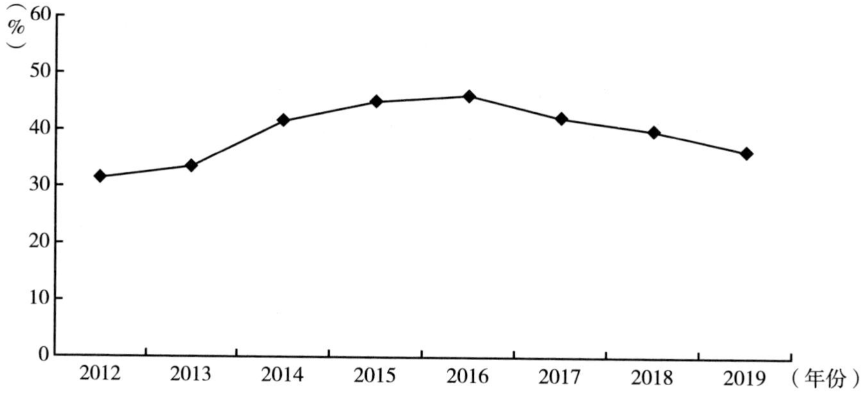

图 2　2012～2019 年中国旅行服务进出口占比情况

资料来源：根据商务部商务数据中心服务贸易数据整理。

费结构也发生了深刻变化，消费热点由实物商品消费向旅游、文化、休闲、娱乐、教育、健康、养老等服务消费转变，出境游成为中国居民重要的休闲选项之一。①

① 宋芳秀：《中国出入境旅游：特征、问题及对策》，《国际贸易》2020 年第 11 期，第 77～84 页。

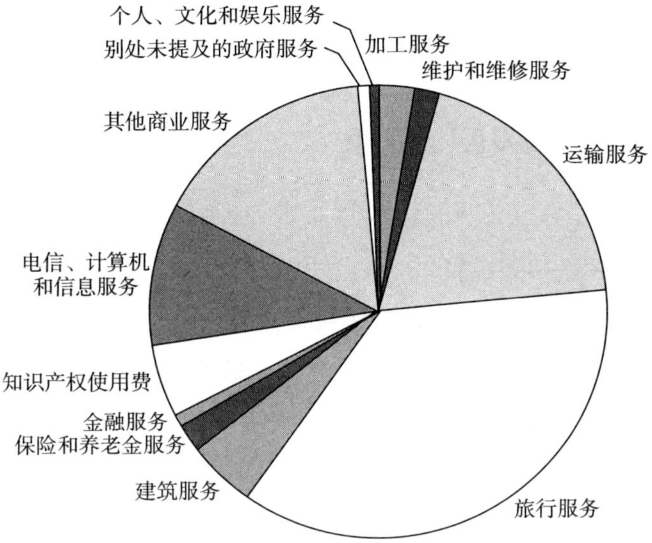

图3　2019 年中国各类服务贸易进出口占比

资料来源：根据商务部商务数据中心服务贸易数据整理。

受签证放宽、航线增加、在线旅游服务平台快速发展等因素的影响，中国出境游市场实现了平稳快速增长，中国出境旅游人数和境外旅游支出均居世界第一。根据中国旅游研究院（文化和旅游部数据中心）发布的《2019年旅游市场基本情况》，2019 年中国公民出境旅游人数达 1.69 亿人次，出境消费超过 1400 亿美元，均居世界第一。与 2018 年相比，出境旅游人数和出境消费额分别增长 13.4% 和 7.7%，出境旅游规模进一步扩大。

出境旅游的目的地分布结构保持稳定。2019 年，中国出境旅游目的地以亚洲邻近经济体为主，港澳台地区是中国内地（大陆）游客出境旅游的最主要目的地。总体来看，赴港澳台地区游客占比高于前往其他国家旅游的游客的占比，但是随着中国公民出国更加便利化以及港澳台政策变化导致这种差距正在逐渐缩小。联合国世界旅游组织（UNWTO）公布的数据显示，2019 年中国十大出境旅游目的地中，访韩游客数量位居出境游客第 1，占出境游客的比重为 15.2%，其后分别是泰国、新加坡和马来西亚，在出境游客中的占比分别为 13.34%、6.96%、6.07%。除了韩国、泰国、新加坡、马来西亚以及日本、越南、印度尼西亚等中国邻近国家之外，美国、法国和俄罗斯也位列中国居民出境旅游目的地的前十。

（三）入境旅游发展较为缓慢

1. 入境旅游总体呈现增长趋势

近年来，中国入境旅游得到了一定程度的发展。尽管2013～2014年入境旅游人数有所减少，但入境旅游人数和入境旅游收入在整体上增长趋势明显（见图4、图5）。根据《中国旅游统计年鉴》数据，2019年，中国共接待入境旅游人数14500万人次，其中入境过夜旅游人数6573万人次，外国人入境旅游人数3188万人次，同比增长分别为4.5%和4.4%。无论是入境过夜旅游市场占比还是外国人入境旅游市场占比均继续保持上升趋势，客源市场结构持续优化。中国已经成为世界排名第四的受欢迎的入境旅游目的地国家。

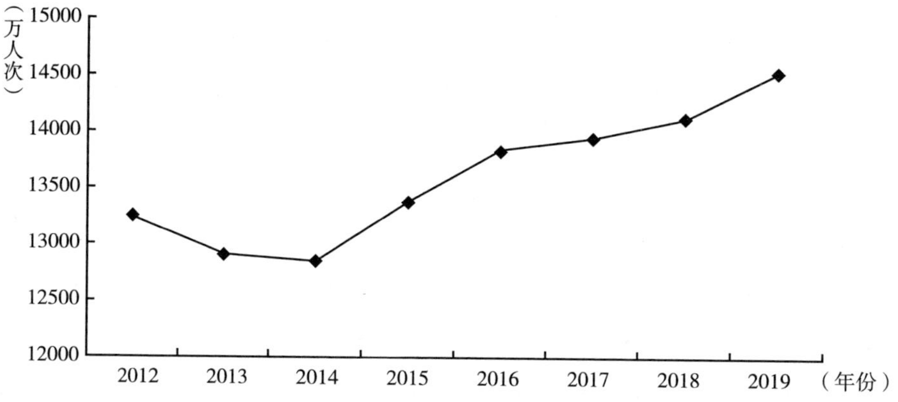

图4　2012～2019年中国入境旅游人数

资料来源：根据《中国旅游统计年鉴》数据整理。

随着入境旅游人数的增长，旅游外汇收入也不断增加。2019年，中国入境旅游收入世界排名第二，仅次于美国。从2012～2019年中国入境旅游收入统计情况来看，入境旅游收入从500.28亿美元增长至1313亿美元（见图5），增长1.6倍，年均增速为14.78%。外国游客在华花费占比较大。

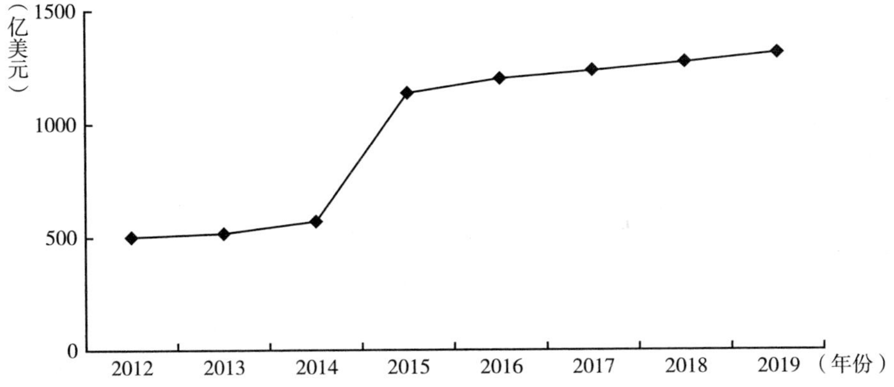

图5　2012～2019年中国入境旅游收入

资料来源：根据《中国旅游统计年鉴》数据整理。

出境旅游的规模化发展可以反映国际社会对客源国的经济认同，而入境旅游的规模化发展则可以反映国际社会对一个国家的文化认同。①随着中国经济的发展，互联网信息的传播加快，旅游业数字化转型升级，中国文化走向世界，吸引了越来越多的境外游客前来旅游。但中国入境旅游占国际市场的份额不高，远低于美国、西班牙、法国、意大利、德国和英国。

2. 中国入境旅游地区发展不平衡

中国入境旅游人数和入境旅游收入在各省份的空间分布具有不平衡性，东南沿海省份最为密集，而中西部省份入境旅游人数和入境旅游收入还处于低水平发展阶段。②入境游客较多地前往广东、福建、广西和云南等地区，在旅游创汇方面，广东、江苏、云南和北京优势显著。

3. 入境旅游市场结构比较稳定

图6显示，中国入境的游客中青年占绝大多数，年龄集中在25～64岁。

① 王学峰、张辉：《“十四五”时期我国入境旅游发展趋势与建议》，《旅游学刊》2020年第6期，第6～8页。

② 阮文奇、郑向敏、李勇泉、张舒宁：《中国入境旅游的“胡焕庸线”空间分布特征及驱动机理研究》，《经济地理》2018年第3期，第181～189页、第199页。

港澳台地区仍是中国入境旅游的基础市场，来自港澳台地区的入境游客占78.06%，这也从侧面反映了中国旅游的国际市场竞争力不强。此外，外国游客主要来自与中国领土接壤或有密切经济政治文化联系的经济体，如韩国、日本、俄罗斯、越南、美国等。

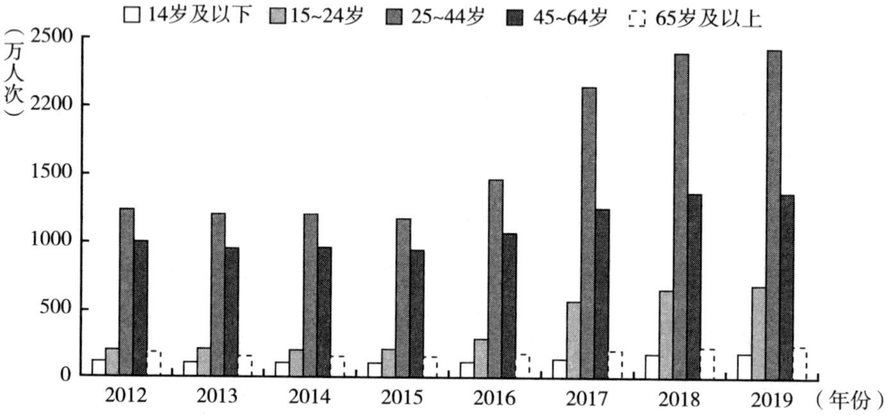

图6　2012～2019年中国入境游客年龄分布

资料来源：根据《中国旅游统计年鉴》数据整理。

图7显示，2012～2019年，入境游客旅游目的多为休闲观光，占比一直在30%以上，这反映了中国旅游业对境外游客的吸引力还停留在休闲观光阶段。其他类型的旅游目的总体呈现上升趋势，占比不断提升。参加会议/商务旅行一项的占比有了下降的趋势，这与中国对外贸易发展受阻也有关系。

（四）中国旅游服务贸易逆差加剧

2008年之前，中国旅游服务贸易一直保持着顺差状态，但之后受到金融危机的冲击和经济下行的影响，2009年中国旅游服务贸易开始出现逆差，此后逆差不断扩大。[①] 根据商务部数据，中国旅行服务进口金额逐年增长，

① 汤捷、张继成、胡诗雨：《中国旅游服务贸易出口竞争力分析》，《中国市场》2021年第3期，第68～69页。

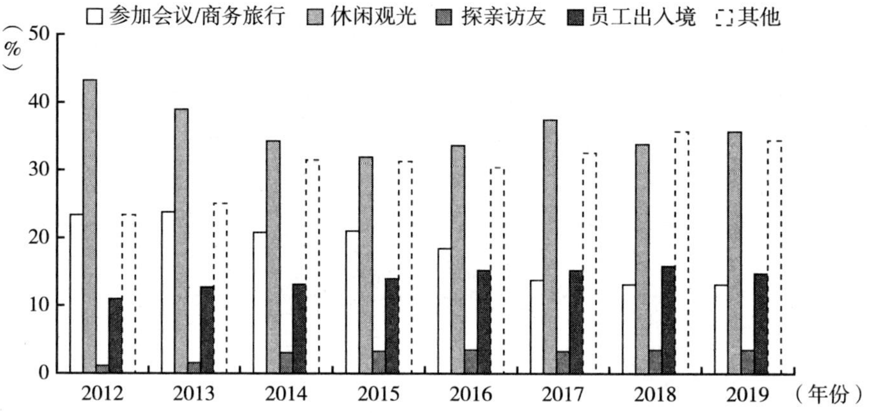

图 7　2012～2019 年中国入境游客旅游目的占比

资料来源：根据《中国旅游统计年鉴》数据整理。

2016 年后呈波动上升趋势，而旅行服务出口金额却呈现低水平下降趋势，这表现出中国旅行服务进出口的非对称性（见图 8）。近年来，贸易逆差仍呈现逐年扩大的趋势。2018 年逆差额达到了 15528.4 亿元。巨大的贸易逆差给中国外汇收入带来了不可忽视的影响。

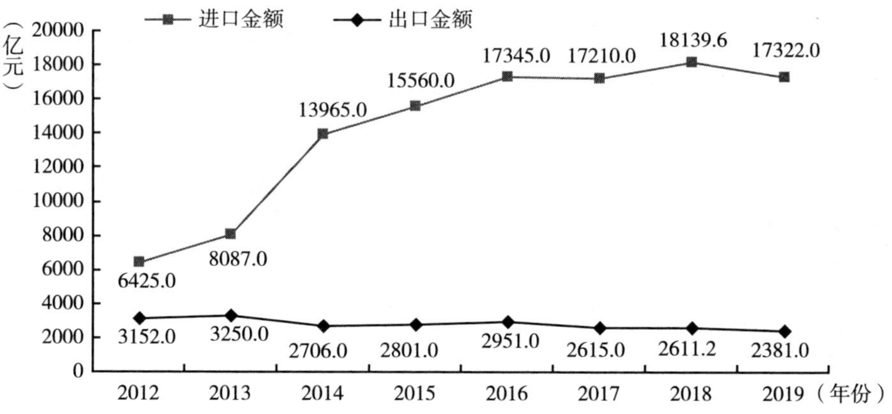

图 8　2012～2019 年中国旅行服务进出口金额

资料来源：根据商务部商务数据中心服务贸易数据整理。

图 9 显示了中国旅行服务进出口金额在服务贸易中的占比趋势特征。其中，旅行服务进口金额在中国服务贸易中的占比先增后减，而出口占比在 2016 年后呈现逐年递减趋势。这表明由于出境旅游需求增加、高档商品消费外流，旅游业在服务贸易中的整体占比下降，贸易逆差进一步扩大。

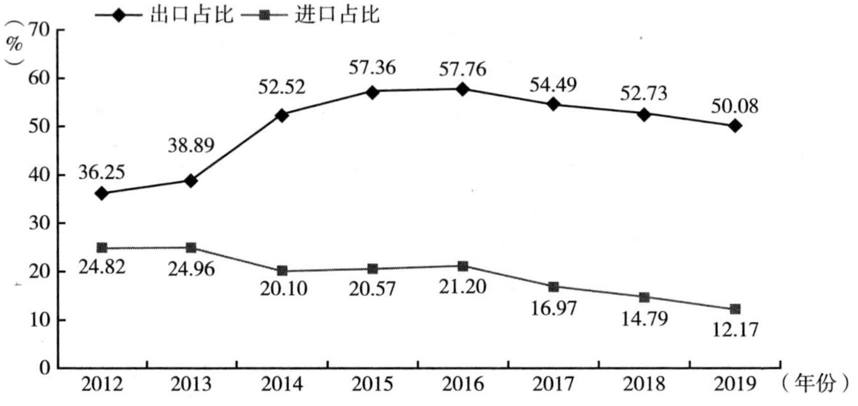

图 9　2012～2019 年中国旅行服务进出口金额在服务贸易中的占比

资料来源：根据商务部商务数据中心服务贸易数据整理。

如表 1 所示，2019 年中国的国际旅游收入为 358 亿美元，仅占全世界国际旅游收入的 2.42%，在世界各国（地区）中排名第 11，远低于美国的 2141 亿美元；而同年中国的国际旅游支出为 2546 亿美元，占全世界国际旅游支出的 17.18%，在世界各国（地区）中高居首位，位居第 2 的美国的国际旅游支出为 1523 亿美元。中国的国际旅游收支差距之大与商品贸易大国和服务贸易大国的地位并不相称。

（五）中国旅游服务贸易竞争力不强

发展旅游业是推动一国经济发展、增加税收和就业的重要方式，更是提升国际竞争力的重要手段。世界经济论坛发布的《2019 年旅游业竞争力报告》显示，中国排名第 13，较 2017 年上升了 2 位，竞争力值也有所增加（见表 2）。中国虽是世界旅游大国，但是与世界旅游强国之间还存在很大的差距。

表1　2019年部分国家国际旅游收入和国际旅游支出及排名

单位：亿美元，%

排名	国际旅游收入			国际旅游支出		
	国家(地区)	收入	和2018年相比的变化	国家(地区)	支出	和2018年相比的变化
	全球	14820		全球	14820	
1	美国	2141	-0.3	中国	2546	-4.2
2	西班牙	797	2.9	美国	1523	5.4
3	法国	638	1.9	德国	932	2.9
4	泰国	605	3.2	英国	719	6
5	英国	527	10.1	法国	517	11.5
6	意大利	496	6.2	俄罗斯	362	5.5
7	日本	461	8	澳大利亚	360	4.6
8	澳大利亚	457	9.1	加拿大	353	5.1
9	德国	416	2.2	韩国	323	-8.1
10	中国澳门	395	-2.9	意大利	303	6.3
11	中国	358	-7.3	西班牙	279	11.3

资料来源：根据世界旅游组织（UNWTO）发布的《世界旅游晴雨表》整理。

表2　2019年部分国家旅游业竞争力排名

单位：分，位

排名	国家	得分	和2017年相比	
			排名变化	得分变化
1	西班牙	5.4	0	0.3
2	法国	5.4	0	1.5
3	德国	5.4	0	2
4	日本	5.4	0	2.1
5	美国	5.3	1	2.6
6	英国	5.2	-1	-0.2
7	澳大利亚	5.1	0	0.8
8	意大利	5.1	0	1.9
9	加拿大	5.1	0	1.6
10	瑞士	5	0	1.5
11	奥地利	5	1	2
12	葡萄牙	4.9	2	3.2
13	中国	4.9	2	3.2

资料来源：根据世界经济论坛发布的《2019年旅游业竞争力报告》数据整理。

在人文旅游资源和商务旅游方面，中国在140个国家和地区中排名第1。此外，中国在自然资源、旅游资源和人文资源中也占据一定的优势。然而，中国旅游服务贸易竞争力不强，仍存在入境旅游产品单一、基础设施薄弱、服务质量不高、营销力度不足和法律制度不够完善等一系列问题。①

中国文物、文化和旅游资源丰富，但围绕入境旅游开发的特色产品却比较匮乏。入境旅游线路固定、类型单一，长期以来主要是在重点旅游城市开展休闲观光旅游，沉浸式和参与感强的创新型服务与产品较少，难以满足游客多样化、个性化需求。此外，旅游信息化、智能化水平不高。尽管大数据、云计算、人工智能、AR/VR、区块链等新一代科技革命成果已经全面渗透到旅游业消费场景中，但在应用科技创新和文化创意推动入境旅游市场提质增效方面仍显不足，这些都直接制约了入境旅游的竞争力。

中国政府就入境旅游宣传促销的方式仍停留在传统的营销方式上，未形成强大的品牌效应。在入境旅游营销中，中国文化输出仍有所欠缺，入境游客对中国的文化认同程度普遍较低。如何能让境外游客（尤其是商旅和自由行的游客）真实感受到中国文化产品的魅力，体验真正的中国文化旅游，是值得深思的问题。

中国旅游法规的建设与旅游业的发展规模不相称，相关的法律法规有待完善。中国签证手续较为复杂，境外游客出入境免税购物、过境免签等限制还较多，这些在一定程度上影响了中国旅游服务贸易竞争力的提升。

三　疫情冲击下中国旅游服务贸易发展

新冠肺炎疫情突袭而至，旅游者的空间移动受阻，旅游经济发展出现断层式下降。得益于居家隔离防疫政策的显著效果，中国国内旅游经济发展得到快速复苏；但是，国际疫情局势仍不容乐观，中国国际旅游服务贸

① 耿献辉、张武超：《我国旅游服务贸易国际竞争力及其影响因素分析》，《价格月刊》2018年第10期，第39~46页。

易几乎处于停滞状态。世界卫生组织发布的最新数据显示，截至2021年5月，世界共确诊新冠肺炎病例超过1.67亿例，死亡病例超过347万例，其中确诊病例排名前3的地区分别为美洲（超过6628万例）、欧洲（超过5390万例）和东南亚地区（超过3055万例）。受新冠肺炎疫情影响，中国国际旅游服务贸易呈现入境市场规模大幅下降、旅游基础设施为旅游服务贸易提供保障、旅游政策推动产业恢复、旅游与线上产业融合效率提升等特点。① 疫情冲击下，世界经济和国际贸易均受到影响，旅游作为一种弹性较大的消费需求，更遭受重创。减少人员聚集和空间移动从客观上阻碍了出入境旅游业务开展，中国旅游服务贸易发展需要从以下几方面重新进行审视。

（一）疫情防控常态化，旅游服务贸易面临新要求

全球疫情不断加剧，境外输入压力始终得不到缓解，国内小范围感染偶有发生，局部暴发的危机依然存在，常态化疫情防控成为必然选择。② 这一形势颠覆了旅游者对待出入境旅游的态度，更转变了旅游者的出行方式。旅游服务贸易需更加注重旅游生产要素和旅游需求要素影响，推动形成以加强旅游供给侧结构性改革为基础、注重旅游服务信息化管控与智能化发展相促进的新面貌。同时，需要重视旅游的文化属性，充分挖掘国内旅游资源禀赋的优势，利用数字化技术手段加强旅游服务质量管理，实现旅游产品和服务的升级优化，从而应对疫情带来的冲击。

（二）数字化技术快速普及，“旅游+科技”应运而生

疫情防控常态化下“云旅游”的产品和服务逐渐涌现。所谓云旅游，即结合5G、VR/AR等高新技术，打造虚拟化的旅游场景或旅游服务体验，

---

① 王海文、卢晨妍：《中国旅游服务贸易现状、困境与对策》，《北华大学学报》（社会科学版）2020年第5期，第67~72、153页。

② 马波、王嘉青：《常态化疫情防控下的旅游产业新走向》，《旅游学刊》2021年第2期，第1~3页。

让旅游者足不出户就可以满足自身的旅游需求。严格意义上来讲，云旅游实际上违背了旅游的本质，但是云旅游的出现一定程度上也推动旅游产业的大变革，催生出一系列智慧旅游的新业态。通过“旅游＋科技”的深度融合，实现“非接触式”的旅游服务，实现可操作性的无人工服务，保障旅游服务供给安全、高效的同时提升旅游者旅游体验的舒适度与满意度。

（三）国际环境动荡不安，贸易保护主义和单边主义抬头

国际疫情形势严峻，抗议游行、安全冲突等事件时有发生，逆全球化思潮及贸易保护主义和单边主义抬头，旅游服务贸易的复工复产严重受挫。这种破坏和平发展和进步的贸易保护主义和单边主义，不利于形成旅游投资与发展的国际友好环境，地缘政治风险大、贸易壁垒加剧等问题将严重损害旅游服务贸易的复兴。在全球化发展进程中，各国应该秉持平等、公正的合作态度，坚持贸易自由化、投资便利化，高举多边主义旗帜，倡导合作共赢、互利共生的发展理念。

（四）政府政策支持，引导旅游服务贸易企业合理竞争

疫情的冲击使中国旅游企业经历了一次深度地筛选与淘汰，在遭受巨大的经济损失后，一些抗风险能力较弱的中小型旅游企业纷纷倒闭，现存旅游企业（特别是传统旅行社）也面临着资金周转、人才流动、商业转型和经营不善等各方压力。在“双循环”的新发展格局下，旅游服务贸易企业竞相争夺国内旅游市场，“低价恶性竞争”等老大难问题或将再次扰乱旅游市场秩序。政府在整体把握国内国际局势的前提条件下，通过宏观调控及政策支持，正确引导旅游服务贸易企业合理竞争，保障健康有序的旅游发展环境。

四　中国旅游服务贸易的展望与建议

（一）中国旅游服务贸易企业的“数智化”转型需不断深化

随着5G、VR/AR、人工智能、云计算等数字技术的发展，中国旅游服

务贸易企业的数字化、智能化转型还需持续推进深化。与其他国家相比，中国目前的旅游服务贸易企业的“数智化”建设进程处于较为先进的水平。例如，中国北京大兴国际机场通过数字技术赋能，基本实现了对游客精准导流、实时提醒、无人化接待等多种领先的数字化服务，这些数字技术不仅提升了机场决策效率和运营管理能力，还大大提升了机场的人性化服务水平。“数智化”科技是未来国际旅游服务市场的核心竞争力，中国旅游服务贸易企业应持续深化“数智化”科技转型。对于旅游服务贸易企业来说，一方面要投入更多的资源加大“数智化”软硬件设施的更新建设力度，建立能够联通企业全链条的可视化数据中台，做到各部门能够迅速沟通，实时决策，从而提升企业服务效率；另一方面还要加强与政府相关部门的深度合作，共同研发数字化服务平台。例如，企业可以联合政府打造出入境旅游服务平台，使出入境相关政府部门业务与企业服务业务充分衔接，研发诸如“云上签证”等惠民政务服务系统。中国旅游服务贸易企业在“数智化”转型的过程中不仅能够提升自身实力以顺应日趋激烈的国际市场环境，而且还能够增加国际交流，寻求国际间的贸易合作，将中国旅游服务贸易企业的“数智化”解决方案推广到世界。

（二）加强国际合作，为旅游服务贸易主动寻求发展机会

在疫情防控常态化背景下，国际旅游服务贸易环境日益复杂，贸易保护主义盛行，境外疫情反复发生也在一定程度上阻碍了旅游服务贸易的发展。但随着疫苗的大规模接种，以及“云旅游”等旅游新业态的不断成熟，未来旅游服务贸易的回暖是必然的，国际间的合作推进与协同发展也不能因此停滞。在中国逐渐形成国内国际双循环相互促进的新发展格局下，应当继续加强国际贸易合作才能为疫后旅游服务贸易寻找更多的发展机会。政府部门和旅游服务贸易企业都应当积极倡导和参与国际旅游服务贸易合作，主动寻求发展和国际合作的机会。一方面对于政府相关部门来说，要持续为旅游服务贸易企业创造良好的国际合作环境，积极宣传和打造国内旅游服务业品牌。例如，主动承办旅游服务贸易相关展会，引导旅游服务贸易企业参加国

际展会，为旅游服务贸易企业创造更多的合作机会。另一方面对于旅游服务贸易企业来说，要积极响应“粤港澳大湾区”“海南自由贸易港”等国家战略，积极寻找业务方面的国际合作伙伴，通过跨国投资、企业收购并购等方式进行资源整合，不断提升自身实力和产品创新能力，为疫后国际旅游服务贸易的恢复做好准备。

（三）旅游服务贸易企业要持续推进旅游产品研发和新业态创新

当前以“云旅游”为代表的新兴业态迅速崛起，不仅直接为旅游服务贸易提供新类型的产品，还间接推动了传统旅游行业与新技术的结合，提高了旅游服务业态的创新水平。对于政府相关部门来说，一方面要坚定不移的鼓励企业进行数字化创新，鼓励例如“旅游 + 工业”“旅游 + 研学”“旅游 + 体育”等旅游新业态的创新和发展，建立完整的由新兴业态培育的法律政策支持系统。例如，建立健全创新创业型企业的孵化机制，为新业态下的中小型企业提供资金和政策上的支持，派遣各行业专家对相关企业的管理者进行培训，为其提供技术上的指导以解决技术问题。另一方面还要加强市场监管，防止市场上的不正当竞争和头部企业垄断行为的产生，为市场保持鲜活的创新能力提供良好的市场环境。对于中国旅游服务贸易企业来说，产品研发更迭是其持续发展的重要保障。因此，对于旅游服务贸易企业来说，一是要加大产品研发力度，吸纳和培养具备新技术的人才，科技赋能打造更多创新型服务产品、跨行业融合产品；二是要做好市场研究，制定符合自身发展的长远战略规划，准确的定位自身产品的受众群体，制定合理的市场营销策略，从而在国际旅游服务贸易市场中获得更强、更持久的市场竞争力。

B.12
蓝色光标：国际营销服务行业的中国样本

孔晶　潘信然　王瑞*

摘　要： 相较于国外成熟的营销服务行业体系，中国营销服务行业起步晚、发展难。作为中国营销服务行业的领头羊，蓝色光标顺应时代发展需求，不断进行企业升级，成为中国营销服务行业的标志性样本。蓝色光标的核心竞争优势在于战略的前瞻性；专注营销服务领域，守正出新；经验丰富，客户黏性强。企业当前面临的主要挑战包括行业竞争激烈、国内市场还需进一步规范和国际化的困境等。2020年基于游戏、电商等行业线上广告投入的大幅增加以及出海营销、短视频业务等持续增长，蓝色光标实现了营业收入增长，展现了逆势增长的韧性。

关键词： 营销服务　广告业　数字化　智能化营销　蓝色光标

党的十一届三中全会做出实行改革开放的重大决策之后，中国由计划经济向市场经济转变，以广告业为代表的营销服务业进入萌芽发展阶段。20世纪80年代，中共中央、国务院颁布了《关于加强利用外资工作的指示》。大量外资制造企业进入中国，一些外资营销服务企业通过为这些大型跨国公司提供服务，也进入了中国市场。外资营销服务企业不断开发客户群体，拓

* 孔晶，蓝色光标数据科技股份有限公司副总裁，研究方向为营销服务；潘信然，北京第二外国语学院经济学院2018级本科生；王瑞，北京第二外国语学院经济学院2018级本科生。

展在中国市场的服务范围，成为当时中国企业的主要营销服务提供商。

20 世纪 90 年代中后期，以咨询、公关、广告、市场、销售为行业划分的营销服务发展格局显现雏形。由于国内对于专业化营销服务的需求不断增加，中国市场涌现了大量以营销服务为企业核心业务的本土创业公司。这些企业更加熟识中国市场环境，且拥有政府部门一系列的补贴政策，发展迅速。而外资企业并未采取大规模的战略转变，与本土企业此消彼长，形成了新的局势。

21 世纪初，随着中国社会主义市场经济的深化发展，市场竞争日益加剧，企业对营销服务的需求不断增加并细化，中国营销服务行业进入快速发展阶段，形成了一批以蓝色光标为代表的为本土市场提供营销服务的初创企业。

2009 年，中国创业板正式上市，国内营销服务企业借助资本市场迅速扩大规模，在公关、广告、销售等领域形成营销传播集团，行业进入成熟发展阶段。经济指向方面，国内经济逐步从出口导向型向内需拉动型转变，国内消费市场规模不断扩大，企业也相应增加营销方面的支出，中国营销服务企业借助资本市场，在公关、广告、销售等领域多次进行行业整合。

随着 4G 网络的普及、智能手机的广泛应用和 5G 的兴起，移动端流量迅速增长。中国营销服务行业市场进入数字化阶段，国内营销服务企业向数字营销服务企业转型，数字化整合营销成为企业营销的主要方式。目前，以蓝色光标为代表的中国数字科技营销企业正加快培育数字营销新优势，积极参与国际竞争。

一　蓝色光标的成立背景及发展愿景

（一）蓝色光标的成立背景

蓝色光标作为目前中国营销服务行业的领军企业之一，其成长、发展经验对于行业内其他企业具有一定的借鉴意义。

1. 国际背景

20 世纪末期，在先进科学技术的支持下，世界营销服务行业的传播速度和传播效果大幅度提升。与此同时，世界营销服务行业形成了多元化综合性的服务体系。随着各国贸易联系日益紧密，中国营销服务市场中外资企业及合资企业的数量也有了显著增加。

2. 国内背景

20 世纪 90 年代，市场营销全方位发展，本土营销服务企业百花齐放。党的十四届三中全会顺利通过《中共中央关于建立社会主义市场经济体制若干问题的决定》，中国步入了社会主义市场经济发展的新阶段，从政策上为中国营销服务企业提供了更开放、更自由、更包容的市场环境。中国拥有足够的市场空间和发展潜力，这些因素都为蓝色光标的成立奠定了良好的基础。

1992 年之后的 5 年，中国 GDP 以每年超过 10% 的速度增长。这意味着中国国民的整体消费能力显著提升，越来越多的企业需要通过市场营销来提高其在消费群体中的知名度，同时电视、广播等传播平台的普及为营销服务提供了更广泛的媒介形式。中国市场对于营销服务的需求不断增加，此时奥美、万博宣伟等国际知名营销服务企业已经进入中国市场六七年，而本土营销服务企业仍处于初步发展阶段。中国企业家致力于建立富有中国特色的市场营销服务产业体系，20 世纪 90 年代中后期信息技术产业的发展也推动着蓝色光标、宣亚国际、嘉利智联、华扬联众等各具特色的本土营销服务企业应运而生。

（二）蓝色光标的发展愿景

1. 以品牌管理服务提升企业价值

自创立至今，蓝色光标一直坚持着“专业立身，卓越执行”的经营理念。从品牌营销的角度，提供消费者洞察、内容创意、CRM 服务等多项营销服务；此外，还为企业提供品牌管理服务，从而提升企业价值。

2. 构建完整的一体化营销服务链条

在主营业务方面，蓝色光标提供品牌传播、产品推广、危机管理、活动管理、数字媒体营销等一体化全链条服务，同时进行多领域的商业布局，不断进行投资并购，致力于打造专业化的全价值链服务体系。

二　蓝色光标的发展历程

（一）蓝色光标品牌成立，成为中国市场领军企业

蓝色光标集团于1996年正式成立，是一家以提供公共关系服务为基础的品牌管理服务的现代营销服务企业。成立初期，公司的主要客户群体为大型企业，主张为企业提供品牌管理服务，从而提升企业价值。

公司秉持着以客户为核心的价值观念，运用独特的业务系统模式，在营销服务领域迅猛发展，影响力逐步扩大。2005年，蓝色光标的服务网已经覆盖中国24座城市。2006年，在香港《媒体》杂志举办的“2006亚太公关大奖”评选中，蓝色光标赢得“年度公关公司”第二名。同时公司的价值以及影响力也得到全球的充分认可。2007年，根据美国权威的公关咨询机构HOLMES（霍姆斯）发布的《全球主导企业报告》，蓝色光标位居全球公关公司第75，是中国本土公关公司中唯一的入选企业。

蓝色光标以前瞻性的战略布局专注于营销服务工作，通过对自身的不断优化提升，成为中国营销服务行业市场的领军企业。

（二）蓝色光标上市，跻身全球前十营销传播集团

2010年，蓝色光标于深交所创业板上市，被誉为国内公关第一股。得益于上市带来的品牌形象的提升以及资金实力的增强，蓝色光标在2010年保持了业绩的快速增长，实现营业收入4.96亿元，同比增长34.85%，营业利润达0.88亿元，同比增长28.23%。

与此同时，蓝色光标利用上市所带来的资金支持，积极进行商业战略布局，致力打造全产业链发展。2012 年，蓝色光标确立了“业务数字化”的数字科技发展和国际化发展战略，建立集团大数据部，在国内外开展一系列有关数字营销的投资并购。2015 年，蓝色光标收购多盟和亿动两家公司，联通本土品牌与国际市场，国际化业务构架与布局基本完成，开始进入转型为一家数字科技公司的战略布局。

根据蓝色光标 2018 年发布的公告，其传统业务占比仅为 13%，数字科技业务占比高达 87%，营收猛增至 231.04 亿元，实现了数字化转型。同年其推出营销行业内首款智能自动化人机交互产品族——小蓝机器人家族，以数字智能化构建智能营销全链条。基于数字化转型，蓝色光标进一步提升广告投放的精准度与营销效果，帮助客户提升效率并进行成本优化。其通过不断强化以数字科技为驱动力的营销产品与服务深度融合，全面提升整合营销服务效率。

（三）2020年蓝色光标完成战略转型

蓝色光标发布的 2020 年财务报表显示，2020 年，蓝色光标的互联网营销业务占总营业收入的 100%，从各业务营收表现来看，除海外公司业务受疫情影响有小幅下降外，其他各业务营业收入与 2019 年相比均有大幅增长。面临市场萎缩、经济增速下行压力大的态势，蓝色光标不仅达成了营业收入的增长，还实现了向数字科技公司的战略转型，以数字化为基础开启智能营销的时代。

2020 年，蓝色光标推出“蓝色光标在线 MaaS 平台”，通过“自助式使用 + 专业人工服务”的模式打造智能创意辅助系统，从多方面为营销服务进行赋能。9 月，由蓝色光标自主研发的智慧营销平台“蓝标在线”正式发布，着力解决中小企业因资金短缺、资源不足、产品研发实力不够雄厚等问题导致的数字化营销难题。在该阶段蓝色光标将产品与数据深度结合，打通线上标准化营销产品与定制化营销服务的闭环，持续发挥营销服务经验与技术优势，创造了全新而巨大的发展空间。

三 蓝色光标核心竞争优势

（一）蓝色光标战略的前瞻性

战略对于一个公司的重要性是毋庸置疑的。一个公司想要更好的生存发展，首先需要做的就是适应并且提前洞察社会环境的变化，而一个公司要想壮大、发展自身，就需要提前预估公司所处大环境的变化并且制定相应的公司战略。回顾蓝色光标从创立到完成数字化转型的发展过程，蓝色光标对营销服务行业的精准把控在其四次大变革中体现得淋漓尽致。

早期的蓝色光标致力于服务高科技公司，如迦南、思科、联想等，而在服务的过程中，蓝色光标也逐渐摸索出了独特的收费模式，这也是蓝色光标的第一次变革，即将按时间收费的收费模式变为按结果收费。这种创新的收费模式也奠定了蓝色光标在行业里早期的发展基础，推动着蓝色光标发展为中国公关市场的领头企业。

2002 年，全球互联网泡沫破裂对经济产生了显著的不利影响，蓝色光标也不可避免地受到了波及，但是此时的蓝色光标以最快的速度开启了第二次变革，即由单一的 IT 行业进入汽车等其他行业。2002 年，中国汽车行业正处于快速发展的起步阶段，蓝色光标以极具前瞻性的战略眼光，布局了其在汽车行业的发展，直到现在，在汽车行业中蓝色光标仍在为宝马、奔驰等众多知名汽车品牌提供服务。

随着蓝色光标公司资本的不断积累，2010 年蓝色光标在深交所创业板上市，第三次变革开始。在此之前蓝色光标的在职人员已超过 200 人，收入保持在 1 亿元左右。对于营销服务行业来说，如此巨大的行业规模使得蓝色光标到达了这一阶段的瓶颈期，为了实现自身更好的发展，上市迫在眉睫。在上市之后，基于对全球广告以及移动市场的调查，蓝色光标实施数字化及全球化的战略，在 2011 ~ 2015 年进行了大量的投资并购，投资并购了多家具有技术基因的移动广告企业，也为第四次变革打下了基础。

第四次变革是蓝色光标向数字科技企业转型。蓝色光标一直致力于数字化转型。在如今大数据和社交媒体迅猛发展的时代背景下，单一的创意营销公司已经不足以满足市场以及消费者的需求，为了应对需求，蓝色光标一直在大力推进数字化转型。

在2012年蓝色光标提出数字化和国际化的战略之后，蓝色光标走上了转型之路。蓝色光标成立了自己的大数据部，并且投资并购了一些跟数字营销相关的企业，通过并购这些企业，蓝色光标成功在数字营销市场价格相对较低的时期打下了坚实的产业基础。2015年初，大多数企业达成了对数字营销的统一认知，但是较高的价格也形成了一道壁垒，阻碍了其数字化发展道路，而蓝色光标极具前瞻性的战略目光，使其提前完成了在数字化转型方面的战略布局。

（二）专注营销服务领域，守正出新

蓝色光标拥有极具前瞻性的战略目光，但是一味的创新并不足以支撑蓝色光标现在拥有的成绩，在创新的同时蓝色光标也没有忘记初心。行业内经常称蓝色光标为“并购大王”，但迄今为止蓝色光标没有进行过与服务营销不相关的并购行为，一心一意在营销服务行业里耕耘。许多企业在进行了资源的整合之后，选择了向其他更加暴利的行业进行并购。蓝色光标2010～2020年的复合增速超过55%，保持了十年的长期稳定快速增长的成绩，这其中很重要的原因就是守正。

蓝色光标起初接触的是营销服务行业的第二个行业——公关行业。公关行业是一个市场容量较小的行业，它的上游端是咨询行业，比公关行业人数更少，更加高端；而在其下游端的不论是广告行业还是销售行业，其市场容量都更大。此时有两条路摆在蓝色光标面前，一条是上游并购，另一条是下游并购。上游是能力的并购，下游是资源和收入的并购。

蓝色光标在刚上市之初选择向广告行业靠近，并购了包括今九等在内的广告相关企业，当时蓝色光标公司并购的是行业资源能力。而在2012年提出数字化和国际化战略之后，蓝色光标公司并购逐渐向上游靠近。但是蓝色

光标的战略核心始终围绕着整个营销服务行业。从上市到2020年，蓝色光标的营收从4.96亿元提升到405.28亿元，实现了飞速增长，这也恰恰说明其始终行驶于“主航道”的战略定力。

2015年之后，蓝色光标几乎未再进行外延式并购，而是基于全链路营销开始了内生性变革，不断培育新的增长点，实现从“营”到“销”的能力提升，也打造了专业的服务和产品壁垒。

（三）经验丰富，客户黏性强

由于长期扎根于同一个行业，蓝色光标长时间以来积累了大量的稳定的客户群体、创意资源以及人才，而这在整个营销服务的行业中是比较少见的，也是蓝色光标公司重要的核心竞争力之一。

蓝色光标自1996年成立至今已有25年的时间，在这25年的时间内，蓝色光标积累了无数的案例，监测了大量相关数据，在数据中寻找规律，不断优化方案，争取做到用最小的成本使顾客满意，帮助顾客实现“完美营销”。

作为最早一批实行数字化营销的代理公司，蓝色光标数字营销机构（简称“蓝标数字”）秉持“内容、技术+服务”的理念，以创意策划和资源驱动增长，深化在碎片化时代的全局思维意识和全链条整合能力，让创意立足前端策略的思考、商业问题的解决和消费者洞察，为传播的实效性保驾护航，为众多国内国际一线客户提供策略和整合营销服务，打造了如“百度全景尼泊尔古迹复原行动”“JOY与锦鲤”“京东×草间弥生”“京东×三星文艺复星”“奥利奥×朕的心意·故宫食品”“奥迪e-tron国内首次深度沉浸式体验”“飘柔30周年——人生没有过不去的结”等众多脍炙人口的经典案例。

不仅如此，蓝色光标更是深度发掘技术以及注重当代科技与营销创意的融合，成功完成了“直播业务-直播营销体系”的建立和“短视频业务-短视频营销体系”的建立。2020年3月伊始，胜三发布了第八版《中国营销趋势研究》报告。报告显示，蓝色光标旗下核心业务品牌“蓝标数字”是在数字领域获得市场最高认可的数字专项代理商，市场看法整体排名第一。

2019 年，蓝标数字为近 400 个客户完成了超过 4500 个营销案例，斩获了金投赏全场大奖、In2 SABRE Awards 金奖、时报金像奖最佳视觉设计等 166 项行业奖项。这些案例背后体现的不仅是蓝标数字拥有的数字营销全案的能力布局，更重要的是，客户对于蓝色光标公司的信任程度以及蓝色光标公司具备的客户黏性，而这些正是对蓝色光标坚持在一个行业服务 25 年的回报，这些客户的存在将会是蓝色光标发展的重要支持力量。

四　蓝色光标当前面临的主要挑战

从蓝色光标成立到现在，其在公关、移动广告、数字营销、OTT 营销、海外营销等细分市场都已经确立了行业地位。不可否认，蓝色光标已经成为中国营销服务行业第一企业。但是与此同时，公司也同样面临着许多新的问题，不论是从市场的角度出发抑或是对于公司自身的发展经营都存在着一些挑战。

（一）行业竞争激烈

中国经济的转型和发展使得中国消费市场对营销服务的需求量不断增加，而不断增加的需求量也意味着中国具有更加广阔的营销服务市场发展空间，在这样的背景下越来越多其他行业的企业进入到营销服务行业，其中一大部分是互联网企业。在营销服务行业中，资源的整合非常重要，企业各部门之间的资源缺乏关联性或者关联性较差，无法彼此兼容。而这样的问题对于大的互联网企业往往是不存在的。大的互联网企业不仅是一个平台，更是媒体，这也为这些公司直接参与营销提供了十分便利的条件。

但是对于现在的蓝色光标而言，需要考虑的早已不是如何在行业中立足，更多的是如何在这个领域中继续进步，持续发展。所以在市场方面，蓝色光标所面临的挑战不仅来自中国营销服务市场，也来自国际市场。在国际市场，微软在内的软件公司以及埃森哲在内的许多老牌咨询公司也都在向营销服务行业转型，实现跨界经营。对于这些企业而言，他们手中拥有大量的企业数据，随着营销服务进入数字化阶段之后，这些企业占有极大的优势，产业链打通之后，他们可以较为轻易地进入营销服务行业。

所以，就目前形势而言蓝色光标需要做到的不仅是在同行业之间保持领先地位，更要面对其他行业的竞争，在这之间找到自己的发展之路是蓝色光标如今面临的较为严峻的挑战之一。

（二）国内市场还需进一步规范

营销服务行业属于新兴行业，行业变数过大，还没有进入发展的平稳期。对于这样的状况，即使法律政策已经初具雏形，也有很多行业细节有待进一步完善。市场不规范将会导致市场的无序竞争，进而导致行业的利润空间越来越小，这对于整个中国营销服务行业的健康发展非常不利。

（三）国际化困境

对于蓝色光标这样的在中国处于“领头羊”地位的公司，“走出去”变成了当下发展重点，是大势所趋。从市场容量来讲，中国市场一直处于领先的地位，但是如果想将公司发展为在全球都占有一席之地的大型企业便不能拘泥于中国市场。不仅是蓝色光标，中国企业在参与国际竞争的时候，国际化的困境都成为阻止其发展的重要挑战。

以中美关系为例，经济贸易是中美关系中十分重要的一环。中国是美国的第一大贸易伙伴，而美国也是中国十分重要的贸易进出口国。2018 年，特朗普政府对中国货物开始征收高额关税，中美贸易摩擦升级。对于蓝色光标而言，这并不是一个好消息。蓝色光标在美国拥有多家子公司，这其中包括全球化社交媒体集团社交客公司，享有盛誉的工业设计公司引线计划公司等。中美贸易摩擦也一度使蓝色光标与一部分美国公司的合作恶化。

五　2020年蓝色光标发展情况

2020 年对于全球的企业而言是艰难的一年，联合国《世界经济形势与展望》报告显示，在2020年，发达经济体经济萎缩5.6%，发展中国家经济萎缩2.5%。全球经济增速下行以及新冠肺炎疫情对全球经济的冲击，对蓝色光标整合营销和国际业务产生了一定影响，但得益于其长久以来的数字化发展和营销智能化布局，蓝色光标积极应对疫情给业务带来的影响，基于游戏、电商等行业线上广告投入的大幅增加以及出海营销、短视频业务等持续增长，蓝色光标实现了营业收入增长，展现了逆势增长的韧性。

（一）营业收入大幅度增长

蓝色光标2020年发布的报告显示，蓝色光标营业收入达405.28亿元，同比增长44.20%，全部的营业收入来自互联网营销。原因在于蓝色光标作为最早一批进行数字化转型的公司，在面临疫情冲击、传统营销服务发展受阻的情况下，利用国际化、数字化的战略布局，以智能营销手段积极应对变局与挑战。蓝色光标及其子公司的业务板块包括：全案推广服务、全案广告代理、“出海”广告代理和海外公司业务。业务板块涵盖了营销传播的整个产业链。2020年，蓝色光标业务板块中除海外公司业务受到疫情影响有小幅度下降以外，其他业务相较于2019年均有大幅度增长（见表1）。

表1　2019~2020年蓝色光标营业收入情况（含分业务）

单位：亿元，%

分业务	2020年		2019年		同比增长
	金额	占营业额收入比重	金额	占营业额收入比重	
全案推广服务	76.61	18.90	46.50	16.54	64.75
全案广告代理	55.97	13.81	30.66	10.91	82.55
“出海”广告代理	244.14	60.24	172.83	61.49	41.26
海外公司业务	28.56	7.05	31.07	11.05	-8.08
互联网营业收入合计	405.28	100	281.06	100	44.20

注：因四舍五入，部分数据加总不足100%。

资料来源：2019~2020年《蓝色光标年度报告》。

（二）深化互联网营销服务，业务发展增速

营销服务行业的竞争愈演愈烈，特别是进入互联网时代，中国营销服务行业已经逐步开始“互联网 + 营销”的产业升级。《2020 中国互联网广告数据报告》显示，在全球疫情大背景下，中国互联网营销突破万亿大关。蓝色光标积极顺应产业发展趋势，开启各项互联网营销服务。在实体经济受到冲击的背景下，蓝色光标继续深化互联网营销服务的营销模式，增加业务种类，使业务得到快速发展。通过互联网营销服务，蓝色光标营业收入稳步增长。2020 年总营业收入全部来自互联网营销收入，营业收入达 405.28 亿元，实现了自 2018 年以来连续 3 年的营业收入递增（见图 1）。

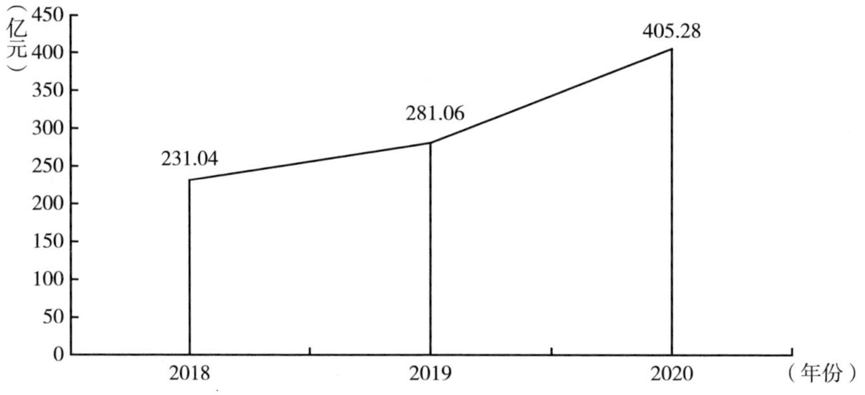

图 1　2018 ~ 2020 年蓝色光标营业收入变化

资料来源：2018 ~ 2020 年《蓝色光标年度报告》。

（三）“出海”业务迎来爆发式增长

自 2012 年提出国际化战略后，蓝色光标就开始积极进行海外布局。2015 年蓝色光标开始发展“出海”业务，经过 5 年的发展，蓝色光标不仅直接代理 Facebook、Google、Twitter 等头部媒体企业，而且为海外跨境电商、本土品牌等提供“出海”广告业务。全方位的“出海”业务服务

和多层次的海外投资布局，加之互联网智能营销的支持，使得蓝色光标在面临疫情冲击的情况下仍可以从容应对（见图 2）。相较于其他传统或尚未完成转型与海外布局的营销服务企业而言，蓝色光标具有显著的优势。

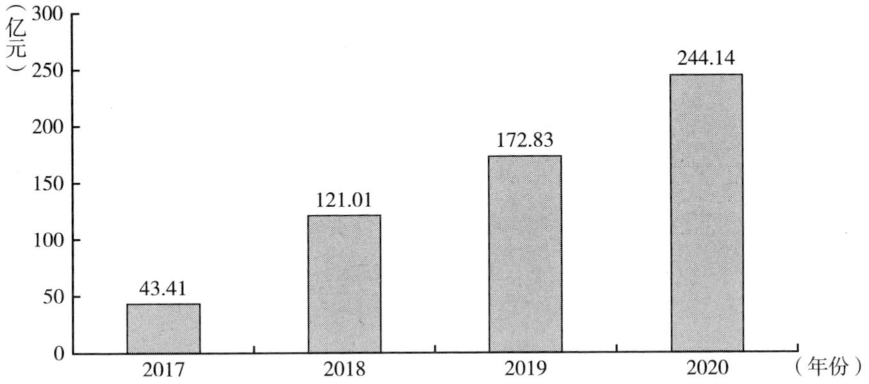

图 2　2017～2020 年蓝色光标“出海”业务营业收入变化

资料来源：2017～2020 年《蓝色光标年度报告》。

当前全球化的背景下，“出海”业务越来越受到客户的重视。近几年，蓝色光标“出海”业务毛利率持续提升（见图 3）。

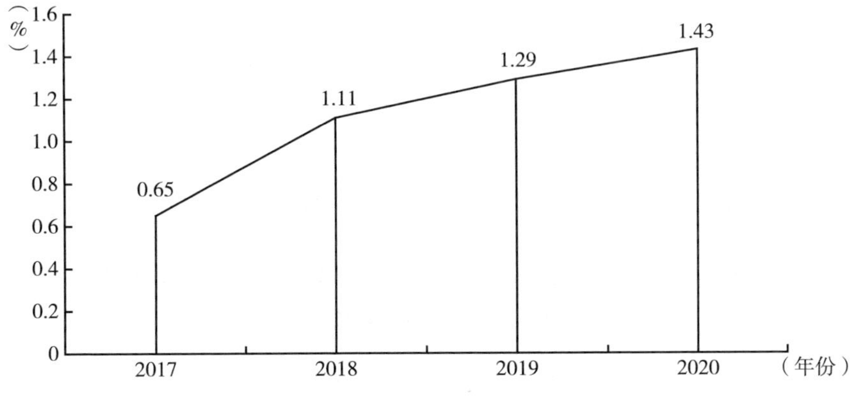

图 3　2017～2020 年蓝色光标“出海”业务毛利率

资料来源：2017～2020 年《蓝色光标年度报告》。

推动“出海”业务毛利率提升有两方面因素。首先，规模化优势使得蓝色光标在媒体端和客户端都有了更强的议价能力，同时在客户端不断缩短账期，提升资金运转效率。其次，针对“出海”业务推出营销平台“鲁班跨境通”，吸引了中小企业入场，通过技术手段降低了人力成本。

（四）十年营收复合增速超55%，位居创业板前3

2020年，蓝色光标营业收入实现44.20%的增长率，超过了90%的创业板公司。从2010年上市之初实现营收4.96亿元，到2020年营收达405.28亿元（见图4），经过十年的发展蓝色光标实现数十倍增长，且复合增速超过55%，在创业板所有上市公司中位居前3。

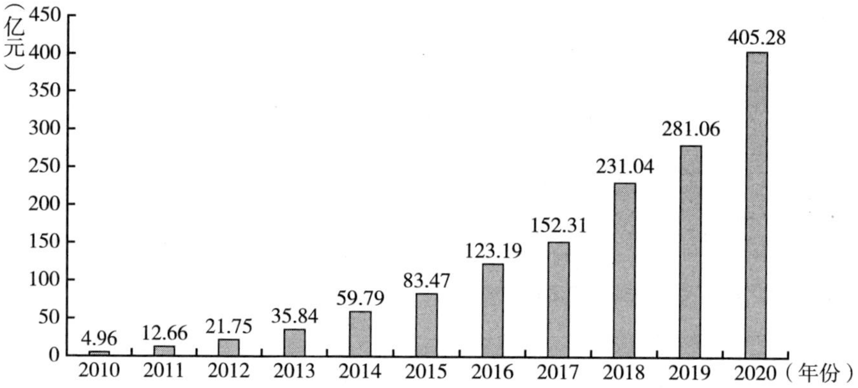

图4　2010～2020年蓝色光标营业收入变化

资料来源：2010～2020年《蓝色光标年度报告》。

（五）规模化优势突显，人效现金流持续提升

自2010年上市以来，蓝色光标依靠并购投资和内生增长共同拓展业务布局，从传统公关到数字广告，再到出海营销、智能化营销，蓝色光标不断培育新的业务增长点，形成整合效应和规模优势。此外，创意服务与技术产品的进一步融合，高毛利营销科技产品的投入使用，提升了服务效率，使得蓝色光标销售费用及管理费用占比较2010年同期大幅下降。

基于卓越的规模化效应，蓝色光标拥有良好的客户账期管理以及诸多的

媒体授信额度，资金运转效率大幅提升，现金流颇为充足。2018～2020 年，蓝色光标经营性现金流净额分别为 18.93 亿元、6.99 亿元、13.10 亿元，均远高于同年归母净利润和扣非净利润。

（六）积极承担社会责任，贡献蓝色光标力量

蓝色光标自创立以来一直积极承担各项社会责任。2020 年抗疫期间，蓝色光标捐助 1000 万元为抗疫英雄保驾护航。同时利用其强大的广告平台和资源，蓝色光标在美国纽约时代广场、加拿大多伦多登打士广场等北美地标大屏投放“以爱之名，中国加油”公益爱心主题广告。同年上线的“蓝色光标在线”（简称“蓝标在线”）在线营销平台在疫情期间开放给所有注册的企业免费使用，为受到疫情冲击的企业提供免费智能营销服务。蓝色光标用自己独特的方式为国家和各中小企业贡献力量。

六　蓝色光标的未来展望

蓝色光标董事长兼 CEO 赵文权曾在《未来已来》的主旨演讲上指出，“上市十年，蓝色光标从单一的公共关系服务公司到大型营销传播集团，从中国走向全球，做到中国第一、亚洲第二、全球前十的营销企业，完成第一阶段数字化业务转型，数字营销、数字广告以及出海营销等国内国外的各项业务都数一数二”。

基于对疫情以及未来情况的考量，蓝色光标仍然在不断地探索最适合自己的道路，从 2020 年起，蓝色光标实现了从服务传统的大客户向为大客户及中小客户共同服务的转型，这一举动实际上扩展了自己的服务对象。不论是传统的大型企业抑或是中小企业，每一个企业都有着营销需求，受预算限制等影响，这些中小企业没有办法享受例如蓝色光标这样的专业服务，这就导致了中小企业营销市场的空白，但是蓝色光标利用数字化解决了这些问题。蓝色光标研发了两个平台：蓝标在线和鲁班平台，这两个平台分别服务的是国内中小企业客户以及海外出海客户。

蓝标在线是在小蓝机器人的基础上，蓝色光标整合迭代而出的一款重磅智能营销平台，其目标是让更多的企业以合理的价格享受蓝色光标品质的营销服务。同时，在疫情期间，蓝标在线将开放给所有注册企业免费使用。蓝标在线的整体思路是利用蓝色光标原有的营销服务能力，以在线形式帮助企业实现全链路营销、无缝协作，操作门槛低。敏捷、高效是蓝标在线的底层产品逻辑，它定义了在线营销的最大差异点，也将成为蓝色光标未来制胜的核心战略。鲁班平台在2020年疫情期间已经服务了12000个中小企业客户，截至2020年5月底，鲁班平台收入已达到2.5亿元，而2021年收入预计可以达到5亿元。

2021年5月31日，中共中央政治局就加强中国国际传播能力建设进行第三十次集体学习，习近平总书记主持学习并发表重要讲话。中共中央总书记习近平在主持学习时强调，讲好中国故事，传播好中国声音，展示真实、立体、全面的中国，是加强中国国际传播能力建设的重要任务。要深刻认识新形势下加强和改进国际传播工作的重要性和必要性，下大气力加强国际传播能力建设，提升同中国综合国力和国际地位相匹配的国际话语权，为中国改革发展稳定营造有利的外部舆论环境，为推动构建人类命运共同体做出积极贡献。对于蓝色光标而言，帮助中国品牌讲好中国故事也是其一直努力的方向。作为中国最早一批布局全球化的营销企业，蓝色光标不仅在海外取得成功，也不断帮助许多国内品牌在海外找到定位。蓝色光标在发布的《2019～2020中国品牌海外传播报告》中建议：在逆全球化时代，“出海”品牌应该增强自身的话语能力，跳出“逆全球化”的争论，更多强调对弱势群体的关怀，对中低收入国家发展的贡献，以及为应对人类共同面临的环境挑战而做出的努力。作为“出海”营销领域的先驱，蓝色光标连续4年发布《中国品牌海外传播报告》，力图让中国企业在“出海”过程中能多一份参考，少走些弯路。

随着疫情防控的常态化以及数字化的不断发展，相信在不久的未来蓝色光标会在“出海”营销领域一路高歌猛进，为国内企业“出海”营销做出良好示范，并且继续保持当下的增长势头，努力发展成为营销服务业的头部国际传播集团。

参考文献

孟令光：《中国广告企业发展进程研究（1978—2016）》，博士学位论文，华东师范大学，2017。

张国华：《中国广告业 40 年回顾与展望》，《中国广告》2019 年第 6 期。

孙晓琳、李晓红：《蓝色光标收购多盟与亿动的融投资设计与市场反应》，《财会月刊》2017 年 7 期。

姚利磊：《赵文权 蓝色光标打造智能营销模式》，《英才》2020 年第 Z24 期。

李乔宇：《赵文权首谈蓝色光标上市 8 年得与失 四次变革领跑行业》，《证券日报》2018 年 9 月 11 日。

《蓝标传媒 CEO 潘飞：下一个黄金五年，企业出海营销应抓住哪些机遇?》，搜狐，2019 年 12 月 25 日，https：//www. sohu. com/a/362740064_ 116015。

《蓝色光标预计 2020 年营收超 400 亿 实现超百亿级增长》，网易财经，2021 年 1 月 5 日，https：//www. 163. com/monoy/article/FVJK292C00259FA5. htm。

《越山向海 赢销无界——2020 品牌全球化论坛圆满举办》，中国网，2020 年 11 月 17 日，https：//union. china. com. cn/jdnews/txt/2020 – 11/17/content_ 41362156. html。

《蓝色光标发布在线营销平台，让千万中小企业享受蓝标品质的服务》，环球网，2020 年 2 月 20 日，https：//finance. huanqiu. com/article/3x7USC6aekH。

《上市十年营收复合增速超 55%，蓝色光标交出最靓成绩单》，蓝色光标官网，2021 年 4 月 27 日，http：//www. bluefocusgroup. com/xwzx/jt/253. html。

《蓝色光标连续六年蝉联全球营销控股集团 TOP10 榜单》，蓝色光标官网，2021 年 5 月 25 日，http：//www. bluefocusgroup. com/xwzx/jt/261. html。

刘少华：《讲好中国故事，传播中国好声音》，《人民日报》（海外版），2021 年 6 月 11 日。

B.13 中国展览服务业的发展历程、现状分析与对策建议

储祥银*

摘　要：　中国会展业形成和发展于1978年改革开放以后。经过40多年的发展，中国展览业在世界会展中的地位不断提升，国际影响力日渐扩大，但与欧美会展强国相比，还存在一定差距。2020年新冠肺炎疫情突袭而至对世界会展业造成了沉重打击，中国会展人团结抗疫，积极创造条件复展复业，取得了较好的成效。针对会展业发展的新变化和存在的问题，本文建议理顺体制，健全全国管理、协调、促进体系；加强宏观引导，编制产业发展规划；加强法制建设，完善法治环境；加强政策协调，优化营商环境；推动供给侧结构改革，优化展览业结构布局；打造服务品牌，提升服务水平；加强市场主体培育，增强行业竞争实力；创新服务手段，提高智慧化水平；加强协同合作，推进人才培养；践行绿色会展理念，促进展览业可持续发展。

关键词：　展览服务业　会展业　服务贸易

会展业是由会展活动策划、营运而导致的会展场地、旅游餐饮、工程搭

* 储祥银，对外经济贸易大学教授，中国会展经济研究会常务副会长，研究方向为国际贸易、国际投资、会展经济。

建、商务服务、公共服务等服务领域相互联系、相互作用、相互影响的产业链环节各类企业的总和。会展业属于服务业的范畴，《国民经济行业分类》将其归类为“商务服务业”，指以会议、展览为主，也可附带其他相关的活动形式的服务，包括会展活动的项目策划组织、场馆租赁、安全保障等相关服务。2002 年版《国民经济行业分类》（GB/T 4754 - 2002）第一次设立“会议展览服务业”类别（代码 L7491），界定会展是为商品流通、促销、展示、经贸洽谈、民间交流、企业沟通、国际往来而举办的展览和会议等活动。会展活动加速了商品、技术、资金、信息等要素跨企业、跨行业、跨地区、跨国界流动与组合配置，促进了跨界交流与合作，推动了流通与贸易的发展，是连接生产、分配、交换与消费再生产的重要环节，联通国内国际两个市场，是利用国内国际两种资源的桥梁，既是服务贸易的有机构成，又是促进贸易的有效手段，因此成为“构建现代市场体系和对外开放体系的重要平台”。[①] 鉴于业态特征、运营方式和社会影响的不同，囿于数据资料收集的限制，本文集中分析展览业的发展。

一　改革开放以来中国展览服务业的发展

中国展览早在 20 世纪初就已经出现，1929 年西湖博览会更是开创了中国举办大型博览会的历史。中华人民共和国成立后，展览伴随着不同时期社会主义建设的深入不断发育成长。早在 20 世纪 50 年代，中国就创办了“中国出口商品交易会”，在北京、上海、广州和武汉建设了专业化的展览馆，开创了新中国专业展览活动的历史；但作为一个产业业态，展览需要具有较为完整的产业链服务和业态政策体系。本报告认为，中国会展业还是形成和发展于 1978 年改革开放以后。

① 《国务院关于进一步促进展览业改革发展的若干意见》（国发〔2015〕15 号），中华人民共和国中央人民政府网站，2015 年 4 月 19 日，http：//www. gov. cn/zhengce/content/2015 - 04/content_ 9621. htm。

（一）中国展览服务业发展历程

1978 年以来，中国展览业与改革开放相伴而行，并随着改革的深化和开放的扩大不断发展壮大，依据改革开放重大节点事件，本报告将其划分为四个发展阶段。

1. 起步阶段（1978～1989年）

随着改革开放序幕的拉开，专门从事展览业务主办、承办的企业或机构产生，一些中国香港、新加坡等地的亚洲会展服务企业进入中国内地，中国国际展览中心专业化展览馆在北京建成，展览业市场化运作起步。

2. 成长阶段（1990～2000年）

1989 年春夏之交的政治风波过后，西方国家对中国实行制裁，国际展览活动、展会交流一度受到限制，一些展览企业退出中国展览市场。1992 年邓小平视察南方以后，中国展览业迅速恢复，并进入稳步成长阶段。这一阶段，多种经济成分的展览市场主体逐步形成，一些城市开始建设专业化展览场馆设施，展览行业由点到面逐步推开，由沿海到内地逐步延展，深圳、北京会展行业协会组织成立。

3. 全面发展阶段（2001～2010年）

以 2001 年中国成功加入世界贸易组织为标志，中国展览业进入全面发展阶段。2008 年北京奥运会和 2010 年上海世博会的成功举办，对中国展览业的发展起到了重要的推动作用。这一期间，展览策划运营、场馆设施租赁、会展产业链服务体系基本形成，会展业发展得到社会各界的普遍关注，不少地方政府将会展业发展纳入当地经济社会发展体系，加以全面规划与促进，会展市场开放度进一步扩大。

4. 转型升级阶段（2011年至今）

经过 30 多年的发展，中国展览业发展逐步壮大，展览数量、场馆设施建设进入世界先进行列。2012 年“八项规定”出台以后，中共中央办公厅、国务院办公厅多次对会展活动进行规范清理，加强会展行业管理规范，加快市场化进程。2015 年，国务院发布了《国务院关于进一步促进展览业改革发展的若干意见》，指明了中国展览业市场化、专业化、国际化、品牌化发展的方向，明确了中国展览业发展的指导思想、管理原则和发展路径。中国展览业进入转型升级、提质增效发展新阶段。

（二）中国展览经济规模与增长速度

1. 境内展览数量与面积

根据中国会展经济研究会的统计，展览城市从2011年的83座增加到2019年的187座，展览数量由2011年的7330场增加到2019年的11033场，展览面积从2011年的8173万平方米增至2019年的14877.38万平方米；2011~2019年，中国境内的展览数量和展览面积年均增长率为5.61%和9.11%（见表1）。按最初统计到的83座城市可比口径计算，2019年83座城市的展览数量由7330场增至9573场，展览面积由8173万平方米增至13559万平方米，年均增长率分别为3.39%和7.32%。2019年，这83座城市的展览数量和展览面积分别占到全国的86.77%和91.14%，仍然是中国展览城市的主体。

表1　2011~2019年全国展览城市、展览数量与展览面积统计

年份	展览城市（座）	展览数量（场）	同比增长（%）	展览面积（万平方米）	同比增长（%）	展览平均面积（万平方米）
2011	83	7330	—	8173	—	1.12
2012	101	6901	-5.85	8250	0.94	1.20
2013	124	6904	0.04	8956	8.56	1.30
2014	140	7495	8.56	9736	8.71	1.30
2015	161	9283	23.86	11571.37	18.85	1.33
2016	159	9892	6.56	13075	12.99	1.32
2017	175	10358	4.71	14285	9.25	1.38
2018	181	10889	5.13	14456	1.20	1.33
2019	187	11033	1.32	14877.38	2.91	1.35

资料来源：中国会展经济研究会《2019年度中国展览数据统计报告》，2020年6月，第9页。

2. 出境展览规模

据中国国际贸易促进委员会披露，2019 年全国 91 家组展单位共赴 73 个国家参办展 1766 个，较 2018 年增加 94 个，同比增长 5.6%；展出面积 92.13 万平方米，较 2018 年增加 9.11 万平方米，同比增长 10.97%；参展企业 6.1 万家，较 2018 年增加 0.2 万家，同比增长 3.39%。①

3. 会展经济规模

中国展览直接收入在国民经济中的比重大体保持在 0.7% 左右，据商务部服务贸易与商贸服务业司和中国会展经济研究会联合发布的《中国会展行业发展报告（2016）》，2015 年全国会展经济直接产值为 4803 亿元，展览业在全国 GDP 中的占比为 0.71%，在服务业中的占比为 1.4%。② 据亚太会展研究院估算，2018 年中国会展经济直接产值为 6451 亿元，比 2017 年增加 8.5%；占全国国内生产总值的 0.72%，占第三产业总值的 1.38%；综合贡献为 5.6 万亿元，比 2017 年增加 9.8%。③

统计数据表明，中国会展行业稳步增长，办展数量不断增多，展览面积持续扩大；展览面积增长的速度快于展览数量增长速度，单体展会规模扩大，展会规模效应向好；会展经济初具规模，经济拉动综合贡献率提升。

二 开放性会展体系与会展行业格局

经过 40 多年的发展，中国已经形成较为完善的开放性会展体系和渐趋合理的会展行业格局。

（一）开放性会展体系

经过多年努力和打造，中国基本形成了开放性对外经济贸易展览体系，

---

① 中国国际贸易促进委员会：《中国展览经济发展报告（2019）》，2020，第 2 页。

② 《中国会展行业发展报告（2016）》，中华人民共和国商务部网站，2017 年 1 月 26 日，http://www.mofcom.gov.cn/article/gzyb/ybr/201702/20170202512321.shtml。

③ 郭牧：《2019 中国会展产业年度报告》，华中科技大学出版社，2019。

周边地区经济贸易合作机制性展览体系，多边机制性国际会议展览体系，区域经济贸易合作和新兴产业会展体系，市场化、专业性会展体系等一整套全方位、立体化会展体系。

1. 开放性对外经济贸易展览体系

开放性对外经济贸易展览体系包括中国进出口商品交易会（广交会）、中国国际服务贸易交易会（服贸会）、中国投资贸易洽谈会（投洽会）、中国（上海）国际技术进出口交易会（上交会）、中国义乌国际小商品博览会（义博会）、中国加工贸易产品博览会（加博会）、中国国际进口博览会（进博会）、中国非洲经贸博览会等。

2. 周边地区经济贸易合作机制性展览体系

周边地区经济贸易合作机制性展览体系包括中国—东盟博览会（广西·南宁）、中国—亚欧博览会（新疆·乌鲁木齐）、中国—阿拉伯国家博览会（宁夏·银川）、中国—东北亚博览会（吉林·长春）、中国—俄罗斯博览会（黑龙江·哈尔滨）、中国—南亚博览会（云南·昆明）、中国—蒙古国博览会（内蒙古·呼和浩特）等。

3. 多边机制性国际会议展览体系

多边机制性国际会议展览体系包括博鳌亚洲论坛、夏季达沃斯论坛、“一带一路”国际合作高峰论坛、亚太经合组织领导人非正式会议、上合组织峰会、金砖国家峰会、G20 峰会等。

4. 区域经济贸易合作会展体系和新兴产业会展体系

区域经济贸易合作会展体系有中国西部博览会、中国中部投资贸易博览会等；新兴产业会展体系有中国贵州大数据博览会、中国重庆国际智能产业博览会、中国石家庄国际数字经济博览会等。

5. 市场化、专业性会展体系

市场化、专业性会展体系是中国会展经济的主体，也是中国会展经济发展的方向。随着市场化改革进程的深化，政府主导型会展逐步淡出，市场化、专业性会展比重不断增加。

（二）会展行业格局

经过多年努力，中国（大陆）会展逐步形成了具有自己特色的格局：会展活动遍及31个省（区、市），主要城市都办会展活动；东部省份办展占据主要地位，中西部会展业发展进程加快，比重增加，东中西格局渐趋合理；会展行业分布广泛，第一、第二、第三产业都有展会。

1. 省（区、市）分布

全国31个省（区、市）都有会展活动，但发展进程不一，行业分布不太均匀，集中化趋势较为明显，主要会展地区占比加大。根据中国会展经济研究会的统计，2019年，全国按展览面积排名的前十个省（区、市）的展览数量占全国展览总数的71.51%，展览面积占全国总展览面积的72.70%（见表2）。

表2　2019年全国31个省（区、市）展览数量和展览面积统计（按展览面积排名）

排名	省(区、市)	展览数量（场）	展览数量全国占比(%)	展览面积（万平方米）	展览面积全国占比(%)	展览平均面积（万平方米）
1	上海	1043	9.45	1941.67	13.05	1.86
2	广东	1029	9.33	1721.83	11.57	1.67
3	山东	1004	9.10	1505.28	10.12	1.50
4	江苏	1186	10.75	1080.75	7.26	0.91
5	四川	953	8.64	1020.84	6.86	1.07
6	重庆	513	4.65	992.00	6.67	1.93
7	浙江	697	6.32	831.96	5.59	1.19
8	辽宁	729	6.61	689.70	4.64	0.95
9	北京	324	2.94	589.80	3.96	1.82
10	河南	412	3.73	442.23	2.97	1.07
11	福建	343	3.11	420.44	2.83	1.23
12	河北	337	3.05	416.78	2.80	1.24
13	云南	132	1.20	374.00	2.51	2.83
14	吉林	180	1.63	325.63	2.19	1.81
15	湖南	274	2.48	324.50	2.18	1.18

续表

排名	省(区、市)	展览数量（场）	展览数量全国占比(%)	展览面积（万平方米）	展览面积全国占比(%)	展览平均面积（万平方米）
16	湖北	274	2.48	290.80	1.95	1.06
17	安徽	295	2.67	265.08	1.78	0.90
18	陕西	226	2.05	244.10	1.64	1.08
19	天津	123	1.11	226.76	1.52	1.84
20	黑龙江	45	0.41	198.90	1.34	4.42
21	广西	156	1.41	197.23	1.33	1.26
22	贵州	156	1.41	164.81	1.11	1.06
23	内蒙古	128	1.16	121.33	0.82	0.95
24	山西	164	1.49	119.76	0.80	0.73
25	江西	101	0.92	113.93	0.77	1.13
26	新疆	39	0.35	78.55	0.53	2.01
27	海南	29	0.26	53.04	0.36	1.83
28	甘肃	78	0.71	49.35	0.33	0.63
29	青海	27	0.24	37.53	0.25	1.39
30	宁夏	34	0.31	36.30	0.24	1.07
31	西藏	2	0.02	2.50	0.02	1.25
总计		11033	100	14877.38	100	1.35

注：因四舍五入，部分数据加总不足100%。

资料来源：中国会展经济研究会《2019年度中国展览数据统计报告》，2020年6月，第11页。

2. 东中西格局①

据2019年中国会展经济研究会的统计，东部地区12个省（区、市）（辽宁、北京、天津、河北、山东、江苏、上海、浙江、福建、广东、广西、海南）举办展览7000场，展览数量占全国展览总数的63.45%，展览面积为9675.24万平方米，展览面积占全国总展览面积的65.03%。中西部地区19个省（区、市）（山西、内蒙古、吉林、黑龙江、安徽、江西、河南、湖北、湖南、陕西、甘肃、青海、宁夏、新疆、四川、重庆、云南、贵州、西藏）举办展览4033场，展览面积为5202.14万平方米，分别占全国展览总数和总展

① 此部分的区域划分与国家统计局标准略有不同，将辽宁划分至东部地区，将吉林、黑龙江划分至中西部地区。特此说明。

览面积的36.55%和34.97%。2015年，中国东部地区12个省（区、市）办展5699场，展览数量占全国展览总数的61.39%，展览面积为7834.55万平方米，占全国总展览面积的67.71%；中西部地区19个省（区、市）办展3584场，展览数量占全国展览总数的38.61%；展览面积为3736.82万平方米，占全国总展览面积的32.29%。2015～2019年，中西部地区办展数量的年复合增长率为2.99%，展览面积的年复合增长率为8.62%。按东部地区和中西部地区划分，东部地区占据主导地位，中西部地区增速加快，份额提升。

3. 主要会展城市

2019年，中国会展经济研究会调研了638座城市，汇集了187座城市的展览数据。全国会展聚集性特征较为明显，按展览面积排名的前十座城市共举办展览4397场，占全国展览总数的39.85%，展览面积为7095.99万平方米，占全国总展览面积的47.70%（见表3）。

表3　2019年全国排名前十的会展城市（按展览面积排名）

排名	城市	展览数量（场）	展览数量全国占比（%）	展览面积（万平方米）	展览面积全国占比（%）
1	上海	1043	9.45	1941.67	13.05
2	广州	690	6.25	1024.02	6.88
3	重庆	513	4.65	992.00	6.67
4	北京	324	2.94	589.80	3.96
5	南京	543	4.92	512.30	3.44
6	青岛	286	2.59	426.00	2.86
7	成都	335	3.04	425.20	2.86
8	沈阳	410	3.72	416.00	2.80
9	深圳	121	1.10	395.00	2.66
10	昆明	132	1.20	374.00	2.51

资料来源：中国会展经济研究会《2019年度中国展览数据统计报告》，2020年6月，第12页。

主要会展城市中，北京、上海、广州是业内公认的“一线会展城市”。2019年，三大会展城市共举办展览2057场，展览面积达3555.49万平方米，分别占全国总数的18.64%和23.90%。近年来，三大会展城市中，上海、广州发展势头较好，2019年，上海、广州展览面积均超过1000万平方米：

其中上海办展 1043 场、展览面积为 1941.67 万平方米；广州办展 690 场，展览面积为 1024.02 万平方米。上海一马当先，展览项目过千、面积迫近 2000 万平方米，而北京发展迟缓，相对地位下降（见图 1、图 2）。

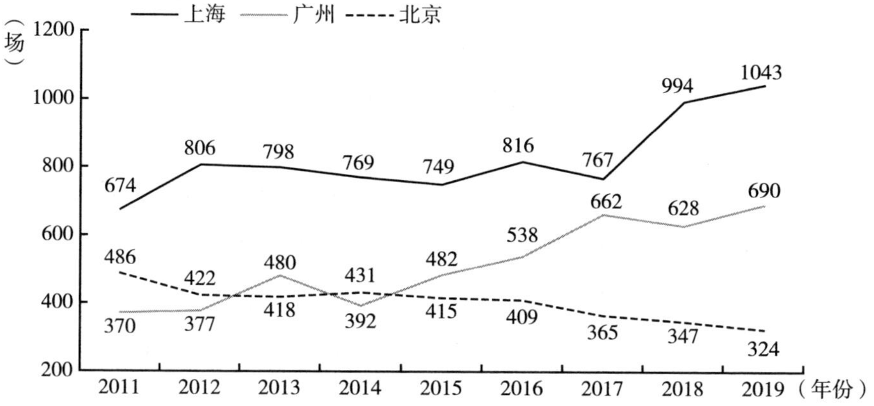

图 1　2011～2019 年上海、广州、北京举办展览数量

资料来源：中国会展经济研究会《2019 年度中国展览数据统计报告》，2020 年 6 月，第 19 页。

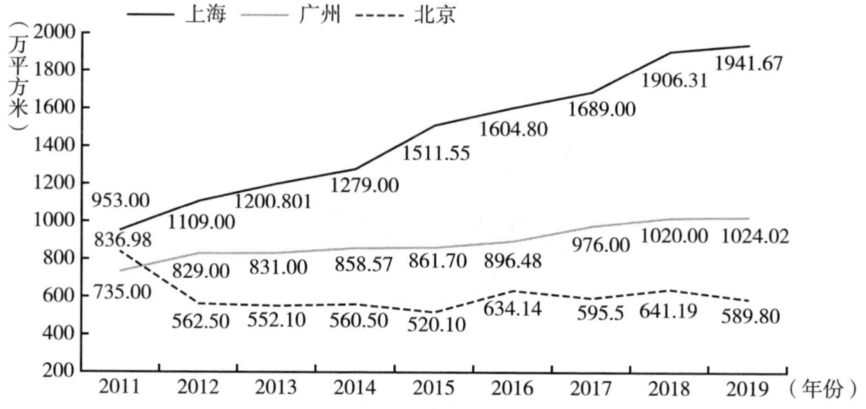

图 2　2011～2019 年上海、广州、北京举办展览面积

资料来源：中国会展经济研究会《2019 年度中国展览数据统计报告》，2020 年 6 月，第 20 页。

4. 会展城市群（带、特区）

依据区位特色、国家发展战略布局，中国逐步发展形成了长三角、珠三角和京津冀及环渤海三大会展城市群，中部、西部（包含西南、西北地区）、东北三条会展城市带，海南和海西两个会展城市特区。2018 年，长三角地区共举办展览 2898 场，占全国展览总数的 26.61%；展览面积为 3776.45 万平方米，占全国总展览面积的 26.12%；展览数量和展览面积占比均处于领先地位；珠三角地区举办展览数量占比达 12.38%，展览面积占比达 15.96%；京津冀及环渤海地区举办展览数量和展览面积分别占比 15.89% 和 17.94%。中部、西南、西北、东北举办展览数量分别占全国展览总数的 14.67%、16.19%、5.34% 和 8.92%；展览面积分别占全国总展览面积的 10.28%、16.62%、4.34% 和 8.74%（见图 3、图 4）。

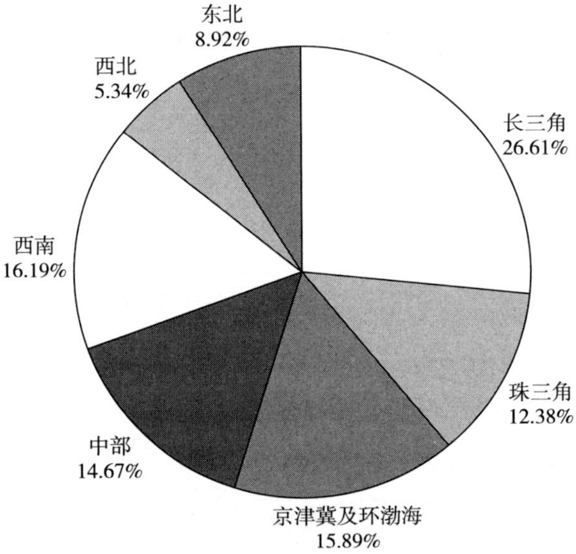

图 3　2018 年各地区展览数量占比情况

资料来源：根据中国会展经济研究会《2018 年度中国展览数据统计报告》计算。

5. 行业分布

据中国会展经济研究会抽样调查分析，2019 年采集到的 5781 场展览

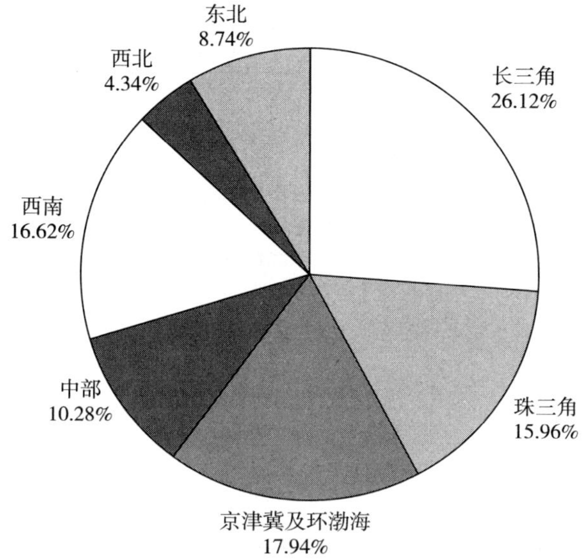

图4　2018 年各地区展览面积占比情况

资料来源：根据中国会展经济研究会《2018 年度中国展览数据统计报告》计算。

样本中，综合类展览有 507 场，展览面积为 940.2 万平方米，占样本总数的 8.77% 和 8.19%；行业类展览有 5274 场，展览面积为 10546.36 万平方米，占样本总数的 91.23% 和 91.82%。按展览内容所属行业划分，展览涉及 27 个行业大类，131 个细分行业小类，其中汽车类展览数量最多，达 818 场，占行业类展览总数的 15.51%，展览面积为 1671.01 万平方米，占行业类总展览面积的 15.84%；其次为建筑建材、休闲娱乐、文教类展会（见表 4）。

表4　2019 年展览面积位居前 20 的行业类展览情况

行业	展览数量(场)	展览面积(万平方米)
汽车	818	1671.01
建筑建材	456	1201.43
休闲娱乐	601	1060.66
文教	588	1024.66
食品饮料	417	803.36
家居	362	744.51

续表

行业	展览数量(场)	展览面积(万平方米)
装备制造	295	726.78
农林牧渔	325	629.99
医药	253	439.38
纺织服装与穿戴用品	231	387.73
生活消费	190	343.48
信息电子	101	240.57
环保	90	182.1
投资贸易	79	135.98
零售	79	123.05
交通物流	54	116.13
化工	38	110.45
IT	43	94.49
公共安全	59	88.46
能源	28	73.53

资料来源：根据中国会展经济研究会《2019 年度中国展览数据统计报告》计算。

6. 展会规模

2019 年 5781 场展览样本中，按展览规模划为 4 个档次。其中，10000 平方米以下的展览有 2608 场，占展览总数的 45.11%，展览面积为 1266 万平方米，占总展览面积的 11.02%；100000 平方米以上的展览有 171 场，占展览总数的 2.96%，展览面积为 2969 万平方米，占总展览面积的 25.85%（见表 5）。

表 5　2019 年展览样本中展览规模构成情况

展览规模	展览数量（场）	占比(%)	展览面积（万平方米）	占比(%)
100000 平方米以上	171	2.96	2969	25.85
50001 平方米至 100000 平方米	313	5.41	1985.1	17.28
30001 平方米至 50000 平方米	558	9.65	1994.3	17.36
10000 平方米至 30000 平方米	2131	36.86	3272	28.49
10000 平方米以下	2608	45.11	1266	11.02
总计	5781	100	11486.4	100

资料来源：中国会展经济研究会《2019 年度中国展览数据统计报告》，2020 年 6 月，第 72 页。

三　综合会展国力比较与国际地位

经过几十年的发展，中国展览业综合实力不断增强，展览数量、展览面积、会展设施拥有量都名列世界前茅，国际影响力日渐扩大，国际地位不断提升，已经成为名副其实的会展大国。

（一）综合会展国力分析

在全球18个主要会展国家（拥有全球百强展会的称号，或拥有100000平方米以上的展馆，或营业额在1亿欧元以上的组展商）的三大指数比较中，德国排第1，中国排第2，其他依次为英国、美国、意大利、法国、西班牙、瑞士、荷兰、俄罗斯、比利时、瑞典、波兰、捷克、韩国、土耳其、新加坡、泰国。

1. 展馆发展指数排名

依据国际展览业协会（UFI）于2017年12月13日发布的《2017年全球展览馆地图》，全球净展览面积超过5000平方米的展馆有1212家，存量总面积达到3460万平方米，与2011年相比增加7.2%。

2. 展会发展指数变化

展会发展指数的主要数据依据是《进出口经理人》每年发布的“世界商展100强排行榜”。《进出口经理人》从2008年开始推出“世界商展100强排行榜”，2019年7月，《进出口经理人》第12次推出“世界商展100强排行榜”。12年来，中国入榜的展会越来越多，排名不断靠前，展览平均面积也越来越大。2008年中国进入100强的榜单的展会只有4家，2019年增加到22家（见表6），2019年跻身前10名的展会有4家，跻身前50名的展会有10家。

3. 展商发展指数分析

德国经济展览和博览会委员会（AUMA）于2017年8月18日发布了《2017年全球展览公司收入榜单》。2017年，世界有34家顶级展览公司综合

表 6　2008～2019 年世界商展 100 强入围国家分布统计

单位：家

年份	2008	2009	2010	2011	2012	2013	2014	2015	2016	2017	2018	2019
德国	62	59	58	56	56	55	53	50	52	51	51	50
俄罗斯	1	1	1	1	2	2	2	2	1	0	1	1
法国	7	8	7	7	6	7	7	9	8	9	8	7
美国	8	9	7	7	3	4	5	5	4	5	5	5
瑞士	1	1	1	1	1	2	2	2	2	2	2	1
西班牙	4	4	3	2	2	1	1	1	1	0	0	0
意大利	11	10	8	11	12	12	11	10	11	11	11	13
英国	2	2	1	1	1	0	0	1	1	1	0	0
阿联酋	0	0	0	0	0	0	0	0	0	0	0	1
中国	4	6	14	14	17	17	19	20	20	21	22	22

资料来源：根据《进出口经理人》历年数据整理。

收入超过 1 亿欧元。其中：英国 9 家，德国 8 家，法国、意大利各 3 家，中国、荷兰、西班牙各 2 家，瑞士、比利时、瑞典、日本、美国各 1 家（见表 7）。

表 7　2015～2017 年综合收入超 1 亿欧元的展览公司榜单

单位：亿欧元

展览公司	2015 年	2016 年	2017 年
英国励展博览集团	11.83	12.774	12.64
英国博闻公司	8.555	8.306	9.79
德国法兰克福展览集团	6.478	6.47	6.691
英国英富曼集团	3.561	3.583	6.311
法国智奥会展有限公司	4.560	4.526	4.819
瑞士 MCH 集团	3.845	4.10	4.218
德国杜塞尔多夫展览有限公司	3.02	4.428	3.67
德国科隆展览公司	3.212	2.74	3.579
德国汉诺威展览公司	3.293	3.023	3.564
德国慕尼黑国际博览集团	2.774	4.281	3.326
美国翡翠展览有限公司	2.81	3.059	2.852
德国柏林国际展览有限公司	2.42	3.094	2.84
意大利米兰国际展览中心	3.373	2.21	2.713
中国香港贸发局	2.231	2.376	2.541
英国阿客仙会展集团	2.040	2.101	2.217

续表

展览公司	2015 年	2016 年	2017 年
德国纽伦堡会展有限公司	2.037	2.88	2.055
西班牙巴塞罗那会展中心	1.48	1.65	1.876
英国伯明翰国际会展中心	1.742	1.702	1.829
英国艾特怡展览公司	1.831	1.558	1.732
英国克拉里昂展览有限公司	—	1.828	1.711
比利时阿特克西斯展览公司	1.07	1.149	1.601
日本东京有明国际展览中心	1.601	1.78	1.571
法国巴黎展览馆集团	—	1.65	1.46
英国塔苏斯展览公司	1.179	0.798	1.325
英国 DMG 展览有限公司	1.281	1.226	1.318
德国斯图加特国际展览中心	1.206	1.585	1.31
意大利展览集团	—	1.248	1.307
中国上海新国际博览中心	1.157	1.211	1.275
瑞典哥德堡展览中心	1.289	1.31	1.266
意大利博洛尼亚展览集团	1.19	1.324	1.26
荷兰阿姆斯特丹 RAI 展览中心	1.262	1.202	1.233
西班牙马德里 IFEMA 展览公司	0.976	1.056	1.181
荷兰乌得勒支会展中心	1.333	1.111	1.157
法国高美艾博展览集团	1.085	1.266	1.081

资料来源：德国经济展览和博览会委员会（AUMA）《2017 年全球展览公司收入榜单》，2017 年 8 月 18 日。

（二）城市会展实力比较

依据综合会展实力指数，上海大学会展研究院每年选取 55 座世界主要会展城市进行综合评价。2015 年入选的城市：德国 10 座、中国 9 座、美国 7 座、意大利 7 座、西班牙 4 座、英国 3 座、法国 2 座、荷兰 2 座、瑞士 2 座、俄罗斯 1 座、新加坡 1 座、韩国 1 座、泰国 1 座、土耳其 1 座、波兰 1 座、捷克 1 座、比利时 1 座、瑞典 1 座。中国入选的 9 座城市是上海、广州、北京、重庆、武汉、成都、深圳、香港、厦门。2015 年，上海一举超过巴黎和法兰克福，荣登榜首；其他城市排名依次为：广州第 10 位、北京第 18 位、重庆第 23 位、武汉第 28 位、成都第 42 位、深圳第 47 位、香港第 48 位、厦门第 52 位（见表 8）。

表 8　世界主要会展城市实力排名（2015 年、2014 年）

单位：位

城市	2015 年排名	2014 年排名	城市	2015 年排名	2014 年排名
上海	1	3	曼谷	29	30
汉诺威	2	4	布鲁塞尔	30	39
巴黎	3	1	亚特兰大	31	32
法兰克福	4	2	斯图加特	31	29
科隆	5	7	乌德勒支	33	31
杜塞尔多夫	6	6	布尔诺	34	34
米兰	7	8	休斯敦	35	35
慕尼黑	8	9	路易斯维尔	36	—
伦敦	9	5	伊斯坦布尔	36	—
广州	10	10	巴里	36	36
柏林	11	13	罗马	39	38
博洛尼亚	12	16	里昂	40	12
拉斯维加斯	13	15	莱比锡	41	25
莫斯科	14	11	埃森	42	40
纽伦堡	15	18	成都	42	—
巴塞罗那	16	14	毕尔巴鄂	44	43
巴塞尔	17	17	日内瓦	44	44
北京	18	26	波兹南	46	45
芝加哥	19	19	深圳	47	48
洛杉矶	20	—	香港	48	51
维罗纳	21	27	新奥尔良	49	48
瓦伦西亚	22	20	新加坡	50	41
重庆	23	21	帕尔玛	51	49
伯明翰	24	22	厦门	52	54
马德里	25	23	范堡罗	53	53
里米尼	26	33	哥森堡	54	—
首尔	27	42	阿姆斯特丹	55	52
武汉	28	28			

资料来源：张敏主编《中外会展业动态评估研究报告（2017）》，社会科学文献出版社，2018，第 69 ~ 70 页。

四　抗疫复展的2020年

2020 年，突袭而至的新冠肺炎疫情给经济社会、人们生活带来了巨大的影响和冲击，会展行业遭受沉重打击，世界会展全面陷于停滞。据国际展览业协会（UFI）评估数据，2020 年全球展览行业损失惨重，与 2019 年相比，世界会展行业收入减少 68%，会展相关行业总产出至少损失 2000 亿欧元。[①] 中国会展人不忘初心，坚守信念，积极探索，经历了一个非同寻常的 2020 年。

（一）团结抗疫

2020 年 1 月 23 日，武汉封城。2020 年 1 月 24 日，广东省商务厅发出通知，要求即日起暂停一切大型经贸活动。此后，出于疫情防控要求，全国各地纷纷要求暂停会展活动，中国会展活动全面按下了“暂停键”。

中国会展人响应国家号召，认真执行停办活动禁令，暂停举办一切会展活动；积极投身抗疫战役，利用会展平台和国际渠道优势，积极组织抗疫物资采购、捐资捐物，组织志愿者战斗在抗疫第一线；利用场馆优势，改建“方舱医院”，收治新冠肺炎患者；利用会展材料生产技术和设备，转产防疫物资，支援抗疫战线；发挥会展平台功能，创新会展服务模式，努力探索线上会展路径，为稳外贸、稳外资做出贡献。

会展行业各行为主体同舟共济，团结一致，共克时艰。政府主管部门主动作为，精准施策，帮助企业纾危解困；行业中介组织加强调查研究，反映企业诉求，为政府决策提供依据，帮助行业提振信心；产业链各环节如主办方、场馆、服务企业精诚合作，共渡难关；企业内各部门恪尽职守，加强协作，补台担当；企业与员工同心协力，企业尽量不裁员、少裁员，员工体谅企业困难，主动提出降薪，甚至停薪。

（二）复展复业

2020 年 5 月 8 日，《国务院应对新型冠状病毒感染肺炎疫情联防联控机制关于做好新冠肺炎疫情常态化防控工作的指导意见》指出，在落实防控措施的前提下，可举办各类必要的会议、会展活动。7 月 3 日，商务部、公

① UFI Official，https：//www. ufi. org/.

安部、卫生健康委联合颁发《商务部　公安部　卫生健康委关于展览活动新冠肺炎疫情常态化防控工作的指导意见》，对展览活动疫情防控提出了明确要求，释放出恢复举办展览活动的重要信号，吹响了展览业全面复展复业的进军号。

随着疫情防控形势的变化，全国各地积极推动展览业复展、复业，2020年4月30日，长沙“湖南汽车展”在线下举办，打响了新冠肺炎疫情防控以后专业展览场馆现场展览第一枪，在中国乃至世界会展业界引起了巨大的反响。6月10日，广州国际防疫物资展览会开幕。从7月初到8月11日，广州琶洲地区各展馆共举办展览活动36场，展览面积达88万平方米，参展参观人数约70万人次。[①] 9月初，中国国际服务贸易交易会拉开了北京展览业复展复兴序幕，随之科博会、汽车展、家博会等展会纷至沓来，精彩不断。9月15～19日，中国国际工业博览会（中国工博会）在上海隆重举办，展览规模达24.5万平方米，展商逾2000家，展现了物联、数联、智联三位一体的制造业产业链全貌。

调查发现，截至2020年9月，全国主要会展城市基本全面恢复办展，南方城市发展更快一些；2020年下半年，主要城市展会举办数量基本达到往年正常水平，但由于境外疫情影响，国际参与程度较低，展会国际化水平和规模层级与往年相比还有不小差距；出国展览更是步履维艰。据上海市商务局发布的数据，2020年6～12月，上海举办展会面积达1067万平方米，恢复到2019年同期的近90%，25个10万平方米以上展会均在下半年举办，大展数量与2019年同期持平。[②]

（三）创新发展

2020年3月18日，中共中央政治局常务委员会召开会议强调，要兼顾

① 《广州会展全面恢复正常：7月以来举办展会36场 参展参观70万人次》，搜狐网，2020年8月14日，https：//www.sohu.com/a/413134021_120790691。

② 《展会数量和规模全球第一，看上海会展数据!》，搜狐网，2021年1月18日，https：//www.sohu.com/a/445286617_99931532。

疫情防控和对外经贸合作，在落实防疫措施前提下为商务人员往来提供便利，保持国际供应链畅通，创新招商引资、展会服务模式，保障各类经贸活动正常开展。

新冠肺炎疫情使会展创新发展形成了倒逼机制，中国会展人积极创新求变，充分运用5G、VR/AR、大数据等现代信息技术手段，举办“云展览”，开展“云展示”“云对接”“云洽谈”“云签约”，努力探索线上线下会展融合发展解决方案，探索先进数字技术服务会展产业、会展服务实体经济的路径和方法。

2020 年 3 月 21 日，首届中国国际渔业线上博览会在大连凯阳世界海鲜股份有限公司一楼展厅开幕；4 月 14 日，中国 – 拉美（墨西哥）国际贸易数字展览会在北京开幕；6 月 24 日，为期 10 天的第 127 届中国进出口商品交易会（广交会）在“云端”圆满落幕，近 2.6 万家境内外企业参展，来自 217 个国家和地区的境外采购商注册观展，为超大型展会服务功能上线进行了大胆尝试，探索了经验。此外，中国国际服务贸易交易会、第三届中国国际进口博览会积极探索线上线下融合发展，取得了较好的成效；第 102 届、103 届全国糖酒会分别在线上、线下举办，都达到了预期的效果。众多展会推进线上线下融合，加强线上服务功能建设，提供更多线上服务，推动会展服务创新、管理创新和业态模式创新。

五　中国展览服务业发展建议

改革开放以来，中国展览业有了长足的发展，但与欧美会展强国相比，还有一定差距，依据高质量发展要求，还要付出更大的努力。中国会展业还存在一些亟待解决的问题：管理体系不尽完善，政令有待进一步规范统一；市场发育不够充分，营商环境有待改善；产业链整体竞争力不强，市场主体多而散，缺乏龙头企业；展会题材雷同，地区、产业特色不够鲜明，展会拉动效应有待提升；会展场馆建设超过实际需要，产能过剩，场馆运营困难，经济效益欠佳；会展教育和人才培养、使用、管理脱节，会展人才有效供给不足；会展工程搭建污染问题有待解决，绿色会展、智慧会展推广进展缓慢等。

（一）理顺体制，健全全国管理、协调、促进体系

全面贯彻《国务院关于进一步促进展览业改革发展的若干意见》文件精神，加速推进全国管理、协调、促进体系的建设和完善。推动形成全国融会贯通，内展外展兼顾，政令统一，协调一致；形成联席会议协调促进、主管部门管理监督、中介组织行业自律三位一体的展览业管理、监督、促进体系；健全事前登记注册、事中事后监督管理的全程服务机制，提供完整、准确、高质量的公共服务，加强展览行业监督管理和宏观指导。

（二）加强宏观引导，编制产业发展规划

组织全国会展市场开展调查研究，进一步摸清展览市场资源和发展趋势。在认真总结“十三五”期间会展发展的基础上，根据十九届五中全会精神，依据行业发展规律和产业发展要求，研究制订全国中长期和“十四五”展览产业发展规划，全面规划全国展览产业发展目标、规模、进程和布局，将展览业发展纳入国家经济发展体系。主要会展城市也要根据当地展览市场发展的实际需要，研究制订“十四五”展览产业发展规划，将展览业发展纳入地方总体经济社会发展规划。

（三）加强法制建设，完善法治环境

加快展览业法律制度建设，逐步建立健全展览业法治体系，为展览业改革发展、管理促进、经营运作提供必要的法律依据和法制保障。推动研制《展览法》，出台《展览业管理促进条例》；修订《展览业知识产权保护办法》，充实对展会本身知识产权保护的内容；加快展览业诚信体系建设，建立展览业诚信认定、披露、表彰制度，严厉打击违约、失信行为；加大法制宣传、推广力度，推动贯彻执行，加快法治化进程，完善法治环境。

（四）加强政策协调，优化营商环境

加强政府对展览业发展战略、规划、政策、标准等的研究制订和组织实施，完善有利于展览业发展的产业、财政和税收优惠政策体系；改革商务部重点支持展会评选办法，完善政府会展扶持专项资金政策及实施细则。加强对地方、城市优惠鼓励政策的引导和协调，增强各地政策的协调性，鼓励地方依据市场规律出台政策措施，减轻政策对市场机制发挥作用的影响程度。

（五）推动供给侧结构改革，优化展览业结构布局

提高展览业发展站位，推动展览业供给侧结构改革，提高会展活动效能效益。加强展览场馆建设的宏观指导，采取有效手段，盘活存量，调控增量，适当调控会展场馆建设的过度产能扩张；加强广交会、进博会、服贸会、消博会等功能性会展活动的创新发展，发挥贸易投资促进作用；进一步清理和规范党政机关办展，控制新增政府展会的举办，提高政府展会市场化、专业化运作水平；合理规划产业区位布局，推动形成会展城市带、会展城市群，提高集群发展效应；鼓励差异化、特色化发展，扶植、培育地方产业特色鲜明，经济产业促进作用突出的市场化展会项目；加大宏观引导和政策扶持力度，建设一批全国重点会展城市、重点会展场馆和展会；配合国家人类命运共同体、“一带一路”构想，协同推进出境展览，提升出展效能效果，提高出展经济、贸易、社会、外交综合效益。

（六）打造服务品牌，提升服务水平

全面提升展览业专业化水平，用工匠精神打造专业会展服务，精心培育会展服务品牌，建设一批品牌会展服务企业和品牌会展项目；研究制订会展行业各类服务标准和规范，加大宣传推广力度，切实推动贯彻实施；推动中国展览业评估、认证体系建设，规范展览业评比、表彰市场，建立国家级、权威性展览业评价、表彰制度；加强会展产业链建设，优化会展产业链各环

节服务，全面提升展览业服务质量和服务水平，提高专业化、市场化、国际化、品牌化、信息化水平，增强展览业的整体核心竞争能力。

（七）加强市场主体培育，增强行业竞争实力

加大本土展览企业扶持力度，鼓励强强联合，跨界融合，横向融合，纵向融合；拓宽企业融资渠道，鼓励社会资本介入，鼓励企业上市，鼓励资本运作，并购重组；鼓励跨区域、跨行业、跨企业项目合作；鼓励业态创新，鼓励同类项目合并，股权合作，做大做强展览项目；鼓励集团化、集约化发展，打造中国会展企业航母。下大力气培育本土会展品牌，重点扶植行业品牌展会；推进展览业与优势产业和市场的高度结合，促进会展与旅游、康养、文化的融合；支持品牌展会走出国门，参与国际竞争，推动中国品牌展会的国际化移植，加大海外宣传力度，扩大中国品牌展会的国际影响力。

（八）创新服务手段，提高智慧化水平

创新服务理念，更新服务手段，增加服务价值。推广应用现代科学技术成果，提高会展业信息化、智能化、智慧化水平；鼓励采用先进技术，鼓励线上线下融合发展；鼓励业态创新、模式创新和题材创新；运用“互联网+”思维，采用现代数字技术，推动信息共享，促进供需匹配，提升互动体验，实现展会管理、服务智慧化，信息利用智慧化；拓展会展服务领域，提高会展服务效率，实现管理互动升级，让会展更具黏性，提高会展服务整体质量和水平。

（九）加强协同合作，推进人才培养

发挥部际联席会议机制职能，联合商务、教育、人社等会展人才相关部门，加快健全、完善全国会展人才培养、使用、管理制度体系；提升会展教育地位，理顺会展学科归属，建立单独的会展学科教育指导委员会，加强重点院校、课程和重点实训基地建设；制订会展人才培养标准和技术岗位标准，将会展人才管理纳入国家专门技术人才管理体系；鼓励社会重视、支

持、参与会展人才培养，加快推进产教融合、产学融合；加强国际合作，引进先进会展人才培养理念、方法、机制，共同开发会展人才培养项目和教程；提高会展研究学术地位，将会展研究纳入国家社科、教育、商务研究系列，将会展策划、设计比赛纳入国家技能大赛和教育部竞赛系列，将会展研究、人才培训、技能竞赛纳入会展发展资金扶持范围。

（十）践行绿色会展理念，促进展览业可持续发展

践行“绿色会展”理念，推进展览业“绿色、低碳、可持续”发展；加大“绿色会展”宣传推广力度，达成共识，形成共同行动；推进会展材料、器材研发、生产、加工基地建设，营造环境氛围，推行环保集中综合治理解决方案，建立设施共享机制，节约成本，减轻企业环境治理压力；研制绿色会展行业标准、团体标准、企业标准，逐步完善绿色会展标准体系，加强宣传推广和推动实施；加快可回收、可循环的节能环保绿色展览器材的研发和加工生产，开发更多规格、品种的新材料、新工艺产品。

B.14
中国国际工程咨询服务的现状、问题和建议

孟令轲*

摘　要：中国国际工程咨询服务为推进国际经济合作、服务“一带一路”倡议、支撑中国企业跨国运作等发挥了重要作用。共建“一带一路”国家已经成为中国国际工程咨询服务主要的国际市场，工程咨询机构积极开展形式多样的服务工作，重点推进基础设施互联互通、加强民生工程项目咨询服务、推动“中国标准”“中国方案”走出去、推进产业园区建设，并取得了一定的成效。同时，还应认识到中国国际工程咨询服务中仍存在不少问题，主要是总体竞争力不强，业务链不平衡，部分业务能力较薄弱，政策统筹协调水平还有待提升。为此，建议中国工程咨询行业有效提升国际竞争力，坚持创新驱动打造数字化咨询，加强政策协调形成多元协作机制等。

关键词：国际工程咨询　国际服务贸易　“一带一路”倡议　产业链　数字化咨询

一　引言

工程咨询行业在中国已经有了较为广泛的发展，广泛服务于国内经济建

* 孟令轲，管理学博士，工程师，中国工程咨询协会政策研究部副处长，研究方向为国际工程咨询、国有资本布局等。

设和社会发展，同时，紧跟国家国际产能合作等战略部署，把握国际经济合作新方向，进一步发挥了工程咨询在服务好新时期“走出去”战略的重要作用。由于工程咨询行业产业链条较长、信息统计发展滞后，国内对工程咨询服务业发展的研究还较为薄弱。当前，中国工程咨询协会正逐步推进完善行业信息统计等工作。

受上述因素的制约，对中国国际工程咨询服务的研究也同样面临着信息不足的突出问题。近年来，一些研究者围绕着中国国际工程咨询服务“走出去”进行了研究，但是主要侧重于路径研究，一些项目人员结合国外项目的推进和发展，总结了工程咨询国际化的成果和问题等。总体来看，对中国国际工程咨询服务，还没有公开的全景式研究。

在此背景下，本报告研究中国国际工程咨询服务，就要在框架、思路和方法上下功夫。中国国际工程咨询服务的对象是面向全球的，既有发达国家，也有发展中国家。共建“一带一路”国家是中国国际工程咨询服务的主市场，因此，抓住“一带一路”倡议来展开研究，虽然未能全面覆盖，但是能基本勾勒出中国国际工程咨询服务的主要轮廓。本报告在研究中紧紧围绕着“一带一路”倡议，归纳总结了中国国际工程咨询服务的主要特点和存在的问题，并提出了相关建议。

二　中国国际工程咨询服务的现状

（一）国际工程咨询服务的形式和作用

中华人民共和国成立后，伴随大规模经济建设的开展，服务于重点建设项目的行业设计院等工程咨询机构逐步兴起。改革开放以来，中国工程咨询行业经历了快速发展、逐步规范、走向成熟和参与全球化竞争等阶段。2017年《工程咨询行业管理办法》（中华人民共和国国家发展和改革委员会令第9号）规定“工程咨询是遵循独立、公正、科学的原则，综合运用多学科知识、工程实践经验、现代科学和管理方法，在经济社会发展、境内外投资建设项目决策与实施活动中，为投资者和政府部门提供阶段性或全过程咨询和管理的智力服务”，服务范围包括规划咨询、项目咨询、评估咨询和全过程工程咨询。截至2020年，工程咨询机构超过20000家，从业人员多达250万人，专业技术人员成为行业中坚力量。2020年，据中国工程咨询协会抽样统计，拥有中级（含）以上专业技术职称的人员占比超过50%。工程咨询机构已经成为国民经济建设的重要参谋助手，在投资的科学决策、规范实施和优化供给结构方面发挥了关键性作用。

中国工程咨询行业在发展过程中，从早期对外开放国内咨询市场、充分借鉴国外经验和做法，转变为积极培养和打造国内权威、国际知名的本土工程咨询龙头机构。通过实施工程咨询服务“走出去”战略，中国工程咨询机构在经济全球化过程中紧密参与国际经济合作与国际市场竞争，并逐步形成了国外大型基础设施工程咨询、工程服务、项目投资前期工作、园区规划和招商引资等重点市场业务，为推动世界经济增长、加强基础设施建设和互联互通、支持科技和文明进步、深化各国人民交往等做出了贡献，成为中国开展国际经济合作不可或缺的重要组成部分，也是践行国家战略特别是“一带一路”倡议、支撑中国企业跨国运作的重要支撑力量。①

（二）共建“一带一路”国家是国际工程咨询服务的主市场

中国的国际工程咨询主要集中于发展中国家，本报告探讨的“一带一路”国际工程咨询服务情况基本能反映国外工程咨询服务市场的主要情况。

从统计数据看，2015年以来中国对共建“一带一路”国家的非金融类对外直接投资额和对外承包工程新签合同额始终保持较高的水平（见图1），为国内工程咨询机构提供了市场机遇，有助于工程咨询机构从上游切入，发挥咨询、规划和设计的引领作用。工程咨询机构通过承接基础设施工程项目、开展“经济走廊”和“大通道”建设、研究和制定各类规划、谋划和

① 孔安：《浅论我国工程咨询业“走出去”的机会和途径》，《中国工程咨询》2019年第6期，第67页。

打造产业园区等，逐步拓宽国际工程咨询服务范围，以实际行动积极响应和主动参与“一带一路”建设，推动“一带一路”高质量发展。总体上看，中国“一带一路”市场国际工程咨询服务有以下四个特点。

图1　2015～2020年中国对共建“一带一路”国家的非金融类对外直接投资额和对外承包工程新签合同额

资料来源：商务部。

一是以基础设施项目为核心，积极推进互联互通。习近平总书记指出，“共建‘一带一路’，关键是互联互通……基础设施是互联互通的基石”。工程咨询机构秉持共商、共建、共享原则，持续推进以“六廊六路多国多港”为核心的“硬联通”，加强能源建设和利用，打造“一带一路”通畅的机遇之路、繁荣之路。经过持续努力，以一大批铁路、公路、港口等交通项目和电力为代表的能源项目陆续开工建设。近年来，基础设施项目占“一带一路”项目的比重超过一半，有效改善了有关国家、区域基础设施落后的局面。工程咨询机构高度重视交通基础设施的先导先行作用，大力推进“一带一路”交通网建设，加强区域联通能力。例如，中国中铁二院工程集团有限责任公司先后开展了“一带一路”六大经济走廊中的中国—中亚—西亚经济走廊、中国—中南半岛经济走廊、中巴经济走廊、孟中印缅经济走廊四大铁路通道规划及重点项目研究，以及非洲大陆互联互通铁路骨架网、南美两洋铁路通道等规划研究，并承担了埃及斋月十日城铁路等项目。中交铁道设计研究总院有限公司承担了肯尼亚内马二期铁路、马来西亚东部铁路等20多个海外工程项目的前期咨询工作。能源是经济发展的重要保障，针对不少共建“一带一路”国家“贫电”、清洁能源利用率不足的现状，工程咨询机构充分发挥技术优势，打造能源重点工程，有效缓解了这些国家能源短缺的问题。例如，中国能建规划设计集团东北院承揽了迪拜哈翔清洁燃煤项目、老挝PNPC115/230TL项目线路工程、印尼坦竣A燃煤电站工程、巴基斯坦贾姆肖罗燃煤电站项目等一批国际电力工程项目，为这些国家的电力发展提供了创新、环保、灵活的电力工程建设和设计咨询服务。[①] 2020年，中国电建签署卡塔尔AL Kharsaa800MW光伏电站项目，该项目是目前为止世界第三大单体光伏项目、最大的使用跟踪支架的光伏项目以及最大的使用双面组件的光伏项目。

二是日益重视民生工程项目，助力民心相通。共建“一带一路”部分国家经济社会发展相对滞后，教育、卫生、文体、环保等方面的有效供给长期不足，导致了生活不便、医疗落后、环境污染等问题。中国工程咨询机构认真践行人类命运共同体理念，针对不少国家和地区面临的突出民生问题，规划和建设重要民生工程，民生工程项目占项目总数的比重逐步提升。例如，广东省国际工程咨询有限公司完成了赞比亚国际会议中心、多米尼克农业科技综合楼、津巴布韦超算中心二期、蒙古乌兰巴托体育馆维修、尼泊尔北区山区八所学校等项目科研评估任务。2020年，中国能源建设集团西北建设投资有限公司签署了乍得中部地区居民饮水、畜牧业用水及卫生设施建设工程EPC合同，项目建成后，将有效满足乍得中部地区居民饮用和畜牧业灌溉的用水需求，改善当地公共卫生设施现状。这些项目在改善民生、推动可持续发展等方面起到了积极作用，为当地经济社会发展注入了新动能，给民众带来了实实在在的利益，也为促进“民心相通”做出了重要贡献。

三是推动工程咨询标准“走出去”，提升中国工程咨询国际影响力。长

---

① 芦洋、高孟秋、孙岳：《工程咨询“智”造装备制造业“皇冠上的明珠”——记巴基斯坦H级联合循环电站（BHIKKI及BALLOKI）项目》，《中国工程咨询》2020年第2期，第44页。

期以来，西方国家及其组织基本垄断了国际工程咨询市场上的标准、规范的制定工作，部分共建“一带一路”国家在历史上受英法等国家殖民影响，在工程标准上也大量采用西方标准。针对这样的情况，中国工程咨询机构在推进“一带一路”过程中，在努力推动“中国标准”“中国方案”走出去方面，做了大量的服务和保障工作，使一些重大项目采用“中国标准”，逐步扩大了“中国标准”的市场占有率。例如，中铁六局承建的越南河内城市轨道交通吉灵—河东线工程项目，采用全套的中国标准（规范设计、施工和采购）。哈萨克斯坦首都努尔苏丹轻轨项目也由中铁六局承建，全部采用中国标准，为了推进项目顺利实施，哈萨克斯坦修改了4部法律，这也是中亚地区首个全部采用中国标准的轨道交通项目。[①] 斯里兰卡南部高速公路延长线全线的咨询监理由中铁一院承担，打破了欧美国家在该领域的长期垄断。通过分析共建“一带一路”国家的569个对外工程项目可以发现，经济援助类项目均采用中国标准及规范；国际招标类项目大部分由国际咨询公司招标、监理，一般不采用中国标准；框架类项目，因中国进出口银行、国家开发银行等政策性银行及商业银行给国外项目提供优惠贷款，使得部分项目采用中国标准规范，总体上采用中国标准的对外建设工程项目有1/3左右。[②] 可以预见，未来随着中国工程咨询机构综合实力的不断增强，会有更多领域和项目采用中国标准。

四是推进产业园区建设，优化中国国际生产力要素布局。产业园区是中国在海外重要的经济平台，堪称不沉的“经济航母”。截至2021年初，各类产业园区的数量超过250家，已经形成中国－印尼经贸合作区、印尼—中国综合产业园区青山园区、中白工业园区、马中关丹产业园区、泰中罗勇工业园、越南龙江工业园、巴基斯坦瓜达尔自由区、中塔工业园、中阿（联酋）产能合作示范园、乌干达辽沈工业园等一系列具有代

---

① 《“中国标准”“中国方案”昂首“走出去”》，新华网，2018年8月6日，http：//www.xinhuanet.com/2018－08/06/c_ 1123229362.htm。

② 《丝路观察｜中国工程标准“走出去”，在国际上应用状况如何》，搜狐，2019年8月6日，https：//www.sohu.com/a/331150928_ 120158144。

表性的园区。在这些产业园区开发建设过程中，国内工程咨询机构做了大量的服务工作，特别是园区发展规划的编制工作。例如，中国国际工程咨询有限公司先后完成了《马中关丹产业园概念性发展规划、产业发展规划和总体规划》《丝绸之路经济带物流产业研究》《中国与孟加拉国产业合作研究》《中国苏丹农业产业园区总体规划》《中白工业园双边合作规划》等涉及30多个国家的60余个项目，项目范围涵盖了双边经贸合作、海外投资项目可行性研究、境外经贸合作区规划等多种类型。①

三　中国国际工程咨询服务存在的问题

（一）总体竞争力不强

虽然中国工程咨询机构在部分领域、专业、项目上具有较强的竞争力，但是总体上看，国内工程咨询机构在理念、技术、架构、人才等方面，与国际一流工程咨询公司还存在着一定的差距，尚未全面打开国际市场，市场狭隘度较高。例如，工程承包业务主要集中于亚非拉等地区资源丰富的新兴发展中国家，整体业务规模超过总额的80%以上。② 以设计咨询领域为例，美国 Engineering News-Record（ENR）发布的2020年度国际设计商有关数据显示，上榜的24家中国企业市场主要集中在亚洲，亚洲市场收入占海外总收入的64.81%，欧美市场仅占10.34%，且在美国、中东、非洲地区市场份额同比下降了57.65%、44.94%和29.82%。③ 即使考虑到2020年受新冠肺炎疫情在世界蔓延、地缘政治变化等因素影响，这些企业在国际市场上还是处于前期开拓阶段，业务多元化程度较低，抗击风险能力较弱。

---

① 《福建中咨公司：服务“海丝”，走深做实》，中国经济网，2019年6月19日，http://city.ce.cn/news/201906/19/t20190619_6813180.shtml。

② 胡烨：《关于国有工程建设企业员工外派出国问题的若干思考》，《中国工程咨询》2018年第3期，第76页。

③ 张婷婷、陈传：《2020年度ENR国际设计商225强分析》，《建筑经济》2020年第S02期，第23页。

（二）业务链不平衡

从发展的趋势看，国内正倡导全过程工程咨询。全过程工程咨询是综合性、跨阶段、一体化的咨询服务，这就要求工程咨询机构通过资源整合、人才共享、业务互通等举措，提升专业化、集成化、系统化服务能力，打造全链条、全方位、全过程的咨询服务。但是在“大而全、小而散”的行业格局下，行业碎片化程度较高，国内大部分工程咨询机构尚未具备能提供高质量的全过程工程咨询服务的坚实基础和能力。工程咨询行业各业务链发展不平衡，具有高水平推进全过程工程咨询的人才数量不足，项目总体规划、全过程综合管理、市场调研、经济评价、风险分析等服务能力有待提升，这直接影响着工程咨询对外服务的水平。工程领域海外业务主要还是集中在施工方面，部分项目开始以 EPC 等方式实现总承包，全过程工程咨询还处在起步阶段，海外工程咨询产业链条上大部分高附加值的利润被国外公司拿走。

（三）部分业务能力较薄弱

工程咨询行业对国内企业“走出去”、生产力的国际布局的支撑服务还不够，主要是风险研判能力不足，造成一些项目风险评估不足，有的难以落地，有的落地后很快陷入亏损，造成损失。海外项目、园区等所在的国家和地区，有的国家政局长期动荡，执政党和反对党经常将项目作为博弈的筹码，如 2014 年因受到反对党的阻碍，墨西哥高铁项目夭折；有的国家经济形势长期低迷，频发危机导致项目收益受损，如某国外汇储备濒临枯竭，通胀高企，很多中资企业背上沉重负担，一些项目搁浅；有的国家长期受到美国敌视、制裁；有的国家内部恐怖主义活动抬头等。这些风险的存在，以及国际 EPC、BT 等项目对前期工作要求越来越高，因此对工程项目的风险判断和预案制定提出了更高的要求。国内工程咨询机构普遍缺乏综合的、专业的风险分析管控团队，对国别、区域等风险情况分析掌握不够深入，风险分析理论、方法和手段较为单一。此外，国际工程咨询服务偏向于工业和基础设施项目，对农业项目保障力度不足。在百年未有之大变局下工程咨询服务农业“走出去”，实现在全球范围内优化配置农业资源是一项紧迫的、重要的任务，但是中国工程咨询机构对农业“走出去”项目涉足较少，仅有个别工程咨询机构曾为企业对外农业投资项目提供工程咨询服务，零碎化是农业工程咨询的现状。①

（四）政策统筹协调水平还有待提升

国际工程咨询既是典型的技术密集型行业，也是受双边关系、多边关系、国际政治经济体系等宏观因素影响较大的行业，加之中国工程咨询行业“走出去”还处在起步阶段，面临着一系列复杂的问题，这就迫切要求政府、行业组织、企业等加强协作，加大支持力度。政府部门高度重视，出台了一系列有关政策，但是由于受各类因素的影响，政府对政策的统筹协调程度还不够，没有形成更有效的政策合力。工程咨询行业本身存在多头管理、政出多门的问题，既不利于工程咨询行业产业链价值链融合发展，也不利于推动工程业务转型。

四　进一步提升中国国际工程咨询服务水平的建议

（一）有效提升国际竞争力

行业资源分散将制约整个行业竞争力的提升，要充分发挥政府与市场作用，推进工程咨询行业优化整合，实现资源更有效的配置。一是推进工程咨询行业供给侧结构性改革，打造更多的具有国际竞争力的龙头机构，形成一批国际有影响、国内有权威的工程咨询龙头单位。二是推进横向联合，推动更多的工程咨询机构之间、工程咨询机构与其他行业机构之间实现强强联合、优势互补，打造国际服务合作平台，实现行业内的资源优化配置，

① 刘祖昕、石彦琴、赵跃龙：《工程咨询服务农业走出去初探》，《农业工程》2019 年第 5 期，第 122 页。

推进前期、中期、后期业务链条的平衡发展。三是制定有效的国际化战略。国内工程咨询机构要紧密跟踪国际工程咨询市场的变化和趋势，结合自身实际，细分国际市场，探索和制定有效的、稳妥的、循序渐进的国际竞争战略和模式，不断提升服务质量，增强品牌意识，打造一流标准。建立健全国际市场开发机构、制度和流程，建立符合国际规则和惯例的国际市场开发体系。四是进一步扩大第三方合作、加强国际工程咨询交流。国内工程咨询单位结合实际，与发达国家在基建等领域开展第三方合作，充分整合双方的独特优势，共同开发新兴市场，提供高质量的工程咨询服务。

（二）坚持创新驱动打造数字化咨询

全过程工程咨询在海外已经有百年的发展历史，积累了较为丰富的经验。国内工程咨询机构要坚持创新驱动，在借鉴已有经验的基础上，根植国内和“一带一路”丰富的实践，努力实现弯道超车，打造更多的全过程工程咨询精品，探索新模式新生态。要充分利用数字经济和工程咨询数字化发展的历史机遇，进一步利用互联网信息技术发展带来的新优势，加强大数据、物联网、BIM 等新兴数字技术在工程咨询领域的应用，不断提升工程咨询数字化水平。支持有条件的工程咨询单位构建工程咨询的信息化平台，支持行业协会等组织构建数字化服务平台，更有效地聚合行业数字化资源。重视核心人才、综合人才的长期培养工作，提高专业团队的国际化水平，稳步提升国际服务水平。推动行业内成立海外开发技术联盟、合作平台等，本着共商、共建、共赢的原则，共同推动工程咨询服务，形成“互联网 + 工程咨询”的服务格局。

（三）加强政策协调形成多元协作机制

进一步构建政府、行业协会、工程咨询机构等多元协作的保障机制。国家发改委、商务部、财政部、央行等政府部门在支持工程咨询行业“走出去”、加强国际竞争力等方面出台针对性更强、衔接性更好、闭环程度更紧密的政策。建设含海外信息采集、市场分析、风险预警、危机管控等一体化平台。推动保险创新，为工程咨询海外竞争提供更多保障手段。进一步发挥行业协会作用，支持工程咨询行业协会牵头做好有关标准、规范，加强行业自律工作，规范市场竞争秩序。进一步鼓励和支持工程咨询机构提升创新能力和综合能力，培育综合性多元化服务能力，提高技术研发创新能力，以全过程工程咨询等为手段推动咨询机构内部有机融合、推动行业上下游产业深度融合。

（四）强化咨询工程师（投资）的核心技术力量作用

工程咨询是技术密集型行业，随着数字化咨询、全过程工程咨询的发展，对各类人才的要求也随之提高。咨询工程师（投资）在项目、规划上发挥着排头兵的作用，从决策阶段出发，贯穿全过程，进一步发挥好咨询工程师（投资）的核心技术力量作用。工程咨询资质取消后，工程咨询资信评价对工程咨询单位的咨询工程师（投资）均做了明确规定。当前，与行业蓬勃发展的前景相比，咨询工程师（投资）在数量上还有不小的提升空间，同时，工程咨询理念和技术的不断升级更新，也要求咨询工程师（投资）在实践中，以及后期教育上要持续学习，跟上变革的步伐。有关部门和行业协会要加强咨询工程师（投资）的管理和服务工作，提升咨询工程师（投资）的含金量，使咨询工程师（投资）在项目中发挥更加独立、权威的作用，探索建立完善有关评价制度和机制，加强咨询工程师（投资）的后期教育工作，始终保持咨询工程师（投资）队伍的高质量发展。

区域篇

Regional Reports

B.15

开放创新：北京大兴国际机场临空经济区发展报告（2021）

李小牧　李嘉珊　刘　霞　程相宾*

摘　要：在北京服务业扩大开放的背景下，北京市要以习近平新时代中国特色社会主义思想为指导，以习近平总书记视察北京大兴国际机场重要讲话精神为根本，高标准推进临空经济区建设和加快发展文化枢纽经济。目前大兴国际机场临空经济区的交通枢纽功能发挥日益凸显，落地实施项目种类日益丰

* 李小牧，教授，北京第二外国语学院副校长、中国服务贸易研究院院长，国家文化贸易学术研究平台首席专家，首都国际服务贸易与文化贸易研究基地负责人，研究方向为世界经济、国际服务贸易；李嘉珊，教授，北京第二外国语学院中国服务贸易研究院常务副院长、国家文化发展国际战略研究院常务副院长，首都国际交往中心研究院执行院长，首都国际服务贸易与文化贸易研究基地首席专家，国家文化贸易学术研究平台专家兼秘书长，研究方向为国际文化贸易等；刘霞，首都国际服务贸易与文化贸易研究基地研究员，北京第二外国语学院经济学院讲师，研究方向为国际文化贸易、世界经济等；程相宾，北京第二外国语学院经济学院硕士生导师，北京第二外国语学院中国服务贸易研究院研究员，研究方向为文化贸易、文化产业。

富，人才引进和维护力度逐步加大，业务审批流程和制度逐步完善，开发建设资金保障制度也在逐步强化。在各方面建设功能日益完善的同时，也存在各区域不同利益主体之间的协调机制不完善，国际化水平不高，各园区高端企业集聚和融合度不够，特色内容产业发展基础薄弱，通关便利化和港区协同发展程度不高以及财税支持政策和配套服务设施不完善等方面的问题。为此，本文分别从政策集成创新、高端高新产业集聚、区域统筹管理以及国际化、数字化、专业化和市场化发展等层面提出相应的对策建议。

关键词：　大兴国际机场　临空经济区　服务业　综合枢纽

北京大兴国际机场临空经济区是由国家发改委和民航局联合批复设立的临空经济示范区，定位为首都国际交往中心功能承载区、国家航空科技创新引领区以及京津冀协同发展示范区。随着新冠肺炎疫情的全球性蔓延以及全球经济一体化的不断深入，以习近平新时代中国特色社会主义思想为指导，以习近平总书记视察北京大兴国际机场重要讲话精神为根本，深入落实市领导“双调研”和陈吉宁市长专题会指示精神，紧紧围绕临空区战略定位，按照高质量发展要求，坚持改革创新、勇挑重担，高标准推进临空经济区、自由贸易试验区、综合保税区建设，对于集聚国内外资源要素、提高流动效率、加快京津冀一体化进程、推动中国区域经济高质量发展以及优化中国经济发展格局等具有十分重要的现实意义和非常积极的推动作用。

一　北京大兴国际机场临空经济区建设现状

北京大兴国际机场作为首都重大的标志性工程，是国家经济发展重要的新动力源，大兴国际机场临空经济区也将成为推动京津冀地区经济发展及产业转型升级的新引擎。根据《北京大兴国际机场临空经济区总体规划（2019－2035年）》（简称《临空经济区总体规划》），目前大兴国际机场临空经济区已经在具体项目实施、各层次人才引进、各类业务审批等方面取得了一定成效。

（一）交通枢纽功能发挥日益凸显

北京大兴国际机场作为重要的交通枢纽，在货运固投、航线转场、航企航司对接等方面功能的发挥日益突出。截至2020年9月，北京大兴国际机场临空经济区累计已完成固投167.4亿元（超过全年任务6.4亿元），建安费达69.8亿元，大兴国际机场运送旅客508.8万人次，航班4.8万架次，货邮量达2.4万吨。同时，已经稳步推动南航、东航60%的航班量以及推动厦航等8家航空公司完成转场，解决了转场员工居住问题，联合榆垡、礼贤两镇共为25家涉航企业提供1927套趸租安置房。此外，主动对接基地航司，量身定做送去“服务包”，提供“管家式”服务，通过电话沟通、上门走访、座谈交流等形式，走访航企50余次、与航企座谈25次，为驻场企业员工开通就医绿色通道，协调解决主要驻场单位员工就医、子女入学入园等问题，实施“一企一策”。大兴国际机场临空经济区交通枢纽功能的发挥吸引了航企航司及关联企业注册，截至2020年9月1日，已有31家航司及涉航企业在大兴区注册。涉航企业（31家）入库税款4687万元，市区两级地方留成共4241万元；自贸区内企业（168家）入库税款47万元，市区两级地方留成共31万元；航站楼内企业（241家）入库税款597万元，市区两级地方留成共282万元。大兴国际机场交通枢纽作用的发挥为自由贸易试验区、综合保税区和临空经济区协同建设发展提供了重要的支撑和保障。

（二）落地实施项目种类日益丰富

临空经济区第二批重点项目确定工作正在稳步推进，目前初步确定华大北京国际创新中心、临空科技产业中心、拉格比公学、国际消费、赛赋医药、百普赛斯医药、京东智能航港、北京市第四实验学校等8个第二批重点落地项目，投资总额约77亿元，其中有5个项目已经开工在建，涉及能源服务、医药服务、高新技术等方面。同时，临空经济区开展中央生态公园概念方案国际征集活动，其中有玛莎舒瓦茨、岱禾、艾奕康等3家世界一流设计单位入围，为打造创新活力的国门超级画廊奠定了基础。在能源服务方面，临空经济区与国家电网正在合作建设能源综合利用示范项目，打造"绿色低碳、安全可靠、协同共享、智慧友好"的全国综合能源服务示范区。在医药服务和高新技术方面，阜外医院肠道微生态等168个项目已注册，空客中国直升机、旷视科技智能物流装备等41个重点项目在谈，力争全年签约投资额达到30亿元。与此同时，自由贸易试验区自2019年8月31日挂牌以来，积极开展宣传推介，签约了一批项目，总投资额约46亿元；截至2020年1月13日，片区内新增市场主体56家，注册人民币达到11.97亿元。

（三）人才引进和维护力度逐步加大

大兴国际机场临空经济区相关管理团队主动对接劳动力需求情况，促进本地近千名劳动力就业，并已经研究制定首期人才公租房分配方案，重点保障工作就业人员的切身利益。同时，采取"国际+国内"组合团队，开展国际航空社区、国际生命健康社区"策划+城市设计"活动，建设服务国际化人才的高品质复合功能社区。此外，在人才方面，大兴国际机场临空经济区还专门进行了制度创新，包括外籍人才引进方面，人才从业范围方面以及人才的保障服务等，这些相关的制度改革涉及自由贸易试验区、综合保税区等。根据北京服务业扩大开放的试点的相关政策和实际的发展需求，制定相关的国内外跨区域人才引进政策（特别是外籍工作人员的从业待遇方面）。这些相关政策和制度的制定与出台不仅要考虑引进人才的实际需求，而且要更好地服务于大兴国际机场临空经济区，为临空经济区枢纽经济的发展奠定坚实基础。

（四）业务审批流程和制度逐步完善

随着北京市营商环境的持续优化，自由贸易试验区、综合保税区和临空经济区的业务审批流程和各项制度正日益完善。首先，大兴国际机场临空经济区实行市区两级赋权，由临空区管委会行使85项行政权力，其中市级32项、区级51项、其余2项；办理两项公共服务事项，其中市级1项、区级1项。且2020年10月开始实现“临空区的事临空区办”，利用“三总师”技术支撑及全程代办服务，实行“一个部门、一个窗口、一枚图章、一网通办”的机制，确保各项业务高效有序进行。其次，在具体细分产业方面，特别是高新技术产业，自由贸易试验区、综合保税区和临空经济区也在不断进行制度创新。例如，针对生物医药产业出台“建立新药研发用材料、试剂和设备进口绿色通道，对于研究用对照药品一次性进口，实行一次审批、分次核销”等改革举措，充分体现了改革引领、需求导向的工作原则。

（五）开发建设资金保障制度逐步强化

为了保障大兴国际机场临空经济区的开发建设资金需求，自由贸易试验区、综合保税区以及临空经济区在拓展保障资金渠道、加大税收和金融服务制度保障力度等方面已经取得了较大成绩。一方面梳理机场红线内征拆、噪声区安置房等重点项目资金需求，积极申请资金，保障重点项目顺利实施，已到位资金共计42.88亿元。另一方面不断做强做大平台公司，充分发挥平台公司的社会吸引力。目前已经完成向平台公司注资5亿元，推动战略落地，成立二级资源开发及城市运营公司，发挥“管委会+平台公司”双轮驱动作用。在平台公司以自有资金出资，吸引了10家社会资本，合作设立临空经济区发展基金，已实现首批5.255亿元出资到位，并成功发行政府专项债券70亿元。此外，实施了税收支持、增强金融服务功能等26项制度创新。例如，对生产所需的进口机器和设备等物品免税，对跨境投融资服务和跨境结算服务等业务实施逐步开放的政策方案等，吸引国内外金融要素资源集聚并大力促进北京大兴国际机场临空经济区发展。

二　北京建设大兴国际机场临空经济区亟待解决的主要问题

尽管大兴国际机场临空经济区在大兴国际机场综合枢纽作用的带动下，积极探索因地制宜的发展策略和模式，发展定位和目标日益明确，落地实施项目逐渐丰富，人才引进和业务审批方面的流程和制度也不断完善，但是仍存在以下方面的不足。

（一）财税支持政策和配套服务设施不完善

目前关于支持自由贸易试验区、综合保税区和临空经济区的各类企业发展的财税政策不足，与大兴区其他企业共享通用性政策偏多，缺乏适合自由贸易试验区、综合保税区和临空经济区航企航司和产业发展的财税支持政策。与此同时，为国际贸易和供应链管理、航空产业、生命健康、新一代信息技术等重点产业发展所提供的配套服务种类不够全面，服务效率较低，具有临空特色的航空综合配套服务区建设有待进一步加强。

（二）通关便利化和港区协同发展程度不高

随着大兴国际机场货运流量的不断增大，人们对经济区各类业务的服务效率和便利化程度的需求也日益提高。而在通关便利化方面没有充分发挥大兴国际机场的地理优势和重要枢纽作用，通关审查机制效率和便利化程度有待进一步提高。同时，面对国家服务业扩大开放的大背景，大兴国际机场临空经济区在把握“三区”政策叠加优势和建设国家服务业扩大开放综合示范区重大机遇上力度不够，在实现港区协同发展的过程中创新性成就不突出。因此在牢牢把握“三区”政策叠加优势的前提下，应不断提高大兴国际机场临空经济区通关便利化和港区协同发展程度，努力推动京津冀协同发展，实现更高水平的对外开放。

（三）特色内容产业发展基础有待夯实

自由贸易试验区、综合保税区和临空经济区在充分利用地理优势的同时，需要进一步夯实各区内部独具特色的内容产业基础，不断提高自由贸易试验区、综合保税区和临空经济区内特色产业的国际竞争力。目前，临空经济区不仅在开展宣传和推介活动以及吸收各类市场主体方面广泛度不足，外向型的航空科技、航空物流、生命健康、数字贸易等项目入区率有待提高，而且在围绕高端医疗、数字经济和服务贸易、金融服务、“类海外”商务区、综合保税区等几大领域建设和发展举措的丰富度和创新度均有待进一步加强。因此，以特色内容产业发展为主线，坚持“项目为王”，以特色“大项目”为牵引，促进临空经济区高质量发展。

与此同时，尽管中国对大兴国际机场临空经济区新基建相关方面投入较大，但在数字化应用方面与创新人才引进方面仍有较大的缺失。北京大兴国际机场临空经济区成立时间短，自由贸易试验区、综合保税区和临空经济区在数字化应用和数字化特区建设上进展缓慢，各方尚未普遍接受数字时代下临空经济区建设的根本转变，产城规划还处于传统的商业模式。面对未来数字产业全球化，所有企业都将是跨国公司，数字技术将会引发所有生产关系的变革，将会对所有行业产生数字化变革。北京建设大兴国际机场临空经济区是历史性的选择，需要面向未来，抓住数字技术发展的机遇期。只有实现北京大兴国际机场临空经济区的产业提升、消费升级以及现代服务业的发展，才能找到未来可持续发展的驱动价值，真正成为北京服务业扩大开放经济发展的新动能。

（四）各园区高端企业集聚和融合格局尚未形成

当前，自由贸易试验区、综合保税区和临空经济区的产业集群整体面临着产业关联度不高、产业链附加值较低的关键问题。产业关联度不高主要体现为各区规模效应不明显，尚未形成规模化的企业入驻，一方面是由于自由贸易试验区、综合保税区和临空经济区远离城区、开发时间较为仓促，另一方面是由于大兴经济开发区早期在产业布局上缺乏合理的规划，也造成了目前临空区域经济的粗放式发展。产业链附加值较低主要表现为区域内高端企业的数量较少、高端产业的覆盖面较低等情况，特别是临空经济区内产业链附加值相对较低。目前临空经济区的产业主体仍是传统农业或相关的物流仓储产业，而位于价值链高端的创意、设计等航空相关产业还相对缺乏，尚未形成以航空业为核心产业的高端产业多元化发展的有力格局。

此外，从目前来看大兴国际机场临空经济区虽有进行高端产业建设的发展趋向，但其产业结构仍以传统制造业、物流仓储为主，忽视了服务业在临空经济下所具有的引导、溢出作用，未实现产业结构与临空方面元素的充分融入。因此，自由贸易试验区、综合保税区和临空经济区在临空产业链条上仍有很大发展空间，航空科技、免税购物、通用航空、高端物流等高端临空服务业的融合发展还需突破。另外，北京大兴国际机场临空经济区在带动周边区域就业、民生、消费、投资等方面距离世界一流的临空经济中心也还有一定差距，在产业融合的发展基础上，不可忽略产城融合发展。

（五）大兴国际机场临空经济区国际化水平不高

大兴国际机场临空经济区作为中国对外开放的窗口，是展现给国际旅客的“第一印象”。因此提高国际化水平对于自由贸易试验区、综合保税区和临空经济区的建设都有着极为重要的战略意义。然而目前其国际化水平仍有不足，在服务水平上与新加坡等世界级的空港中心仍有巨大差距，未能在短时间内使旅客获知各个项目、业态的位置，也未能引入国际化的生活标准服务国际旅客。大兴国际机场临空经济区在配套措施上也稍显不足，未能形成航空设施、购物休闲、住宿餐饮、游乐项目、景观花园等多功能于一体的综合基建。大兴国际机场临空经济区的发展模式注定对高端产业人才的需求较大，然而目前吸引人才的措施仍极为有限，无法对国际化人才产生吸引力。以及由于中国（北京）自由贸易试验区成立时间较短，相应政策条例尚未明确，外商投资准入和企业对外投资限制仍然较多，通关便利化程度和国际知名度远远不够。

（六）各区域不同利益主体之间的协调机制不完善

尽管自由贸易试验区、综合保税区和临空经济区在运营管理方面进行积极探索并取得一定成果，但目前各区域之间和内部各主体之间协调力度仍不强，管理主体多、联系错综复杂等问题较为明显。目前在各区域内安全管理、公共服务配套措施、临空区运营、保税区建设、海关报关等业务上各部门各管一摊，自由贸易试验区、综合保税区和临空经济区各主体之间无法形成有效的对接机制，缺乏明确的领导主体。各项事务在管理机构权限混乱的情况下使得各单位形成推诿现象，内部整合资源能力较差，流程错综复杂。这种多方管理使得其利益各不相同，难以在自由贸易试验区、综合保税区和临空经济区规划发展中协同进行，影响临空区建设效率。

三　推进建设北京大兴国际机场临空经济区的政策建议

为了充分发挥北京大兴国际机场临空经济区在首都国际交往中心功能建设、国家航空科技创新发展以及京津冀协同发展方面的示范作用，拓宽北京发展空间，针对其在产业集聚和融合、市场化和国际化水平提升以及各项政策制度协调发展等方面出现的薄弱环节，未来临空经济区建设需要用足用好北京服务业扩大开放政策，着重补齐短板弱项，不断夯实基础，着力推动大兴国际机场临空经济区高质量建设与可持续发展。

（一）坚持市场化发展，培育壮大市场主体

临空经济区的核心产业、关联产业正是中国产业结构向服务业和高端制造产业升级转型的关键方向，在充分尊重市场发展的前提下，政府应加大对北京大兴国际机场临空经济区的扶植力度。政府扶持主要应从两个方面进行，首先，将先进数字技术与临空经济区基础设施建设相结合，在充分发挥航空运输主导地位的同时，要不断加强其他运输方式和运输体系的完善和构

建，形成公路、铁路和水路的强力辅助运输体系。其次，不断优化自由贸易试验区、综合保税区和临空经济区的营商环境，坚持市场化发展，不断壮大市场的主体力量。促进各种先进资源和要素的集聚，加强要素集聚与运输体系的共同发展。此外，中国政府要把临空经济发展与“一带一路”倡议紧密衔接，在提高临空经济区交通运输效率和优化市场发展环境的同时，基于“一带一路”倡议的实施，充分发挥内外联通的效应，推动要素和资源的跨境交流，激发临空经济区服务业的发展活力。

（二）坚持专业化发展，推动产业融合互动

发展临空经济、推动高新技术产业和高端要素集聚，利用先进高效的物流运输体系加快国内外资源的运转和流通，是提高北京大兴国际机场临空经济区内各经济主体生产管理效率，推动京津冀地区乃至全国供给结构优化升级的有效途径。北京大兴国际机场临空经济区的产业基地应该通过核心企业的领导，通过高技术产业的有效集聚，在降低交易成本的同时，加强5G、人工智能、大数据等先进数字技术的应用，发挥数字技术的比较优势，带动关联产业的迅速发展。此外，还要充分考虑临空产业在高端制造与运输方面所具有的特殊优势，促进服务、创意、会展、高端制造领域等主导产业的融合发展。为区域经济的发展提供强大的动力，与周边地区形成产业互助，为周边人民创造更好的生活条件。

（三）坚持数字化发展，激发临空区创新水平

大兴国际机场临空经济区发展需要紧密结合数字技术，抓住新基建过程中数字技术的发展机遇，在区域内建立以数字产业和高新技术产业为基础的核心产业体系。作为服务产业发展的重要空间载体，首先，临空经济区要做好发展理念、商业模式、业态内容、经济效益等方面的创新，临空经济区应着重建设数字平台，完善云服务。结合物联网以及区块链技术，将空间融合、功能齐备、配套设施完善的临空经济区与城市公共服务相融合，打造“智慧”大兴。其次，在临空经济区建设的过程中，将数字技术优势与高端制造和服

务产业充分融合，引入代表性的制造业与服务业的龙头企业，强化龙头企业的引领效应，逐步形成分工合理、紧密协作的产业生态链，促进产业数字化升级，逐步培育一批能够按照世界一流企业标准运营的市场主体，带动临空经济区产业集群竞争力的提升，吸引其他相关企业自愿加入生态圈，形成临空经济高端产业聚集平台。

（四）坚持国际化发展，提高大兴国际机场临空经济区的国际知名度

大兴国际机场和中国（北京）自由贸易试验区的建立，标志大兴国际机场临空经济区应具备服务世界的能力，发挥好“一带一路”国际影响力，坚持临空经济区国际化发展，提高临空经济区国际知名度。一是将对外交往区域逐步从朝阳、东城等区迁至大兴国际机场临空经济区，如国际会展、跨国公司总部等，将其转为对外交往中心与国际交流中心。二是大力发展现代（金融）服务业，中国（北京）自由贸易试验区以服务业为主体，而大兴国际机场临空经济区的发展模式与现代服务业更是紧密相关，在北京加快建设服务业开放创新试点的背景下，提升现代金融服务发展能级。三是以服务型消费为主体，展现大兴国际机场临空经济区。通过借鉴新加坡樟宜国际机场发展模式，大力发展高端服务型消费，在周边不断汇集主题公园、购物休闲、住宿餐饮、花园景观和通用航空等区域，提升临空经济区旅游消费体验，带动大兴国际化发展的步伐。

（五）建立区域统筹管理协调机制，优化临空区发展效率

在大兴国际机场临空经济区区域统筹建设过程中，应积极推进新航城集团、中国民用航空局、河北周边地区、临空区管委会、自贸区管委会联动成立新平台，从而打破制度藩篱，实现管理资源的统一，建立区域资源统筹管理的协调机制，整合国内外先进资源，提高管理效率。同时，新平台应统筹协调职能转变，打造科学透明的政务环境。要定位好政府与市场的关系，最大限度地简政放权，深化放管服改革，推进行政审批改革，例如公共服务供

给、资本流动、企业生产经营等环节的审批尽可能地放开。另外，转变政府管理模式，树立主动服务意识，只有通过对大兴国际机场临空经济区内企业进行详细调查分析，设立相应的服务体系，更好地落实减税降费，才能不断吸引优秀企业落户大兴国际机场临空经济区。

（六）加快集聚临空高端高新产业，发展枢纽经济

2020 年是全面建成小康社会和“十三五”规划收官之年，也是大兴国际机场临空经济区全面建设之年。为了充分发挥和利用大兴国际机场的重要枢纽作用，促进自由贸易试验区、综合保税区和临空经济区的高质量发展，在高水平对外开放的发展进程中，要坚持以改革创新为主线，不断加快临空经济区高新产业的集聚和发展，增强临空经济区产业的国际竞争力。与此同时，充分发挥临空经济区规划建设的牵引作用，加快构建高精尖产业体系，重点依托临空经济区、自由贸易试验区、综合保税区“三区”建设，大力发展枢纽经济、临空产业、航空服务业，加速航空金融、跨境电商等业态聚集。此外，做大做强生物医药产业，与“三城一区”、科研院所和专业高校建立成果转化长效机制，打造生物医药产业集聚。

（七）扎实推进各项任务，加强政策集成创新

大兴国际机场临空经济区作为国家服务业扩大开放综合示范区和中国（北京）自由贸易试验区的重要承载地，要不断加强经济区域内各项任务和功能制度的推进工作，在自由贸易试验区、综合保税区各项政策高度叠加的背景下充分发挥政策的集成效应，实现多重利好齐聚。正如蔡奇书记在对大兴国际机场临空经济区及自由贸易试验区规划建设调研中所强调的“要紧抓机遇，乘势而上，实施好三年行动计划，扎实推进各项任务，努力将临空经济区打造成北京改革开放新高地，为构建新发展格局做出应有贡献”。因此，大兴国际机场临空经济区在持续推进机场枢纽功能建设、航空口岸功能建设以及项目落地实施审批等工作的同时，要充分利用自由贸易试验区、综合保税区和临空经济区在有关专项人才引进和培养、跨境电商业务流程规

范、重点内容产业集聚以及数字经济业务模式发展等方面叠加的各项政策，实现政策叠加之后的集成效应。

参考文献

崔旭川：《新发展驱动下的 TOD 站城实践——以北京大兴国际机场临空经济区新航城站为例》，《交通工程》2020 年第 6 期。

关威：《大兴国际机场航空物流发展方向与思路研究》，《现代商贸工业》2020 年第 23 期。

贾璇：《双枢纽时代北京顺义临空经济发展问题探讨》，《北方经济》2021 年第 3 期。

李团社、田飞：《城市轨道交通支撑临空经济区“港 - 产 - 城”融合发展研究》，《城市轨道交通研究》2021 年第 3 期。

于妍：《河北廊坊临空经济区：打造高端新产业聚集区》，《今日中国》2021 年第 2 期。

B.16
打造新发展格局：上海服务贸易发展报告（2021）

张国庆 *

摘　要： 上海是中国重要的中心城市，相对于中国其他城市,上海发展服务贸易起步早。进入21世纪以来，特别是近年来，上海以新发展理念为引领，把加快发展服务贸易作为创新发展的驱动力。本文从规模、结构、功能、环境四个角度分析了上海发展服务业的雄厚基础，从“五个中心”建设、自由贸易试验区建设、长江经济带建设和扩大服务业对外开放等方面阐述了上海服务贸易的竞争新优势，在服务贸易发展模式、服务贸易便利化、服务贸易对外开放、服务贸易重点领域转型升级、服务贸易政策体系、服务贸易促进体系等方面详细分析了上海打造服务贸易新发展格局的具体举措。

关键词： 服务贸易　对外开放　国际竞争力

“服务贸易”（Trade in Services）是一种从事服务品交易的跨越国界的商业活动。按照世界贸易组织的分类，服务贸易分为12个大类142个小类。

---

* 张国庆，中国国际贸易学会常务理事、自贸区港专业委员会主任委员，北京第二外国语学院国家文化贸易学术研究平台学术委员会专家、服务贸易研究院特聘专家，中国世界贸易组织研究会常务理事、外顾委委员，中国国际投资贸易洽谈会国际投资专家委员会特聘专家，东北财经大学流通研究院学术委员会主任，商务部国际商务研修学院客座教授，商务部原驻上海特派员，主要研究方向为国际投资、服务贸易等。

具体包括运输服务，旅游服务，建筑服务，保险服务，金融服务，电信、计算机和信息服务，知识产权使用费，个人、文化和娱乐服务，维护和维修服务，加工服务，其他商业服务，政府服务等领域。如果细分，可以分成142个小类，更加广泛地涉及生产、生活以及对人的服务等方面。国际经验表明，发展服务贸易对于促进经济发展、优化产业结构以及提高劳动生产率和就业水平、增加城市的综合竞争实力，都具有十分重要的意义。

当前，经济全球化面临着严峻的挑战和挫折，但科技进步的加速、人类交往的扩大，将使全球经济在世界范围内的发展更加丰富和广泛，也将使整个国际经济格局发生深刻的变化和调整。全球贸易呈现三个显著特征：一是由于新技术革命、智能化制造以及大数据发展，全球正在催生新的业态和新的商业模式；二是现代服务业和国际服务贸易加速发展，不仅使服务脱离了制成品形成重要产业，而且形成了可供贸易的产品和重要的贸易方式；三是全球贸易方式创新，正在酝酿重大变化。这种创新有两大趋势：其一是贸易方式与信息化加快融合，其二是货物贸易与服务贸易加快链接，近10年来，国际服务贸易每年均以10%以上的速度在增长，为国际贸易注入了新的活力和动力。

进入21世纪，中国的服务贸易有了较快的发展。服务贸易的年增长率不仅高于国民经济的年增长率，而且也高于国内服务业的年增长率。与此同时，服务贸易的领域也在不断扩大，通信、金融、保险、技术贸易、数字贸易、服务外包、经营管理咨询、人员培养等服务进出口迅速发展。服务贸易的发展，一方面推动了国际交流与合作，吸取了国际先进技术和经验，另一方面促进了中国服务业的发展，在中国现代化建设中发挥了重要的作用。在这方面，上海无疑为中国服务贸易的发展做出了表率和贡献，也为中国服务贸易的发展提供了路径和宝贵的经验。

一　上海服务业发展具有雄厚的基础

上海是中国重要的中心城市，也是世界超大城市之一。发展服务业，上海本来就有很好的底色，而且历来就是中国经济的龙头，这与上海在中国的经济地位、金融地位、贸易地位有关。20 世纪 90 年代初，借助浦东开发的强劲东风，上海再次跃升为中国举足轻重的经济重地。2010 年以后，随着国家陆续批准上海建设国际金融中心、国际贸易中心、国际航运中心和国际物流中心（后物流中心改为经济中心，即“四个中心”），这“四个中心”一直是上海建设国际中心城市的奋斗目标，也是上海进行政策、体制、机制和经济创新的载体，推动着上海各项经济工作的发展与进步。2014 年，习近平总书记在上海考察调研期间，对上海进一步提出了全新的要求和号召，“加快向具有全球影响力的科技创新中心进军”。至此，加快科技创新中心建设，成为上海继“四个中心”之后的第五个中心建设。对此，上海充满了信心，并为之奋斗而锲而不舍。

上海服务业发展相对于中国其他城市起步都要早，并取得了巨大的成就。它具有中国其他地区所不具有的优势条件：一是业态基础强，是中国服务业门类发展最齐全的特大城市，生产、生活极其方便；二是商业条件优，现在已跻身世界最大的商业中心之一；三是经济基础厚，是中国经济综合实力最强的国际大都市；四是金融服务全，商业银行、证券公司、保险公司、信托公司、期货公司、金融租赁公司、票据业务中心等金融服务机构一应俱全；五是地理位置优，濒临大海，交通便利，是中国最大的对外贸易港口和航运中心；六是辐射区域广，对整个长三角和长江经济带，有很强的带动作用和服务功能；七是服务质量好，拥有支撑和服务国际贸易便利化的环境和条件；八是国际化程度高，已经是国际化的大都市、全球重要的经济和贸易中心。尽管如此，上海在发展服务业方面，仍然着力打造以下硬实力。

（一）在规模上，着力推动服务业总量上台阶

发展服务业，上海既有历史传统，早在中华人民共和国成立以前，服务业就有较好的基础；也有后发优势，特别是改革开放以来，服务业进一步发展，基本形成了以服务经济为主的产业结构。进入 21 世纪以来，2012 年，上海编制完成了《上海市服务业发展“十二五”规划》，明确提出了未来将按照“市场化、产业化、信息化、社会化、国际化”的发展方向，加快构建以支柱

服务业为主体、新兴服务业为引领、社会服务业为基础、发展模式不断创新的服务业发展体系，努力打造“上海服务”的品牌。上海在服务业发展“十二五”规划中配套了近10个单项规划，形成了“三二一产业融合发展”的态势，服务业快速增长，发展规模不断扩大，金融、商贸等重点服务业基础稳固，新兴服务业加速突破扩展。因而整个“十二五”期间，上海服务业的年均增速远远高于上海市经济的年均增长速度，接近10%，同时，服务业增加值占全市生产总值的比重大幅提升至67.8%，服务业吸纳从业人员的比重超过60%，成为吸纳从业人员最多的产业，服务业已经成为上海经济发展的主要动力。2016年，上海谋划“十三五”规划，其中明确提出，上海将以新发展理念为引领，把加快发展现代服务业作为落实“创新驱动发展、经济转型升级”总体要求的重要举措，着力深化服务业供给侧结构性改革，坚持提升传统服务业和培育新兴服务业并举，推动生产性服务业向专业化和高端化拓展、生活性服务业向精细化和高品质提升，努力构建结构优化、服务优质、布局合理、融合共享的现代服务业体系。① 为此，上海市在“十三五”期间建立并完善与现代服务业相适应的体制机制，出台了一系列的针对性政策和具体举措，助推服务业更快、更好地发展。“十三五”期间，上海市服务业增加值也由2015年的16914.52亿元增加到2020年的28307.54亿元，5年间年均增长在10%以上。服务业增加值占上海市生产总值的比重也由“十二五”期间的67.8%上升到2020年的73.1%，超额完成了上海市制定的到2020年服务业增加值占生产总值比重70%的目标。

（二）在结构上，着力促进服务业加快转型升级

上海在加速发展服务业的同时，也在不断地加大转型升级的步伐，服务业结构更加优化。以前，上海的服务业主要还是以传统服务业为主，如旅游、运输、建筑三大传统服务业就占据了服务业总额的半壁江山，贡献一半

① 《上海市国民经济和社会发展第十三个五年规划纲要》，上海市人民政府网站，https://www.shanghai.gov.cn/nw39378/20200821/0001-39378_1101146.html。

多的市值。随着新兴服务业的兴起，金融业，批发零售业，信息传输、软件和信息技术服务业等的发展进一步加速，在“十三五”期间，均以比 GDP 增速更高的速度在增长。2020 年，金融业增长了 8.4%，批发零售业增长了 10.2%，信息传输、软件和信息技术服务业增长了 15.2%。同时，现代服务业、新兴服务业也呈现良好的发展势头，产业融合发展与新兴服务业态成为重要的增长点，电子商务、现代航运服务业和战略性新兴产业加快发展。2019 年，上海完成电子商务交易额 33186.10 亿元，同比增长 14.7%；战略性新兴产业增加值为 6133.22 亿元，同比增长 8.5%；集装箱吞吐量为 4330.26 万国际标准箱，同比增长 3.1%。服务业高质量发展取得积极进展，服务业结构进一步优化，传统服务贸易占比下降，高技术、高附加值的新兴服务业优势逐步积累。得益于中国服务业特别是互联网、数字经济等服务业新动能的发展提速，以及国家已出台的开放举措和服务贸易创新改革等政策红利的不断释放，上海新兴服务业快速发展，金融业、商贸业、信息产业在全市服务业增加值中的比重超过 50%，2010 年生产性服务业增加值占全市服务业增加值的比重为 52.8%，2020 年上升到 70% 左右。在新技术的驱动下服务业新模式、新业态迅速发展，信息服务业增加值的年均增速高达 13%，为上海市经济发展创造了新的发展空间。

（三）在功能上，着力提高服务业的能级和水平

随着现代科技的发展以及网络和信息技术的提高，服务业的服务手段更加多样，服务内容更加丰富，服务能力更加独特，科技含量和附加值更高。当前，科技进步与创新已成为推动服务业发展的根本动力，科技手段对服务业的渗透趋势也日益增强。上海在以服务经济为主的产业结构基本形成的情况下，立足于国家战略需要和自身发展定位，进一步提高服务业的发展质量和水平，增强服务业的服务创新和能级。一是推动服务方式创新。如为了更好地挖掘消费需求，他们根据消费者心理和消费者行为，推送相应的产品和服务。上海率先启动了面向消费者服务的“大数据”技术，通过智能手段，将客户数据、社会数据、供应数据、市场数据等四类海量数据运用到各项服

务之中，深刻把握服务对象的服务喜好、服务倾向、服务需求和服务消费等级，以更快的响应速度、更广的供应渠道、更好的服务标准，为各种消费者提供更为便利和优质的服务。二是推动服务业态变革。电子商务和网络购物的普及，加快推动了消费者行为的改变，同时，也催生了各类新兴服务业的发展。在商品零售领域，网络购物、移动购物、社交媒体购物等新型购物模式层出不穷，对传统零售业造成了巨大的冲击；在生活服务领域，数字服务、数字学习、互联网+娱乐、移动生活服务等一系列新型服务进入人们的生活；在文化消费领域，在线阅读、在线观看、在线文化传播、在线票务服务等新型服务深入发展，这些都给生活带来量和质的改变。三是推动服务模式升级。物联网、云计算的广泛运用，也进一步催生了智慧服务。依托无线传输、信息处理、射频识别、传感器、可视化等技术服务和集成，商贸服务业通过物流系统、采购系统和销售系统，与制造业的生产系统紧密结合，形成了智能化、网络化和自动化的智能供应链体系，极大地提高了管理效率、降低了经营成本。特别是人们在网络购物中对物流配送要求的不断升级，以及以供应链全程管理系统为核心的第三方物流服务技术、物流公共平台信息资源整合技术、网购物流服务技术的研发运用等综合服务能力的提高，都将给服务业能级和水平的提高带来革命性的变化。

（四）在环境上，着力为服务业成长创造条件

为进一步发挥服务业在上海经济转型升级中的主导作用，增强上海在各省份服务业发展中的优势地位，上海把为服务业营造良好环境作为重要的工作目标。一是以诚信自律、守信受益、失信惩戒为导向，推进社会信用体系建设。大力提倡和弘扬契约精神，加快推进诚信记录查询和信用服务应用，完善信用管理制度，建立、推广全过程信用管理模式，加快构建诚信、高效、透明的市场环境。二是以知识产权保护为标准，加大知识产权执法力度，推进知识产权服务体系建设。提升企业对知识产权的保护意识，引导企业增强对知识产权的管理，从企业服务内容创新、服务模式创新等角度增强保护，推动知识产权创造和运用。三是以规范服务行为和提升服务质量为核

心，加快推进金融、航运、信息、旅游、科技服务、家庭服务等重点领域的标准制定，完善质量标准体系建设。上海还把为重点企业做好服务作为服务业发展的重要任务。为此，上海建立了专人联系和服务制度，研究了重点企业名录和评估管理办法。重点在于培育和发展一批实力雄厚、具有竞争力的大型服务业企业和集团，充分发挥企业和市场在资源配置中的决定性作用，增强产业辐射力与国际影响力；在市场准入方面，逐步建立平等规范、公开透明的市场准入标准，各类投资主体在融资服务、财税政策、土地使用等方面实行同等待遇。为营造有利于服务业发展的生态环境，促进服务业更好更快地发展，上海通过鼓励服务业龙头企业和行业协会等社会组织参与服务业标准、行业标准的制定，探索建立上海服务质量综合评价体系，以及形成与国际接轨的服务业标准体系。推进服务业标准化示范试点建设，不断提高服务业标准化水平。同时，注重推动新兴业态和服务模式创新，鼓励并支持服务业企业通过品牌输出、连锁经营、特许经营等方式，开展跨区域经营。经过长期的努力与实践，上海已成为中国服务业最发达的城市。

二　上海努力提高服务贸易竞争新优势

对外开放是上海的最大优势，服务型经济开放更是上海发展服务贸易的重中之重。近十年来，上海服务贸易发展始终走在全国前列，服务贸易进出口规模约占全国总额的1/4，在中国整体服务贸易中占据重要位置。从服务业整体竞争力、全球资源配置能力、服务业发展质量等着力点出发，上海正在以下几个方面，加快形成服务贸易综合竞争新优势。

（一）“五个中心”建设，为上海服务贸易发展奠定了坚实的基础

将上海建成国际经济、金融、贸易、航运中心和科技创新中心，是上海工作的基本着力点，也是上海发展服务贸易的基础条件。国际经济中心建设，重要的是落实实施“五个中心”建设的各项任务，深度参与国际经济竞争与合作，提升开放程度，不断完善各要素市场建设，大力提升上海在全

球金融、航运、贸易以及科技创新等领域的影响力。国际贸易中心建设，是上海其他四个中心建设的重要组成部分，也是上海发展服务贸易的重要支撑，还是形成国际经济、金融、航运中心和科技创新中心的重要条件和基础。上海围绕着国际贸易中心建设进行制度设计，以市场为核心，集聚贸易主体，优化贸易条件，为投资环境、服务环境、法制环境提供制度保障和法律依据，如鼓励境内外企业设立采购中心、分拨中心、营销中心、结算中心、物流中心、品牌培育中心等服务于实体贸易的功能性机构，为服务贸易加快发展提供厚实的支撑。国际金融中心建设，主要在于提升金融市场服务功能、丰富金融市场产品和工具；进一步集聚各类金融机构，促进专业服务机构发展；加强市场制度和基础设施建设，推动金融市场协调发展。增加金融对科技创新的支持力度，提高金融对核心区域、重点产业以及关键环节的服务效率，增强金融对实体经济的支撑作用。扩大金融服务业对外开放，高标准接轨国际金融和贸易规则，建设面向国际的金融市场平台，增强金融服务的国际、国内辐射力。国际航运中心建设，着力于提高航运服务业的软实力。促进港区功能调整、海港泊位结构优化，优化机场客货运能布局，改善通关环境，构建现代航运服务体系，提升上海航运服务国际贸易的通达性。科技创新中心建设，主要面向世界科技前沿、国家重大需求、国民经济主战场开展科学研究，重点完善科研的布局方式、发展机制和环境条件，注重在投入方式、布局方式、管理机制等方面的创新。如在投入方式上，一方面大力支持高校和科研院所开展基础研究，另一方面也鼓励企业和社会力量在基础研究上增加投入；在布局方式上，开展重点领域的技术创新规划布局，突出共性关键技术、前沿引领技术、现代工程技术、颠覆性技术的创新，系统推进上海技术创新工作。同时，在上海建设国家实验室、综合性国家科学中心，提高科技创新策源能力和科研服务经济发展的能力。

（二）中国（上海）自由贸易试验区建设，为上海服务贸易发展带来了新机遇

中国（上海）自由贸易试验区成立近 8 年来，其最大的变化，就是推

动了中国服务业的进一步对外开放。加入 WTO 时，中国承诺开放 100 多个服务业，但完全开放的只有 20 多个服务门类。如果说，加入 WTO 是货物和部分服务业对外开放，那么，中国（上海）自由贸易试验区的设立，则是更加注重投资和金融等服务业领域的更深层次的开放，是全方位、各领域的对外开放。这种开放可以分为三大块的内容：一是开放领域：重点选择了金融服务、航运服务、商贸服务、专业服务、文化服务和社会服务 6 大领域 18 个行业扩大开放。除了银行业机构、信息通信服务外，其他行业对投资者的资质要求、股比、经营范围的准入，完全取消限制。二是“引进来”投资：最大亮点是首次制订了外商投资的负面清单，对负面清单之外的外商投资项目，按照内外资一致的原则，由核准制改为备案制。也就是说，除了负面清单有列表的，其他的一律不审批，备个案就行了。三是“走出去”投资：在境外投资管理方式上进行了改革，对自贸区内企业的境外投资行为，实行以备案制为主的管理方式，提高境外投资便利化程度，以支持各类投资主体开展多种形式的境外投资。在自贸区建设上，形成以技术、品牌、质量、服务为核心的外贸竞争新优势，提升外贸综合国际竞争力。在国际贸易功能建设方面，具体来讲，要深化四个方面的服务功能：一是鼓励跨国公司将亚太地区总部落户上海，建立集贸易、物流、结算等多种功能于一体的营运中心。二是深化国际贸易结算中心试点，拓展专用账户的服务贸易跨境收付和融资功能。三是支持离岸业务的发展。鼓励企业统筹国际国内市场，开展内外贸业务，优化贸易业务方式，促进内外贸一体化发展。四是尝试在自贸试验区内设立国际大宗商品资源配置、交易平台，开展大宗农产品、基本工业原料和能源产品的国际贸易业务。现在，在中国（上海）自由贸易试验区，服务展示交易中心和资产交易中心已经启用，一些商业直销中心已经运营。自贸区 5 大功能平台：跨国公司地区总部平台、亚太分拨中心平台、专业物流平台、高端现代服务业平台和功能性贸易平台已经建设完成。其中功能性贸易平台的 8 个商品交易中心：大宗商品交易中心、液化品交易中心、钢材大宗商品交易中心、铁矿石现货交易中心、棉花交易中心、白银交易中心、亚太国际商品交易中心、有色金属交易中心都已上线交易。另外，自贸区境外投资服务平台、面向国际的金融市场平台、上海国际能源交易中心、国际黄金交易中心都已运营。国际金融资产交易中心筹建完成，跨境贸易电子商务保税进口模式加快发展。

（三）长江经济带的建设，为上海服务贸易发展提供了新的机遇

长江经济带在地理范围上横跨了东中西三大地区，覆盖上海、江苏、浙江、安徽、江西、湖北等11个省份，人口和生产总值在全国的占比均超过40%。长江经济带是国家重点实施的“三大战略”之一。2016年9月，《长江经济带发展规划纲要》明确确立了长江经济带“一轴、两翼、三极、多点”的发展新格局：“一轴”是以长江黄金水道为依托，发挥上海、武汉、重庆的核心作用，推动经济由沿海溯江而上的梯度发展；“两翼”分别指沪瑞和沪蓉南北两大运输通道，这是长江经济带的发展基础；“三极”指的是长江三角洲城市群、长江中游城市群和成渝城市群，通过充分发挥中心城市的辐射作用，打造长江经济带的三大增长极；“多点”指发挥地级城市（三大城市群之外）的支撑作用，增强与中心城市的经济联系，带动地区经济发展。因此，上海在“一轴、两翼、三极、多点”中都扮演着龙头作用。具体而言，在“一轴”的长江黄金水道建设方面，上海的国际航运中心将发挥现代航运服务的突出作用，形成与武汉长江中游、重庆长江上游和南京区域的航运物流中心相互配套的枢纽格局，成为带动高端航运服务发展的业态。在“两翼”的沪瑞和沪蓉南北两大运输通道建设方面，上海将发挥服务业的优势，促进经济增长空间从沿海向沿江内陆辐射拓展，并充分挖掘中上游广阔腹地巨大的内需潜力，形成上中下游优势互补、协作互动格局，缩小东中西部发展差距。在“三极”的长江三角洲城市群、长江中游城市群和成渝城市群建设方面，以上海为中心的长江三角洲城市群将作为龙头，长江中游城市群和成渝城市群将作为支撑，黔中和滇中两个区域性城市群将作为补充，沿江大中小城市和小城镇将作为依托，形成一个“区域联动、结构合理、集约高效、绿色低碳”的新型城镇化格局。在“多点”加强与中心城市经济联系互动方面，上海无疑将发挥更加突出和更具有影响力的作

用。长江经济带地区虽有交通便捷、资源丰富、城市密集、市场广阔的优势，但在产业发展中也存在一大批高耗能、大运量、急需转型升级的工业行业和特大型企业。上海可以帮助和带动他们发展现代服务业，推动市场统一融合，实现经济要素有序自由流动，区域经济协同发展，整个长江经济带资源高效配置，经济提质增效升级，这不仅有利于加快上海服务贸易的发展，而且有利于长江经济带沿江产业结构调整和城镇化布局，共同培育长江经济带面向国际竞争的新优势。这对于实现民族伟大复兴具有重大现实意义和深远历史意义 。

（四）扩大服务业对外开放，为上海服务贸易发展注入了新的动力

30 多年来，上海在服务业对外开放方面创造了许多个“第一”：如在中国内地成立了全国第一个服务贸易行业协会，第一家中外合资商场，第一家中外合资合营展览馆，第一家联营试点的中外律师事务所，首座迪士尼乐园，第一家外资控股的保险公司。政府的主要举措包括建立服务贸易发展联席会议制度、设立专项资金、出台服务贸易发展中长期规划以及公布服务贸易促进指导目录。近几年，上海在推动服务业对外开放方面迈出了坚实的步伐。2018 年 9 月，上海制定了《中国（上海）自由贸易试验区跨境服务贸易负面清单管理模式实施办法》，并发布跨境服务贸易负面清单，在全国范围内率先探索跨境服务贸易负面清单管理模式；2019 年 8 月，《上海市新一轮服务业扩大开放若干措施》正式公布，将实施涵盖 7 大板块、40 项内容的服务业对外开放新措施。文化旅游、教育医疗、科技创新、物流运输、金融服务、专业服务等是上海市新一轮服务业扩大开放的主要聚焦领域。根据上海市商务委员会的统计数据，近 10 年来，上海服务业实际利用 FDI 占全市实际吸收外资总额的比重基本保持在 90% 。“十三五”规划以来，上海服务出口年均增长 4. 5% ，2020 年，上海服务贸易进出口规模达 1530. 3 亿美元，约占全国总额的 20% ；高附加值产业服务的出口表现非常亮眼，专业管理和咨询服务、电信、计算机和信息服务、技术服务的出口占比超过 60% ，国际竞争力显著提升；全市约有 80 家企业的年服务

出口额超过 1 亿美元，这些企业主要分布在生物医药研发、文化旅游、金融服务等领域。正是得益于领中国开放风气之先，上海服务贸易的开放发展走在了全国前列。

三　上海全面打造服务贸易新发展格局

“十四五”时期，上海市服务贸易将进入高质量发展的新阶段。在创新、协调、绿色、开放、共享发展理念的引领下，上海将把加快发展现代服务业作为落实“创新驱动发展、经济转型升级”的重要举措，按照全面建成“五个中心”的基本要求，以服务自贸试验区和科技创新中心建设为契机，加快构建结构合理、服务优质、布局均衡的现代服务业体系，进一步发挥服务贸易在经济转型升级中的重要作用，推动上海服务贸易国际竞争力的提升。

（一）全面创新服务贸易发展模式

在服务贸易创新方面，上海通过经济结构的转型升级，提高了上海经济发展的质量，为服务贸易发展创造更为广阔的空间。近年来，上海服务贸易能级和核心竞争力不断提升，服务贸易规模连续多年排全国第一。在“十四五”期间，上海服务型经济将朝着“专业化、高端化、品牌化”高质量发展“进阶”。

一是落实国家创新发展试点要求，推动服务贸易向纵深发展。2016 年和 2018 年，国务院先后部署了两轮服务贸易创新发展试点。在两轮试点中，上海都取得了优异成绩，产生了 16 个制度性创新案例，在全国复制推广。2016～2019 年，上海服务贸易结构不断优化。2020 年 8 月，国务院批复同意《全面深化服务贸易创新发展试点总体方案》，提出了完善管理体制、扩大对外开放等 8 个方面 122 项具体试点任务，试点地区增加至 28 个。上海市人民政府专门制定并印发了《上海市全面深化服务贸易创新发展试点实施方案》，主要包括总体要求、试点任务、工作要求等三个部分。试点任务共有 8 个方面、22 项任务以及 80 条举措。

二是结合国际城市中心功能定位，提升服务贸易综合竞争力。重点围绕着金融、保险、航空、会展等优势产业，扎实打牢服务贸易的发展基础；突出国家对外文化贸易基地和出口基地建设，让文化产业成为服务贸易的先进力量；配合中国邮轮旅游发展示范区、国家体育消费试点城市建设，使旅游和健康消费成为服务贸易的新生动力。

三是服务国家区域发展战略，打开服务贸易发展空间格局。上海在加快自身发展的同时，主动服务全国。上海以服务型经济为特征的现代服务业逐步成为经济发展的新增长点，在要素配置、供需对接、内需体系成为关键支撑之后，上海助力国内经济循环将更加畅通。因此，在服务贸易上，要探索建立沪苏浙皖联盟，推动长三角地区服务行业标准和管理规则的对接，促进长三角地区服务贸易在更大范围、更宽领域、更深层次“走出去”。

四是立足公共服务、品牌培育、合作网络，健全服务贸易国际交流体系。上海作为国际经济中心城市，要在金融、航运、贸易等领域深化合作交流，建设一批服务贸易境外促进中心，推动实施各种专业服务“跟随出海”战略，培育一批服务贸易示范基地和示范项目，在全球服务贸易网络中挖掘纵深优势，拉长长板，将上海全面建成国际经济、金融、贸易、航运中心和科技创新中心，为服务型经济发展创造更好条件。

（二）全面提升服务贸易便利化水平

贸易便利化有利于在全世界范围内更好、更合理地配置、利用资源，也有利于降低商品或服务交易的成本，提高服务效率，促进竞争，促进产业不断创新升级。服务贸易涉及面广，监管起来比较复杂，上海在以下几个方面提升服务贸易便利化水平。

一是完善技术进出口监测体系。对禁止类和限制类技术进出口进行科学管控，防范安全风险。在国际先进的集成电路、人工智能、生物医药、民用航空、碳排放、环保检验检测技术的进口许可、风险管理等方面开展便利化试点。

二是拓宽跨境金融服务范围。全面提升金融科技在跨境业务中的应用水平，拓展金融科技应用场景。对符合条件的保险机构开展外汇寿险业务，依托自由贸易账户开展保险跨境业务创新；对符合条件的外资银行开展国债期货交易，参与商品期货、标准仓单、标准仓单质押及场外衍生品业务；在银行金融机构建立人民币跨境贸易融资和再融资服务体系；对于内外资机构申请设立银行卡清算机构、参与国内人民币银行卡清算等金融服务给予大力的支持，在跨境结算等方面提供与国际接轨的配套政策支持。

三是提升跨境运输服务能级。实施便捷、高效的国际船舶登记制度，简化登记条件，优化登记流程，推动船舶要素集聚。提升航运融资与保险、海事教育与研发、航运咨询与信息等服务能级。在洋山特殊综合保税区、北外滩航运服务总部基地、虹桥临空经济示范区建设一批航运公共服务平台。

四是扩大文化旅游服务全球影响力。上海将创建国家版权创新发展基地，实施"千帆计划"，发挥新经济平台企业集聚优势，服务数字文化内容"走出去"，提升国家对外文化贸易基地（上海）的服务能级。在国际艺术品保税服务中心建设中，上海将优化艺术品快速通关及保税仓储服务；在优化提升上海港国客中心服务能级中，上海将建设中国邮轮旅游发展示范区，并进一步深化吴淞口国际邮轮港功能。

五是推进人员流动便利化。推进来华就医签证便利化政策，为境外人员旅游就医提供出入境和停居留便利。推进临港新片区世界顶尖科学家社区的建设，对外籍高层次人才出入境、停居留等实施更加便利的政策措施。

六是推进数据跨境安全有序流动。参与数据规则国际合作，提高对数据安全的保护程度。探索建立数据跨境流动分类监管模式，建立数据跨境传输安全管理试点。从数据保护能力认证、数据流通备份审查、数据跨境流动、交易风险评估等方面建立数据安全管理机制。

（三）全面推动服务贸易对外开放

服务贸易不同于货物贸易，其贸易壁垒或明或暗地广泛存在，各国在关税壁垒的基础上，还以各种国内立法、非关税壁垒的形式，阻碍资本、人员、信息和服务产品的国际流动，直接影响着服务贸易发展的质量和效益。

2015年，联合国贸发会议发布的《各国服务贸易开放度数据》表明，美国、日本、澳大利亚等国际服务贸易竞争力比较强的国家，开放度并不是很高，分别为6.83%、7.79%、8.7%，中国自加入WTO以后，服务贸易对外开放度已经逐渐扩大到中等水平，为5.86%。服务贸易作为中国贸易强国建设的重要支撑和外贸发展的新引擎，推动服务业的进一步双向开放，提高中国服务业的开放水平，是推动中国服务贸易发展的重要举措。一方面，通过扩大服务业开放范围，吸引外商服务企业来华投资，通过合作和竞争，促进国内服务企业吸收和消化先进的服务理念和经验，提升中国企业的服务水平，从而促进服务出口；另一方面，以开放促进与世界各国的双边和多边合作，推动对方也开放服务贸易领域，则有助于打破服务贸易壁垒，做大服务贸易的“蛋糕”。上海以自贸试验区为载体，全面扩大服务领域的对外开放，创造了许多可推广可复制的经验。上海将继续做好以下工作。

一是大力发展服务业，打下服务贸易开放的坚实基础。上海将认真把握好贸易与产业的相互关系，一方面抓服务业的发展，另一方面抓服务业的对外开放，促进服务贸易的发展。例如，2009年上海服务业增加值占全市GDP的比重仅59.4%，2019年这一比重则上升到72.7%，足足提高了13.3个百分点。由此可见，上海服务贸易的崛起，离不开产业的发展和成长，得益于服务业的发展和开放，高附加值行业的出口已经成为上海服务出口的主要增长点，占比超过60%。

二是先行先试，为服务贸易开放积累丰富经验。按照国家服务业开放领域的要求以及有关部委制定的政策保障措施，上海都将以先行先试来推动深化开放。如争取境外已上市抗肿瘤新药在本市医疗机构先行定点使用；支持与境外机构合作开发跨境商业医疗保险产品；支持外国专利代理机构在本市设立常驻代表机构试点；争取允许外国机构在本市独立举办冠名“中国”“中华”“国家”等字样以外的涉外经济技术展；允许在本市设立的内地与港澳地区合伙联营律师事务所以本所名义聘用内地和港澳地区的律师等。

三是扩大开放，对境内外合格投资者放宽业务范围。如合格境内机构投资者的主体资格范围可扩大到境内外机构在上海设立的证券公司、基金公司等投资管理机构；进一步扩大合格境内机构投资者的境外投资范围，允许合格境内机构投资者开展各类境外投资业务，例如境外直接投资、证券投资和衍生品投资等。允许取得国际专业资质或具有特定国家和地区职业资格的金融、规划、航运等领域的专业人才经备案后可以在本市提供服务；允许取得永久居留资格的外籍人才领衔承担国家科技计划项目，以及担任本市新型研发机构法定代表人；允许符合条件的外国人在本市开展专利代理执业试点；允许在本市合法工作的港澳人员按照规定申请参加相关专业技术类职业资格考试等。上海服务贸易对外开放取得了显著成绩，2019 年，在上海投资的国家和地区达 188 个，在上海落户的跨国公司地区总部累计达到 720 家。其中，亚太区总部 116 家；外资研发中心 461 家。年内新增跨国公司地区总部 50 家。其中，亚太区总部 28 家、外资研发中心 20 家、其余 2 家。

（四）全面推动服务贸易重点领域转型升级

过去，上海抓服务贸易转型升级是用“四个抓”来促进的：一是抓重点企业，二是抓品牌培育，三是抓市场开拓，四是抓平台建设。展望未来，上海将在巩固航运、物流、金融、商贸、信息、文化等领域的基础上，把服务贸易的工作重心放在解决薄弱环节和推动转型升级上面。

一是继续推动生产性服务业走向高端化。大力发展服务于制造业的智能化、柔性化和服务化的软件、系统，促进工业生产流程再造，促进定制生产等模式创新。加快科技创新能力对生产服务业的渗透，大力发展研发设计、信息技术等生产性服务业。加强新材料、新产品、新工艺的研发和推广应用，促进工业设计向高端综合设计转变。强化制造业对服务化的转型要求，加快发展总集成总承包、供应链管理、融资租赁、电子商务、服务外包等生产性服务业。积极承接国际离岸服务外包业务，大力培育在岸服务外包市场。按照专业化、市场化的要求，发展节能环保、商务咨询、售后服务、人力资源服务和品牌建设等生产性服务业。

二是继续推动生活性服务业走向品质化。根据现代生活水平的提高和消费升级的需求，以服务业开放为契机，挖掘、培育消费的新增长点，推动生活性服务业向便利化和品质化升级，全面提升生活性服务业发展质量和效益。大力发展家政服务、社区服务、病患陪护、家庭用品配送等家庭服务业。加快发展养老服务业，完善养老服务设施，创造养老服务的新业态和新模式。大力发展文化服务业，促进文化创意企业集聚，构建结构更优化、布局更合理、优势更突出、辐射更显著的文化创意产业集群。优化发展批发零售业，加强现代批发零售服务体系建设，推进特色商业街建设，鼓励发展农产品批发市场、推进农产品冷链物流设施建设。发展住宿餐饮业，促进其标准化、规模化、产业化、品牌化发展。鼓励教育服务业发展，依托上海丰富的教育培训资源，建立多层次的教育培训体系。加快推动旅游服务业发展，基于居民休闲消费发展的新特征，大力发展都市休闲旅游业，进一步盘活存量、做优增量，将上海打造成世界著名旅游城市。

三是继续推动服务贸易走向数字化。2019 年 7 月，上海发布了《上海市数字贸易发展行动方案（2019—2021 年）》，这是全国发布的第一个数字贸易发展行动方案。方案的总体思路是将上海打造为“数字贸易国际枢纽港”，并加快建设数字贸易创新创业中心、交易促进中心、合作共享中心。上海的数字贸易以“基础设施即服务、平台即服务、软件即服务”等模式为重点，聚集国内外知名云服务商。数字内容将以游戏、动漫、演绎、网络视听、数字阅读为核心内容，融合数字化产品与文化教育产业，以丰富中国文教产业输出的形式和内容，推动文化创意以及教育产业发展。上海建设“数字贸易国际枢纽港”具有坚实的基础。2018 年上海数字贸易进出口总额为 260 亿美元，同比增长 16%。作为上海数字贸易的两大支柱，2018 年，数字内容和数字服务的出口额分别为 27 亿美元和 143 亿美元。2021 年，上海数字贸易进出口总额预计达到 400 亿美元，其中，数字贸易出口额达到 260 亿美元，年均增长速度超过 10%；上海市数字贸易龙头企业、数字跨国公司规模不断扩大，实力不断增强。

（五）全面优化服务贸易政策体系

一是完善资金税收支持。在服务贸易专项资金支持上，上海将每年更新

《促进指导目录》，对符合条件的企业给予资金支持，并将支持范围扩展至数字贸易等新模式、新业态。同时，加强与国家服务贸易创新发展引导基金的对接，支持市场化服务贸易创新发展基金的设立，带动社会资本对服务贸易创新发展和新业态培育的支持。优化跨境应税行为、增值税零税率退税和增值税免税办税流程。在确保有效监管和执行相关税收政策的前提下，对“两头在外”模式中的研发、检测环节所需的进口料件实行保税监管。探索对海关特殊监管区内外资医院开展研发业务所需、非用于销售或使用的进口医疗器材和耗材予以保税。

二是提升金融服务供给质量。鼓励金融机构充分运用大数据、区块链等技术，向企业提供无担保信用融资、保单融资、供应链融资等服务，提升金融服务效率。试行推出知识产权证券化产品，健全知识产权评估体系，完善风险补偿机制，推广知识产权质押融资模式，加大知识产权保险产品开发和推广力度。加大出口信用保险对服务贸易的支持力度，加深“政银保”合作，运用“大数据＋担保＋银行”“信保＋担保＋银行”等模式，拓展出口信用保险的覆盖范围，降低服务出口企业的融资成本。

三是探索完善管理体制。上海将全面加强对服务贸易创新发展试点工作的领导协调，对服务业扩大开放、现代服务业发展和服务贸易高质量发展进行统筹协调，设计服务贸易发展绩效综合评估体系，并建立考核机制。进一步进行“放管服”改革，根据国家有关部委制定的政策措施，简化外资旅行社审批流程，实行企业承诺制，审批时限由现在的30个工作日缩短至15个工作日。在建筑领域，建立建筑师负责制的常态化运行机制，探索国际通用的建筑工程设计咨询服务模式，探索国土空间规划资质管理工作。此外，将外籍人员子女学校审批权由市级教育主管部门进一步下放到区一级。

（六）全面健全服务贸易促进体系

上海高度重视服务贸易促进工作，相继出台了一些促进服务贸易发展的措施，深化服务业体制机制改革，有力促进了服务贸易的发展。他们瞄准国际标准改进工作，注重发展质量，做大做强，优化上海服务贸易的发展环境。

一是特别注重创新主体的培育。在创新市场培育、社会环境建设、知识产权保护等方面做加法，在行政审批等方面做减法，为各类创新主体放权松绑，扩大选人用人、编制使用、职称评审、机构设置、科研立项、成果处置等方面的自主权，为服务业企业开展各种创新创业活动提供动力。

二是特别注重创新载体的建设。如通过张江科学城建设，引领带动其他科技创新中心建设，充分发挥重要功能承载区、自贸试验区、发展示范区等的综合政策优势，推动全城全域服务贸易创新。

三是特别注重提升品牌影响力。努力培育一批具有国际影响力的上海服务贸易品牌，鼓励自主品牌服务出口。建立上海服务品牌认证标准体系，支持企业打造有品牌效应的服务产品。

四是特别注重激发人才的创新活力。建立健全人才培养、引进、使用、评价、激励、流动机制，为各类科技创新人才提供创新创业的条件和平台，营造“近悦远来、人尽其才”的发展环境。同时，营造宽容失败的创新氛围，明确规定已履行勤勉尽责义务，未违反科研诚信的、未谋取非法利益的单位和个人，虽未达预期目的，但不做负面评价。

五是特别注重提升公共服务水平。围绕共性技术支撑、云服务、检验检测、认证认可、信息共享、人才培养和引进、贸易促进、风险管理等功能，打造公共服务平台。认定和培育一批服务贸易示范基地和示范项目，打造知识产权公共服务平台，加强公共服务资源供给。

六是特别注重加大国际交流力度。按国家规定，深化上海与其他国际城市服务贸易的城际合作，加强金融、航运、贸易等领域的合作交流，建立服务贸易国际合作网络。充分发挥本市服务贸易行业组织、促进机构的功能，如发挥上海市贸促会、上海国际商会双边工商合作机制的作用，用好中国国际进口博览会等重要平台，密切与世界经贸组织、国际友好城市的合作往来，加大国际交流力度。建设一批服务贸易境外促进中心，开展海外促进活动，全面打造面向全球的服务贸易中心。

参考文献

《上海市服务业发展“十二五”规划》，上海市人民政府网站，2012 年 7 月 19 日，https：//www. shanghai. gov. cn/shssewzxgh/20200820/0001 - 22403_ 638157. html。

《上海市人民政府关于印发〈上海市服务业发展“十三五”规划〉的通知》，上海市人民政府网站，2016 年 9 月 20 日，https：//www. shanghai. gov. cn/nw12344/20200814/0001 - 12344_ 49558. html。

《上海市加快促进服务贸易发展行动计划（2016 - 2018）》，上海市浦东新区人民政府网站，2017 年 8 月 11 日，http：//www. pudong. gov. cn/shpd/about/20170811/008002001005_ d975b149 - 325b - 4a15 - bdb4 - a1b21f12525f. htm。

《上海市新一轮服务业扩大开放若干措施》，上海市人民政府网站，2019 年 8 月 13 日，https：//www. shanghai. gov. cn/nw12344/20200813/0001 - 12344_ 61405. html。

《上海市人民政府关于印发〈上海市全面深化服务贸易创新发展试点实施方案〉的通知》，上海市人民政府网站，2020 年 11 月 5 日，https：//www. shanghai. gov. cn/202023zfwj/20201214/1b7a31ff9108492ebb40e257593df40b. html。

《长江经济带发展规划纲要》，360 百科，https：//baike. so. com/doc/25121588 - 26103009. html。

邹娟、顾芳铭：《上海 16 个实践性、制度性服务贸易创新案例在全国复制推广》，澎湃新闻，2020 年 11 月 18 日，http：//m. thepaper. cn/renmin_ prom. jsp? contid = 10036090。

吴宇、胡文嘉：《上海：多个“开放第一”助力服务贸易创新发展》，新华网，2020 年 9 月 4 日，http：//big5. xinhuanet. com/gate/big5/sh. xinhuanet. com/2020 - 09/04/c_ 139342059. htm。

姜煜：《上海服务贸易进出口规模居全国之首 将作为唯一主宾市参展服贸会》，中国新闻网，2020 年 9 月 1 日，https：//www. chinanews. com/cj/2020/09 - 01/9279701. shtml。

《2015 年上海市国民经济和社会发展统计公报》，上海市统计局网站，2016 年 2 月 28 日，http：//tjj. sh. gov. cn/tjgb/20160228/0014 - 287258. html。

《2019 年上海市国民经济和社会发展统计公报》，上海市统计局网站，2020 年 3 月 29 日，http：//tjj. sh. gov. cn/tjgb/20200329/05f0f4abb2d448a69e4517f6a6448819. html。

B.17

推动服务贸易创新：海南服务贸易发展报告（2021）

于　涛*

摘　要：海南作为中国纬度最低的省份，与东南亚诸国接壤，是中国海路通向世界的门户之一，具有极高的战略价值。根据习近平总书记“4·13”重要讲话和《关于支持海南全面深化改革开放的指导意见》《海南自由贸易港建设总体方案》以及《中共海南省委关于制定国民经济和社会发展第十四个五年规划和二〇三五年远景目标的建议》等文件精神，海南将紧紧围绕“三区一中心”战略定位，高质量高标准建设自由贸易港。其中，服务贸易作为海南经济体系的关键组成部分之一，其发展方向的选择对于全省实现“十四五”战略目标具有重要意义。本文通过分析海南近年来服务贸易发展现状，比较其服务贸易依存度、出口竞争力等方面，研究认为目前海南服务贸易拥有数字贸易潜力巨大、扩大开放和鼓励外资政策等潜在发展空间，但同时也存在服务贸易依存度较低、传统服务贸易比例过高、新业态培育不充分等问题和挑战，并针对性地提出加强信息技术基础设施建设、建设特色服务出口基地、进一步吸纳高水准专业人才等建议。

关键词：海南发展　服务贸易　经济建设

* 于涛，海南省中国特色社会主义理论体系研究中心特约研究员、中国南海研究院海南自由贸易港研究中心主任，主要研究方向为国际服务贸易。

一　海南服务贸易发展现状

2020 年，海南服务贸易发展态势良好，政府在积极推动创新试点改革进程、增强服务业支撑作用、加快服务领域数字化转型的同时，打好疫情攻坚战，为新一年试点工程奠定基础。

（一）推进改革试点成效显著

习近平总书记发表"4·13"重要讲话以来，海南省大力发展旅游业、现代服务业和高新技术产业，推进建设自由贸易试验区和自由贸易港，服务贸易快速发展。2018 年、2019 年海南注册服务贸易市场主体分别增长 58.9%、59.6%，由此促进了服务贸易持续增长；2018 年、2019 年海南服务贸易进出口总额分别增长 16.8% 和 20.3%。2020 年受疫情影响，海南服务贸易进出口总额为 185.03 亿元，同比下降 15.8%。

根据海南省统计局数据，2020 年海南服务贸易进口额为 135.16 亿元，增长 26.84%；出口额为 49.87 亿元。海南服务贸易伙伴共 119 个，与新加坡、美国、爱尔兰、英国的服务贸易额占进出口总额的 71.22%。

服务贸易 12 个板块中，贸易量排前 3 的板块为运输服务、其他商业服务、知识产权使用费；增幅排前 3 的板块为电信计算机和信息服务、金融服务、保险服务。保险服务，金融服务，电信、计算机和信息服务，其他商业服务，个人、文化和娱乐服务，维护和维修服务、知识产权使用费等 7 个新兴服务贸易板块均实现增长，新兴服务贸易额占海南服务贸易总额的 56.95%，远高于上年同期的 22.89%。[①]

（二）传统服务业支撑作用更加突出

海南服务贸易受到服务业整体支撑作用明显。据统计，海南服务业增加

---

① 《2020 年海南新兴服务贸易快速发展 进出口额同比增长 1.1 倍》，新浪网，2021 年 1 月 14 日，http://k.sina.com.cn/article_1708533224_65d625e802000ykzo.html。

值由2007年的537亿元扩大到2019年的3129亿元，年均增长15.9%，高于同期GDP、第一产业和第二产业增速。海南服务业增加值占GDP的比重由2007年的42.9%提高到2019年的59.0%，提高了16.1个百分点，提前完成了“十三五”规划目标（见图1）。2020年，海南第三产业受投资额影响明显，增长率仅为4.9%，远低于第一产业（115.5%）和第二产业（23.1%）。分行业看，交通运输、仓储和邮政业增长15.4%，信息传输、软件和信息技术服务业增长27.3%，租赁和商务服务业增长17.1%，居民服务和其他服务业增长27.3%，其他大部分细分产业增速放缓，或呈现负增长。

2020年，海南服务业增加值比上年增长5.7%，对整体经济增长的贡献作用达到95.8%。其中，批发和零售业增加值增长18.2%，金融业增长1.1%，其他服务业增长9.9%。全省货物运输周转量达3696.12亿吨公里，比上年增长121.5%；主要港口货物吞吐量达1.92亿吨，与上年基本持平。2020年底，金融机构本外币贷款余额为9981.72亿元，比年初增长4.8%。

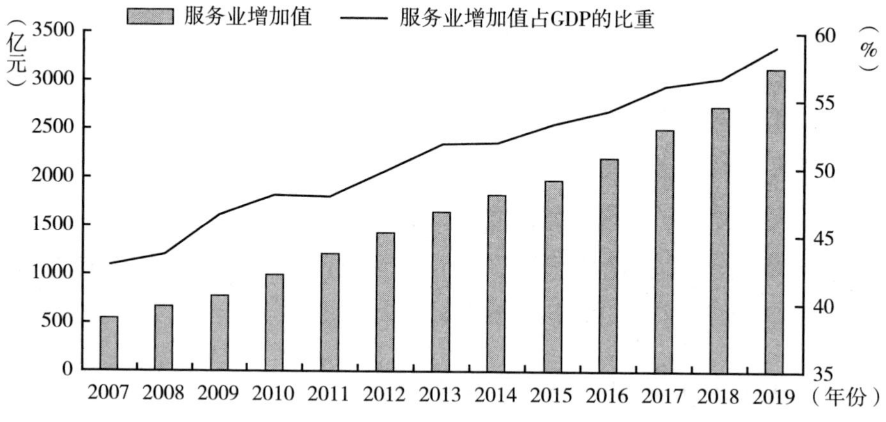

图1　2007～2019年海南服务业增加值及其占GDP的比重

资料来源：中国南海研究院《海南发展服务贸易的可行路径研究》。

（三）贸易结构逐步优化

2020年，海南服务贸易结构整体处于逐步优化的状态，更加适应本地区经济、社会、环境等多方面现状，并在提高对外贸易的重要竞争力和推动海南经济效能转化方面发挥重要作用。

相对优势指数是衡量一个地区某产业竞争力的指标，如果指数大于1，说明该地区的这一产业和其他地区相比更具有相对优势。以2019年为例，从服务贸易出口看，海南相对优势指数大于1的行业有3个，即旅游服务（4.20）、运输服务（1.50）、加工服务（1.36）。相对弱势行业有金融服务（0）、政府服务（0.01）、其他商业服务（0.04）、建筑服务（0.05）等（见表1）。从服务贸易进出口看，海南相对优势指数大于1的行业有6个，包括维护和维修服务（2.76）、加工服务（2.04）、个人、文化和娱乐服务（1.61）、运输服务（1.50）、知识产权使用费（1.43）、旅游服务（1.09）。相对弱势行业有金融服务（0.03）、保险服务（0.06）、建筑服务（0.09）等（见表2）。

因此，保险服务、金融服务都是海南服务贸易中相对弱势的产业，且有很大发展空间。金融是经济活动的核心，资金是血脉，国际旅游和国际航运都需要金融、保险服务的支撑，海南金融和保险服务贸易有较大市场需求。

表1　2019年全国服务贸易出口与海南服务贸易出口情况（分行业）

单位：亿元，%

服务类别	全国服务贸易出口		海南服务贸易出口		海南服务贸易出口相对优势指数
	金额	占比	金额	占比	
总额	17657	100	113.08	100	1
运输服务	2799	15.85	26.85	23.74	1.50
旅游服务	2611	14.79	70.28	62.15	4.20
建筑服务	1759	9.96	0.60	0.53	0.05
加工服务	1153	6.53	10.03	8.87	1.36
维护和维修服务	475	2.69	0.13	0.11	0.04
保险服务	326	1.85	0.23	0.20	0.11
金融服务	230	1.30	0	0.00	0

续表

服务类别	全国服务贸易出口		海南服务贸易出口		海南服务贸易出口相对优势指数
	金额	占比	金额	占比	
知识产权使用费	368	2.08	0.53	0.47	0.22
电信、计算机和信息服务	3114	17.64	3.10	2.74	0.16
其他商业服务	4626	26.20	1.28	1.13	0.04
个人、文化和娱乐服务	80	0.45	0.04	0.04	0.08
政府服务	116	0.66	0.01	0.01	0.01

注：因四舍五入，部分数据加总不足100%。

资料来源：《中国服务贸易统计》（2019 年）和《海南服务贸易检测报告》（2019 年）。

表 2　2019 年全国服务贸易进出口与海南服务贸易进出口情况（分行业）

单位：亿元，%

服务类别	全国服务贸易进出口		海南服务贸易进出口		海南服务贸易进出口相对优势指数
	金额	占比	金额	占比	
总额	52404	100	219.65	100	1
运输服务	9965	19.02	62.50	28.45	1.50
旅游服务	20931	39.94	95.74	43.59	1.09
建筑服务	2329	4.44	0.90	0.41	0.09
加工服务	1171	2.23	10.03	4.57	2.04
维护和维修服务	643	1.23	7.44	3.39	2.76
保险服务	1112	2.12	0.29	0.13	0.06
金融服务	371	0.71	0.04	0.02	0.03
知识产权使用费	2723	5.20	16.32	7.43	1.43
电信、计算机和信息服务	4687	8.94	4.46	2.03	0.23
其他商业服务	7755	14.80	19.66	8.95	0.60
个人、文化和娱乐服务	305	0.58	2.06	0.94	1.61
政府服务	412	0.79	0.21	0.09	0.12

资料来源：《中国服务贸易统计》（2019 年）和《海南服务贸易检测报告》（2019 年）。

按现有统计口径，① 服务贸易可分为传统服务贸易和新兴服务贸易，或分为劳动力密集型服务贸易，如旅游、建筑、加工服务；资本密集型服务贸易，如运输服务、金融服务、保险服务；技术知识密集型服务贸易，即除劳

① 商务部服务贸易和商贸服务司：《中国服务贸易统计》（2018 年）。

动力密集型和资本密集型以外的服务贸易。如表 3 所示，海南服务贸易具有如下特征。

第一，海南传统服务贸易进出口额占比近八成。2019 年海南传统服务贸易进出口额为 169.17 亿元，含运输服务、旅游服务、建筑服务和加工服务，占比 77.02%；新兴服务贸易进出口额为 50.27 亿元，含保险服务，金融服务，电信、计算机和信息服务，个人、文化和娱乐服务，维护和维修服务，知识产权使用费，其他商业服务等，占比 22.89%。2019 年海南服务贸易进出口额排前 3 的行业为：旅游服务（95.74 亿元，占比 43.59%）、运输服务（62.50 亿元，占比 28.45%）、其他商业服务（19.66 亿元，占比 8.95%）。

表 3　2019 年海南服务贸易进出口数据（分行业）

单位：亿元，%

	行业	进出口			出口			顺差（逆差）
		进出口额	增长率	占比	出口额	增长率	占比	
传统服务贸易	运输服务	62.50	39.85	28.45	26.85	38.06	23.74	-8.80
	旅游服务	95.74	22.27	43.59	70.28	37.06	62.15	44.82
	建筑服务	0.90	3177.65	0.41	0.60	2917.2	0.53	0.30
	加工服务	10.03	9.26	4.57	10.03	11.91	8.87	10.03
	小计	169.17	—	77.02	107.76	—	95.29	46.35
新兴服务贸易	保险服务	0.29	34.56	0.13	0.23	66.10	0.20	0.17
	金融服务	0.04	121.49	0.02	0	5576.2	0.0	-0.04
	电信、计算机和信息服务	4.46	52.22	2.03	3.10	84.20	2.74	1.74
	个人、文化和娱乐服务	2.06	-41.68	0.94	0.04	-81.16	0.04	-1.98
	维护和维修服务	7.44	293.87	3.39	0.13	88.15	0.11	-7.18
	知识产权使用费	16.32	-4.58	7.43	0.53	39.59	0.47	-15.26
	其他商业服务	19.66	-20.22	8.95	1.28	-54.66	1.13	-17.10
	小计	50.27	—	22.89	5.31	—	4.69	-39.65
其余	政府服务	0.21	—	0.09	0.01	—	0.01	-0.19
	总额	219.65	—	100.0	113.08	—	100.0	6.51

注：因四舍五入，部分数据加总不足 100%。

资料来源：《海南服务贸易检测报告》（2019 年）。

第二，海南传统服务贸易出口竞争力较强。传统服务贸易出口额为107.76亿元，占比95.29%。其中，旅游服务贸易出口额为70.28亿元，占比62.15%，运输服务贸易出口额为26.85亿元，占比23.74%；新兴服务贸易出口额为5.31亿元，占比仅为4.69%。其中，电信、计算机和信息服务贸易出口额为3.10亿元，占比2.74%。

第三，传统服务贸易是海南服务贸易顺差的主要来源。2019年海南服务贸易顺差为6.51亿元，但其中传统服务贸易累计顺差为46.35亿元，新兴服务贸易累计逆差为39.65亿元。海南服务贸易3大顺差行业为：旅游服务（44.82亿元），加工服务（10.03亿元），电信、计算机和信息服务（1.74亿元）；服务贸易3大逆差行业排序为：其他商业服务（-17.10亿元）、知识产权使用费（-15.26亿元）、运输服务（-8.80亿元）。

以上分析表明，旅游业是海南服务贸易的主要行业。海南建设国际旅游岛和国际旅游消费中心，以旅游业发展带动了运输、金融、保险等行业的发展。

（四）新冠肺炎疫情影响明显

2020年上半年，新冠肺炎疫情对中国绝大部分地区都产生了重大经济冲击，海南省也不例外，尤其是旅游服务业、运输服务业、建筑服务业等以线下服务作为主要贸易标的的细分行业。据海南省统计局统计，2020年1～12月，海南省服务进出口总额达185.03亿元，同比减少15.8%；进口总额达135.16亿元，同比增长26.84%；出口总额仅49.87亿元，同比减少55.9%；全年贸易呈现巨大逆差，达到85.29亿元。①

各细分行业中，旅游服务业受到的影响最大。2020年1～12月，海南旅游业进口总额达20.6亿元，同比减少18.9%，出口总额达8.1亿元，同比减少88.4%。其中，2020年全年游客运输量为1.0亿人，同

① 《2020年12月统计月报》，海南省统计局网站，http：//stats.hainan.gov.cn/tjj/tjsu/jdsj/id2019_79121/202101/P020210210796436924541.pdf。说明：因四舍五入，故进出口总额加总会有不一致现象，已与原文数据核实。

比减少 44.1%，港口和机场游客吞吐量分别减少 19.5% 和 28.1%。其他行业中，建筑服务业情况也不容乐观，进口和出口总额分别同比减少 55.8% 和 95.1%。运输业受到的负面影响小于前两者，进出口总额分别同比减少 33.9% 和 26.6%。

虽然疫情对经济造成了不小的负面影响，但同时也促进了很多行业的正面发展。以电信、计算机和信息服务为例，全年进口总额达到 16.3 亿元，同比增长高达 1105.8%；出口总额有 9.0 亿元，同比增长 188.6%。金融服务和保险服务的发展情况也很乐观，前者进口和出口总额的同比增长率分别为 110.5% 和 825.3%，后者分别为 213.1% 和 118.3%。

二　海南服务贸易发展的政策引领

为实现服务贸易健康持续发展的目标，近年来海南省人民政府推出了一系列有力举措并深入贯彻落实，为服务贸易发展指明了方向，增强了其发展动力。

（一）创新试点工作全面有序进行

2018 年 4 月 14 日，中共中央、国务院发布《关于支持海南全面深化改革开放的指导意见》，明确以现有自由贸易试验区试点内容为主体，结合海南特点，建设中国（海南）自由贸易试验区，实施范围为海南岛全岛。自此，海南自贸试验区正式建立，开启经济全面建设进程的新篇章，服务贸易也因此有了改革发展新方向。

海南推进服务贸易改革试点成绩显著，包括优化服务贸易统计，率先实现服务贸易全口径统计月报制度；将服务贸易管理事项纳入国际贸易“单一窗口”，并入选全国最佳实践案例；开展服务出口基地建设，如 2019 年 12 月，三亚市中医院被认定为首批国家中医药服务出口基地；2020 年 4 月，海南生态软件园被认定为首批国家数字服务出口基地。

2020 年 8 月 12 日，商务部印发《全面深化服务贸易创新发展试点总体方案》（以下简称《总体方案》），在海南等 28 个省份全面深化服务贸易创新发展试点。《总体方案》提出一系列创新发展试点整体方向和具体要求，包括营商环境优化、服务业国际化、产业融合等，为形成全面开放新格局、构建现代化经济体系做出贡献。

2021 年 3 月 8 日，海南省委深改办（自贸港工委办）组织召开海南自由贸易港制度集成创新培训班暨工作座谈会，全面介绍了海南自贸港建设七大关键核心政策落地进展及成效。以离岛免税新政为例，自 2020 年 7 月 1 日起实施《关于海南离岛旅客免税购物政策的公告》以来，到 12 月底，海南省日均销售额超过 1.2 亿元，同比增长 2 倍多，顺利完成全年销售额比上年翻番、达到 300 亿元的目标，实际销售额（含有税）达 327.3 亿元。2021 年前两个月，全省 9 家离岛免税店免税销售额达 84.9 亿元，同比增长 359%；购物人数达 152.9 万人次，同比增长 191%；购物件数达 807.85 万件，同比增长 216%。金融服务业改革成效显著，截至 2020 年底，海南省 FT 账户共开设账户 19375 个，账户余额为 86.46 亿元，同比增长 82.9 倍，资金收付为 313.25 亿元，同比增长 130%；首个基于 FT 账户的全功能型跨境双向人民币资金池成功落地，全省已有 10 家金融机构通过直接接入模式提供自由贸易账户金融服务；推动新型离岸国际贸易取得突破性进展，2020 年收支突破 18 亿美元，为上年的 10 倍；海南国际清算所正式注册，增资扩股稳步推进；存款余额破万亿元，贷款余额大幅增长，金融业增加值占 GDP 的比重达 7.5%。①

（二）重点加强服务业发展动能

海南十分重视服务业（尤其是传统服务业）的发展工作，扩大社会资源供给和基础设施建设，激发市场活力，全面优化升级社会保障体系，加强服务市场治理能力。其中，在服务市场高端人才方面，海南省人民政府做出了大量努力。

2020 年 9 月 14 日，海南举行《关于开展海南自由贸易港国际人才服务

① 梁振君：《最关键最核心的七大政策落地怎么样？省委深改办召开座谈会介绍自贸港建设最新进展及成效》，人民网，2021 年 3 月 9 日，http://hi.people.com.cn/n2/2021/0309/c231190－34611825.html。

管理改革试点工作的实施方案》（以下简称《实施方案》）新闻发布会，部署开展国际人才服务管理改革试点，聚焦人员进出和就业执业自由化便利化，在国际人才引进使用、培养评价、工作居留、激励保障上大胆创新，建立起与国际接轨、体现中国特色、符合海南定位的国际人才服务管理体制，吸引集聚大批国际人才，加快推动人才国际化，助力海南自由贸易港建设。省委组织部副部长张应端指出，《实施方案》围绕创新国际人才引进使用机制、完善国际人才培养评价激励机制、建立吸引外国高科技人才管理制度、深入实施工作许可和出入境便利措施、健全国际人才服务保障体系等五个方面提出了23项具体措施。《实施方案》的深入贯彻落实，将切实维护海南自由贸易港国际人才的利益，为海南省在国际范围吸纳高精尖人才做出必要保障。

海南省人民政府相当重视从外地引进人才，以补缺本地的巨大缺口。2020年4月15日，海南发布4项重点人才政策，包括《海南省人才团队建设实施办法（试行）》《海南省优化大师级人才服务保障办法》《海南省新型智库建设管理办法》《关于推进“1＋N”人才评价机制改革的实施意见》，这些政策将引进人才按从事行业和个人素质进行仔细分级，分别推出了各项保障政策，包括人才补贴、人才公寓、用车出行、医疗保健、子女入学、举荐引荐高层次人才等，为高端人才提供全面服务保障。

（三）逐步完善相关法律政策

自由贸易试验区和自由贸易港建设过程中，海南省人民政府多次推进法律制度的完善与改革政策，完善服务业和服务贸易法律保障体系，降低服务贸易发展风险。2020年4月26日，海南省人民政府印发《关于加快推进公共法律服务体系建设的实施意见》，提出“至2022年，覆盖城乡的公共法律服务网络进一步健全完善；至2035年，完成与海南自由贸易试验区和自由贸易港相适应的‘全业务、全时空’公共法律服务体系”的建设目标。主要任务包括加快推进公共法律服务均等化和一体化，积极构建全业务、全时空公共法律服务体系，全力打造多层级、智能化公共法律服务平台，扎实开展多元化、专业化公共法律服务，建立健全公共法律服务管理体制机制，通过这些措施深入完善包括服务业在内的法律服务体系。8 月 11 日，海南省人民政府办公厅印发《关于强化知识产权保护的实施意见》，提出构建更完善的知识产权保护体系、打通知识产权“快保护”的工作链条、构建更适宜的知识产权同等保护营商环境的工作目标，为服务活动的正常进行打下了坚实基础。

（四）深入建设风险保障体系

疫情期间，海南全面加强疫情防护能力，不断完善重大风险保障体系，在应对疫情和复工复产方面取得了重要成功，促进本地服务企业及时止损。2020 年 2 月 9 日，海南省人民政府印发《海南省应对新型冠状病毒肺炎疫情支持海南旅游企业共渡难关六条措施》，从减免房屋租金、降低运营成本、援企稳岗、强化财政支持等六个方面实施旅游企业帮扶。8 月 7 日，海南省发改委、省住建厅、财政厅等 9 个部门和单位联合印发《关于应对新冠肺炎疫情进一步帮扶服务业小微企业和个体工商户缓解房屋租金压力的实施方案》，对服务业小微企业的帮扶政策进行更深入细致的筹划，充分考虑小微企业的利益，为企业提供点对点的政策支持，推动服务业在后疫情时代迎来新一轮恢复期。

三　海南服务贸易发展面临的瓶颈

海南服务贸易发展稳中求进，目前形势较为乐观。但目前海南服务贸易发展仍面临诸多瓶颈，会限制其进一步发展，需要国家和地方政府加以重视。

（一）对外贸易结构缺陷明显

2019 年海南服务贸易进出口依存度为 4.1%，其中，海南服务贸易出口依存度为 2.1%，服务贸易进口依存度为 2.0%。2017 ~ 2019 年海南服务贸易依存度呈逐年上升趋势，从 3.6% 上升到 4.1%，服务贸易出口依存度逐步上升，服务贸易进口依存度保持稳定。但目前，海南服务贸易依存度仍低于全国平均水平，服务贸易对经济的推动作用还有待增强。2019 年全国服务贸易进出口依存度为5.5%。其中，服务贸易出口依存度为2.0%，服务贸易进口依存度为3.5%（见表4）。

表 4　2017～2019 年海南与全国服务贸易依存度

单位：亿元，%

		进出口总额	进口额	出口额	GDP	进出口依存度	进口依存度	出口依存度
海南	2019 年	219.65	106.57	113.08	5308	4.1	2.0	2.1
	2018 年	187.5	99.6	87.9	4832	3.9	2.1	1.8
	2017 年	162.4	86.6	75.8	4462	3.6	1.9	1.7
全国	2019 年	52404	34747	17657	990865	5.5	3.5	2.0
	2018 年	52402	34744	17658	900309	5.9	3.9	2.0
	2017 年	46990.3	31584.3	15406	820754	5.7	3.8	1.9

资料来源：国家统计局、商务部和海南省统计局。

2019 年海南服务业的服务贸易进出口依存度为7.0%，低于全国平均水平3.2 个百分点。其中，海南服务业的服务贸易出口依存度为3.6%、服务贸易进口依存度为3.4%，海南服务贸易进口依存度比全国平均水平低3.1 个百分点，服务贸易出口依存度约等于全国平均水平，但呈上升趋势（见表5）。

表 5　2017～2019 年海南服务业与全国服务业的服务贸易依存度

单位：亿元，%

		进出口总额	进口额	出口额	服务业增加值	进出口依存度	进口依存度	出口依存度
海南	2019 年	219.65	106.57	113.08	3129.5	7.0	3.4	3.6
	2018 年	187.5	99.6	87.9	2736.1	6.8	3.6	3.2
	2017 年	162.4	86.6	75.8	2503.3	6.5	3.5	3.0
全国	2019 年	52404	34747	17657	534233	10.2	6.5	3.7
	2018 年	52402	34744	17658	469575	11.2	7.4	3.8
	2017 年	46990.3	31584.3	15406	425912	11.0	7.4	3.6

资料来源：国家统计局、商务部和海南省统计局。

《2019 年世界贸易报告》显示，世界服务贸易进出口总额占 GDP 的比重为 13%，高收入国家为 15%，中低收入国家为 8%，中国约为 6%，海南约 4%，这说明海南服务贸易与地区经济规模相比仍然较弱，有很大发展空间。对外贸易结构中出现的问题，会对海南对外服务贸易的稳定性产生重要影响，削弱其抗风险的能力，难以形成持续稳定的发展动力。

（二）现代服务业发展明显失衡

海南服务贸易的支柱型产业是传统服务业，现代服务业占比较低，不利于海南省产业结构优化和创新转型。得益于疫情期间数字技术及互联网相关领域快速发展，2020 年海南现代服务业增长较快。2020 年 1～11 月，规模以上互联网和相关服务业企业营业收入同比增长 71.7%，软件和信息技术服务业企业营业收入增长 21.5%，商务服务业企业营业收入增长 52.4%，专业技术服务业企业营业收入增长 33.2%。但从全国角度来看，海南现代服务业发展速度在各省区市中排名较靠后。

海南外商直接投资以房地产业为主。近年来，因海南以壮士断腕决心摆脱经济对房地产的依赖，果断进行房地产调控，2017 年、2018 年海南外商直接投资金额分别为 230598 万美元和 74451 万美元，降幅明显（见表 6）。其中，2017 年和 2018 年服务业吸收外资金额占海南外商直接投资总额的比重分别为 97.9% 和 87.6%。

表 6　2017～2018 年海南外商直接投资情况（分行业）

单位：万美元，%

行业	2017 年		2018 年	
	金额	占比	金额	占比
外商直接投资总额	230598	100.0	74451	100.0
交通运输、仓储和邮政业	242	0.1	13	0.0
信息传输、计算机服务和软件业	39	0.0	150	0.2
批发和零售业	24384	10.6	937	1.3
住宿和餐饮业	2	0.0	65	0.1
金融业	0	0.0	0	0.0

续表

行业	2017 年		2018 年	
	金额	占比	金额	占比
房地产业	200328	86.9	18937	25.4
租赁和商务服务业	32	0.0	43470	58.4
科学研究、技术服务和地质勘查业	294	0.1	495	0.7
居民服务和其他服务业	0	0.0	525	0.7
教育	0	0.0	0	0.0
卫生、社会保障和社会福利业	50	0.0	593	0.8
文化、体育和娱乐业	313	0.1	19	0.0

注：未涉及“公共管理和社会组织”“水利、环境和公共设施管理业”服务行业，因其 2017 年、2018 年外商投资金额为零。因表 6 中的 12 项业务不代表外商直接投资的全部行业，且仅保留 1 位小数，故占比加总不足 100%。

资料来源：《海南服务贸易检测报告》（2019 年）。

从细分行业看，2017 年海南外商投资主要集中在房地产业、批发和零售业，分别是 200328 万美元和 24384 万美元，占比 86.9% 和 10.6%，二者合计 97.5%。海南房地产调控政策实施后，2018 年房地产外商投资缩减为 18937 万美元，租赁和商务服务业外商投资为 43470 万美元，二者合计占比 83.8%，其他服务行业外商投资金额较少。

近年来，尽管海南服务贸易在知识产权使用费、维护和维修服务、电信、计算机和信息服务等类别快速发展，但前期基数较小，规模有限。海南服务业外商投资集中在房地产业、租赁和商务服务业等，对新业态的引导作用不明显。海南服务业发展情况出现明显失衡现象，以及细分行业发展中出现的顾此失彼问题，会导致行业联动性被削弱，资源配给效率降低，不利于培养强大的国际竞争力，限制服务贸易进一步发展。

（三）地区发展差距显著

目前，海南服务贸易产业集中在海口、三亚和洋浦等城市和园区。2019 年海口、三亚、洋浦经济开发区累计服务贸易进出口总额达 1987270 万元，占全省比重达 90.5%，其余各市累计占全省比重达

9.5%。造成这一差异的原因可能是大型服务贸易企业集中落户在大城市和重点园区。与此同时，澄迈、琼海等地区在2019年实现了服务贸易进出口的高速增长，证明海南推动地区间服务贸易均衡发展的必要性（见表7）。

表7　2019年海南分地区服务贸易进出口情况

单位：万元，%

地区	进出口总额	增长率
海口	1361271	14.9
三亚	373629	11.2
洋浦	252370	34.1
澄迈	116933	163.0
琼海	41057	68.3
万宁	17341	16.9
东方	13268	-0.5
陵水	11412	19.1
儋州	6478	-35.7
五指山	1832	2206.7
文昌	595	-29.5
昌江	307	1030.0
临高	12	28.0
均值	168962	32.8

资料来源：《海南服务贸易检测报告》（2019年）。

海南服务贸易集中在海口、三亚和洋浦等地。2019年三地累计服务贸易进出口总额占比超过九成。这与海南的人口分布、服务业分布集中于海口、三亚等地息息相关，导致服务贸易统计值汇集在这些地方，但也反映出海南各市县间服务贸易发展的不平衡性，没有很好发挥地域分布上的潜力。地区发展不平衡会导致海南服务贸易总体战略布局难以按计划部署，无法形成资源互通、优势互补的全省服务业全面发展格局，更不利于全省经济长期建设，政府应对这一问题加以重视。

（四）高端人才缺口较大

海南服务贸易和服务业从业人员占全产业比重逐步增加，如图 2 所示，从 2018 年开始，第三产业从业人数占比已经超过 50%，2019 年从业人数为 293.41 万人，近 20 年来首次出现小幅下降，降幅为 2.30%，但从业人数占比依旧处于上升态势，增幅为 0.10%。

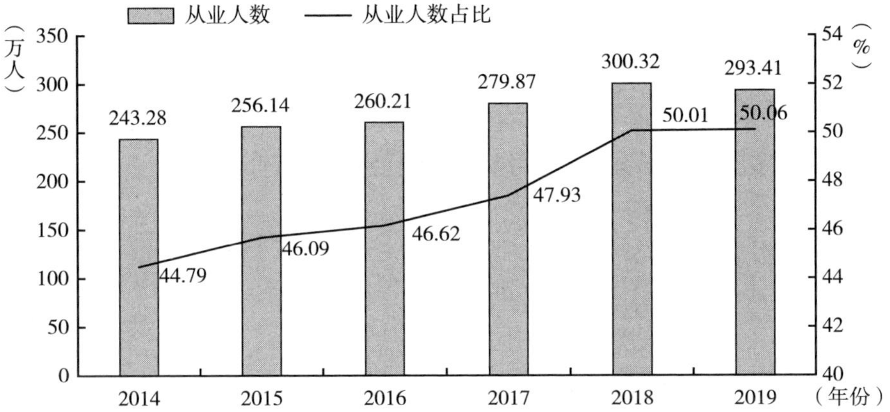

图 2　2014～2019 年海南第三产业从业人数及占比

资料来源：《海南统计年鉴（2020）》。

虽然政府已经在人才引进方面投入巨大的人力物力，人才培养工作也确实卓有成效，但海南服务贸易高端人才缺口仍然较大。2020 年 8 月 26 日，海南省人民政府印发《海南自由贸易港享受个人所得税优惠政策高端紧缺人才清单管理暂行办法》与《海南自由贸易港行业紧缺人才需求目录（2020 年版）》，其中旅游业技能技术骨干和管理人才、现代服务业技能技术骨干和管理人才、医疗领域技能技术骨干和管理人才、电信领域技能技术骨干和管理人才、互联网领域技能技术骨干和管理人才、文化领域技能技术骨干和管理人才、金融领域技能技术骨干和管理人才、航运领域技能技术骨干和管理人才等服务业人才缺口非常大，远远超过农业和工业。这种情况如果持续下去，会导致海南服务贸易发展后劲缺乏，在未来很可能陷入长期疲软状态，不利于进一步增强行业的经济贡献能力。

四　海南服务贸易高质量发展的对策建议

2021 年，海南服务贸易高质量发展进入关键期，机遇与挑战并存，政府应贯彻落实《中共海南省委关于制定国民经济和社会发展第十四个五年规划和二〇三五年远景目标的建议》，牢牢把握“十四五”发展思路，推动海南服务贸易高质量发展。

（一）进一步推动服务贸易领域创新试点工作

创新试点工作是海南服务贸易发展的绝佳机遇，海南应牢牢把握创新试点工作的整体要求与具体任务，准确判断国内外局势，深入分析海南服务贸易的优劣势，将海南创新试点工作做好、做到位。

全面打通海南与国际的联系渠道，进一步推动海南自由贸易港建设，将金融体制改革放在创新工作关键位置上，深入开展服务企业转型、管理模式改革、结构优化等一系列工作，推动企业实施内部革新。对政府监管模式进行改革，进一步优化监管流程，明晰各部门职能，做好自由贸易港服务贸易企业统筹协调工作。全面加强海南服务贸易领域国际竞争力。重点开展服务贸易领域高端人才吸纳工作，完善特色培养体制，培育出一批具有国际视野和专业素养、全面发展的高水平人才。

（二）完善和落实当前支持性政策

依据《海南自由贸易港建设总体方案》要求，及时动态调整和制定实施细则。例如，海南自由贸易港在 2025 年“封关运作”之前，每年应动态调整并制定出台海南自由贸易港放宽市场准入特别清单、外商投资准入负面清单，明确相关具体内容。如，每年对“零关税”“一负三正”清单的具体内容和实施方法、高端人才和紧缺人才个人所得税优惠税制的清单管理方法等及时进行动态调整和优化。此外，对于“对注册在海南自贸港并实质性运营的鼓励类产业企业，减按15%征收企业所得税”这项政策，应进一步细化鼓励类产业类目，便于企业分析和决策。

在金融领域，《海南自由贸易港建设总体方案》要求实现跨境资金流动自由便利化，进一步推动跨境货物贸易、服务贸易和新型国际贸易结算便利化，实现银行真实性审核从事前审查转为事后核查。对此金融监管部门还需出台相关细则和具体操作方法，为银行和其他金融机构提供较为权威的指导，使其最大限度地消化、落实相关政策。

《海南自由贸易港建设总体方案》提出，2025年前重点任务之一，就是制定出台海南自由贸易港跨境服务贸易负面清单管理制度，给予境外服务提供者国民待遇。海南探索建立跨境服务贸易负面清单管理制度，一方面要结合实际情况，进一步优化服务贸易负面清单内容，加强海南与其他国家和地区的贸易往来，同时发挥自身的强大竞争优势；另一方面要深入执行负面清单的工作，重点进行相关资格审核，做好新一阶段对外贸易试点工作。

（三）加强海南服务贸易数字化建设

数字技术是产业结构优化、产业链升级、企业转型的必要手段，海南应加强自由贸易港数字化建设，推动对外服务贸易数字化，通过实现数字治理来提升服务贸易竞争力。

海南应加快落地实施《智慧海南总体方案（2020—2025）》，并探索选择重点城市（如海口、三亚等）、重点产业园区（如洋浦、博鳌等），制定和实施《通信基础设施建设规划（2020—2025）》，开展基于新一代信息技术的基础设施建设，为发展数字经济、数字贸易打下基础。借鉴上海自由贸易试验区制定的《中国（上海）自由贸易试验区临港新片区通信基础设施专项规划（2020—2025）》，将海南打造为面向亚太、通达全球的国际通信枢纽和国际信息港。到2025年，实现5G网络全域连续覆盖，“5G+”工业互联网内网应用普及，万兆宽带部署推进，车联网覆盖新片区重点道路和路段，为数字经济和数字贸易发展打下坚实的基础。

推动服务贸易领域数字化改革，从企业内部管理、营商模式、商品流通、商品交易、企业投融资、人才流动等多个方面进行数字化治理，全面降低服务企业对外贸易成本，加强企业经营能力，降低经营风险，同时增强政府监管能力和统筹规划能力，确保市场正常运作。

（四）进一步吸纳高水准专业人才

人才是最稀缺的资源之一，虽然海南服务领域相关从业人员数目多于农业和工业领域，但考虑到高质量发展的巨大缺口，海南仍应做好更加完善的人才引进工作。

目前海南已经推出较大力度的全国人才引进政策，全面保障被引进人才的生活和工作，给予高额生活补贴、提供家庭生活和子女教育方面的便利等。海南可以在条件允许的情况下，降低提供保障的门槛，并加强基础生活设施建设，做到环境治理和发展并举，吸引更多专业型人才落户海南。另外，海南也可以扩大人才引进范围，从全球范围吸纳人才，形成以国外专家为核心的专业领域研发团队。

同时，海南还应做好本地人才培育工作，提高中小学和高等教育水平，针对服务业开设专业性更强的学科，加强高校与企业的联系，实现毕业生对口分配工作，全面降低企业搜寻人才的成本，更快更充分地挖掘新型人力资源的价值。

（五）进一步推进特色服务行业

在新一轮服务贸易创新试点中，推进文化服务、金融服务、中医药服务、旅游服务等领域特色服务出口基地建设是重点工作之一，对此国家也安排专项鼓励政策和资金支持。

在中医药服务出口基地建设方面，海南有很好的基础。海南制定了《关于推进公立中医医疗机构开展中医药服务贸易创新发展试点工作的若干政策措施》，并出台了《中医药服务贸易服务规范》和《中医药健康旅游与服务贸易示范基地建设规范》两项地方标准。海口、三亚、琼海分别推进海南省中医药健康旅游和服务贸易示范基地建设，先行先试。海南应进一步确保中医药业高水平发展，保障中药质量，并充分挖掘中药商业价值，与文化旅游行业融合发展，推动中医药领域“走出去”，加快中医药行业人才培养进程和做好具有强大竞争力的企业品牌培育工作。

海南应积极推进对外文化贸易、设计、教育等产业基地建设，探索推进琼港澳服务业合作园区建设，努力打造一批特色鲜明、机制灵活、业务开放的服务贸易集聚区，形成海南省服务贸易全方位对外开放的支撑平台。

海南应用好用足跨境资金流动自由便利化的相关政策，吸引更多外资进入海南，加快岛内资金循环。完善海南自由贸易港企业资金管理政策，在规则许可的前提下给予企业更自由的投融资空间。进行金融市场制度改革，构建更加宽松的金融服务体系，并在货物贸易和服务贸易领域逐步降低出入境门槛，实现全要素自由流动，为海南自由贸易港建设提供更多发展空间。

国际借鉴篇

International Experience and Lessons

B.18 澳大利亚电子游戏的发展：行业崩溃后制作电子游戏的现实和挑战

布伦丹·基奥　杨 彤*

摘 要：本文从澳大利亚游戏行业的发展背景入手，研究小型游戏公司的出现对澳大利亚游戏行业的影响，以及电子游戏开发商在其行业中所面临的挑战。发展背景方面，2008年全球金融危机席卷了澳大利亚电子游戏行业，大量游戏公司和游戏工作室破产、关闭，澳大利亚60%以上的游戏从业人员永远退出了该行业。此后的十年中，澳大利亚的电子游戏行业中各种各样的小型、独立的创业公司以及个人工作室迅速发展，这些公司和个人利用数字平台和专业化软件为国际市场提供原创的电子游戏。这表明，虽然我们习惯于以大型工作室和

* 布伦丹·基奥，昆士兰科技大学传播学院讲师，数字媒体研究中心首席研究员，研究方向为电子游戏市场研究；杨彤，本报告译者，北京第二外国语学院中国服务贸易研究院2020级硕士研究生。

数千亿美元的收入来标榜全球游戏行业，但现实是，澳大利亚大多数游戏开发人员都在非常小的团队中工作，预算少，并且不可能实现投资收支平衡。因此，建议政府为创意工作者提供更具针对性的支持模式，以帮助他们的小团队变得更加自主、更可持续，能够为员工提供良好的薪水并提供一定的工作保障。

关键词：　电子游戏　文化制作　创意企业家

长期以来，相较于电影、电视和音乐等，电子游戏行业受到的关注较少。影视艺术与音乐艺术创作者向受众群体传达艺术创作的主题内容，局限于视听、语言的常规形式，而电子游戏不仅仅包含视听元素，其最大的优势在于互动性。除此之外，电子游戏行业的鲜明特征之一是收益很高，2020年，全球游戏行业价值达1600亿美元——高于同期的电影业和音乐业，再次佐证了游戏行业的“高赢利性”。① 但游戏行业大部分的产值集中在索尼、微软、腾讯、任天堂、苹果、Valve等极少数大型公司中，游戏行业开发主体缺乏多样性。虽然游戏行业的收入非常丰厚，但对于许多游戏开发商而言，实现收支平衡却是一个挑战。

澳大利亚的游戏行业规模不大，但却为20世纪末全球形势变化导致游戏行业转型提供了一个很好的案例。本文将从澳大利亚游戏行业的发展背景入手，研究澳大利亚电子游戏行业如何兴起、重建和发展以及小型游戏公司的出现对澳大利亚电子游戏行业的影响，分析澳大利亚电子游戏行业的特点，明晰澳大利亚游戏开发商建立可持续业务所面临的现实困难和挑战，展望澳大利亚游戏行业发展的未来。

---

① https：//newzoo. com/insights/articles/newzoo - games - market - numbers - revenues - and - audience - 2020 - 2023/.

一　澳大利亚游戏行业的发展背景

（一）电子游戏业的兴起

澳大利亚从1980年开始制作电子游戏，游戏交易、游戏玩家、游戏的视觉美化也同时出现。从墨尔本开始，由阿尔弗雷德·米尔格罗姆（Alfred Milgrom）和内奥米·本森（Naomi Bensen）于1977年以书籍出版商和发行商的身份成立公司，并于1980年成立Beam软件公司，从而扩展了游戏开发业务，二人分别于1982年和1985年成功发行了微型计算机游戏，包括《霍比特人》（改编自小说）和《爆炸拳头》（诞生了一对一格斗游戏类型）。同期，澳大利亚成为独立游戏公司（其规模不大，通常只是由个人或几位合作伙伴发行游戏，相比之下更像乐队而不是公司）的所在地，例如，战略研究组、甜蜜软件开发公司、微型堡垒工作室和扶手椅娱乐公司。20世纪80年代，澳大利亚游戏团队主要制作微型计算机游戏，例如，Sega SC3000，ZX Spectrum，Commodore 64，Amstrad CPC。然而，20世纪90年代，全球电子游戏行业开始通过“激进正规化”的过程进行改变。本质上，北美和日本游戏机制造商通过竞争占领市场并说服消费者使用游戏机玩游戏，他们的计算能力和图形保真度的提高已成为“战争控制台”（游戏术语）的关键。每隔几年，就会出现新一代具有更大技术支持力度的家用游戏机——超级NES取代了NES，PlayStation 3取代了PlayStation2。每个新平台制作电子游戏所需的资源不断增加，以满足更高的要求。预算和开发团队的规模、用于软件开发套件的财务负担都呈现指数增长的态势。

（二）电子游戏业的生存之道

对于澳大利亚游戏开发商而言，其生存之道取决于与外国游戏发行商和游戏机制造商签订的合同，这些合同可以为其提供生产和发行大型3D电子游戏所需的财务支持、技术基础设施和全球发行网络。但是，澳大利亚与欧洲和北美洲的地理距离以及与日本的文化距离都阻碍了澳大利亚游戏开发商与他们建立这种关系。相反，澳大利亚游戏开发商通过提供比北美洲、欧洲公司相对较低的劳动力价格从而吸引了发行商资源，使澳大利亚游戏工作室成为有吸引力的外包场所。澳大利亚地理位置优越，靠近东南亚，拥有廉价、高技能和会讲英语的劳动力。克罗姆工作室（布里斯班、阿德莱德和墨尔本）[①]、环面游戏工作室（墨尔本）和大蚂蚁工作室（墨尔本）等本地工作室偶尔也会制作具有原创知识产权的游戏。其他外资公司，如瘟疫危机工作室、THQ 工作室（布里斯班，墨尔本）、澳大利亚世嘉工作室和 2K 澳大利亚工作室，都曾为《生化奇兵：无限》和《无主之地：前传》等热门游戏做出巨大贡献。同时邦迪（悉尼）队与索尼达成独家协议，为发行商摇滚之星游戏公司制作了《黑色洛城》，这些公司大多数都雇用 30～100 名开发人员从事全职工作。

（三）金融危机对游戏行业的影响

2008 年全球金融危机爆发后，借助于繁荣的采矿业，中澳贸易伙伴关系牢固，加上澳大利亚政府出台了大量刺激经济发展的方案，使得澳大利亚在很大程度上免于遭受全球金融危机的严重影响。然而，随着美国经济的崩溃，澳大利亚较强的经济恢复能力使两国之间通常不相称的汇率达到了平价。[②] 2010 年末，自 1983 年澳元浮动汇率以来，花费 1 澳元买东西的成本首次超过了花费 1 美元买东西的成本，极大地影响了澳大利亚的出口导向型制造业，包括专注于外包的视频游戏工作室。全球金融危机席卷全球，对于美国发行商而言，澳大利亚游戏工作室不再是一种最优的选择，而且澳大利亚出版商自身正遭受财务困境，大多数澳大利亚游戏工作室因而难以为继。2011 年，依赖外包或雇佣合同的澳大利亚游戏工作室几乎都

---

① 指克罗姆工作室在布里斯班、阿德莱德和墨尔本三地拥有分店。下文类似表述同，不再赘述。

② https：//www. tandfonline. com/doi/full/10. 1080/17510694. 2018. 1532760.

消失了，澳大利亚电子游戏行业受到了巨大的冲击。2009 年瘟疫危机工作室关闭；2010 年克罗姆工作室关闭；2011 年 THQ 工作室（布里斯班，墨尔本）关闭；2013 年创意组装工作室关闭；2015 年 2K 澳大利亚工作室关闭。

然而，澳大利亚电子游戏行业很大程度上并不只是被全球金融危机摧毁。澳大利亚的工作室变得过于依赖一种游戏开发模式，这种模式始终是无法预测的。所以，澳大利亚游戏开发商需要的是一种发展公司的方式，更独立、更少地依赖廉价劳动力。

二　澳大利亚小型独立游戏公司的崛起

受全球金融危机的影响，许多失业的澳大利亚游戏开发商全然退出了游戏行业或是去海外就业，但也有人选择了制作独立游戏。2007 ~ 2012 年，澳大利亚的电子游戏从业人员减少了 60%，从 1431 人减少到 581 人，而注册电子游戏企业的数量则从 45 家增加到 84 家，几乎翻了一番。[①] 换言之，2007 年澳大利亚共有 45 家电子游戏工作室，平均雇用 32 名员工；2012 年，澳大利亚共有 84 家电子游戏工作室，平均雇用 7 名员工。这标志着澳大利亚电子游戏行业向“独立”制作模式的彻底转变。

（一）独立游戏

Indie 是独立游戏的简称，在 21 世纪初出现于游戏开发领域，是一种很酷、很前卫的游戏，它的出现改变了“主流”行业缺乏创造力和痴迷于高额利润的现状。大型游戏变得越来越大，越来越复杂，而独立游戏则是由预算少的小团队制作的，通常会回归到过去的怀旧风格和更简单的视觉风格，以新的方式尝试叙事。就像音乐和电影一样，都是相对于商业制作而存在的

① Banks, John, and Stuart Cunningham, “Games Production in Australia: Adapting to Precariousness.” Precarious Creativity: Global Media, Local Labor, edited by Michael Curtin and Kevin Sanson (Oakland, California: University of California Press, 2016), pp. 186 - 199.

另一种制作行为。

全球游戏行业的一些重要变化让游戏开发商走向独立成为可能。首先，电子游戏发行和开发的并行平台化打破了主导公司在发展壮大时期用来保持其统治地位的发行瓶颈。例如，阀门公司、苹果公司以及后来的微软公司、索尼公司和任天堂公司的数字店面，将提供少量游戏的控制台业务模式转变为强制收取版税的平台业务模式，就像油管一样，视频游戏平台鼓励平台所有者通过出售尽可能多的游戏，从每笔交易中获得收益即可。其次，在20世纪末，游戏研究员杰斯珀·朱尔所称的"休闲革命"开始出现于社交媒体平台，但随着高能耗、联网智能手机设备的普及，这场革命迅速发展壮大。如果独立开发商已经准备好制作用于数字发行的小型游戏，可针对通常被3A发行商忽略的受众，为他们的智能手机制作廉价的小型游戏。

在同一时期，许多澳大利亚游戏开发商和毕业生发现自己面临着一个没有就业机会的电子游戏领域，他们还首次发现，除了与依赖外国发行商或游戏机制造商资源的大型工作室签订传统雇佣合同之外，还有其他制作和发行电子游戏的方式。在笔者于2018年对澳大利亚游戏开发商进行的一项调查中，有80%的人认为自己是"独立开发商"。在澳大利亚，独立游戏是主流，"独立"在英语语境中的最终含义是重组后的澳大利亚电子游戏领域，它不是美国游戏，也不是3A游戏，相反其在当地拥有小型工作室，是可以维护自己知识产权的一种游戏领域。

许多小型工作室在适应澳大利亚电子游戏制作模式的转变方面都取得了巨大成功。由布里斯班昆士兰科技大学的毕业生组成的半砖工作室在苹果手机端制作的短视频《水果忍者》和《疯狂喷气机》，在早期就获得了成功。自1999年以来，位于墨尔本的火薄荷工作室一直在悄悄地制作独立游戏，在转向智能手机之前，它是澳大利亚为数不多的专注于为诺基亚制作手机游戏的工作室之一。他们在苹果手机上制作的《空中管制》所取得的成功使他们被EA收购，与墨尔本的铁杆工作室合并成立了EA火猴工作室——该公司现在是澳大利亚最大的工作室之一，约有150名员工。回到布里斯班，由来自瘟疫危机工作室的行业资深人士组成的发展反抗工作室在发布《滑雪大冒险》时大获成功，使工作室得以迅速发展，并为“命运之手”这个更大项目的PC端制作提供了资金。如今，由于PC端和控制台平台都采用数字发行方式，并依靠独立开发人员填写数字目录，因此，许多小型团队已经拓宽了移动空间，以制作规模更大、叙述性更强的产品，或制作游戏机和PC端的系统驱动，例如，《终点咖啡馆》《卡图斯·进击的机器人》《命运之手》《卫星统治》，以及2019年浩室工作室制作的最有名的《无题大鹅模拟》。

（二）澳大利亚的独立游戏制作人

澳大利亚正式雇用的游戏制作人的数量仍少于全球金融危机爆发之前，但在稳步增长中，根据2020年IGEA的最新调查，澳大利亚大约有1200个游戏制作全职职务。[①] 同时，诸如GCAP之类的全国性行业活动的出席人数，以及各种本地游戏开发商为Facebook所开发的游戏中的注册人数，表明除了正式的从业人员的统计数据外，本地游戏开发活动还存在更大的未知领域。尽管有些工作室很小，平均只有9人，但也存在一些50~150人的大的工作室，例如墨尔本的EA火猴工作室，悉尼的战争公司和微型堡垒工作室，以及阿德莱德的强大王国工作室（由澳大利亚中途岛工作室的两名前雇员于2010年创立）。现在，大多数澳大利亚制片厂主要从事原始的知识产权工作，而不是外包租用工作，但是一些制片厂发现专业部门的基于外包合同的工作具有更强的经济稳定性，可以制作严肃的游戏、广告或开发模拟游戏。

关于这种向“独立开发”的过渡，最重要的是要理解尽管开发人员自己讲述了一些故事，但不一定是自愿进行的。虽然独立开发人员“选择”独立并成立自己的公司，但是正如上述所说，他们进入澳大利亚的游戏行业

① https：//igea. net/wp - content/uploads/2021/01/AGD - 2020 - Infographic - 2pp - SQUARE - 1. pdf.

是别无选择的，对于尝试进入该行业的新手和学生，唯一的选择只能是创建自己的公司。因此，游戏开发商独自创业的可能与研究人员凯特·奥克利（Kate Oakley）认为的“强迫创业”这一更广泛的现象有关，在这种现象下，富有创造力的人别无选择，只能采取创业的心态来应对不断恶化的工作条件。

在对加拿大独立游戏开发商的研究中，游戏界研究人员珍妮弗·惠特森、巴特·西蒙和费兰·帕克指出，游戏开发商在与发行人、投资人或政府代表等外部团队谈论自己的抱负或工作实践时，经常使用初创企业家的语言和姿态。[①] 然而，当谈到公司的未来时，他们对公司能否持续经营下去比对公司能否获得更大发展更感兴趣。他们对“成功”的想法通常是简单的，就是继续与他们的朋友一起制作小型游戏。最重要的是，这与独立工作室经常表现出的稳定和赢利能力之间存在脱节，而他们的运营实际上是不稳定和小规模的。这并非澳大利亚或加拿大独有。像崩溃之后的澳大利亚游戏开发商一样，利用相同的数字平台、无处不在的设备和新的受众群体，小型的独立游戏开发公司正在全球范围内兴起。现在，全球和区域行业调查通常会将工作室的平均规模控制在10人以下。澳大利亚从大型工作室的传统行业向小型独立游戏公司的新行业转型，表明了全球游戏行业正在发生的转变。

三　澳大利亚小型电子游戏制作的特点

（一）小型电子游戏的现实性

在1～10人的小型团队中开发电子游戏与在50人、100人或1000人的团队中开发电子游戏是完全不同的工作类型，小型团队面临更多不同的挑战。

① https：//journals. sagepub. com/doi/10. 1177/1367549418810082.

第一，游戏开发商收入低，无法维持生活。关于小型游戏开发团队，通常考虑的最主要因素是他们基本都没有太多资金支持，至少在早期，因为大多数游戏开发商无法从发行商或投资者那里吸引资金，所以他们通常会为保护知识产权而自筹资金。笔者研究过的许多小型团队都是从个人储蓄中为他们的项目和团队提供资金，或者是在另一项全职工作的基础上进行开发工作。为了节省资金，许多小规模的开发团队都在免费工作，或以低于法定最低工资的非正式安排方式开展工作。团队通常是按照商业利润分成的模式工作，如果游戏在商业领域中取得成功，则会获取大量利润。有时这对于开发大型游戏的团队来说非常有效，但对于绝大多数游戏开发团队来说，这意味着他们在进行游戏开发的实际工作时，还需要用另一种收入来源来维持自己的生活。在这个领域中，许多团队都青睐雇用核心团队成员作为承包商来遵守最低工资法的相关规定，且这些承包商实际上都是作为全职员工工作的。

第二，职责分工不清晰。小型团队很少具有明确定义的工作角色，在一个由 100 名游戏开发商组成的传统团队中，可能有特定的职务，例如水平设计师、技术师或创意总监，而小型团队的工作方式则更为笼统，每个人都为项目的多个部分做出贡献。笔者于 2018 年对澳大利亚游戏开发商的调查显示，对于大多数受访者来说，职业中的职位这个看似简单的定位是很难回答的，这意味着所有团队人员都对该项目有创意投入，但同时这也意味着职责不明确，因为直到游戏制作完成之前，没有人会觉得自己真的完成了任务，由此可能会造成过度工作和压力过大。

第三，行政能力弱。尽管小型团队经常具有很强的创造力和创新性，但通常缺乏开展业务所需的基本行政技能。如上文所述，他们通常不是因为想经营公司而创业，而是因为这是进入该行业的唯一途径。因此，许多企业都是由刚从大学毕业的学生创办的，他们对会计、税收、薪资、人际关系或市场营销一无所知，无论他们的想法多么好，许多小型团队注定要失败，因为他们缺乏将项目推向市场的技能或指导。

第四，出于现实因素考虑，独立游戏开发工作非常不稳定。从晋升途径角度来看，独立开发人员在组成的小型团队里一起工作时，晋升途径更多地取决于当前项目的进展情况，是随机且不明晰的。从职业生涯规划角度来看，开发人员很少知道职业生涯在1年后或5年后会是什么样子，以个人职业生涯规划为例，20岁与合作伙伴做项目的激情通常与30岁做这件事的压力是不可相提并论的。

（二）制作小型电子游戏的驱动力

电子游戏行业的利润丰厚，但对于游戏开发商本身而言，他们在小型公司中工作，这笔财富远远超出了他们每天的劳作。因此涉及一个重要问题：如果过程如此艰辛，为什么还要制作电子游戏？这是一个重要的问题，涉及许多复杂的方面，其中最重要的一点是：游戏开发商总体上并不受赚钱欲望的驱动，相反，他们是被一种想要创造和表达自己的愿望所驱使。

小型游戏开发的现实性可能使许多人感到震惊，他们期望中的游戏开发在数字技术行业中是一项利润丰厚的事业。但是如果考虑创意产业的典型经验，我们根本不会感到震惊，因为部分艺术家和作家不能通过他们的创意作品来谋生，而是通过其他工作来支持自己的创作欲望，所以归根结底，游戏开发商没有什么不同。游戏开发工作室到处都是开发人员，开发人员往往更看重技术，技术的成熟则让他们有成就感，丰厚的收入在此也不及技术的高超对游戏开发商的重要性。

电子游戏行业具有创造性和高度商业化的特点，需要庞大的专家团队。但是在笔者看来，对于现在占主导地位的小型电子游戏来说，可以将游戏开发商类比为在音乐行业中乐队的经历：几个朋友组成的乐队拥挤在车库里，他们有机会扩大规模，但同时仍然希望最终会有回报。正如上述分析所示，每个游戏开发商都希望通过技术来维持财务状况，但这并不是从事这项业务的主要动机。以这种方式来理解游戏行业，对如何理解游戏开发工作的现实性以及世界各国政府思考以何种方式支持本国游戏产业产生了重大影响。

四　澳大利亚小型游戏企业的优势

（一）以小型游戏企业——浩室工作室为例

墨尔本游戏开发商浩室工作室是小型游戏开发新模式的典范。4 位团队成员从高中起就决定尝试一起制作电子游戏，随后在州政府的资助下他们制作的游戏《你推我拉》取得了圆满成功。团队成员在制作游戏时并没有赚取太多收入，但是游戏非常成功，足以开始进行第二个项目。第二个项目是《无题大鹅模拟》，这是 2019 年全球最大的游戏之一，销量达数百万套。通过《无题大鹅模拟》，该团队获得了所有独立团队梦寐以求的成功。关于下一步的计划，在接受 ABC 艺术中心的视频采访时，浩室工作室成员迈克尔强调，没有兴趣再雇用数 10 名游戏开发人员来不断壮大团队，他们想要在自己的空间里继续制作游戏，现在他们可以在团队稳定和资金充足的情况下做到这一点，这种设想会让将游戏产业视为潜在高就业增长点的政策制定者感到惊讶。① 如果将游戏公司视为科技初创公司，那么浩室工作室不希望借此机会成长为一家生产更多游戏的大型公司的理由也是显而易见的。再次利用上述提及的乐队的类比：几个朋友组成的摇滚乐队发行专辑后，通常不会突然雇用另外 10 个鼓手，取而代之的是，他们将继续做事情，只是规模更大。因此，游戏行业的浩室工作室的理念与摇滚乐队的理念是完全一样的。

（二）小型游戏行业的积极影响

对于游戏行业研究人员来说，在澳大利亚或是在世界各地，重新考虑小型电子游戏产品的实际运作方式很重要。事实上游戏开发人员通常联合办公中心使用计算机工作，但在大多数情况下，他们并不希望企业是吸引大量资

① https：//www. facebook. com/abcnews. au/videos/406736736615326/.

金然后被买断的初创企业，而是希望它们是有创造力的小型企业，因此游戏开发人员正在努力达到一定程度的可持续性，以便企业可以高效发展。当然，有些团队确实认为自己是初创企业，或者确实有发展壮大的野心。例如，阿德莱德的强大王国工作室现在是澳大利亚最大的独立工作室，目前有100多位游戏开发人员。在其他领域中，特别是移动领域，其已经成功吸引了外商来投资。但绝大多数团队更感兴趣的是在现有规模下保持可持续发展，而不是大幅增长。

《无题大鹅模拟》的成功直接带动了维多利亚州经济的发展。浩室工作室中也拥有很多活跃的游戏开发成员，并且能够通过直接投资或间接指导的方式支持其他独立团队，或在其下一个项目中雇用承包商。浩室工作室的成功也使得墨尔本在地图上崭露头角，投资者将目光投向墨尔本，寻找其他可以投资的项目，带动了整个地域经济的发展。由此可见，浩室工作室的创造性成功对维多利亚州的游戏行业在经济上与商业上所起的作用同等重要。

对于电子游戏行业的可持续发展来说，其重要意义在于支持行业环境的建设，例如大型工作室、小型公司的建设等。澳大利亚的产业长期以来一直存在的问题是，大型工作室提供了大量的就业机会，而小型公司缺少独立的创意场景，在全球金融危机之后，这些公司在海外合同枯竭后只能转向原创作品。澳大利亚拥有大量的创新技能人才，但是由于缺乏能够雇用、培训毕业生和新移民的大型工作室，多数个体都被迫开办独立的小型公司，多年来一直处于极端不稳定的状态。

加拿大蒙特利尔提供了平衡两端需求的完美典范。蒙特利尔有10000名游戏开发人员，几乎是整个澳大利亚的10倍。然而，这并不只是因为加拿大政府吸引并支持像育碧这样的大型游戏开发商，为它们提供税收减免政策。首先，这类大型游戏开发商容易吸引拥有技能基础的独立游戏开发人员。其次，游戏开发人员可以在大型工作室找到工作，以获得经验和技能。最后，游戏开发人员可以在5~10年后离开这些公司，并以实际的业务经验和技能成立自己的独立公司。总体而言，整个行业保持平衡并支持可持续增长。

五　结论：游戏行业生态

简而言之，一个可持续发展的本地电子游戏行业需要能够为在校大学生提供实习机会和就业保障的大型工作室，以及能够提供创造力的实验性的小型公司，两者相互支撑并稳定发展。目前，具有创造力的小型公司在澳大利亚发展很好，并努力成长为大型工作室。最近，大锤游戏工作室在很大程度上受到独立文化的吸引，在墨尔本开设了一家工作室，并且发展迅速。索尼公司最近在阿德莱德新开设了一家工作室，强大王国工作室也在此迅速发展。随着更多大型工作室的发展，地方政府发现，小型公司首先创造了吸引大型工作室的文化，其次为整个电子游戏行业的全面发展提供了多样性。

这对政府如何支持和发展其本地产业产生了影响。通常，政府将游戏开发和软件开发与企业家精神相结合，希望其所支持的公司规模能够扩大并创造数百个工作岗位。但是，这种支持通常无法满足游戏开发人员的需求和野心，因为创意工作者需要更具针对性的支持模式，以帮助他们的团队变得更加自主、更可持续，能够为员工提供良好的薪水并提供一定的工作保障。

B.19

德国文化市场发展现状及经验借鉴

荀 菲　胡心怡*

摘　要：　在历史上，德国曾被称为“诗人与思想家的国家”，现在德国文化市场也越发繁荣，德国的发展模式值得我国学习。本文通过对德国文化市场、文化行业投资与贸易的状况进行研究，总结出我国可以学习和借鉴的先进经验：政府部门支持国际交流型会展的举办，举办全球知名电影节，举办“全球性”的艺术论坛，政策的实施与书展的举办支持图书版权出口，举办专业化的动漫游戏展，消费品博览会促进文化贸易。对中国文化市场发展提出相应建议：一是培育国内文化消费市场的需求，二是举办好文化领域的国际交流活动，三是注重文化外交从而加深经贸合作，四是创新文化服务模式适应数字化时代要求，五是规范国内文化市场。

关键词：　德国文化市场　文化投资　文化贸易

德国政府高度重视文化产业发展产生的经济、社会、文化效应，并大力支持本国文化产业的发展。2006 年，欧盟委员会教育和文化总司撰写了一份《欧洲文化经济报告》，该报告就文化创意部门的就业潜力和经济的相关

* 荀菲，德中创新发展协会会长，中关村国家自主创新示范区海德堡联络处主任，中关村德国创新中心 CEO，主要研究方向为文化贸易与投资；胡心怡，北京第二外国语学院中国服务贸易研究院 2020 级硕士研究生。

性进行了透彻的研究与分析。德国政府也因此开始将文化创意经济发展提上日程，并逐步制定相关政策与发展计划。2008 年，德国经济部长会议正式定义了文化与创意经济产业，将文化与创意经济产业分为 11 个细分行业，包括文化市场下的音乐行业、图书出版业、艺术行业、电影行业、广播行业、展览业、设计行业、建筑设计行业和新闻业，以及创意经济下的广告行业与软件和游戏行业。其中德国在图书出版业、艺术行业等表现突出，走在了世界的前列，且十分注重在全球范围内开展合作。在互联网快速发展的大背景下，德国的各个文化行业也积极拥抱数字技术，进行数字化转型升级。

近年来，中国文化产业发展势头良好，文化产业产值逐年增加，文化产业对国民经济增长的贡献不断提高，在提升国家软实力中也发挥着重要的作用。党和国家高度重视文化建设，在党的十九届五中全会中明确提出到 2035 年建成文化强国。尽管中国的文化产业发展势头迅猛，但仍然存在市场秩序不规范、知识产权保护相对较弱、文化市场运行体系尚不成熟等问题。本文通过对德国文化市场现状、文化行业投资与贸易状况以及德国文化市场发展的先进经验进行分析，以期为中国文化产业市场政策的制定和文化产业发展促进措施的出台提供有效借鉴。

一　德国的文化市场概况

自 20 世纪 80 年代后期以来，德国文化市场逐渐发展为该国经济中最具活力的领域之一。文化产业可以与互联网等新兴媒体、传播手段和技术结合，通过软件、游戏、电影、音乐和动画等行业延伸到公众日常生活的各个角落。同时，文化产业的参与者也可以同旅游、博物馆、出版等行业产生联动效应，通过跨部门的合作产生更大的经济效益。在德国，文化产业一般被称为“文化与创意经济产业”，德国文化市场主体既包括作为文化与创意经济产业一部分的以赢利为目的的企业和自由职业者，也包括为谋求公共文化利益最大化的文化机构和组织，如博物馆、乐团、剧院与艺术协会等。

（一）德国生产性文化市场

1. 市场主体及营业收入状况

德国的文化与创意经济主体主要由自营作业者、自由职业者和中小企业组成。[①] 2018 年，在该行业中平均每个公司只有 4.66 名员工，中小企业和自营作业者的贡献约占行业总体销售额的 78%，自由职业者主要存在于表演艺术市场、媒体市场以及音乐和电影行业中。该市场具有较大的活力，从每年新增初创企业数量来看，市场中初创企业数量经历了从爆发式增长到保持平稳的过程。在 2009 ~ 2011 年经历了一轮疯狂暴涨后，从 2014 年开始，每年新增的初创企业数量保持平稳，不再有显著变化。

德国文化与创意经济产业在 2019 年取得了较大的经济效益。与 2018 年相比，营业额创造了新的纪录，文化与创意经济产业的营业额约为 1741 亿欧元（见图 1），同比增长 3.45%，实现了自 2009 年以来的持续增长。相比 2009 年，2018 年德国的文化与创意经济产业的营业额总计增加了 340 亿欧元，2019 年，文化与创意经济产业对德国企业总营业额的贡献进一步提高。

2. 文化市场中的细分行业发展状况

从文化与创意经济产业的细分行业产值来看（见图 2），2019 年，文化与创意经济产业产值中占比最大的细分市场为软件和游戏行业，可以看出，软件和游戏行业对文化与创意经济产业至关重要，文化与创意经济产业中 29% 的产值来源于软件和游戏行业。其次是新闻业与广告行业，所实现的产值均超过 120 亿欧元。艺术行业在整个德国文化与创意经济产业中的占比最小，仅为 1% （12 亿欧元）。若和非文化与创意经济产业相对比，文化与创意经济产业产值与机械工程行业的水平相当，并且优于一些重点行业，例如

① 陈琳：《国外文化创意产业发展策略分析及启示》，《广西社会科学》2018 年第 6 期。

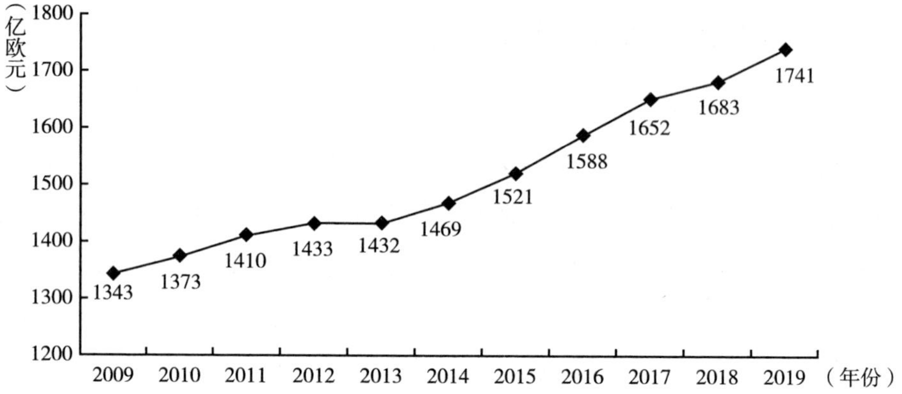

图1　2009～2019年德国文化与创意经济产业营业额

资料来源：欧洲经济研究中心。

金融服务业、化学工业和能源供应行业等。①

总体来看，文化与创意经济产业总产值的增长也是极为可观。2009～2019年，德国文化与创意经济产业总产值的年均增长率为2.64%。2014～2019年，在文化与创意经济产业的11个行业中，只有电影行业呈现负增长。软件和游戏行业的年均产值增长态势最好，自2013年以来其总产值年均增长率为7.0%。建筑设计行业的总产值也以每年5.5%的增速强劲发展。

3. 德国文化贸易状况

在过去的几十年中，德国大力推动文化与创意经济产业的发展，文化与创意经济产业对德国经济增长的贡献日益提高。② 德国文化市场日渐繁荣，产品供给品质显著提升，文化贸易规模不断扩大。欧洲统计局数据显示，2014～2018年，德国文化商品出口总额和文化商品进口总额都呈现上升的趋势，2018年较2014年的文化商品出口总额上升了21.16%，文化商品进口总额上升了28.96%。德国文化贸易顺差整体

① 德国联邦统计局。

② 〔德〕贝恩德·费瑟尔、迈克尔·松德尔曼：《德国文化和创意产业发展报告》，中国社会科学院文化研究中心，2014。

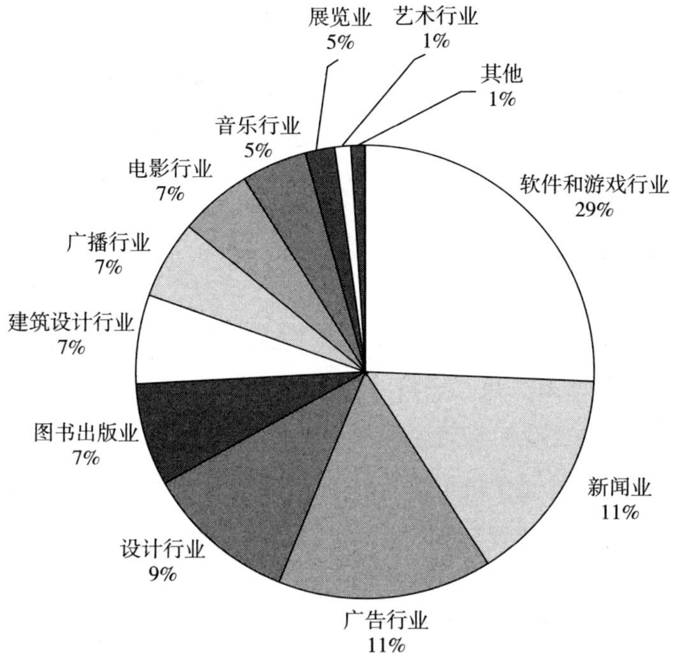

图 2 2019 年德国文化与创意经济产业细分行业产值

资料来源：欧洲经济研究中心。

上呈现一个波动式增长的态势，2018 年德国文化贸易顺差较 2014 年扩大了 6.00%（见表 1）。

表 1 2014～2018 年德国文化商品进出口贸易额

单位：万欧元

项目	2014 年	2015 年	2016 年	2017 年	2018 年
文化商品出口总额	510.88	586.57	574.60	621.17	619.00
文化商品进口总额	337.33	398.89	409.14	435.23	435.03
文化贸易顺差	173.55	187.68	165.46	185.94	183.97

资料来源：欧洲统计局。

（二）德国非生产性文化行业发展状况

除文化与创意经济产业之外，德国还有很多政府和基金会资助的文化组织、经营个体和协会等形式的主体。作为社会公共文化教育的一部分，这些文化单位具有十分强的社会公益性质，也是一个国家或民族文化积累和文明程度的象征。

1. 法律支持公共文化产业发展

德国实施相关法律政策支持非生产性文化行业发展。德国联邦议会在2007 年发布的《德国文化——最终报告》中指出，将文化政策作为一项国家任务，要为公共文化机构提供政策、法律和资金全方位的扶持；州政府和地方政府也会对公共文化机构进行扶持。巴登 - 符腾堡是 16 个联邦州中唯一一个颁布《促进继续教育和图书馆法》的州政府，在该法律的框架下积极推动公立图书馆的发展。另外还有若干联邦州对音乐学校进行了保护性立法，以此规范音乐教育文化市场的经营行为，确保公立音乐学校的非营利性，为教职人员和学校运营提供充足的资金。基本每个联邦州都有自己的《文化古迹保护法》，这些法律都是出于维护公共利益的考量，确保古迹得到充分保护，给相关的机构提供运营保障。

2. 政府的财政支出支持

2019 年，德国文化领域公共支出为 7. 32 亿欧元，其中联邦政府支出 2. 34 亿欧元，州政府支出 4. 98 亿欧元。从德国文化细分领域的投入占比情况看，2017 年德国联邦政府（包括中央与地方）在公共文化领域共支出了 6. 36 亿欧元，其中文化事务管理支出占比为 2. 3%，剧院与乐团支出占比为 35. 4%，图书馆支出占比为 14. 4%，博物馆、展览支出占比为 18. 3%，文物保护支出占比为 4. 8%，国际文化交流支出占比为 5. 3%，公共艺术学院支出占比为 5. 2%，其他事项支出占比为 14. 3%（见图 3）。可以看出，德国对戏剧和音乐格外的重视。

3. 服务创新吸引民众文化消费

作为文化保护和传承的重要一环，社会组织和公共机构积极承担了为公

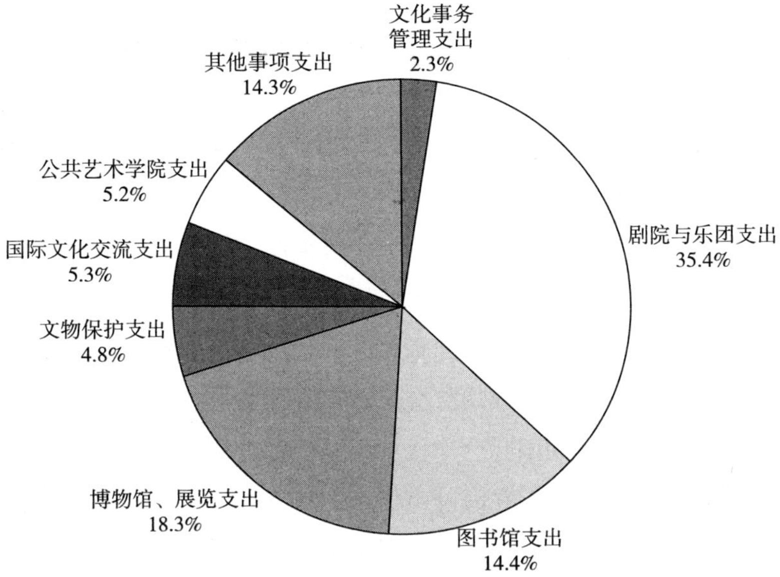

图3　2017年德国联邦政府公共文化支出构成

资料来源：德国联邦统计局、州统计局。

众提供文化教育的义务。近年来，德国为让本国居民走进文化机构接受科学文化教育不断做出努力，包括用数字化手段升级基础设施、增强环境的包容性、打造方便残疾人活动和接受文化教育的场所等。

德国的剧团、图书馆、文化学校与博物馆等机构经常同大学和研究所合作进行项目研究，既涉及行业相关的课题又有跨领域的技术应用合作。近几年，与公共教育学相关的研究也纷纷在博物馆和图书馆类机构中进行。在追求公共利益之外，作为市场的一部分，公共文化机构不断改善经营模式，积极向新业态靠拢，运用手机客户端、社交媒体、官方网站等进行宣传，引入电子票务、AR、沉浸式体验等服务，同时注意同国际接轨，针对其他国籍的游客提供英语预定与讲解服务。根据德国联邦统计局、州统计局2018年的数据，公共文化机构每年支出的19%是由其营业额覆盖的。除了营业额和政府财政的资助，每年还有大量私人基金会和融资机构为公共文化机构提供资金支持，2015年私人基金会为公共文化机构提供了多达12.5亿欧元的支持。

二　德国文化行业投资与贸易状况

德国是世界贸易强国，在文化行业和相关的领域中，德国与多国建立了密切的贸易合作关系。

（一）电影行业

从电影方面来说，德国特别注重国际间的合作。若德国电影没有了喜剧系列影片，德国当地的电影票房将会呈现下降的状态，但是德国的独立制片公司仍然是非常受欢迎的国际合作伙伴，其中部分原因要归功于电影基金的支持。德国制作的漫画电影在海外市场表现良好，德国影片是各大电影节的固定组成部分，德国电影在海外的融资举措也在加强海外制片人和德国制片公司的紧密合作。①

从电视行业来说，以德国电视二台（Zweites Deutsches Fernsehen，ZDF）为例，它是德国的国家公共电视台，虽然是国家公共电视台，但 ZDF 在全球各大洲都有合作伙伴。ZDF 本国记者和外国记者对国际事件的报道得益于与其他主要电视公司的协议。ZDF 还拥有全资子公司 ZDF 企业有限公司，它负责全球节目的发行和收购、国际联合制作、在线版权营销、ZDF 节目品牌的商品销售、ZDF 存档录像带的销售以及其他商业活动。②

（二）艺术行业

在表演领域中，戏剧占据着德国文化的重要位置，戏剧依然是德国文化中心。③ 从 2010 年起，德国表演艺术行业保持了良好的发展趋势。在整个表演艺术行业中销售额最高的细分领域是剧院与乐团，与之相关的近 1300 家公司在 2018 年共创造了约 22 亿欧元的收入。德国还拥有许多知名的剧

① 中国电影网，https：//www. chinafilm. com/gjhz1/8098. jhtml。

② ZDF 官网，https：//www. zdf. de/zdfunternehmen/factsandfigures – 100. html。

③ 厉震林：《德国当代戏剧及其对于中国的启示》，《戏剧文学》2010 年第 2 期。

院，比如柏林德意志歌剧院、德累斯顿申培尔歌剧院、慕尼黑巴伐利亚国立歌剧院等，这些剧院也是著名的旅游景点，既具有文化属性又具有商业属性，一方面吸引游客了解国家的文化，另一方面又带动了当地的旅游消费。

关于音乐，德国是世界上著名的音乐之乡，德意志民族是极具音乐天赋的民族，在音乐方面取得了无与伦比的成就。《IFPI：2019全球音乐市场报告》显示，2018年全球数字音乐营收同比增长21.1%，达到112亿美元，首次突破100亿美元大关。在这个类别中，流媒体音乐增长了34%，达到89亿美元，而音乐下载同比下降21.2%。分地域来看，按营收计算，排名前列的音乐市场依次为：美国、日本、英国、德国、法国、韩国、中国、澳大利亚、加拿大和巴西，德国的音乐市场居全球市场的第4位。①

（三）图书出版业

随着数字技术的发展，全球出版业市场规模在过去十几年一直面临大幅度缩水的窘境，德国作为传统出版业较为发达的国家之一，也面临转型与融合的挑战。德国出版业通过不断的探索与创新，持续关注新的消费习惯，在2019年成功实现了自2017年之后市场销售总额的“两连增”，扭转了自2010年以来的下滑态势。随着全球化的日益加深，图书版权贸易在全球贸易中所占比例越来越大，在文化交流中扮演的角色也日益重要。

2019年德国新书版权进口数量占新书品种的13.9%，相比2018年上升了0.2个百分点，共计9802种（见图4），引进新书的主要语种为英语、法语和日语。版权出口发展稳定，2019年，德国新书版权出口数量共计7747种（见图5），其中出口中国的占比为19%，中国成为德国图书最大的版权

① 《IFPI：2019全球音乐市场报告》，中文互联网数据资讯网，2019年4月8日，http://www.199it.com/archives/857534.html。

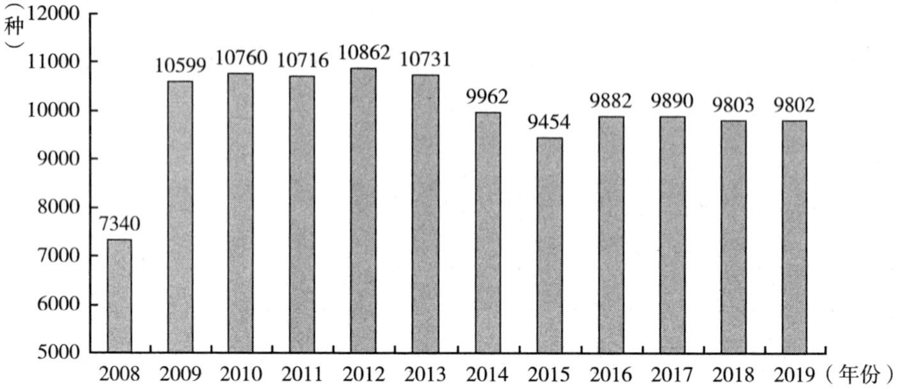

图4　2008～2019年德国新书版权进口数量

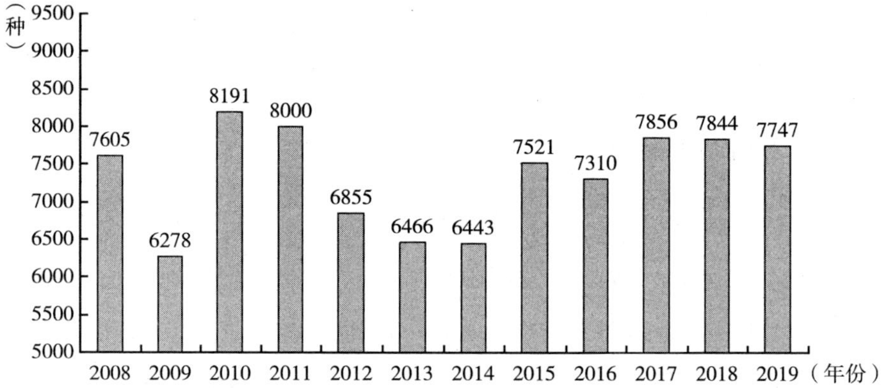

图5　2008～2019年德国新书版权出口数量

资料来源：德国书商与出版商协会。

出口目的地。新书版权出口中，儿童和青少年图书出口3031种，占比为39.1%，比重最高；虚构类图书版权出口数量与2018年相比有所上升，达到了1419种，占比为18.3%。

三　德国促进文化市场发展的经验

德国为了促进本国文化产业的发展，在文化与创意经济产业的各个细分领域都积极推进与各国的贸易往来，不仅通过奖金鼓励支持本国的文化产业“走出去”，还通过举办展览、比赛来吸引各国的目光，从而更好地与各国进行文化贸易。

（一）政府部门支持国际交流型会展的举办

德国外交部积极促进德国在美术、音乐、戏剧、舞蹈、文学和电影等领域的国际交流。德国外交部将大部分可用资金提供给积极从事文化活动的中介机构来实施具体项目，例如，歌德学院、斯图加特大学和德国中国文化基金会等。外国文化关系学院支持国外和德国艺术家的展览，属于“艺术家联系（Künstlerkontakte）”计划的一部分，旨在促进转型国家和发展中国家的外国艺术家、建筑师和设计师与德国相关从业者之间的合作，其中国际项目可以得到旅行补助金的支持，各地的歌德学院也提供相应的支持。此外，国际美术协会（Internationale Gesellschaft der Bildenden Künste，IGBK）为解决海关和运输相关问题以及其他手续的问题向德国公司提供相应的帮助；联邦文化基金会（Kulturstiftung des Bundes）支持德国公司举办展览并提供相关帮助；德国贸易投资有限公司（Germany Trade & Invest GmbH，GTAI）向德国公司提供有关国外市场的信息，并为想要拓展国外市场的公司提供广泛的信息。

（二）举办全球知名电影节

柏林国际电影节是欧洲三大电影节之一，创立于 1951 年，是当今世界最具影响力、最顶尖的国际电影节之一，最高奖项为“金熊奖”。柏林国际电影节是商业价值和艺术价值并重的，它不仅促进各国电影产业和电影工作者之间的交流，而且还随着文化的发展不断创新，如从 2021 年起，柏林国际电影节将取消“最佳男演员”和“最佳女演员”银熊奖，将这两个奖项合并为“最佳主角”银熊奖，通过这一举措来促进电影界内的性别平等。[①]

① 《柏林电影节表演奖项不再分男女 合并设“最佳主角”增设“最佳配角”银熊奖》，搜狐网，2020 年 8 月 25 日，http：//www. sohu. com/a/414777260_ 114733。

在商业方面，柏林国际电影节可以促进各国的电影爱好者通过电影节了解到精品电影，并对电影进行消费，从而提高电影行业的经济效益。

电影节是德国与各国进行文化交流的桥梁。就中国而言，近年来，越来越多的中国电影人走进了柏林国际电影节，中国导演张艺谋、谢飞、李安、王全安、刁亦男都斩获过金熊奖。李安还是柏林国际电影节有史以来第一位获得过两次金熊奖的导演。2019 年中国电影人甚至包揽了柏林国际电影节的影帝和影后，王景春和咏梅凭借王小帅执导的电影《地久天长》分别斩获“最佳男演员”银熊奖和“最佳女演员”银熊奖。这有助于加强中德两国之间的文化交流，提升了两国之间电影版权贸易的水平。

（三）举办“全球性”的艺术论坛

自 1996 年柏林双年展成立以来，柏林双年展已发展为全球最重要的当代艺术论坛之一。每一届双年展都汇集了来自欧洲最先进的文化大都市中极具影响力的艺术家、理论家和演员。柏林双年展每两年在柏林的不同地点举行，每次的双年展会呈现不同的风格和形式，这取决于策展人的创意和思想。柏林双年展给予负责的策展人自由呈现最新的、相关立场的机会，而不局限于仅仅满足艺术品市场和收藏者的兴趣。双年展帮助众多年轻艺术家实现了国际突破。

自 2004 年以来，德国联邦文化基金会就将双年展作为凸显国家文化重要性和释放国际吸引力的“文化信标”之一进行宣传，德国联邦文化基金会的支持赋予了柏林双年展极大的自治权，因此柏林双年展具有巨大的发展潜力。自第一届柏林双年展以来，它一直被视为“全球性”的活动。艺术和策展的立场阐明了国际主题和发展趋势，这些发展趋势对柏林的影响是值得关注的。柏林双年展不仅吸引了柏林人，而且吸引了国际观众，是柏林每两年就会出现的文化亮点。①

---

① 柏林双年展官网，https：//www. berlinbiennale. de/de/1362/ber – uns。

（四）政策的实施与书展的举办支持图书版权出口

德国是世界第二的出版国，在版权出口方面，德国政府对出口图书和期刊一律免征增值税。① 出版业多样性的特点和学术著作出版的繁荣，为版权出口的发展奠定了基础。就出版社的内部管理而言，大型出版社一般会设立专门从事版权许可买卖的部门，该部门一般分为本国版权出口和外国版权进口两块业务。在小型出版社中，出版业务则会和许可业务合并在一个部门。对于版权许可中关于改编权的受理，包括音乐、戏剧、电影等，很多出版社专门设立了媒体部门负责对接，派出专家顾问团队，保证改编质量与最终的呈现效果。②

虽然在数字时代出版商可以随时通过数字手段与各国的书商进行贸易往来，但面对面沟通的重要地位仍然无法取代，每年举行的法兰克福书展正是其中代表，法兰克福书展是世界上最受欢迎的，也是最大规模的书展之一。法兰克福书展还专门设立了“著作权代理人与书探中心”板块，创造国际图书版权交易的交流空间，2018 年来自 33 个国家的百余家出版机构参与了这一活动。在为期一周的中心交流活动中，与会者可以每半个小时和一位潜在合作伙伴进行深入交流，寻找合作的可能。2020 年法兰克福书展累计接待了来自 125 个国家的 28 万余名访客，第 70 届法兰克福书展将于 2021 年 10 月 21 日至 24 日举办。③ 主办方对来访人员的问卷调查显示，版权购买与许可已成为继寻找合作伙伴和产品展示以外的第三大参展目的。这意味着，法兰克福书展作为国际版权贸易市场的一大平台发挥着非常重要的作用。法兰克福书展还为德国出版商提供其他服务，其在纽约、莫斯科、北京和新德里四地设立了德国图书中心，作为德国的出版社在国际市场的信息和宣传

---

① 闫俊屹、魏凯悦：《文化产业发展对经济的影响——以德国柏林为例》，《黑龙江科学》2017 年第 24 期。

② 德国文化委员会网，https：//www. kulturrat. de/themen/buchmarkt/von – deutschland – in – die – welt/？ print = print。

③ 外展网，http：//www. yshows. cn/zhanhui/3931. shtml。

“桥头堡”，担任德国的出版社对所在国进行版权出口时的代理机构，支持其在海外市场上展示自己并推介其产品。

（五）举办专业化的动漫游戏展

德国科隆国际游戏展（Gamescom）[①] 是全球游戏领域的中心，将行业、玩家和社区联系在一起，由创办于 2002 年的莱比锡游戏展（Games Convention）发展而来，是欧洲游戏产业决策者最重要的商业平台，也是欧洲最大、最权威、最专业的综合性互动式游戏软件、信息软件和硬件设备展览之一，与美国 E3 游戏展、日本东京电玩展统称为世界三大互动娱乐展会。同时科隆国际游戏展也是德国唯一集中了游戏软件、娱乐设备、信息软件和硬件设备的大型国际展会。每年都有大批软、硬件厂商参加展览，德国科隆国际游戏展凭借专业化展会品质、日益完善的配套服务，不仅为来自世界各地的观众带来了高附加值的观展体验，而且也巩固了其作为欧洲电脑和电子产业顶级商务平台的地位。

2009 ~ 2018 年，德国科隆国际游戏展规模不断扩大，展会面积不断扩大，由 2009 年的 12 万平方米扩展到了 2018 年的 20.1 万平方米，参展商数量也随之快速增长，其中国外参展商数量及占比稳步提升。自 2011 年开始，国外参展商数量超越了德国国内参展商数量，且 2015 ~ 2018 年占比皆超过 65%，国际化程度日益提升。近十年，观众数量也随之增加，尤其是专业观众数量稳步增长，专业化程度不断提升。

（六）消费品博览会促进文化贸易

法兰克福春季消费品博览会（Ambiente Frankfurt）[②] 是全球最重要的消费品博览会之一，人们可以获得与新型、创新产品有关的一手信息，了解全球产品供应情况、市场发展趋势以及行业的发展前景。展会所供应信息的多

---

① 全球游戏大会官网，http：//www. gmgc. info/。

② 法兰克福春季消费品博览会官网，http：//www. ambiente. messefrankfurt. com。

样性使法兰克福春季消费品博览会吸引了来自世界各地的游客和供应商。2019 年数据统计，法兰克福春季消费品博览会共吸引了来自 167 个国家的 136081 人来参观，其中半数以上是外国人（77984 人，约占 57%）。除了德国外，所吸引游客大多数来自欧盟（49%）和亚洲（26%），例如意大利、中国、法国、英国、荷兰、西班牙、瑞士、韩国和土耳其。

参展游客的目的比较多样，四成以上的人表示参展主要是为了了解行业新动向、新产品或是建立新的业务关系。约 30% 的人是为了维持现有业务关系、了解产品变化并全面了解市场信息，另有 20% 的人为购买产品做准备、拓展专业知识、订购展会上的货物或是对比竞争者的货物。展会的游客主要来自零售业（39%）或批发及对外贸易（22%），来自服务业的有 18%，剩下 21% 来自工业、手工业或其他行业。参展游客对于该展会给予了良好的评价，绝大多数游客表示非常满意（57%）或满意（38%），只有 5% 的人表示不太满意。参展商共有 4460 家，分别来自 92 个国家，其中 85% 来自外国，来自德国本土的参展商仅有 669 家。

四　德国文化市场发展经验对中国的启示

通过对德国文化市场投资与贸易状况以及德国促进文化市场发展的做法进行分析，中国也能够从中吸取经验，从而促进中国的文化市场和国际文化贸易发展。

（一）培育国内文化消费市场需求

德国从 20 世纪 80 年代开始注重文化产业，德国发展文化产业的一条重要的路径是提高居民的文化活动参与度，让德国的居民能够全面参与文化生活，从而促进本国居民对文化产业的消费，进一步促使文化产业正向发展。若中国想让文化贸易高质量发展，缩小文化服务贸易逆差，扩大中国文化在海外的国际影响力，首先我们要有文化自信，对本国文化强烈认同才能有自信将其传播到海外，建议加强全民的文化教育，提高中国居民的文化素养，培育一个良好的文化氛围。中国应该逐步引导居民转变对文化消费的观念，提升消费者对有内涵和有意义的文化产品或文化行动进行自愿消费的意愿，这有利于激活中国文化市场的活力，增强中国居民的文化自信，有助于中国文化市场的高质量发展，更有利于中国文化产品和服务“走出去”。

（二）举办好文化领域的国际交流活动

德国在会展、电影、图书、游戏等文化领域都有世界知名的国际交流活动。就中国的电影节来说，虽然中国的电影票房呈“井喷式”增长，电影节的数量也在增加，但是中国电影和电影节的质量还有待提高。以中国长春电影节为例，中国长春电影节的口号是：“电影搭台，经贸唱戏。”这种将经贸放在影片质量之前的行为严重颠倒了电影节的重点，电影节应从选拔高质量的电影出发，提高观众的欣赏水平和国外观众对中国电影的认可度，帮助中国电影“走出去”。中国应该向柏林国际电影节这样的长青电影节学习，提高参选影片的质量，做好与专业媒体的对接，规划好排片的安排，将中国本土的电影节做成中国的文化招牌，让一切回归到电影本身。

同样，中国应该注重国际交流活动的质量与内涵，避免只注重国际交流活动的数量和形式，定期举办高质量、可持续发展的艺术论坛、书展、动漫游戏展等，提升这些活动的国际知名度和影响力，推动中国文化贸易的发展。

（三）注重文化外交从而加深经贸合作

第二次世界大战之后，德国将“文化外交”视为外交的“第三支柱”来提高自身“文化国家”的国际形象。① 德国能够吸引国外投资的因素离不开它拥有强大的经济实力和较高的国际地位。德国积极参与欧盟的事务，同盟友保持较好的经贸往来，并且也注重与非成员国的国际合作，积极参与解决国际问题。2021 年是中国加入世界贸易组织（WTO）20 周年，在这 20 年间中国经济文化的国际影响力在不断地提高，国际市场对中国文化产品和服

① 温朝霞：《从文化工业理论到世界品牌：德国文化建设的启示》，《探求》2020 年第 1 期。

务的消费需求也在不断提高，我们应该顺应不断发展的国际贸易趋势，坚持放宽服务消费领域市场准入，稳步扩大中国文化产业的国际市场规模，以此扩大中华文化的国际影响力。同时，与他国的文化交流能够促进与他国的经贸合作，比如中国应加快“一带一路”倡议的推进，与共建“一带一路”国家加强合作与交流，在此基础上共同营造开放包容的合作环境，共同激活创新引领的合作动能，共同开创互利共赢的合作局面。我们还可以利用好贸易中的资源，提升对中国文化产业的投融资质量，促进中国文化贸易的发展。

（四）创新文化服务模式适应数字化时代要求

德国的文化教育等多个方面都进行了数字化升级，在文化贸易层面，图书出版、艺术品进出口、动漫游戏等文化领域的贸易都能够通过互联网进行。中国的文化贸易也不断从注重文化产品贸易向重视文化服务贸易转变，而数字技术在其中发挥的作用不可忽视。中国也是互联网科技普及较广的国家，我们应在文化贸易领域利用好数字技术，比如应该加快传统的文化产业进行数字化转型，将数字技术运用于产业链的关键环节。从源头看，数字技术能够提高文化内容的创作水平，并且可以有效降低成本；从制造环节来看，数字技术能够提高产品的制作效率，也能够跨越空间、时间为消费者提供文化产品和服务；从消费端来看，利用大数据等技术为消费者提供差异化、个性化的服务，满足消费者的需求，提高消费者的文化消费意愿。利用好数字技术，能够帮助中国在互联网普及的今天更好地进行文化贸易往来。

（五）规范国内文化市场

从德国的文化市场研究可以看出，德国非常重视文化在专业领域内的规范。如对于版权许可中关于改编权的受理，德国会派出专家顾问团队，保证改编质量与最终的呈现效果，并且扶持规范的版权进出口代理机构。相比之下，中国的版权意识较为薄弱。其实在许多其他文化行业，中国相较德国还是有很多的不足，比如中国缺乏完善的演艺经纪人制度，在许多文化领域缺少专业的服务机构和专业的维权组织。这样的结果是无序竞争的问题在中国的文化市场频繁出现，破坏了中国文化产品和服务在国际市场的信誉，在很大程度上抑制了国外对中国文化产业的投资和中国文化贸易的发展。中国应该通过制定更加完善的规章制度规范中国的文化市场，减少恶性竞争事情的发生；也通过教育给创作者和贸易者普及版权的知识，提高全民的版权意识，提高创作者的创作热情，促进中国文化产业的多元化发展，提升文化贸易的质量。

参考文献

姚燕：《从德国媒体文章看 2016 年以来德国对中国企业在德投资新趋势的反应》，《德国研究》2018 年第 1 期。

B.20

职业体育联赛对中国体育市场发展的启示

——英超联赛的发展路径和商业模式借鉴

侯蓉馨　李立枝*

摘　要：当前国内体育产业蓬勃发展，特别是2008年北京奥运会的成功举办以及2022年北京冬奥会的积极筹办，为中国体育产业的发展带来良好的发展机遇和巨大的助推力。然而，中国体育产业起步较晚，理论研究尚不充分，且本土体育产业的商业化运营并未处于世界领先水平。英格兰足球超级联赛（简称“英超联赛”）是一个非常成功的英国品牌和出口产品，创造了巨大的经济效益。早期的英国足球赢利较少，基础设施条件落后，经过结构变革与重组后，1991年7月英超联赛正式成立，英超联赛的发展逐步迈入正轨。该联赛采用较为平均的收益分成模式，注重足球运动本身，建立了健全的法律机制，拥有稳固的群众基础，建立了循环增长的商业模式。英超联赛的发展路径、创新变革和商业模式，为进一步促进中国现代体育赛事的运营机制与商业化运作的融合和完善提供了参照和借鉴。①

* 侯蓉馨，体育商务及营销领域顾问，曾任职于城市足球集团、新加坡ESG公司、世界羽联、亚足联，参与国际足联（FIFA）世界杯及女足世界杯等大型国际赛事筹备运营等，主要研究方向为体育商务与营销；李立枝，挪威CHG AS体育咨询公司顾问，曾任北京奥运会组委会火炬接力中心珠峰组新闻官，主要研究方向为体育项目投资与管理。

① 本报告所有涉及五大联赛的数据截至2021年7月1日。

关键词： 英超联赛 体育产业 商业模式 经济效应

一 全球体育市场发展现状

2020 年全球体育市场价值达 3883 亿美元，2015 年以来以 3.4% 的复合年增长率（CAGR）增长。但全球体育市场价值从 2019 年的 4588 亿美元下降到 2020 年的 3883 亿美元，增长率为 -15.4 %。增长率下降主要是由于新冠肺炎疫情突袭而至以来，各国实施的封锁和保持社交距离等遏制措施造成各国经济放缓。到 2025 年，全球体育市场价值预计达到 5999 亿美元，到 2030 年将达到 8260 亿美元。

（一）体育产业全面发展

今天的体育产业兼容并包，从体育运动本身延伸至各个相关领域，如从体育健身到体育器材、从体育赛事到体育旅游、从体育传媒到体育中介、从体育观赛到体育博彩，体育产业提供的产品和服务涵盖了经济运行和人民生活的方方面面，其带动效应渗透经济和社会发展进程之中。

作为第三产业中的一大主体产业，随着人们生活水平的提高和线下休闲时间的增多，体育产业呈现强劲的发展态势。体育产业已经成为西方发达国家国民经济的重要组成部分，在国民经济行业排名中进入前十名，其产值占国内生产总值的 1% ~3% 。

（二）体育市场类型细分

体育市场按照参与类型划分为参与型体育市场和观赏型体育市场。参与型体育市场包括参与式体育服务及相关商品销售。观赏型体育市场包括为付费观众提供现场体育赛事的实体（组织、个体经营者和合作伙伴）销售的观众服务和相关商品。观赏型体育包括团队和俱乐部或独立运动员展示的体育赛事。本文不对参与型体育做过多讨论，但这一部分在体育市场中所占比重很大，并且与其他细分市场的许多部分相互影响。

（三）观赏型体育的商业机遇

观赏型体育作为一种媒体内容，本质上属于娱乐产业。尽管媒体和娱乐领域的流行趋势和时尚风潮不断更迭，例如《吸血鬼》和《狼人》的电影可能在短时间内热度较高，但是随后粉丝的偏好又会转向漫威中的超级英雄。在各种娱乐风潮中，唯一能够始终保持较高热度的是体育。

体育是媒体和娱乐产业中最重要的支柱产业之一。作为全球规模最大、关注度最多的综合性观赏型体育赛事，奥运会带来了巨大的经济效益和社会效益。现代奥运会商业化的基本表现形式与产业价值包括出售媒体转播权、赞助权、赛场门票、纪念品和特许经营权等。

本报告重点讨论的英超联赛作为观赏型体育中的单项体育赛事，以其强大的竞技性、观赏性和娱乐性吸引着世界观众的眼球，并创造了巨大的商业奇迹。如今的英超联赛甚至远超奥运会，成为最具全球媒体版权价值的体育资产。英超联赛的媒体版权价值主要来源于赛事转播，它能够为不同产业的参与者提供多种机遇。从寻求收视率和广告收入的免费广播公司，到寻找忠实订阅者的付费新媒体，从远离传统媒体的赞助商，到赛事组织者、运动员和观众，都将从这一体育赛事的转播中受益。

二　足球市场现状分析

在众多的观赏型体育运动中，足球是最受欢迎和观看人数最多的运动之一。据估计，全球有 40 亿足球迷。古代足球——蹴鞠最早出现在中国，距今已有两千多年的历史，而现代足球起源于 19 世纪的英国。足球广受欢迎的原因之一是，与其他需要昂贵装备的运动不同，踢足球只需要一个球和一双脚。因此，无论贫富，任何人都可以享受这项运动，这使得足球运动在世界各个地方迅速发展起来。

足球本身已成为一个产业，其产业特征已经越来越接近服务业或娱乐业的特征。在将足球作为国民运动进行推广的国家中，足球作为一项商业活动，其经济地位的排名不断上升。在这些国家中，足球占国内生产总值的很大一部分，因为足球赛事还推动了其他许多领域的交易量，例如媒体、商品销售、广告和品牌推广以及运输和餐饮等服务。各领域的广泛参与促进了这项运动的高水平和商业化。2018 年，在全球体育产业媒体版权价值前十名的体育运动（赛事）中，足球排名第一，占 40.6%（见图 1）。

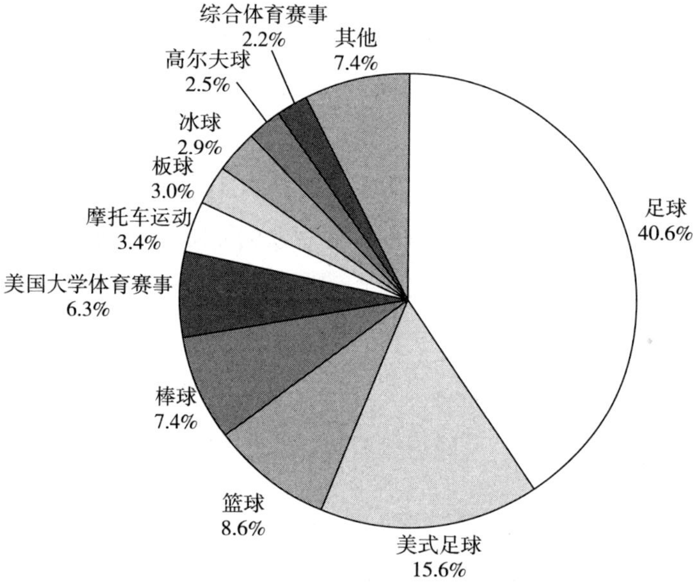

图 1　2018 年全球体育产业媒体版权价值前十名的体育运动（赛事）

注：因四舍五入，图中数据加总不足 100%。
资料来源：体育商业咨询公司《全球媒体报告》，2018。

（一）欧洲职业足球联赛

足球早已演变为高度职业化的产业，欧洲职业足球联赛的市场规模一直稳步增长。根据德勤体育集团《2020 年足球财务年度回顾》，从 2006 ~

2007 至 2018 ~ 2019 的 13 个赛季中，欧洲职业足球联赛的总收入从 2006 ~ 2007 赛季的 136 亿欧元（折合 117 亿英镑），增长到 2018 ~ 2019 赛季的 289 亿欧元（折合 249 亿英镑），翻了一番以上（见图 2）。

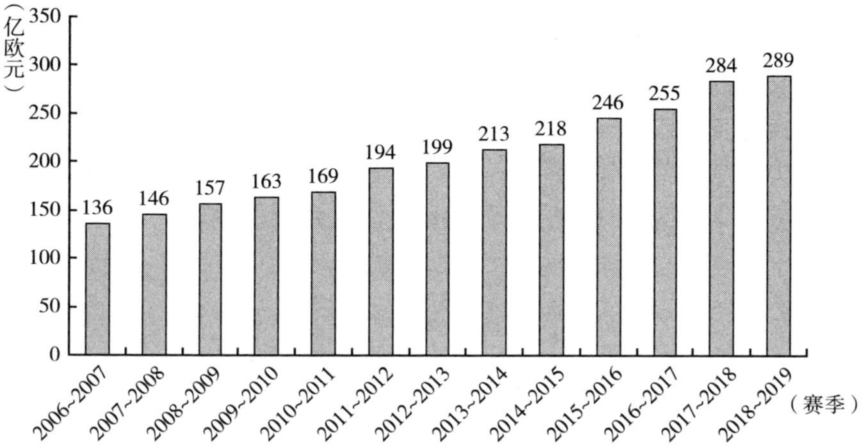

图 2　2006 ~ 2007 赛季至 2018 ~ 2019 赛季欧洲职业足球联赛的市场规模

资料来源：德勤体育集团《2020 年足球财务年度回顾》，2020。

（二）欧洲五大联赛

欧洲五大联赛指在五个欧洲国家或地区中举办的最顶尖的职业足球联赛，包括英格兰的英超联赛（英格兰足球超级联赛）、德国的德甲联赛（德国足球甲级联赛）、西班牙的西甲联赛（西班牙足球甲级联赛）、意大利的意甲联赛（意大利足球甲级联赛）和法国的法甲联赛（法国足球甲级联赛）。就整体市场价值和受欢迎程度而言，这是欧洲最强大的五个足球联赛。欧洲足球市场整体在 2018 ~ 2019 赛季创造了 289 亿欧元收入的纪录。其中，欧洲五大联赛收入占近六成，达到了创纪录的 170 亿欧元（折合 147 亿英镑），比上一年增长了 9% 。

在五大联赛中，从每场比赛的平均观众出席率来看，德甲联赛是最受观众支持的联赛，而西甲联赛拥有世界足坛最富裕的两家俱乐部。按照各个联赛的年度收入进行排名，1996～2021年英超联赛收入始终位居第一。根据德勤体育集团《2020年足球财务年度回顾》，英超联赛俱乐部2018～2019赛季总收入首次超过50亿欧元，同比增长7%，其收入比其最接近的竞争对手西甲联赛高出73%（见图3）。

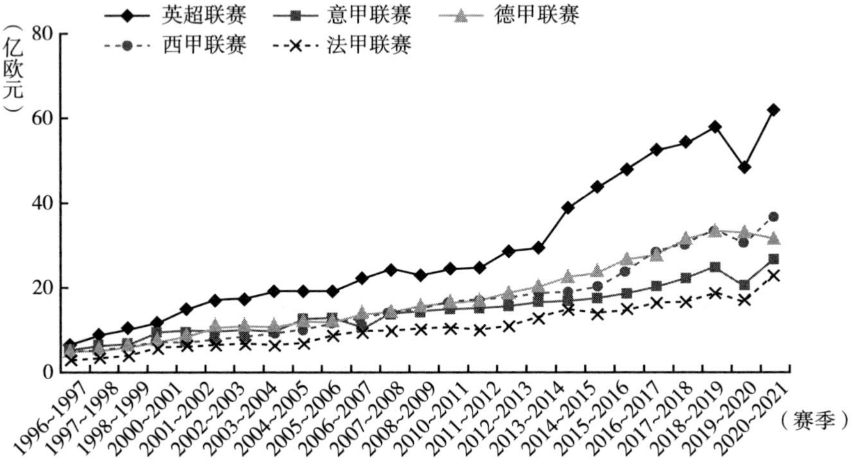

图3　1996～1997赛季至2020～2021赛季欧洲五大联赛收入

注：1999～2000、2009～2010两个赛季的数据暂缺。

资料来源：德勤体育集团《2020年足球财务年度回顾》，2020。

（三）媒体转播版权收入

出售媒体转播版权是职业足球联赛商业化运作的重要表现形式，这项收入已经成为职业足球联赛最主要的收入之一。欧洲职业足球联赛的媒体转播版权和北美各大联赛的媒体转播版权目前占据了十大最有价值的媒体转播版权的两席。2018年，德甲联赛和法甲联赛双双超越了奥运会，奥运会首次掉至前十名之外。

北美各大联赛在本土获得了绝大部分的媒体转播版权收入。相比之下，欧洲职业足球联赛拥有更广泛的国际球迷基础，其海外媒体转播版权收入所占的比重也越来越大。2018年，英超联赛的收入约38%来自海外媒体转播版权收入。同样由于海外媒体转播的增长，德甲联赛的媒体转播版权收入于2018 年超越了奥运会和美国职业曲棍球联赛（见图4）。

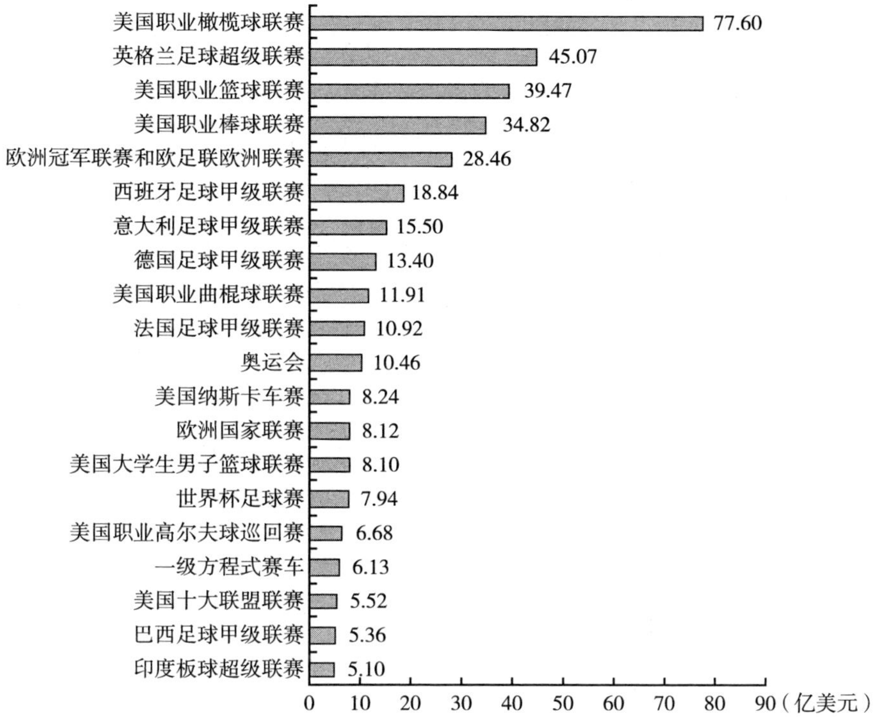

图4　2018 年全球最有价值的媒体转播版权的体育赛事

资料来源：体育商业咨询公司《全球媒体报告》，2018。

英超联赛与其他欧洲四大联赛之间的收入差距很大，原因也在于转播版权的区别。英超联赛以约 50 亿英镑的价格售出了从 2016 ~ 2017 至2018 ~ 2019 赛季的国内媒体转播版权，以大约 30 亿英镑的价格售出了同一周期的海外媒体转播版权。英超联赛俱乐部因此在 2018 ~ 2019 赛季收到了总计约 24.5 亿英镑的转播版权费。进一步细分来看，2018 ~ 2019 赛季中，英超联赛中的 20 家俱乐部每家都从转播版权总收入中获得了 7940 万英镑，并且根据他们在联赛中的最终排名（业绩收益）以及在该赛季获得的英国电视转播量（出场费用），他们将获得更多分成。

三　英超联赛的发展历史

英格兰足球超级联赛，在英国以外通常被称为英超联赛，有时也称为EPL（法定名称：英足总超级联赛有限公司），是英格兰足球联赛体系中的最高级别。在20家俱乐部的竞争之下，英超联赛采用英格兰足球联赛（EFL）的晋级和降级制度。赛季从8月到下一年的5月，每支球队与其他19支球队在主场和客场总共进行38场比赛。大多数比赛在周六和周日下午进行。

据足球转会市场网站统计，在过去不到30年中，英超联赛20家俱乐部的总价值增加了100多倍，从1992年的大约1亿美元迅速增长到2020年的110亿美元。在此期间，英超联赛将其产品出口到了全世界的各个地方。

对于英超联赛，英国数字、文化、媒体和体育部（DCMS）认为其不仅是世界上最伟大的体育比赛之一，而且是一个非常成功的英国品牌和出口产品，有助于在世界范围内推广英国的价值观。

（一）逆境重生的“贫民窟运动”

现代足球自发明以来，一直是英国的全民消遣活动。虽然足球拥有广泛的群众基础，但从来都不是一项收益显著的投资。实际上，最初的英国足球几乎没有赢利。

英国足球最初的收入基本上来自微薄的门票收入，而且自1960年以来，门票收入占比一直在稳步下降。观看英国足球比赛的体验与等待公共汽车的感觉不相上下。大多数体育场馆破败不堪，这些场馆兴建于19世纪英国经济逐渐衰退的时期，基本位于英国各地的老城区和蓝领工业小镇中，政府几乎没有再对场馆进行维护。场馆内部的条件相当原始，漏水的屋顶和生锈的栅栏危及球迷的人身安全。食物和饮料的供应情况更差。在大多数英国足球场上，最受欢迎的中场休息饮料既不是一品脱啤酒，也不是苏打水，而是一杯保卫尔牛肉汁，更准确的描述是牛肉热茶，制造商认为这种神秘的棕色液体适合作为“液态牛肉提取物”推向市场。

公司赞助和球场广告直到20世纪70年代后期才出现，但是这笔收入几乎不足以维持球场草坪的成本。电视转播在当时被认为会对门票收入产生不利影响。人们觉得电视转播是一场精心设计的骗局，目的就是让球迷只能待在家中的沙发上，而不是站在看台上为球队欢呼。俱乐部的主席是肉店老板和建筑商，他们没有薪水，但乐意在俱乐部需要时捐赠一些钱。他们并没有将精力投入到解决观众减少和长期投资不足的问题上，而是更乐于享受周六下午的董事会会议带来的雪茄缭绕的欢快气氛和小名声。

20世纪80年代，英国足球的问题逐渐失控。国家陷入严重的经济衰退，面临失业率飙升、城市骚乱以及政治和社会转型，英国足球已经从国民体育转变为国民尴尬。看台上的斗殴和混乱成为星期六下午的永久特征。观看比赛的主要危险不仅在于球场基础设施的老化，而且还存在人身暴力的威胁。主客场球迷之间、球迷与警察之间的冲突非常常见。足球流氓帮派将体育场周围的社区变成了地盘之战的大本营。球队的战术打法也倒退到极为初级的形式。“长传球”成为大多数俱乐部的主要打法。场上球员一旦得球便进行长传，这种打法牺牲了足球比赛的技术观赏性，使球赛变得沉闷。

所有迹象都在暗示着这项体育运动的日渐衰落，在这种氛围之下，1985年，英国足球终于跌入谷底。1985年5月，布拉德福德的山谷阅兵球场在一场比赛中起火，据称一支烟蒂点燃了看台下方一堆腐烂的垃圾，看台上没有配备灭火器，导致56人死亡。当年5月下旬，在比利时海塞尔体育场的欧洲杯决赛中，利物浦球迷与意大利足球超级大亨尤文图斯球迷之间的斗殴造成39人死亡，600多人受伤。毫无疑问，简陋的球场状况、人身暴力威胁、沉闷的比赛风格使得1985年观赛人数跌到1920年以来的最低人次。1984~1985赛季末，联赛的冠名赞助商“佳能”放弃了这项运动。当时，对于整个英国公众来说，英国足球成了“贫民窟的人在贫民窟体育场玩的一场贫民窟比赛”。

（二）结构变革与重组

跌至谷底之际也许正是触底反弹的时机。足球市场表现不佳的不良资产、庞杂冗余的俱乐部层级结构、美国职业体育联盟的成功、管理机构的支持、资金的短缺、电视转播技术的进步、基础设施改造的契机，共同促使英格兰足球联赛亟须进行改革。

在英格兰足球联赛中，顶级球队通过由一个包含 92 家职业俱乐部的四级联赛的结构与其他职业俱乐部相互关联。92 家职业俱乐部位居英格兰足球联赛的金字塔顶端，金字塔的基础则是数千支半职业球队和业余球队。这就是英格兰足球所谓的金字塔，各支球队可在其中升降级别，形成了体育界的奇观之一。

随着顶级足球俱乐部管理者的商业野心不断扩大，他们开始将其余的俱乐部层级视为冗余。因为无论何时，哪怕是在球衣背面贴名字，或是延长中场休息时间这样的小事，也无法在所有俱乐部间达成共识。这种不合理的结构带来了一些弊端，顶级足球俱乐部具有较大的改革和重组的倾向。

同时，顶级足球俱乐部也受到美国国家橄榄球联盟（NFL）的影响，俱乐部管理者到美国学习成功经验。他们描绘了英超联赛的未来愿景，计划将其打造为顺应市场并适合媒体传播的现代化联赛，拥有安全和令人愉悦的符合企业接待需求的体育场馆，并利用电视的力量，将联赛转变成数十亿美元的生意。

20 世纪 90 年代初期，英格兰足球甲级俱乐部坚信，如果俱乐部和足球运动要蓬勃发展，就需要进行彻底重组。最初的 5 家俱乐部——阿森纳、托特纳姆热刺、曼联、埃弗顿和利物浦，也就是后来英格兰足球中的“五大巨头”俱乐部，他们的几位老板渴望对英格兰足球进行现代化改造。可以说，在当时的背景下，“五大巨头”俱乐部最初脱离英格兰足球联赛是公共关系和法律层面的噩梦，是对具有百年历史的俱乐部结构和英国文化的反叛。

所幸英格兰足球总会（简称“英足总”）对此伸出了援手。英足总成立于1863年，从职能上讲，它是英格兰足球的国家管理机构，但是它并不负责职业联赛的日常运营，其主要职责是维护比赛规则，并对常年时运不济的英格兰国家足球队负责。英足总作为管理机构，其支持至关重要，它的支持使各家顶级俱乐部得以证明自己的脱离是有道理的，因为这将提高国家队的竞技水平。

1991年7月17日，在英足总的支持下，英格兰足球联赛的顶级足球俱乐部签署了《创始成员协议》，英格兰足球超级联赛（简称“英超联赛”）正式成立。英超联赛将在商业上独立于英格兰足球联赛和英足总，从而可以自由签订自己的转播和赞助协议。1992年2月20日，22家甲级联赛俱乐部集体退出了英格兰足球联赛。同年5月27日，英超联赛成立为有限公司。

英超联赛的首场比赛于1992年8月15日（星期六）举办。英超联赛初创时期共有22家俱乐部，其中阿森纳、切尔西、埃弗顿、利物浦、曼联和托特纳姆热刺这6家俱乐部一直存在于英超联赛之中。

英超联赛成立初期，即有意向将俱乐部的数量减少到20家，以促进俱乐部的发展和对标国际水准。在1994~1995赛季结束时实现了这一目标，当时有4家俱乐部降级，仅有2家俱乐部晋级。

（三）电视版权改革

1964年，英国广播公司（BBC）开始播放比赛的精彩剪辑片段，总共支付了5000英镑的版权费用。这笔款项平均分配给了92家足球联赛俱乐部，每家分得大约54英镑。此后的20多年中，这项付费转播一直持续。球员和俱乐部对转播收入分配方式并不满意。这笔钱在四级分区的俱乐部之间平均分配，这意味着曼联与四级分区中的底层球队米尔沃尔获得的是完全相同的微薄收入。各俱乐部由于担心影响门票收入，所以进行实况转播的意愿较低。

到了20世纪80年代，俱乐部和广播公司开始推动变革。由于迫切希望直播体育赛事能够带来巨大的收视率，英国广播公司和英国独立电视公司不再满足于播放精彩剪辑片段，而是开始推动一揽子的现场比赛直播。同时，最大牌的英格兰足球俱乐部的管理者开始意识到，电视现场直播对于门票销售的可怕影响被高估了，人们并没有因为可以在家里的沙发上看直播而放弃到现场观看比赛。

外力的冲击最终带来了改变。1982 年，美国国家橄榄球联盟（NFL）签订了一项为期 5 年、价值 20 亿美元的电视转播版权协议，这项协议被认为是体育转播历史上的里程碑。1983 年，英超联赛签订了自己的第一笔电视转播版权协议，这项协议为期 2 年、价值 520 万英镑，每个赛季只现场直播 10 场比赛。[①] 这项协议是与付费电视广播公司——英国天空广播公司（BSkyB）达成的，虽然与 NFL 相比，金额、场次和规模都相对保守，但是这在当时可谓一项创举。

电视技术的进步也促进了这种转变。随着卫星转播在英国的最终落地，电视领域发生了较大变化。为了充分发挥这项运动的市场潜力，俱乐部与专业技术水平较高的合作伙伴进行合作，他们通过卫星技术向广大球迷转播了数百场比赛。

（四）基础设施改造

1989 年 4 月 15 日，谢菲尔德的希尔斯伯勒体育场发生了一场灾难。由于现场人员数量远远超出了体育场正常的容量，以及治安存在较大疏忽，看台上发生了踩踏事故，导致 97 名利物浦球迷丧生（当天为 94 名球迷遇难），700 多人受伤。[②]

从混乱的人群到废旧的体育场，官方的调查结果将足球这项国家运动的缺陷暴露无遗。英国政府正式实施了一项禁止在体育场内站立的禁令，要求每个最高级别的俱乐部在 1994 ~ 1995 赛季之前配备全座位式看台的体育场。俱乐部被要求对自己的主场体育场进行翻新、改建或整体重建。这将不可避免地导致观众容量的下降和主要收入的削减。尽管阿森纳的情况不算最糟糕的，但是其体育场容量从 5. 5 万人骤降至 3. 6 万人。虽然政府同意为体育场

① 维基百科：《电视上的英式足球》，http：//en. wikipedia. org/wiki/English_ football_ on_ television Rise_ of_ live_ League_ coverage。

② 维基百科：《希尔斯堡灾难》，http：//en. wikipedia. org/wiki/Hillsborough_ disaster。

改建给予部分补贴，但第一梯队的球队仍需要额外收入来弥补这一突然的资金短缺。

突然的资金短缺加快了“五大巨头”俱乐部推进改革的步伐。假设他们可以自行协商电视转播权交易，并自己保留资金，那么填补新的资金缺口难度将变得很小。球场改造的契机也推动了1991年英超联赛的最终成立，同时进一步改善了赛事场馆环境。

四　英格兰足球超级联赛的经济效应

自1992～1993赛季以来，英格兰足球超级联赛及其俱乐部取得了巨大的商业成功。如今，英超联赛20家俱乐部的总价值高达100多亿美元，在全球拥有10亿观众，并在高质量足球和娱乐性足球方面赢得了良好的全球声誉。2018～2019赛季，收看英超联赛的全球观众累计超过32亿人，比上一年增长6%。①

（一）促进英国经济发展

英超联赛在所有主要欧洲联赛中始终保持最高的体育场馆利用率的纪录，并且转播收入持续大幅增长。根据安永会计师事务所（简称安永）2019年1月发布的《英格兰足球超级联赛经济和社会影响报告》，英超联赛体育场馆利用率为96.5%，居欧洲首位；拥有52万个赛季门票；拥有4300万观看英超联赛的英国电视观众。

英超联赛产生了巨大的经济效应。英超联赛的广受欢迎为英国的经济增添活力。支撑联赛的商业关系和供应链，以及其所维持的游客经济和所做出的财政贡献给国家的经济运行提供了巨大支持，并在国家和地区层面产生了可观的经济回报。安永报告称，自1998～1999年以来，英超联赛对英国经

① 《英超全球观众攀升至32亿，巴西和南非成主要增长点》，界面新闻，2019年7月18日，http：//m.jiemian.com/article/3321599.html。

济的影响增加了八九倍。

英超联赛带动的经济活动在2016～2017赛季为英国财政部总计贡献了33亿英镑，相比2013～2014赛季增长了50%。其中21亿英镑是联赛本身产生的直接收益，其余则通过联赛间接支持的活动获得。这33亿英镑对英国的公共财政贡献很大。根据目前的招聘和雇佣成本估算，相当于8.6万多名警员的年薪，或可为4.2万多名英国国民医疗服务体系的新护士培训提供资金。

英超联赛对英国国内生产总值（GDP）的贡献可以通过英超联赛产生的总附加值（GVA）估算。在2016～2017赛季，英超联赛产生的总附加值达到了76亿英镑，其中绝大部分（72亿英镑）来自俱乐部的运营，相比2013～2014赛季增长了50%。同时，俱乐部贡献的总税收同期增加了28亿英镑，以现金计算增长了7倍。

收入的增加使得英超联赛所支持的就业显著增长。2016～2017赛季，英超联赛及俱乐部在英国提供了近十万个全职当量（FTE）的工作机会，与2013～2014赛季相比增加了30%。其中，9.03万个工作机会得到了俱乐部的支持，其余8800个工作机会得到了英超联赛的支持。英超联赛的财务激增还带来了一项额外结果，那就是英超联赛引起了全球范围内拥有经济资源的投资人的关注。英超联赛正逐渐将英格兰的足球俱乐部变成可投资的资产。

（二）巨大的国际影响力

在本国市场之外的价值，比赛的媒体转播版权的国际吸引力是最切实的衡量标准之一。综合对比赛感兴趣的观众的数量和身份、观众愿意为观看比赛付费的意愿，以及广告商、转播赞助商和合作伙伴与联赛关联所能获得的价值，反映了比赛对全球媒体的吸引力。

2016～2017赛季，尽管西甲联赛的最新转播周期延长了1.6倍，但英超联赛的海外媒体转播版权收入仍高于其他4个主要欧洲联赛的总收入。此外，根据现有数据，在英超联赛2016～2017赛季中，海外媒体转播版权总值大大高于所有北美主要体育联赛，总额是美国职业篮球联赛、美国职业橄榄球联赛、美国职业棒球联赛和美国职业曲棍球联赛（加拿大除外）转播出口总价值的两倍多。在英国本土，英超联赛的转播出口额大约是板球、橄榄球和网球的总出口额的 10 倍。

英超联赛的转播出口占英国电视总出口的很大一部分。根据 PACT 的统计，仅在 2016～2017 赛季，联赛就实现了 11 亿英镑的转播出口，超过了 2016～2017 年英国其他电视节目（包括英国广播公司、英国独立电视公司、第 4 频道、第 5 频道、天空电视台和独立电视台）9 亿英镑的总出口额。

五　英超联赛的商业模式分析

英超联赛的成功并不是单一线性因素促成的，英超联赛仅是整个足球生态系统中环环相扣有机发展的一环。提供高质量的足球赛事是英超联赛至关重要的产品生命线，也是联赛活动的核心。高水平的赛事促进了与球迷的互动，并以此支持商业表现。反过来，联赛管理者可以对足球运动的未来进行投资，以确保在未来数年内向球迷提供具有竞争力和吸引力的体育赛事。图 5 中英超联赛循环增长的商业模式总结了这一过程。

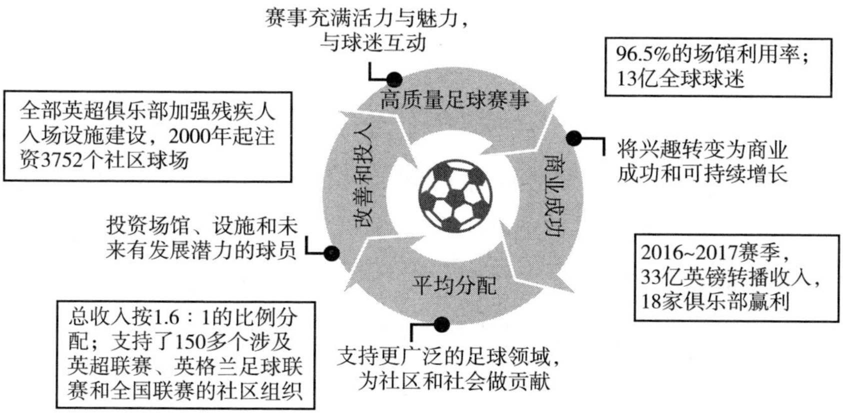

图 5　英超联赛循环增长的商业模式

资料来源：安永会计师事务所《英格兰足球超级联赛经济和社会影响报告》，2019。

（一）收益分成模式

英超联赛采用较为平均的分配模式。转播版权收入按50∶25∶25的比例分配，其中50%平均分配给20支英超球队，25%基于球队在电视中出现的次数分配，同时保证每家俱乐部获得一定的最低定额，剩余的25%基于球队在决赛中的排名分配。无论最终收入金额有多少，英超联赛最高收入球队获得的金额与排第20名的球队获得的金额之间的比例，始终保持在1.6∶1左右。俱乐部之间相对平均分配收入，并不意味着破坏英格兰足球的生态系统，相反促进了各支球队的收入平衡。欧洲五大联赛中，英超联赛是最注重收入平衡的联赛。以2013～2014赛季为例，德甲联赛最高收入球队和最低收入球队的收入比例是2∶1，法甲联赛为3.5∶1，意甲联赛为4.2∶1，单独出售转播权的西甲联赛则高达10.8∶1（见表1）。

表1　2013～2014赛季欧洲五大联赛电视转播最高收入球队与最低收入球队比较

项目	英超联赛	法甲联赛	德甲联赛	意甲联赛	西甲联赛
最高收入球队和最低收入球队比例	1.6∶1	3.5∶1	2∶1	4.2∶1	10.8∶1

资料来源：宋丽霞、柯佳《融合媒介时代英超联赛电视转播权开发研究》，《新闻知识》2015年第6期。

媒体转播版权收入除了绝大部分分给各家俱乐部之外，其他部分会按照一定比例分给相关机构。以2009～2011年英超联赛的转播版权收入为例，总收入的8.4%作为联赛运营基金，77.9%分给英超各俱乐部，4.6%用作英格兰其他联赛的发展基金，5.1%作为降级补偿基金分给从英超联赛降级的俱乐部，以保证降级球队的平稳过渡，其余部分（12.4%）作为联赛教练和裁判基金会的收入，同时对草根足球、社区足球进行维护，让群众联赛获得稳定收入，并加大基础设施建设和青少年足球教育的投入力度，投资未来具有发展潜力的球员。2000年起，英超联赛共注资3752个社区球场，支持了 150 多个涉及英超联赛、英格兰足球联赛和全国联赛的社区组织。

在英超联赛开始之前的 1991～1992 赛季，22 家顶级俱乐部的总收入为 1.7 亿英镑，而第二梯队的 24 支球队公布的总收入为 5800 万英镑，二者之间存在 1.12 亿英镑的差额。15 年后，这一差距增加了数倍。20 家顶级俱乐部的总收入为 15.3 亿英镑，而第二梯队的 24 支球队的总收入为 3.18 亿英镑。到了 2015～2016 年，二者差额扩大到 30 亿英镑以上。

这对英超联赛俱乐部具有怎样的意义？这意味着，身处英超联赛中的俱乐部要竭尽所能留在英超联赛中。例如，尽管桑德兰在 2017 年排名垫底，但仍然从英超联赛中获得了近 9400 万英镑的分成，这比同年法甲联赛支付给夺得冠军的俱乐部的钱还要多，与皇马从欧足联获得的在欧洲冠军联赛中取得冠军的收入大致相同。

20 世纪 90 年代初构建的框架虽然使较小的俱乐部保持相对富裕，但是降级可能导致俱乐部出现财务危机，因此在赛场上，每场比赛将更具竞争性。英超奠基者建立的联赛框架保证了规模稍小的俱乐部也能够获得适当财力，并且使得降级成为俱乐部财务收入降低的致命因素。每一场比赛都至关重要。无论是追逐冠军头衔，或是致力保级的俱乐部，每个周末的联赛比赛都意味着上百万英镑的经济利益。这使得球队在赛场上展现出超乎寻常的竞争力。没有一场比赛可以松懈，即便是领先 2～3 球的情况下。初来乍到的外国球员及教练也会即刻感到英超联赛高度紧张的竞争氛围。

（二）注重足球运动本身

英超联赛本身是一项体育联赛，汇聚了世界高水平的运动员、教练员和足球经纪人，这使得英超联赛的比赛成为世界最具竞技性、观赏性和娱乐性的职业足球联赛。世界足坛最佳球员都希望在英超联赛中度过自己的职业生涯。签约英超俱乐部时，绝大多数来自国外的球员都会说出这样的话，“我只是想和最好的对手比赛”。同时，英超联赛以更快的节奏，提供了更加令人兴奋的观看体验。运动员也意识到这一点。西汉姆联队球员费利佩·安德森（Felipe Anderson）在接受必威体育采访时说：“在英超联赛中，比赛节奏更快，球永不停止。”在转会英超俱乐部之前，这位前锋曾在意甲联赛中踢球。

近年来，英超联赛俱乐部在世界其他地区也占据着主导地位，这也对整个足球运动的发展有所助益。欧洲顶级俱乐部之间进行的两项赛事——欧足联举办的欧洲冠军联赛和欧洲联赛开赛之前，英格兰足球俱乐部之间也会进行比赛。精彩的比赛吸引了世界各地球迷的关注，海外市场的拓展让联赛具有了更大的市场空间，并获得更多的发展资本。

（三）细节的智慧

2016 年，英超联赛放弃了联赛的冠名赞助权，此后一直采用自身的品牌形象。这与美国职业篮球联赛和美国职业橄榄球联赛的做法一致，有助于吸引规模较小的赞助商。同时，英超联赛建立了健全的法律机制，通过具有法律效应的合同约束更多媒体，明确区分各媒体的播放场次和时段等，减少播出期间的纠纷。

此外，英超联赛还通过融合媒体和更多的传播手段建立了更立体的联赛形象，例如，场边麦克风可以捕捉观众的声音，高品质的摄像头可以捕捉一切画面，使观众获得身临其境的感官体验。

在英国举办英超联赛本身也占尽地理优势。英语是世界上使用最广泛的语言，因此英超联赛及其评论员可以吸引全球观众，甚至开球时间也恰到好处。比赛通常在英国的午后开始，这样北美的清晨和亚洲的傍晚球迷都可观看比赛直播。英国的气候和草场技术也使赛场的草皮充满生机和活力。

（四）夯实群众基础

球迷可能是英超联赛持续繁荣的最重要原因。英国发明了现代足球，可以说英格兰足球联赛已有 150 多年的历史。球迷可能一生都在关注俱乐部的发展。家族式球迷文化的传承在英超联赛中被放大，也使英格兰足球充满竞争的活力和魅力，通过与球迷的互动提供高品质的足球体验。

因为拥有稳固的群众基础，英格兰足球联赛从零开始，蓬勃发展。几千家俱乐部在金字塔结构中踢球，他们始于当地公园，最终走向英格兰足球联赛。目前，英超联赛中最年轻的俱乐部是水晶宫，该俱乐部最初成立于1905年，当时英国足球还一文不名，而如今，这家俱乐部已经成为业界大亨。

六　对中国体育市场发展的启示

从英超联赛的发展经验可以看出，英超联赛是在原本的足球联赛发展遇到瓶颈后进行创新的产物，这种创新的驱动力量是市场价值和需求的变化。英超联赛的成功呈现的并不是单一体育赛事机构或组织的成功，而是社会、经济、文化、贸易各个方面有机联系的正面推动。促成这样的发展和成长需要社会各个方面的协同作用。

实现正面发展的重要因素是这项体育运动的正面市场化发展。高水平的体育赛事会吸引大量的受众和关注，产生高额商业价值，带来巨大经济回报和资本投入，从而注入体育赛事的发展中。一项体育赛事自身的成功发展要考虑到该项目的群众基础，包括参与人群与观看人群。从事和参与某个项目的人数足够多了，更会带动关注和观看的人群，从而推动随后一系列生态互动发展。

一项成功的体育赛事会带来可观的跨境交流和贸易，包括举办国际赛事带来的入境旅游和消费，也包括体育赛事版权贸易带来的收入。中国本土体育赛事在注重自身发展和市场化的同时，也应该在国际化策略和布局上增加投入。与此同时，不仅需要重视经营国内体育赛事的有形资产，还要重视对无形资产的利用，建立中国自己的体育品牌，拓展品牌内涵，并逐步建立、完善包括法律仲裁、共赢机制在内的一系列产业规范。

参考文献

〔法〕J·罗宾逊、〔英〕J·克雷格：《英超俱乐部——英格兰超级联赛如何成为最野蛮、最富裕、最具影响力的体育赛事》，水手图书出版社，2018。

安永会计师事务所：《英格兰足球超级联赛经济和社会影响报告》，2019。

商业研究公司：《2022 年之前的全球体育市场机遇和战略报告》，2019 年 5 月，https：//www. marketresearch. com/Business – Research – Company – v4006/Sports – Global – Opportunities – Strategies – 12395148/。

德勤体育集团：《2020 年足球财务年度回顾》，2020。

卢亚、张大超：《发达国家国内体育生产总值统计指标对比及启示》，《首都体育学院学报》2016 年第 5 期。

体育商业咨询公司：《全球媒体报告》，2018。

施俊香：《中国体育产业发展研究》，硕士学位论文，西北农林科技大学，2006。

宋丽霞、柯佳：《融合媒介时代英超联赛电视转播权开发研究》，《新闻知识》2015 年第 6 期。

Abstract

The sudden outbreak of COVID – 19 epidemic in 2020 had a major impact on China's service trade. The total volume of imports and exports declined, and the tourism service trade and transportation service trade decreased sharply. The exhibition industry was once stagnant. At the same time, knowledge-intensive service trade has grown against the trend, digital service trade has developed well, and the structure of service trade has continued to be optimized.

"Report on the Development of China's International Service Trade (2021)" begins with an overall study of China's international trade in services in 2020. The report analyzes the development of China's service trade in 2020 from the perspectives of overall scale, industry characteristics, international market characteristics, domestic regional characteristics, international competitive advantages, and digital service trade. It is found that China's service trade has problems such as uncoordinated development level of service trade in the region, unbalanced service trade structure, long-term trade deficit in imports and exports, and difficulties in the digital transformation of service trade enterprises. Looking ahead, the scale of China's digital service trade will continue to grow, the quality of service trade development will continue to improve steadily, the restrictions on China's service trade are still high, and China's service trade partners will become more diversified.

The report makes a detailed analysis from the key industries such as tourism, entertainment, culture and sports, finance, education, technology, convention and exhibition. The key industries of China's service trade all have problems such as irrational structure, weak international competitiveness, and unbalanced development. Industry report put forward targeted countermeasures and suggestions in terms of supply capacity, personnel training, innovation and development, structural optimization.

The report deeply discusses the hot issues in the field of international service trade through three parts: special topic, regional topic and international reference topic. The special topic focuses on the new pattern of double circulation and the open and innovative development of service trade, the integration and innovation of cross-border e-commerce and service industry, the impact of service trade restriction policy on the comparative advantage of service industry, the development of China's tourism service trade under the new development pattern, the Chinese sample of international marketing service industry – Blue Focus, and the development of China's exhibition service industry, China international engineering consulting service. The regional topic focuses on the development of Beijing Airport Economic Zone, the development of Shanghai's service trade, and the development of Hainan's service trade. The international reference topic focuses on the development of the Australian video game industry, the development status and experience of the German cultural market, and the development path and business model of the Premier League.

Keywords: International Serivce Trade; Digital Service Trade; International Competitiveness; Service Industry

Contents

Ⅰ General Report

Abstract: Affected by the COVID -19 epidemic, the volume of trade in travel services and transportation services has dropped sharply in 2020, leading to a decline in the overall scale of China's trade in services in 2020. At the same time, emerging services trade such as telecommunications, computer and information services trade are in a good development situation, and the scale of trade in knowledge-intensive services has expanded significantly. The development of new business forms and models of service trade is accelerating, digital service trade is growing against the trend, and service outsourcing is "increasing in quantity and quality." At the same time, there are some problems in China's service trade, such as the uncoordinated development level of service trade within the region, the unbalanced structure of service trade, the long-term deficit of import and export, and the difficulties in the digital transformation of service trade enterprises. Looking ahead, the scale of China's digital service trade will continue to grow, the quality of service trade development will continue to improve steadily, the restrictions on China's service trade are still high, and China's service trade partners will become more diversified.

Keywords: Traditional Service Trade; Emerging Service Trade; Digital Service Trade

Ⅱ Industry Reports

B.2 China Tourism Service Trade Report (2021)

Wang Haiwen, *Wu Ruiying* / 024

Abstract: The outbreak of COVID-19 has seriously affected the trade in tourism services. With the effective control of the epidemic in China and the introduction of a number of supportive policies by the government, China's tourism service trade has gradually recovered. The overall scale of China's tourism market has shown a downward trend in 2020, but the revenue was in deficit; Upgrade and transform tourist attractions, and promote reservation limit; The hotel industry has been hit hard and is facing revenue crisis. Tourism services have taken on new features. Also exposed the transformation and upgrading of traditional tourism industry need to be accelerated, the tourism supply capacity needs to be vigorously promoted, the capacity to respond to crises needs to be vigorously strengthened, the comprehensive and multilevel joint risk prevention and control system and emergency response coordination need to be built, so as to promote the rapid development of China's tourism service trade under the normal situation of the epidemic.

Keywords: COVID-19; Tourism Service Trade; Tourism

B.3 Entertainment, Culture and Sports Service Trade Development Report of China (2021)

Li Jiashan, *Liu Xia* / 043

Abstract: The high-quality development and high-level opening of entertainment, culture and sports services are of great practical significance to the improvement of the international competitiveness of China's cultural industry and the establishment of China's cultural power in 2035. With the strong support of the Chinese government, although the foreign trade in entertainment, culture, and sports services is dominated by a deficit, the scale of import and export trade continued to increase before 2019, and foreign investment in the entertainment, culture, and sports industries also developed rapidly. In 2020, foreign trade in entertainment, culture and sports services declined slightly due to the impact of COVID – 19. In the specific development process, it is currently faced with problems such as the mismatch between foreign trade and industrial development, weak international competitiveness, and insufficient human resource reserves. To this end, this article proposes corresponding countermeasures and suggestions from four aspects: promoting the development of entertainment, cultural and sports service trade, promoting the integration of cultural creativity and technological innovation, developing the cultural service industry chain, and cultivating high-quality cultural service talents. Providing an important reference for the high-quality and innovative development of China's entertainment, culture and sports services.

Keywords: Trade in Cultural Services; Trade in Services; Digitization

Abstract: In recent years, the scale of China's financial service trade has expanded, but the overall level of development is still low, international competitiveness is insufficient, and the problem of internal structural imbalance is prominent. During the "14th Five-Year Plan" period, the two-way opening of China's financial market has been accelerating, and financial service trade will usher in a stage of rapid development, which can improve the service trade deficit, maintain the balance of international payments, and optimize China's trade structure. In the future, relevant policies should be implemented in terms of enhancing the international competitiveness of domestic financial institutions, cultivating financial service personnel, strengthening regional financial cooperation, and improving the financial legal framework to actively support the development of China's financial services trade.

Keywords: Financial Service Trade; Insurance Service Trade; International Service Trade

B.5 China Educational Service Trade Development Report (2021)

Abstract: Educational service trade is an emerging but indispensable part of international service trade. In the new era, the scale and quality of China's educational service trade have developed simultaneously. The quantity of students going abroad and overseas students returning to China have both increased, the scale and structure of international students in China have both improved. However, problems still exist in the development of China's educational service trade, such as an expanding trade deficit in service for studying abroad, a still unreasonable structure of international students in China, an unbalanced development of different forms of educational service trade, etc. The promotion of "the Belt and Road" initiative provides new opportunities for bilateral and multilateral educational service trade cooperation, the development of big data and Internet have broadened the educational service trade field, the emergence of the COVID – 19 epidemic in 2020 has broken the stable development of China's educational service trade, and the rules of educational service trade are being reconstructed under the impact of deglobalization. The high-quality development of China's educational service trade can be promoted in three aspects: enhancing the internationalization of education and educational brands; implementing convergent management of Chinese and foreign students and promoting two-way communication; driving the innovative development of educational service trade with technology.

Keywords: Educational Service Trade; International Student; Online Education

Abstract: As the essential part of emerging trade in service, trade in technology is of great significance to promote the forming of dual-circulation development pattern. In recent years, China's technology trade has grown rapidly, and the import demand continues to expand. The import consists of the soft technology, and the technical consultation and services are the main parts of the export. However, under the new development pattern, there still exist some problems in China's technology trade, including weak capacity of intellectual property's export, dependency on foreign technology, enterprises' shortage on technology absorption and uncertainty of anti-globalization. Therefore, we put forward the following countermeasures including strengthening the international cooperation on intellectual property to promote the export, building an open, inclusive and mutually beneficial international system of S&T cooperation, creating innovative environment to abstract foreign talents, building the international platform on technology trade to encourage more technology-based enterprises going globally.

Keywords: Technology Trade; Technology Import; Intellectual Property; Science and Technological Innovation

Abstract: Before the outbreak of COVID-19, China's exhibition industry obtained rapid development. Since the outbreak of COVID-19, exhibition industry has been suffering heavy losses and accelerating transformation from offline to online. In the Post-epidemic Era, China's exhibition industry will deepen its development in the direction of digitalization and internationalization, and realize the transformation from "quantity growth type" to "quality growth type". The strategies to promote the high-quality development of the exhibition industry are as follows: first, optimize the industrial structure and lay a solid foundation for the development of exhibition industry; second, promote technological innovation and accelerate the digital transformation of exhibition industry; third, continue to pursue open development and enhance internationalization of the exhibition industry; fourth, attach importance to brand construction and strive to build international exhibition brands; fifth, strengthen the talent team and improve the professional level of exhibition industry; sixth, realize the platform function of exhibition industry to promote the high-quality development of service trade.

Keywords: COVID-19; Exhibition Industry; Digitalization; Internationalization

Ⅲ Special Topics

Abstract: To foster a new development paradigm with domestic and international circulations reinforcing each other, we must work together to strengthen the domestic market and build China into a strong trade power. For this, the open development of the service sector and the innovative development of trade in services plays a very important role. During the 13th Five-Year Plan period, China's service sector and trade in services opened a new chapter with improvement in scale, growth rate, structure, etc. However, issues, including insufficient opening-up based on institutions and slow improvement of the international competitiveness, shows that there is still a long way to go to catch up with the international average. Therefore, during the 14th Five-Year Plan period, on the one hand, we must integrate dynamically element-oriented opening-up with that based on institutions, to force the domestic reform in rules and regulations through opening-up; on the other hand, we must rely on innovation to enhance the international competitiveness of trade in services. Both of these aspects must be realized through the construction of independent and open free trade pilot zone and port, as well as the upgrading strategy of open free trade zone.

Keywords: Double Circulation Pattern; Trade in Services; International Competitiveness

Abstract: Cross-border e-commerce is commonly considered as online trade in goods. In fact, trade in goods has both product exchange attributes and service attributes, while its service attributes are subordinate to the attributes of the product exchange. With the development of cross-border e-commerce for many years, its service attributes are becoming more and more significant, and therefore it is gradually different from the trade of goods. Serialization of cross-border e-commerce is reflected in the form of business, market structure and business decision-making. The innovations of CBEC business form are mainly in the service field. The market structure emphasizes the connecting role of service among market players, and the center of business decision-making of enterprises is inclined to service. Enterprises are no longer limited to gain profit from trade in goods, but gain value increment from services. From the perspective of service attributes, cross-border e-commerce can be described as a service ecology. The service ecology of cross-border e-commerce is multi-level and multi-dimensional. It is composed of the main ecology with trade as its core and the secondary ecology with the services of each link in the main ecology as the core. In the ecology, market players take service as the connection link, co-create value, and share the income. Finally, some new cross-border e-commerce enterprises appear in the market. They explore the construction of an ecosystem dominated by service value through four ways, including creative integration of service resources, horizontal union of market entities, utilization of local market resources, and innovation of product and service integration. Therefore, the fusion innovation of cross-border e-commerce and service industry is reflected in the innovation of service ecology. Besides exchange in goods, all kinds of services can be innovated driven by technology. The creative integration of different service resources can continuously incubate new business forms or business models, in order to bring distinguished competitive advantages.

Keywords: Cross-border E-commerce; Service Ecology; Business Innovation

B.10 The Measurement and Heterogeneity of the Impact of Service Trade Restriction on the Comparative Advantage of Service Industry

—An Empirical Study from the Perspective of Global Value Chain

Zhou Nianli, Bao Yanan / 145

Abstract: At present, the center of world trade is shifting to services, but the services trade restrictions are emerging one after another, which has brought profound impact on the comparative advantage of global trade in services. This paper select data of 32 countries and 8 services industries from the year of 2014 to 2017. Using service trade restrictions index (STRI) from OECD and constructing revealed comparative advantage index and market share index through value-added approach, this paper explore impaction of the importer service trade restrictions on service industry comparative advantage. The empirical research results show that: First, the importer of the service trade restrictions inhibit the service comparative advantage, and the results is robust. Second, importer of service trade restrictions would inhibit the comparative advantage by raising cost, reducing the scale and hindering technology spillover. Third, the service trade restrictions in foreign entry, movement of people, barriers in competition, regulatory transparency and other discriminatory will restrain service export comparative advantage. Fourth, importer for higher income countries or middle-income countries, the implementation of service trade restrictions will both inhibit the comparative advantages, and inhibition of higher income countries are more apparent. Fifth, in terms of industry heterogeneity, restrictions on service trade in importing countries have a significant inhibitory effect on export comparative advantages of labor-intensive, capital-intensive, technology-intensive and knowledge-intensive service industries.

Keywords: Service Trade Restriction Index; Comparative Advantage; Global Value Chain; Service Trade Opening

Abstract: The products and structure of the traditional tourism service trade have been unable to adapt to the increasingly fierce international competition. How to improve the tourism service trade has become an urgent problem in China. The outbreak of the COVID-19 pandemic has severely hindered the development of international tourism service trade, and inbound and outbound tourism has almost completely stagnated. Hence, this paper aims to analyze the temporal and spatial characteristics of China's tourism service trade and identify its problems, which will help optimize the development of the country's tourism service trade and enhance the international tourism image and tourism status. In particular, in the context of the normalization of epidemic prevention and control, it is important to accelerate the formation of a new development pattern in which the domestic cycle is the main body and the domestic and international dual cycles promote each other. It is necessary to study how the tourism service trade should deal with tourists' new consumption patterns and consumption concepts. With the advent of the post-pandemic era, on the one hand, we must adapt to the normalized environment of epidemic prevention and control, be prepared for long-term failure to restore inbound and outbound tourism on a large scale, actively coordinate resources from all parties to adjust their own structure, and strengthen external communication and cooperation to adapt to the dramatic changes in the international environment. On the other hand, it is of significance for firms to promote the productivity, and actively seek the transformation and innovative development.

Keywords: Tourism Service Trade; Outbound Tourism; Inbound Tourism

B.12 Blue Focus: the Chinese Sample of the International Marketing Service Industry

Kong Jing , Pan Xinran and Wang Rui / 181

Abstract: Compared with foreign mature marketing service industry system, China's marketing service industry started late and developed hard. As the leader of China's marketing service industry, Blue Focus has continuously upgraded its business in accordance with the development needs of the times and has become a landmark sample of China's marketing service industry. The core competitive advantage of Blue Focus lies in its strategic forward-looking, focusing on the field of marketing services, keeping integrity and creating new ideas, rich experience, and strong customer stickiness. The main challenges that companies are currently facing include fierce industry competition, irregular Chinese market and complex external environment. In 2020, based on the substantial increase in online advertising investment in games, e-commerce and other industries, as well as the continuous growth of overseas marketing and short video services, the Blue Focus has achieved a substantial increase in operating income, the advantages of scale are prominent, and the cash flow of human efficiency has continued to increase.

Keywords: Marketing Services; Advertising Industry; Digitalization; Intelligent Marketing; Blue Focus

Abstract: China's exhibition industry formed and developed after the reform and opening up in 1978, after more than 40 years of development, the status of China's exhibition industry in the world's exhibition industry has been continuously improved, and its international influence has gradually expanded. However, there is still a certain gap compared with European and American exhibition powers. The outbreak of the COVID -19 epidemic in 2020 has dealt a heavy blow to the world's convention and exhibition industry. Chinese convention and exhibition workers have united to fight the epidemic and actively created conditions for the resumption of business and achieved good results. In view of the new changes and existing problems in the development of the exhibition industry, this article proposes to straighten out the system, improve the national management, coordination, and promotion system; strengthen macro guidance, formulate industrial development plans; strengthen legal system construction, improve the legal environment; strengthen policy coordination and optimize the business environment; promote supply-side structural reforms and optimize the layout of the exhibition industry; build service brands and improve service levels; strengthen the cultivation of market entities and enhance industry competitiveness; innovate service methods and improve intelligence; strengthen coordination cooperation to promote talent training; practice the concept of green exhibition and promote the sustainable development of the exhibition industry.

Keywords: Exhibition Service Industry; Exhibition Industry; Trade in Services

B. 14 The Current Situation, Problems and Suggestions of Chinese International Engineering Consulting Service *Meng Lingke* / 222

Abstract: The Chinese engineering consulting industry has play an important role in promoting international economic cooperation, serving the Belt and Road Initiative and supporting the transnational operation of Chinese enterprises by international engineering consulting services. The "Belt and Road Initiative" market is the largest international market for Chinese engineering consulting industry. Chinese engineering consulting companies have been actively carrying out various forms of service work, with focus on promoting infrastructure interconnection, increasing consulting services for people's livelihood projects, pushing forward the "Chinese Standards" and "Chinese Approach" to go out and promoting the development of overseas industrial parks, and have achieved certain results. Meanwhile, we should face up to the problems about Chinese international engineering consulting services, such as weak international competition ability, the unbalanced state of industrial chain, the service ability of risk analysis and control is weak, the service for agricultural going-out lags behind and the level of policy coordination needs to be improved. So we suggest that strengthen industry integration, optimize the industry resources and enhance the level of international competitiveness, seize the historical opportunity of developing "digital economy", strengthen the innovation-driven, and create new advantages of digitalized consultation, strengthen policy coordination, and build a guarantee mechanism of multi-cooperation among government, industry associations and the engineering consulting companies.

Keywords: International Engineering Consulting; International Service Trade; Belt and Road Initiative; Industrial Chain; Digitalized Consulting

Ⅳ Regional Reports

Abstract: In the context of the expansion of the opening up of Beijing's service industry, guided by Xi Jinping's thoughts on socialism with Chinese characteristics in the new era, and based on the spirit of the important speech of General Secretary Xi Jinping's inspection of Beijing Daxing International Airport, we will promote the construction of the airport economic zone and the development of cultural hub economy with high standards. At present, the function of the airport hub in the Daxing Airport Economic Zone has become increasingly prominent, the types of implementation projects have become increasingly diverse, the introduction and maintenance of talents has gradually increased, the business approval process and systems have been gradually improved, and the development and construction fund guarantee system has also been gradually strengthened. While the construction functions in all aspects are becoming more and more perfect, there are also imperfect coordination mechanisms among different stakeholders in various regions, low level of internationalization, insufficient concentration and integration of high-end enterprises in various parks, weak foundation for the development of characteristic content industries, and convenient customs clearance. The level of coordinated development of chemical industry and port areas is not high, and fiscal and taxation support policies and supporting service facilities are not perfect. To this end, this article puts forward corresponding countermeasures and suggestions from the aspects of policy integration and innovation, high-end high-tech industry agglomeration, regional overall management, internationalization, digitalization, specialization and market-oriented development.

Keywords: Daxing Airport; Economic Zone; Service Industry; Comprehensive Pivot

Abstract: Shanghai is an important central city in China. Compared with other cities in China, Shanghai started its service trade earlier. Since the beginning of the new century, especially in recent years, Shanghai has taken the new development concept as the guide, and has taken the acceleration of the development of service trade as the driving force for innovation and development. This paper analyzes Shanghai's solid foundation for the development of the service industry from four perspectives: scale, structure, function, and environment. This paper expounds the new competitive advantages of Shanghai's service trade in terms of the construction of the "five centers", the construction of the free trade pilot zone, the construction of the Yangtze River Economic Belt and the expansion and opening of the service industry. This paper analyzes in detail Shanghai's specific measures to create a new development pattern of service trade in terms of service trade development model, service trade facilitation, service trade opening to the outside world, transformation and upgrading of service trade key areas, service trade policy system, service trade promotion system, etc.

Keywords: Trade in Services; Open to the Outside World; International Competitiveness

Abstract: Hainan, as the province with the lowest latitude in China, borders Southeast Asian countries and is one of the gateways of China's sea route to the world, with extremely high strategic value. According to the important speech of General Secretary Xi Jinping on April 13th, the Guiding Opinions of CPC Central Committee and State Council on Supporting Hainan's Comprehensive Deepening of Reform and Opening-up, the Overall Plan of Hainan Free Trade Port Construction, and the Proposal of CPC Hainan Provincial Committee on Formulating the 14th Five-Year Plan for National Economic and Social Development and the Long-term Goals for 2035 (Discussion Draft), Hainan will build a free trade port with high quality and high standards, focusing on the strategic positioning of "three districts and one center". Among them, service trade is one of the key components of Hainan's economic system, and the choice of its development direction is of great significance for the province to achieve the strategic objectives of the "14th Five-Year Plan". By analyzing the development status of Hainan's service trade in recent years, using the methods of service trade dependence and export competitiveness, this paper holds that Hainan's service trade has great potential for digital trade, expanding opening up and encouraging foreign investment policies, but there are also some problems and challenges, such as low dependence on service trade, high proportion of traditional service trade, insufficient cultivation of new business forms, etc., and puts forward some suggestions on strengthening the construction of information technology infrastructure, building a special service export base and attract high level professionals.

Keywords: Hainan Development; Trade in Services; Economic Construction

V International Experience and Lessons

Abstract: This paper will start from the development background of the Australian game industry, and study the impact of the emergence of small game companies on the Australian game industry, as well as the challenges faced by video game developers in their industry. With regards to the development background, in 2008, the Global Financial Crisis (GFC) swept through the Australian electronic game industry. A large number of game companies and game studios went bankrupt and closed. More than 60% of Australian game developers have forever withdrawn from the industry. In the following ten years, various small, independent entrepreneurial companies and individual studios in the Australian video game industry have developed rapidly. These companies and individuals use digital platforms and specialized software to provide original electronic games for the international market. It implies that while we are used to branding the global games industry as large companies and hundreds of billions of dollars in revenue, the reality is that most game developers in Australia work in very small teams, with small budgets, and it's impossible to break even on investment. So governments should target the needs and ambitions of game developers as creative workers who need more targeted modes of support that help their small businesses become more autonomous and sustainable, able to pay their staff well and provide some job security.

Keywords: Electronic Game; Cultural Production; Creative Entrepreneurs

Abstract: Historically, Germany has been called "the country of poets and thinkers", and now Germany has a thriving cultural market. Its development model is worth learning by us. By studying the status of German cultural market, investment and trade in the cultural industry, this paper summarizes the advanced experience of promoting the development of cultural market that China can learn. Government departments can support international exchange exhibitions, hold world-renowned film festivals, hold "global" art forums, support the export of book copyright through policy and book fairs, hold professional animation and game exhibitions and promote cultural trade through consumer products expo. The paper also puts forward corresponding suggestions for the development of China's cultural market. First, cultivate the demand of domestic cultural consumption market; second, hold international cultural exchange activities well; third, pay attention to cultural diplomacy so as to deepen economic and trade cooperation; fourth, innovate cultural service mode to adapt to the digital age; fifth, regulate the domestic cultural industry market.

Keywords: German Cultural Market; Cultural Investment; Cultural Trade

Abstract: Nowadays, the domestic sports industry is developing vigorously, especially the successful hosting of the 2008 Beijing Olympic Games and the active preparation for the 2022 Beijing Winter Olympics, which bring broad development prospects and great thrust to the development of China's sports industry. However, China's sports industry started late; the theoretical research is not sufficient; and the commercial operation of the domestic sports industry is not at the world leading level. The Premier League is a very successful British brand and export product, which has created a huge economic effect. The early English football was less profitable and the infrastructure conditions were backward. After structural changes and reorganization, the English Premier League was formally established in july 1991, and the development of the Premier League was gradually on track. The league adopts a relatively even revenue sharing model, focuses on football itself, has established a sound legal mechanism, has a solid mass base, and has established a business model of cyclical growth. The development path, innovative changes and business model of the Premier League have provided references for further promoting the integration and improvement of the operation mechanism of modern sports events and commercial operations in our country.

Keywords: The Premier League; Sports Industry; Business Model; Economic Effect

S 基本子库
UB DATABASE

中国社会发展数据库（下设 12 个子库）

整合国内外中国社会发展研究成果，汇聚独家统计数据、深度分析报告，涉及社会、人口、政治、教育、法律等 12 个领域，为了解中国社会发展动态、跟踪社会核心热点、分析社会发展趋势提供一站式资源搜索和数据服务。

中国经济发展数据库（下设 12 个子库）

围绕国内外中国经济发展主题研究报告、学术资讯、基础数据等资料构建，内容涵盖宏观经济、农业经济、工业经济、产业经济等 12 个重点经济领域，为实时掌控经济运行态势、把握经济发展规律、洞察经济形势、进行经济决策提供参考和依据。

中国行业发展数据库（下设 17 个子库）

以中国国民经济行业分类为依据，覆盖金融业、旅游、医疗卫生、交通运输、能源矿产等 100 多个行业，跟踪分析国民经济相关行业市场运行状况和政策导向，汇集行业发展前沿资讯，为投资、从业及各种经济决策提供理论基础和实践指导。

中国区域发展数据库（下设 6 个子库）

对中国特定区域内的经济、社会、文化等领域现状与发展情况进行深度分析和预测，研究层级至县及县以下行政区，涉及省份、区域经济体、城市、农村等不同维度，为地方经济社会宏观态势研究、发展经验研究、案例分析提供数据服务。

中国文化传媒数据库（下设 18 个子库）

汇聚文化传媒领域专家观点、热点资讯，梳理国内外中国文化发展相关学术研究成果、一手统计数据，涵盖文化产业、新闻传播、电影娱乐、文学艺术、群众文化等 18 个重点研究领域。为文化传媒研究提供相关数据、研究报告和综合分析服务。

世界经济与国际关系数据库（下设 6 个子库）

立足“皮书系列”世界经济、国际关系相关学术资源，整合世界经济、国际政治、世界文化与科技、全球性问题、国际组织与国际法、区域研究 6 大领域研究成果，为世界经济与国际关系研究提供全方位数据分析，为决策和形势研判提供参考。

法律声明